BIBLIOTHÈQUE DES ANNALES DES POSTES
TÉLÉGRAPHES ET TÉLÉPHONES

MISSION AUX ÉTATS-UNIS

DE FONCTIONNAIRES DE L'ADMINISTRATION

DES

POSTES ET TÉLÉGRAPHES

MAI A JUILLET 1917

Extrait des Annales des Postes, Télégraphes et Téléphones
(Septembre et décembre 1917 et mars 1918.)

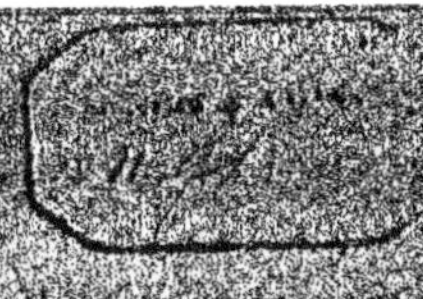

PARIS
A. DUMAS, Éditeur
6, RUE DE LA CHAUSSÉE-D'ANTIN, 6

1918

MISSION AUX ÉTATS-UNIS

DE FONCTIONNAIRES DE L'ADMINISTRATION

DES

POSTES ET TÉLÉGRAPHES

mai à juillet 1917

BIBLIOTHÈQUE DES ANNALES DES POSTES
TÉLÉGRAPHES ET TÉLÉPHONES

MISSION AUX ÉTATS-UNIS

DE FONCTIONNAIRES DE L'ADMINISTRATION

DES

POSTES ET TÉLÉGRAPHES

MAI A JUILLET 1917

Extrait des *Annales des Postes, Télégraphes et Téléphones*

(Septembre et décembre 1917 et mars 1918.)

PARIS

A. DUMAS, Editeur

6, RUE DE LA CHAUSSÉE-D'ANTIN, 6

1918

ERRATA

Page 175, ligne 26, *au lieu de* « augmentent d'autant moins l'intensité »
lire   « augmentant d'autant plus l'intensité »

Page 193, ligne 23, *au lieu de* « sur deux transatlantiques »
lire - « sur deux câbles transatlantiques »

Page 251, ligne 35, *au lieu de* « dans ce récepteur... »
lire   « dans ce système »

Page 284, ligne 11, *au lieu de* « dans le secondaire du primaire transformateur »

lire   « dans le secondaire du premier transformateur »

PRÉFACE

La Mission que l'Administration des Postes et Télégraphes a envoyée en Amérique (1) vient de rentrer en France, après avoir accompli sa tâche sous le patronage de M. Tardieu, haut commissaire du Gouvernement de la République française auprès des États-Unis. Elle a été touchée de l'accueil bienveillant et souvent chaleureux qu'elle a rencontré partout en Amérique et elle en conservera le souvenir reconnaissant. Beaucoup de renseignements confidentiels lui ont été donnés pour le bien commun, en raison de la participation des États-Unis à la guerre ; des travaux de recherches qui, en temps ordinaire, auraient été tenus secrets lui ont été généreusement communiqués ; et elle a bénéficié de l'union qui existe entre tous les laboratoires industriels américains, autrefois rivaux, aujourd'hui associés dans une œuvre commune de salut national.

La mission a eu l'occasion de faire des constatations du plus haut intérêt, en ce qui concerne les techniques intéressant les Postes, Télégraphes et Téléphones. Sans doute, les périodiques américains avaient annoncé que la communication téléphonique, qui, il y a quelques années, s'étendait de New-York à Denver, avait été prolongée jusqu'à San Francisco, mais nous ne savions pas au juste si ce résultat merveilleux était une brillante expérience ou un résultat entré définitivement dans la pratique. Or, les fonctionnaires de la mission ont pu, grâce à l'obligeance de l'éminent ingénieur, M. J. J. Carty, téléphoner eux-mêmes de

____

(1) M. l'Ingénieur en chef Pomey, MM. les Ingénieurs Bouthillon et Valensi.

1

son bureau de New-York avec San Francisco (5.000 km. environ) et se rendre compte de la puissance et de la perfection des moyens employés. Il y a sur cette ligne six relais téléphoniques. Et c'est là le point à noter : le relais téléphonique est aujourd'hui d'un emploi généralisé ; il y en a déjà plus de six cents en service aux États-Unis. Toutes les fonctions accessoires nécessaires pour rendre son emploi simple et facile dans l'exploitation ont été incorporées dans le dispositif, qui se présente ainsi comme un objet de matériel d'usage courant, arrivé à sa forme définitive.

Le relais téléphonique est appelé à transformer profondément la constitution des réseaux interurbains : les fils de cuivre de gros diamètres (égaux ou supérieurs à 3 mm.) ne seront plus jamais utilisés pour les circuits téléphoniques et cependant la portée des communications téléphoniques sera considérablement agrandie.

La construction des lignes présente aussi aux États-Unis des particularités remarquables : c'est le plus souvent sur poteaux que l'on pose les câbles sous papier *sans circulation d'air sec* et il faut noter l'accroissement considérable du nombre des paires contenues sous une même enveloppe de plomb.

Nous ne parlerons pas ici de la généralisation du téléphone semi automatique, de l'extension extraordinaire prise par les appareils à prépayement, etc. Des conférences faites à l'amphithéâtre de l'École supérieure donneront ces détails et les Annales tiendront leurs lecteurs au courant.

Mais si l'Amérique est la terre classique de la téléphonie, ce n'est pourtant pas seulement la téléphonie qui a offert à la mission un champ d'études inexploré. Toutes les autres branches de la technique : radiotélégraphie, télégraphie et poste ont présenté d'intéressantes nouveautés.

La presse nous a fait savoir qu'on avait pu téléphoner sans fil à travers le continent américain, de San Diégo à Arlington, comme on avait pu le faire antérieurement au-dessus de l'Atlantique. Ces expériences n'ont pas encore donné lieu à un essai d'exploitation. Cependant l'on téléphone aisément par la radiotélégraphie à courte distance entre l'Atelier du Génie à Washington et le poste radiotélégraphique d'Arlington ; à la General Electric C°, il y a de petits postes radiotéléphoniques pourvus d'amplificateurs magnétiques, dus à l'ingéniosité de M. Alexanderson.

Ces postes peuvent être utilisés également au télégraphe. Ils comportent comme générateurs d'oscillations soit un alternateur à haute fréquence, soit une combinaison de lampes à 3 électrodes, et comme dispositif de transmission un amplificateur magnétique. Ils peuvent être pourvus d'un multiplicateur de fréquences qui, en modifiant la période des oscillations, permet de transmettre avec différentes tonalités et de donner ainsi au dispositif mécanique à fréquence unique de l'alternateur une partie de la flexibilité si avantageuse de l'arc.

Signalons enfin que la marine des États-Unis faisait des essais au poste radioélectrique de New Brunswick sur un alternateur, à haute fréquence, construit sur les données de M. Alexanderson, et de grande puissance ; cette machine paraît offrir de sérieux avantages sur l'alternateur Goldschmidt.

La visite des postes radiotélégraphiques de grande puissance, actuellement exploités par la marine, celle du Bureau of standards et du laboratoire de M. Alexanderson ont permis de rapporter une ample moisson de résultats nouveaux.

Jusqu'à ces dernières années, il semblait que la télégraphie en Amérique utilisât presque exclusivement le sounder sur des lignes desservant simultanément un assez grand nombre de postes et que les appareils imprimeurs n'y eussent pas pris droit de cité.

Déjà, pourtant, un caractère assez remarquable de cette exploitation consistait dans l'usage de la machine à écrire pendant la réception des télégrammes au son.

Le public apprécie beaucoup l'avantage de lisibilité qui en résulte. Mais aujourd'hui un multiplex imprimeur dérivé du Baudot s'est répandu dans les bureaux de la Western Union Telegraph C°. La transmission se fait au moyen de la machine à écrire ; en général, on obtient ainsi une bande perforée qui sert d'intermédiaire pour la transmission ; la réception se fait également par le moyen d'une machine à écrire sur une large bande sur laquelle se reproduit fidèlement la page du télégramme original. Le télégramme reçu est plié et inséré dans une enveloppe à fenêtre qui ne laisse voir que l'adresse. Le rendement doit être le même que celui des appareils similaires, mais l'étude minutieuse des diverses fonctions accessoires a été dans cet appareil poussée à ses dernières limites et cette mise au point parfaite paraît devoir donner à l'appareil une certaine supériorité. Nous ne tarderons pas sans doute à le voir en service sur les lignes qui relieront l'armée américaine à ses bases.

Enfin la Poste elle-même est considérée, à juste titre, nous semble-t-il, comme un service tout aussi technique que les autres. L'élévation des salaires a amené l'introduction d'un nombre considérable de machines de toute espèce, pour compter, additionner, rendre la monnaie, transporter les sacs, les paquets, les lettres. La forme et la disposition de ces appareils varient à l'infini suivant les besoins, ce sont des chaînes, des hélices, des courroies mobiles, des pick-up, etc., de toute nature. Les tubes pneumatiques, qui sont de grosses dimensions, sont employés pour la poste et non pour le télégraphe. Enfin, il y a en essai, à Chicago, une très curieuse machine automatique à faire le tri. Disons encore que, aussi bien à la Poste que dans les grandes Usines, les opérations de contrôle de la comptabilité et les relevés statistiques sont faits à l'aide de machines, au moyen de cartes perforées. Le service du contrôle des articles d'argent comporte un certain nombre de grandes salles de machines, où des opératrices traduisent en perforations les données numériques des mandats ; ce sont ensuite d'autres machines spéciales qui sont chargées d'interroger ces perforations, de contrôler les additions, d'assembler et de classer les cartes, d'établir la balance des comptes des receveurs. Aucun spectacle n'est plus instructif.

Le matériel postal, fermetures de sacs et cadenas, les sacs et leur dépoussiérage, les trucs électriques, wagons-poste, etc., ont été rapidement examinés ; des échantillons ou des dessins ont été gracieusement fournis par l'Administration américaine. Signalons que les wagons poste sont entièrement en acier ; il n'y a point de bois ; ils sont donc à l'épreuve du feu, et même, en cas d'accident, les chocs y sont moins dangereux, les déformations étant moins à redouter que des ruptures et les éclats. L'éclairage est électrique, il est assuré par une dynamo calée sur l'essieu associée à des accumulateurs. En ce qui concerne les prises de sacs en marche un fonctionnaire américain qui pendant quinze ans avait roulé sur les ambulants, disait qu'au cours de sa carrière il n'avait jamais manqué un sac, avec le crochet mobile qui sert à les prendre au vol en cours de route.

Le Government printing Office est justement fier d'une très belle machine à imprimer les cartes-lettres, dont le débit est vertigineux ; le Bureau of engraving a mis remarquablement au point la fabrication en taille-douce à la machine des timbres courants et la confection des rouleaux. Il renonce, il est vrai, au perforage dans un des deux sens et les papiers qu'il met en œuvre sont excellents.

La mission a eu également l'occasion de voir plusieurs usines équipées pour la fabrication en série ; là rien ne peut être laissé à l'initiative de l'ouvrier et l'absolue conformité aux types qui est de rigueur à tous les stades de la fabrication y est contrôlée d'une façon continue. Les modèles sont étudiés avec les soins les plus persévérants, dans des ateliers à part ; enfin les méthodes mêmes de travail sont l'objet d'une prédétermination. Il est remarquable de constater que l'on trouve, jusque dans le travail d'écritures, une section spéciale chargée de déterminer et de tenir à jour les méthodes de travail. Une modification ne peut donc être apportée à une fabrication, que lorsque les spécialistes ont examiné d'une façon approfondie toutes les répercussions qui en résultent dans toutes les branches de l'Usine. Toutes les opérations, en descendant jusqu'aux plus infimes détails, ont donc été préalablement essayées, modifiées, éprouvées et fixées. A partir de ce moment, tout l'ensemble est pareil à un mécanisme bien monté qui fonctionne automatiquement avec une absolue régularité ; la production économique en grand est assurée par la fabrication en série ; c'est dans ces conditions que la standardisation est obtenue. C'est ainsi que dans l'Usine Ford où l'on fabrique 3.000 automobiles par jour, le prix payé à l'ouvrier peut s'élever à 0 dollar 45 de l'heure, sans compter la participation aux bénéfices qui est importante et cependant le prix de la main-d'œuvre n'entre dans la valeur du produit fabriqué que pour 12 p. % environ.

Toutes ces vastes organisations américaines possèdent un service d'études techniques d'exploitation et un laboratoire pour la réalisation des appareils nouveaux. Les services d'études ont des ingénieurs compétents, dont la responsabilité est d'assurer à leur société ce qu'il y a de meilleur. Avec une attention et un soin remarquables, ces ingénieurs de l'exploitation étudient toutes les difficultés, même les plus légères que la pratique courante rencontre et signale ; ils se préoccupent, d'abord, de définir exactement ces difficultés et de déterminer toutes les conditions à remplir pour les faire disparaître. Le problème étant clairement posé et avec des données précises, le service des études en recherche immédiatement la solution sous forme de méthode d'exploitation nouvelle à introduire ou sous forme d'appareil nouveau à mettre en service. S'il s'agit de créer un appareil nouveau, le Service des études fait appel au Laboratoire, auquel il donne les spécifications de l'appareil désiré et dont il suit et critique les travaux au fur et à mesure de la réalisation de l'appareil. Ces recherches du Service des Études et la collaboration entre ce Service et le Laboratoire conduisent toujours à une solution excellente, qui n'est peut-être pas ce qu'un inventeur trouverait de meilleur, ni ce qu'un fournisseur intelligent livrerait au moindre prix, mais ce qui répond le mieux aux conditions du problème envisagé sous toutes ses faces — en tenant compte de toutes les répercussions, des frais d'entretien et de déplacement, des modifications de locaux, des transformations corrélatives de matériel et de personnel, des habitudes du public, des durées d'application prévues.

Les conditions étant une fois fixées par les ingénieurs, la méthode nouvelle ou l'appareil nouveau sont standardisés, c'est-à-dire deviennent, soit une pratique régulière et généralisée à l'exclusion de toute autre, soit un appareil de type adopté une fois pour toutes, produit en série en grandes quantités et pendant une longue durée.

Naturellement, le groupement chargé du service d'études et de recherches techniques exige des sociétés d'exploitation associées un tribut qui lui permet de faire face aux dépenses qu'entraînent la constitution et l'entretien de ces laboratoires, merveilleusement outillés, et de ces bureaux d'ingénieurs, où des spécialistes procèdent, en grand nombre et souvent avec une très grande indépendance, à des travaux de technique supérieure ou même de science pure. Mais ces recherches industrielles, faites avec des méthodes scientifiques, ont été, dès le début, une source si féconde de perfectionnements, ceux-ci entraînant eux-mêmes des économies si importantes dans l'exploitation, que les sociétés particulières privées ne trouvent pas trop élevées les redevances qu'elles paient aux laboratoires. Et dans aucun pays les industriels n'ont plus qu'aux États-Unis foi et confiance dans la recherche scientifique, bien que, plus que partout ailleurs, avec un sens pratique très sûr, ils soient habitués à apprécier en argent la valeur des choses.

POMEY.

LA POSTE [1]

SOMMAIRE. — Installations visitées. Le Government printing office ; la monotype Lanston. La rotative Potter pour cartes postales. Le Bureau of engraving. La taille-douce. Les timbres-poste en petits rouleaux. La Poste et le monopole télégraphique. La concurrence télégraphique sur les quais de débarquement. La Poste aérienne. Le service pneumatique postal. L'avènement de l'automobile. Bureaux ambulants en acier. Dispositif pour prendre les sacs en marche. Les wagonnets de quai automoteurs. Les convoyeurs ou transporteurs automatiques. Nécessité pour le constructeur de connaître à fond les besoins du service. Sacs postaux, fermeture, dépoussiérage. Machine Flier. Machine à ficeler les liasses. Machine à rendre la monnaie. Machine à écrire. Machine à additionner. Machine à faire le tri automatique des lettres, en essai à Chicago. Bureaux de quartier. Boîtes aux lettres. Machines à ouvrir les lettres. Sears Roebuck and Company et les cédules de temps. Service des money orders. Contrôle mécanique au moyen des machines à classer et des machines à additionner et à faire le bilan. Le classicompteur March et les tableaux de recensement. Emploi des fiches perforées. Machine Hollerith et machine Powers. Description détaillée de la classeuse Powers. Usage des fiches perforées à la Cie Edison. Importance de l'introduction des machines dans les contrôles de comptabilité. Historique des mandats poste américains. Payement aux guichets des banques.

MESSIEURS,

C'est aujourd'hui de la Poste que j'ai à vous entretenir.

Voici tout d'abord les installations que nous avons visitées. Nous avons été reçus à l'Administration Centrale ; nous y avons examiné, en particulier, le contrôle des articles d'argent ; la fabrication des serrures de sûreté, le dépoussiérage des sacs postaux.

---

(1) M. l'Ingénieur en Chef POMEY, Conférence faite à l'École Supérieure des Postes et Télégraphes, le 17 août 1917.

On nous a conduits au bureau de Poste principal de Washington et nous avons passé une journée au *Government printing Office* et au Bureau of engraving. Nous avons jeté un coup d'œil rapide sur le bureau central de New-York. Nous avons pu consacrer un peu plus de temps au bureau central de Chicago, à des bureaux gares, à des bureaux de quartier (fig. 1 et 2), à des bureaux ambulants.

Comme j'ai eu autrefois l'occasion de m'occuper de l'installation technique de l'Imprimerie nationale, l'installation du *Government printing Office* offrait pour moi le plus grand intérêt. J'y ai constaté que la composition à la main n'était pas bannie de l'établissement, mais qu'il y avait deux sections considérables qui m'ont paru d'égale importance, consacrées l'une aux linotypes, l'autre aux monotypes. On sait que les linotypes sont des fondeuses qui produisent des blocs représentant chacun une ligne toute justifiée, tandis que les monotypes produisent des lignes constituées par des caractères fondus individuellement.

Les partisans de chacun de ces genres de machines ont donc été départagés en Amérique, puisqu'elles y sont représentées en nombre à peu près égal.

La plupart des imprimeries de journaux en France utilisent la linotype, tandis que dans les imprimeries de ville, on rencontre, à côté de la linotype, la monotype qui est le plus souvent du système Lanston. Une monotype a l'avantage de pouvoir servir à l'occasion de simple machine à fondre.

La monotype a bien des titres à l'attention de l'ingénieur des télégraphes ; on ne s'en étonnera pas si l'on remarque que l'appareil télégraphique Murray a tout d'abord été conçu pour permettre la composition typographique à distance et si l'on est au courant des essais qui ont été tentés pour se servir de la monotype Lanston dans ce même but.

A vrai dire, le problème télégraphique est un peu plus simple que le problème typographique. Il y a la même différence entre les deux qu'entre l'impression à la machine à écrire et l'impression typographique des livres et journaux. Dans la machine à écrire, les lettres occupent toutes, sur le papier, des cases de même

Fig. 1. — Bureau de quartier à Chicago.

Fig. 2. — Intérieur d'un bureau de quartier.

largeur : on peut s'en rendre compte aisément, en regardant une
copie faite à la machine à écrire, sous une incidence rasante ;

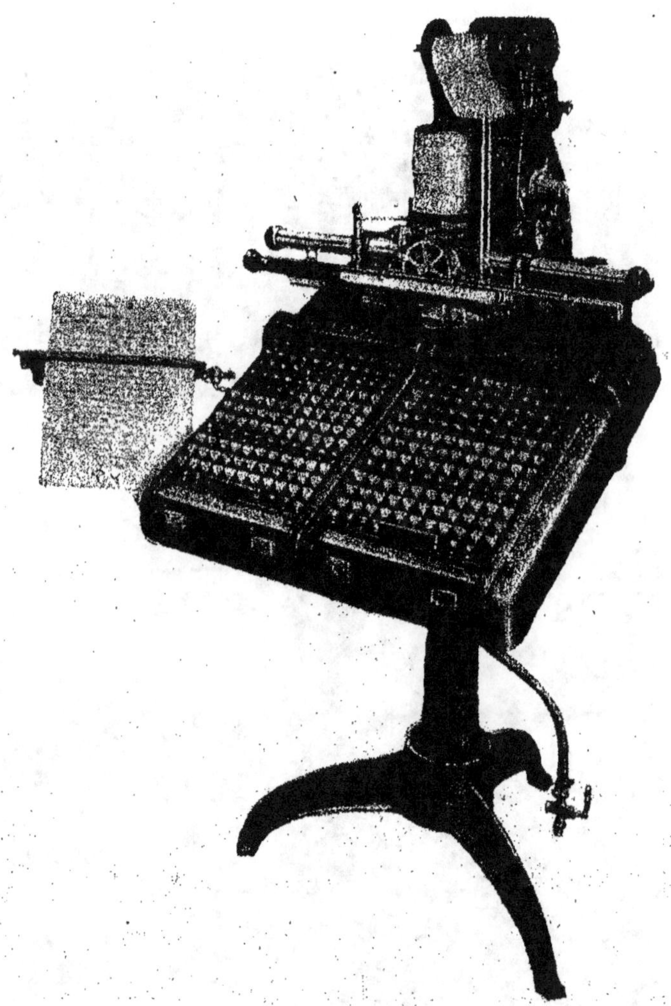

Fig. 3. — Monotype Lanston : clavier.

l'œil voit aisément alors les lignes de fuite formées par les colonnes
blanches qui représentent les intervalles de lettre à lettre. On

essaye de corriger l'aspect désagréable qui résulte de cette égalité choquante entre les lettres en modifiant pour le mieux leur œil,

Fig. 4. — Monotype Lanston : fondeuse.

c'est ainsi qu'on fait reposer la lettre i sur un trait de base élargi et qu'on rapproche les jambages amincis de l'm. Les bouts de ligne restent en l'air.

Dans la composition typographique, au contraire, les extrémités de lignes doivent être parfaitement au-dessous les unes des autres ; on y arrive en augmentant convenablement les largeurs des blancs ; la ligne est alors justifiée. Il en résulte que, tandis que les lettres ont des dimensions fixes, celles des espaces doivent être variables.

Dans la linotype, les espaces sont constituées par deux coins opposés, leur serrage produit le blocage qui donne à la ligne sa pleine longueur. Dans la monotype, c'est aussi un coin qui est employé, mais d'une façon bien différente.

Voici le principe de la machine Lanston (fig. 3 et 4).

On commence par préparer une bande perforée. Cette opération se fait au moyen du clavier monotype. Cette bande passe ensuite à la fondeuse. Le clavier effectue deux actions distinctes qui se produisent simultanément lorsque l'on en manœuvre les touches ; il perfore et il justifie.

Dans les appareils télégraphiques, chaque lettre est représentée par son rang sur la roue des types ; un seul signal par tour caractérise une lettre de l'appareil Hughes, sur la bande perforée correspondante un seul trou suffirait. Dans l'alphabet de la Lanston les lettres et signes conventionnels occupent les cases d'un carré, en forme de table de Pythagore, de quinze lignes et de quinze colonnes.

Toutes les lettres qui sont dans une même colonne ont la même largeur. Il résulte de cette sujétion que les largeurs des lettres usuelles ne sont pas toujours conformes aux anciens usages, bien que les formes aient été choisies très judicieusement pour atténuer l'effet de ces différences.

On voit donc que pour caractériser une lettre il faut deux perforations, l'une correspondant au numéro de colonne, l'autre au numéro de la ligne. On peut d'ailleurs s'abstenir des deux perforations extrêmes, parce que la casse à matrices, qui reproduit notre table de Pythagore, s'arrêtera alors d'elle-même à fond de course dans un sens ou dans le sens transversal. Cela fait donc 28 poinçons.

Or, au fur et à mesure que la ligne se compose, les unités de largeur contenues dans les lettres et les espaces s'additionnent et un tambour justificatif indique le nombre d'unités dont la ligne est courte. Mais chaque espace est composée d'une partie fixe et d'une partie additionnelle variable.

A l'espace justificative correspond un 29ᵉ poinçon ; le 30ᵉ et le 31ᵉ ou dernier servent l'un de rappel à la ligne, l'autre de dégagement pour le tambour justificatif, au moment où l'on veut l'interroger ; il donne alors les numéros des touches de justification qu'il convient d'abaisser, pour que les parties additionnelles des espaces prennent la valeur convenable. Il n'y a jamais que deux numéros, correspondant à deux valeurs inégales, la plus petite servant d'appoint.

On aura donc soin d'engager à rebours la bande dans la fondeuse de façon à faire passer la fin de la bande avant le commencement ; les perforations caractéristiques de la justification applicable à une ligne seront ainsi connues du mécanisme, avant que la fonte ne commence. Les deux coins dont les pentes correspondent aux deux valeurs dont on vient de parler, seront donc tout de suite placés convenablement et les espaces auront les épaisseurs compatibles avec la justification.

Chaque lettre étant représentée par deux perforations, l'une servira au déplacement longitudinal, l'autre au déplacement transversal de la casse à matrices, celle-ci présentera donc à la fondeuse l'œil de la lettre en position correcte. Ces perforations ne sont pas interrogées par des aiguilles chercheuses, comme dans le Wheatstone ou le Murray, mais la bande dont la largeur transversale est divisée virtuellement en trente et une divisions et qui avance à chaque lettre d'une unité de longueur, est pressée contre un cylindre où débouchent trente et un conduits dont elle masque les orifices, sauf au droit des perforations. L'air comprimé, provenant d'un compresseur adjoint à la machine, est donc intercepté ou admis dans les divers conduits correspondants. Il agit sur des pistons qui soulèvent des goujons de butée et ceux-ci serviront de repères pour le placement de la casse à matrices.

Ces machines étant bien connues et leur description détaillée ne laissant pas que d'être compliquée, je me borne à donner ici des vues du clavier et de la fondeuse.

Tout le vaste ensemble du *Government printing Office* est digne de servir de modèle à une imprimerie nationale ; on y voit en grand nombre les machines Miehle, naturellement ; mais, parmi les machines spéciales, celle qu'on peut considérer peut-être comme la plus belle de l'établissement, c'est la rotative qui imprime les cartes postales. Cette machine ne nous était pas inconnue. Le service de la fabrication des Timbres-poste avait reçu un catalogue qui en faisait mention. Mais l'importance de cette machine était hors de proportion avec les besoins de la France, la faveur du public allant aux cartes-lettres qui, depuis la réduction de la taxe à dix centimes, offraient sur la carte postale l'avantage d'une correspondance fermée, conforme aux sentiments de discrétion de nos compatriotes. Cette machine rotative possède un marbre cylindrique à rainures hélicoïdales systéma-tiques, servant à la fixation des très petits et très minces clichés cintrés correspondant au timbre et au texte au moyen d'agrafes spéciales. La rapidité de cette machine est presque comparable à celle des rotatives à journaux ; la bande est refendue et les cartes sont découpées, comptées et assemblées, avant de sortir de la machine ; il n'y a plus qu'à mettre sous bande les paquets de dix, c'est une opération qu'effectue une dizaine d'ouvrières dont l'activité est admirable. Je crois que cette belle machine mérite d'être signalée à l'attention de l'Administration, bien qu'il n'y ait, à mon sens, dans sa construction aucun principe particuliè-rement nouveau. J'estime même que des machines spéciales construites sur le principe des rotatives de M. Chambon, le mé-canicien parisien bien connu, permettraient des mises en train plus faciles et donneraient les paquets sous bande, économisant ainsi la main-d'œuvre de réception. Seulement la machine amé-ricaine existe. Et c'est là une remarque que nous avons eu bien souvent l'occasion de faire, c'est que le développement de l'in-dustrie américaine ne résulte pas tant d'une éclosion d'idées nouvelles que de l'esprit d'initiative qui n'hésite pas à donner à des notions antérieurement acquises la réalité de la vie.

Après avoir parcouru rapidement la section typographique, nous avons eu accès au *Bureau of engraving*, qui est chargé des impressions en taille-douce.

Je rappelle en quelques mots les caractères des divers genres d'impression. Il suffit de regarder le dos d'une feuille imprimée typographiquement pour apercevoir les traces du foulage. Si l'on examine, au contraire, une impression lithographique, on constate une impression à plat. Mais si c'est une estampe qui arrête vos regards, vous reconnaissez aussitôt le relief de l'encre, qui, après avoir été emmagasinée dans les tailles, a été retenue par le papier, celui-ci généralement assez fin pour pouvoir au moment de la pression, s'introduire aisément même dans les traits les plus déliés de la gravure. Avec l'impression typographique, on met du noir sur du blanc et, que le trait soit épais ou mince, l'intensité intrinsèque de sa coloration est toujours la même ; les couches d'encre déposées par la taille-douce sont au contraire d'épaisseur variable suivant la profondeur des tailles et, grâce à une certaine transparence, leur ton varie en proportion ; aussi bien des effets ne sont possibles qu'avec la gravure en creux ; il en résulte un cachet artistique des plus séduisants. D'autre part, la reproduction photomécanique est rendue délicate, car dans les procédés de morsure industrielle on est obligé de traiter la planche par plages, de façon à faire ressortir par une profondeur plus grande les parties les plus accentuées, et l'on réussit ainsi, avec les dessins ordinaires, à atteindre la vérité, mais cette méthode est bien moins efficace, lorsqu'on a affaire à des tracés d'impression fiduciaire, parce qu'on peut avoir des tailles énergiques allant en décroissant dans un sens, recoupées par des tailles très fines allant en progression dans un autre sens, de sorte que le traitement qui conviendrait à la morsure correcte des unes diffère de celui que demanderaient les autres ; il en résulte donc des imperfections qualitatives qui n'échappent pas à un œil exercé.

En revanche, les corrections d'une gravure au burin n'offrent aucune difficulté. On peut avec une pierre dure reboucher les trous et repasser la pointe. Enfin les dimensions sont difficilement maintenues invariables, l'impression se faisant sur un papier mouillé et le séchage s'opérant à une température élevée par oxydation du vernis.

Dans l'impression typographique, au contraire, les corrections sont à peu près impossibles, car là où le métal a été emporté, on ne saurait venir en remettre. De plus, au lieu d'avoir à tabler sur le caractère qualitatif d'un aspect plus ou moins réussi, on peut se fier à la rigueur du dessin. En fait, les impressions typographiques ne sont guère l'objet d'imitations frauduleuses ; ce sont des contrefaçons en lithographie qui ont été émises ; et cela prouve bien la difficulté que le faussaire a éprouvée à reproduire le procédé original ; en même temps, la différence des procédés est de nature à révéler la fraude.

Quoi qu'il en soit, tandis que nos billets de banque sont faits en impression typographique en quatre couleurs, c'est en taille-douce que sont généralement fabriquées les bank-notes. Le directeur du *bureau of engraving*, tout en rendant justice au goût artistique de la vignette adoptée par la Banque de France, trouvait dans la constitution de nos billets un manque d'esprit pratique ; ce qu'il critiquait, c'est le peu de solidité du papier, qui se déchire si facilement. Et en effet, qui de nous n'a eu entre les mains des billets recollés avec des bandes gommées ?

Il faut dire que le mal serait beaucoup plus grand en Amérique, étant donnée l'habitude de mettre les billets, froissés en boule, dans une poche de ses vêtements. Et nous ajouterons que les fibres de la pâte à papier qui sert à la Banque de France, donnent au toucher une impression onctueuse si caractéristique que, dans la plupart des cas, une falsification se décèle par le tact avant d'être vérifiée par l'inspection méthodique.

Après avoir passé en revue les diverses machines si curieuses qui sont utilisées à la fabrication des green-backs, nous avons consacré notre attention à la fabrication des timbres-poste en rouleaux.

C'est une fabrication sur rotative aujourd'hui tout à fait au point. L'impression en taille-douce sur rotative était pratiquée à Paris depuis plus de quarante ans pour les cahiers de modèles d'écriture de Godchaux et il y a de longues années que la maison Godchaux elle-même avait proposé à M. Fribourg, alors Directeur à l'Administration centrale, l'emploi de ce procédé pour les timbres-poste. Depuis cette époque, nous avons vu l'emploi de la taille-douce sur rotative associé aux procédés photomécaniques : les planches en couleur de l'*Illustration*, le journal le *Miroir*, les *Lectures pour tous* sont ainsi obtenus.

Mais pour des vignettes comme celles des timbres-poste il faut une encre moins fluide ; puis pour la confection des petits rouleaux, il faut que la solidité du papier réponde à la rapidité de l'enroulement ; enfin, les Américains renoncent au perforage longitudinal, supprimant ainsi la difficulté qui consiste à faire coïncider le recoupage en bandes avec la ligne médiane de perforage, de façon à laisser une dentelure sur les bords latéraux de la figurine.

Par conséquent, aucune difficulté technique ne paraît s'opposer à la fabrication de petits rouleaux de timbres-poste imprimés en taille-douce. Mais il faut, pour obtenir ce résultat, consentir à bien des changements. Il faut un papier spécial, une figurine nouvelle, des ouvriers taille-douciers, un procédé nouveau de multiplication des clichés, la suppression du perforage longitudinal ; enfin un nouvel outillage.

Toujours est-il que l'atelier du *bureau of engraving* où se trouvent les nombreuses machines rotatives en taille-douce pour timbres-poste, les machines à découper en bandes et à faire de petits rouleaux est en pleine activité et donne toute satisfaction.

A côté de ces machines rotatives, il convient de signaler les très nombreuses presses mécaniques pour taille-douce du genre des machines Hoe, bien connues en France et si répandues partout, à l'Expédition pour la confection des papiers d'Etat de Petrograd, à l'Imprimerie des papiers fiduciaires de Turin, par exemple.

Je ne puis m'attarder à décrire le fonctionnement de ces machines.

Je dois dire cependant un mot du procédé employé pour la multiplication des planches gravées en taille-douce. Je connaissais, pour les avoir vues à Londres et à Turin, les machines à transfert de Macdonald. Ce sont des machines analogues, mais d'une firme américaine qui sont employées au *bureau of engraving*.

Elles donnent des résultats parfaits, mais ce sont des outils qu'il faut savoir manier et l'on ne saurait songer à les introduire dans un atelier, si l'on ne dispose pas du personnel compétent.

Dans ces machines la gravure est transportée d'un rouleau trempé portant les tailles en relief sur une planche d'acier par un petit mouvement de roulement sous pression. La trempe, le répérage à chaque passe, le réglage de la pression requièrent des opérateurs exercés.

L'installation matérielle du *bureau of engraving* est grandiose ; la lumière et l'air y sont répandus en abondance. Les plafonds sont hauts. La visite des ateliers est autorisée au public ; il circule dans des galeries formant entresolement et qui sont vitrées ou grillagées pour maintenir la séparation qui convient à la sécurité des valeurs.

Les produits de cette institution de gravure sont d'un fini remarquable.

L'Administration des Postes nous a donné toute facilité pour visiter ses divers services. C'est la première fois qu'une mission postale française s'est rendue en Amérique. L'accueil si aimable qui nous a été fait appelle tous nos remerciements. Je souhaite vivement que les liens que nous avons contribué à établir, aillent toujours en se resserrant plus étroitement.

A l'époque de notre arrivée, le *Postmaster general* venait de renouveler les avis qu'il avait déjà émis dans ses trois derniers rapports annuels, au sujet de la question du monopole. Dans ses avis motivés, il demandait au Congrès de déclarer le plus tôt possible monopoles d'État tous les moyens de transmission de la pensée. Pratiquement, il réclamait l'incorporation dans l'administration, qui a le service des postes, des réseaux télégraphiques et téléphoniques des États-Unis.

On invoque d'abord des raisons d'ordre public. « Laisser le télégraphe et le téléphone aux mains de propriétaires qui sont de simples particuliers, c'est leur abandonner la direction de ces importants véhicules de la pensée ; c'est empiéter sur les attributions réservées par la Constitution au Gouvernement national. Or, au sein du Gouvernement national, c'est à l'Administration des Postes qu'est réservée la direction des moyens de communication ; c'est donc à elle qu'en vertu de la Constitution, le télégraphe et le téléphone devraient revenir. Ne convient-il pas, d'ailleurs, d'imiter l'exemple des grandes nations européennes ? Bien plus, c'est à la politique traditionnelle des États-Unis que l'on se montrerait fidèle, puisque c'est le gouvernement qui a posé la première ligne téléphonique aux États-Unis et en a donné alors l'exploitation à la Poste, cette exploitation étant de l'essence de son service.

Enfin l'acte du 24 juillet 1886 a autorisé le rachat des réseaux particuliers et celui de 1902 a invité le *Postmaster general* à faire savoir au Congrès l'importance probable du coût du rachat dès qu'il pourrait proposer pour son exécution un plan de campagne satisfaisant, un schème réalisable.

La prospérité et le bonheur de la nation dépendent de la pleine utilisation par le peuple lui-même de tous les instruments qui sont au service de la pensée ; c'est un but qu'on ne saurait atteindre, si ce n'est pas le gouvernement qui en est propriétaire.

Que de mesures gouvernementales n'a-t-on pas proposées et adoptées, alors que leur accord avec la Constitution était une question douteuse ; mais le principe qui attribue à l'Etat la propriété du télégraphe et du téléphone doit être admis avec d'autant moins de difficulté que c'est dans la loi constitutionnelle elle-même qu'il puise sa principale force. »

Il m'a paru curieux de reproduire les arguments théoriques invoqués par l'Administration des Postes ; il est probable que dans un pays qui doit tout à l'initiative privée, cet appel ne trouvera pas beaucoup d'écho. Cependant l'Administration des Postes borne aujourd'hui ses ambitions à la réalisation d'un programme restreint bien défini, où l'on voit la marque de l'esprit pratique américain.

C'est le Secrétaire d'Etat de la Guerre qui formule la proposition et l'Administration des Postes l'appuie ; elle consiste dans le transfert à l'Administration des Postes du service des câbles et du télégraphe de l'Alaska.

En même temps, l'Administration des Postes, remarquant l'analogie de la situation des îles Hawaï avec l'Alaska, puisque le réseau y appartient en grande partie à l'autorité militaire, fait remarquer qu'elle pourrait prendre aussi l'exploitation télégraphique des îles Hawaï. Il pourrait en être de même à Porto-Rico où le réseau est la propriété du gouvernement insulaire. Dans les deux cas, il n'y aurait qu'une simple cession de service public à service public. Ces réseaux étant géographiquement indépendants des grands réseaux existants, leurs relations avec ceux-ci ne soulèveraient point de difficultés administratives. Si réduit que soit le champ d'expériences, il serait cependant assez grand pour montrer aux yeux de tous l'avantage de l'exploitation par l'État. Il suffirait d'ouvrir, pour 1918, un crédit de $ 300.000 représentant les frais d'exploitation télégraphique dans l'Alaska et dans les îles.

Je n'ai pas besoin de dire que les grandes Compagnies télégraphiques ne se laisseront pas déposséder par persuasion. Elles ont une administration souple et hardie, qui s'adapte aux besoins du public et qui n'est pas entravée par des règles administratives trop rigides.

Il suffit de débarquer à New-York pour s'en apercevoir immédiatement : de tous les côtés, vous apercevez sur le quai des employés des diverses compagnies télégraphiques qui vous présentent des formules télégraphiques, un sous-main, un crayon ou un stylographe, vous taxent votre télégramme séance tenante et vous rendent la monnaie immédiatement sans difficulté ; de petits courriers emportent les télégrammes vers les bureaux expéditeurs. Supposez que vous arrivez à Bordeaux et comparez. Le plus souvent, je pense, on a recours à l'obligeance de quelqu'un des agents de la Compagnie transatlantique, qui se charge gracieusement de vos télégrammes. Evidemment, l'Administration télégraphique n'est pas stimulée par la même concurrence. Et pourtant, n'y a-t-il rien à faire ?

Poste aérienne. — Nous avons demandé s'il n'y avait pas des routes postales desservies aériennement ; sans doute, le remarquable développement de l'aéroplane a renforcé le désir de l'Administration américaine, d'utiliser ce nouvel engin pour étendre au loin les bienfaits de la distribution postale, en Alaska, par exemple. Elle a posé des affiches, sollicité des offres, mais les adjudicataires éventuels n'ont pu se procurer les avions ; les efforts de l'Administration ont donc été vains. Alors elle a entamé des pourparlers avec les fabricants eux-mêmes ; elle s'est mise en rapport avec le comité consultatif de l'aviation, elle désire établir un service aérien de distribution postale ; elle veut mener ce service d'essai avec la rigueur d'une expérience scientifique. Elle a suivi de près le transport postal qui a été fait en avion de Chicago à New-York.

Cependant l'Administration a été impressionnée par les rapports publiés à l'étranger ; le ballon dirigeable de type rigide a reçu de grands perfectionnements, il peut enlever une cargaison de 15 tonnes ; ce poids est à peu près l'équivalent de celui de trois cents passagers. L'Administration hésite entre le dirigeable et l'aéroplane.

Elle demande un crédit de $ 100.000 pour faire des expériences.

Service pneumatique. — Dans les bureaux de poste les plus importants, il y a des tubes pneumatiques de grandes dimensions. On avait bien proposé à l'origine des tubes de 36 pouces ou de 24 pouces de diamètre ; mais en réalité, les diamètres sont généralement de 8 pouces, parfois de 6 pouces. C'est un adjudicataire qui assure le service pour le compte de l'Administration ; il a son personnel à lui. Les curseurs, cela va sans dire, sont de pesants projectiles ; ils arrivent, après un dispositif convenable de ralentissement, sur des tables recouvertes d'une tôle. Comme ils ont six pouces sept huitièmes de diamètre et vingt et un pouces de long, il faut pour les manier des hommes d'une vigueur exceptionnelle. Ce sont en effet des opérateurs taillés en hercules, qui prennent les curseurs, les soulèvent, les ouvrent, les

amènent au-dessus de la table postale de réception, les retournent
et déversent le contenu, sans y avoir touché avec les mains. C'est
une condition imposée à l'adjudicataire, probablement pour
maintenir la responsabilité du maniement des correspondances
dans le service postal, mais c'est aussi une nécessité matérielle,
parce que ces curseurs, qui viennent, avec un bruit formidable,
buter contre les rebords de la table métallique, y arrivent pleins
de savon ou de matière grasse et il ne faut pas maculer les objets
de correspondance. Or il arrive tout de même que quelques
gouttes tombent sur la table de réception postale, pendant qu'on
y déverse les lettres d'un curseur. Les hommes ont de grands
tabliers et il est bon de ne pas séjourner au milieu d'eux et de
leurs manœuvres de force. L'ouverture des curseurs est d'un
mécanisme ingénieux et simple ; la destination des curseurs est
marquée par un signe à la craie, mis à la main par l'opérateur
qui ferme le projectile.

On peut se demander quelle est la valeur de ce système d'exploitation.

La question est intéressante parce que l'ancien comité technique de l'Administration a reçu des propositions d'industriels
en vue de l'organisation à Paris d'un service pneumatique qui
relierait l'hôtel des Postes aux gares de la rive droite et plus particulièrement à la gare du Nord.

Il est bon de faire en quelques mots l'historique du réseau
pneumatique américain. D'ailleurs nous avons rapporté les plans
des divers réseaux.

Il y a des tubes à Boston, New-York, Brooklyn, Philadelphie,
Saint-Louis. Ils ne se sont pas généralisés dans les autres villes
de l'Union. Actuellement, l'étendue du réseau est en tout de 56
milles. Le mille, comme vous savez, est de 1.609 mètres ; c'est
la longueur adoptée au temps de Newton ; on croyait alors la
Terre plus petite qu'elle ne l'est ; on sait que la mesure à peu
près correcte ayant été faite par Cassini, Newton put reprendre
ses calculs vieux de deux ans sur l'attraction de la Lune et obtenir enfin un résultat qui confirmait ses découvertes. La longueur
de la minute d'arc de méridien est de 1852 mètres environ. Néan-

moins l'Angleterre conserve toujours pour longueur du mille terrestre la longueur de 1609 mètres.

Les lignes pneumatiques sont toujours des lignes doubles, une pour l'aller, une pour le retour. Le prix payé à l'entrepreneur, frais d'établissement et frais d'exploitation compris, s'élève par mille et par an à $ 17.000. La vitesse, telle qu'elle est exigée par le cahier des charges, est de trente milles à l'heure.

C'est en 1893 que le service a été inauguré à Philadelphie, par une ligne reliant le bureau central à East Chestnut Street.

Le 1ᵉʳ mars 1894 la ligne a été prolongée jusqu'à Bourse station moyennant le prix de $ 4.000 par mille et par an.

Le 30 juin 1897, l'Administration de la poste demandait des crédits pour l'application à New-York du système pneumatique. On espérait économiser de 65 à 70 pour cent des fourgons alors en service, le diamètre des tubes étant porté à huit pouces.

En 1898, le Congrès vota un crédit de $ 150.000, pour l'établissement de lignes à Philadelphie, New-York, Brooklyn et Boston. On devait utiliser des curseurs du modèle courant actuel.

Vers 1897, il y eut diverses augmentations à New-York et à Boston ; un renouvellement de contrat à Philadelphie ; mais tandis que le prix était auparavant de $ 14.000, par mille et par an, il monta alors à 16.966.

Une ligne de New-York à Brooklyn date de 1898 ; mais à cette époque, le Congrès interdit la passation de nouveaux marchés.

Bien plus, en 1901 et 1902, il refusa tout crédit. Le service des tubes fut interrompu pendant un an.

Il fut repris pourtant en 1902. En 1903, il y eut un vote de $ 500.000, par le Congrès, mais en revanche, il fixa à quatre ans la durée des contrats à venir ; et il demanda à être éclairé sur tout le système par des rapports d'experts.

Enfin, en 1906, il vota pour l'exploitation un crédit de $ 900.000 et il autorisa la conclusion de contrats jusqu'à concurrence de $ 1.250.000, pour une durée toutefois limitée à dix ans.

C'est ainsi que le réseau est arrivé progressivement à atteindre le développement de cinquante six milles.

Mais le 24 août 1912, le Congrès institua une Commission d'enquête. Celle-ci fit un historique de la question ; elle terminait cette revue chronologique en disant :

1° que le service pneumatique n'avait pas répondu à l'attente du département des Postes ou de ses promoteurs, si l'on avait espéré que l'emploi des tubes dût rendre inutile la circulation urbaine des véhicules postaux, comme il semble bien que ce fût l'idée de l'Administration, si l'on en juge d'après le rapport du second assistant du Post master général pour l'année fiscale expirant le 30 juin 1897, puisqu'il y est spécifié que l'établissement du service pneumatique supprimera pratiquement les transports postaux par roulage dans New-York city;

2° que le Congrès, à maintes reprises, a sérieusement mis en doute l'utilité et la convenance du système, car c'est évidemment la raison pour laquelle il n'a pas donné de crédits pour l'année fiscale expirant le 30 juin 1902, tandis que d'autre part, il imposait à l'autorité administrative du *Postmaster General* pour la passation des marchés relatifs à la continuation, au maintien ou à l'extension de ce service, des limitations plus étroites que pour n'importe quelle autre branche du service postal.

A Chicago, la longueur exploitée est de dix milles ; coût $ 170.000 par an ; la surface occupée à rez-de-chaussée est de 7.159 pieds carrés, ce qui représente un loyer annuel de $ 9.591.47. Or, avec vingt cinq automobiles, on assurerait le service. Il y aurait une suppression de main-d'œuvre dans les bureaux, mais il faudrait créer quelques autres emplois : tout compté, on pourrait réaliser une économie annuelle de $ 147.000.

La Commission d'enquête a déposé son rapport. Je le résume : depuis la création du réseau pneumatique, il s'est produit un fait nouveau : l'avènement de l'automobile.

A priori, les tubes pneumatiques doivent avoir un mauvais rendement; autrement, ne les verrait-on pas employés dans l'industrie privée, or c'est ce qu'on ne voit pas pour cette catégorie de tubes.

La Commission a procédé à de très nombreuses expériences. Voici les conclusions :

Sans doute le service pneumatique a quelques avantages : grandes vitesses pour de petits colis, indépendance du service et de l'encombrement des avenues ; mais que d'inconvénients !

La charge de chaque récipient est limitée ; elle ne dépasse pas cinq livres. Les grandes dimensions sont exclues, donc les curseurs sont impropres au service des journaux et des colis postaux.

La rapidité du débit est fort limitée ; entre deux envois, il faut laisser au moins un intervalle de dix secondes.

En fait, au moment de presse, on a recours aux voitures.

Il y a des pertes de temps aux bureaux intermédiaires : si, à un moment donné, ils ne font office que de poste de relais parce qu'il n'y a pas d'objet à destination de leur zone, il faut tout de même maintenir leur personnel en service, et cela arrive parfois quand il y a momentanément un grand trafic entre les bureaux extrêmes.

Dans les gares de chemins de fer, l'expédition ou la réception par tubes nécessitent des opérations supplémentaires.

Les particuliers se plaignent : tantôt les objets de correspondance sont détériorés, tantôt ils sont salis.

Il suffit qu'une ligne soit interrompue en un point pour que tout le réseau soit paralysé.

Le système manque de souplesse ; a-t-on besoin de satisfaire à un accroissement de trafic, il ne peut rien donner de plus que ce qu'il donne d'ordinaire.

Il est encombrant ; à New-York, les surfaces qu'il occupe représentent des frais de loyers importants.

Le prix de $17.000 par mille et par an, pour une ligne double, est excessif.

Les autos sont de tout point préférables ; au moins, ils se prêtent au service des journaux et des colis postaux.

En résumé, la Commission demande la restriction du service pneumatique postal à des cas spéciaux : la liaison directe de bureaux très éloignés ou de bureaux séparés par une aire où l'encombrement de surface est continuel et infranchissable.

Le rappo t du Postmaster general se termine aussi par une plainte assez vive contre les agissements de la Compagnie concessionnaire qui mènerait une campagne de presse en vue de la prolongation du contrat.

Quant à nous, nous conclurons de l'expérience faite aux États-Unis qu'il ne faudra s'engager dans la voie des gros tubes postaux qu'à bon escient.

Ajoutons tout de suite que la question est tout autre, s'il s'agit de tubes pneumatiques pour un service à l'intérieur de vastes immeubles, pour remplacer la boulisterie dans un bureau télégraphique.

Nous avons rencontré dans les Administrations télégraphiques et dans les établissements commerciaux comme Sears Roebuck et Company de nombreux exemples de ce genre de réseaux où un grand nombre de postes satellites se trouvent ainsi reliés directement à un grand poste central. Toutes les lignes étant directes, la question des appareils est, par là même, réduite à sa plus simple expression.

Bureaux ambulants. — Nous avons visité de nombreux bureaux ambulants et l'Administration américaine nous a remis des dessins et des spécifications. Nous pouvons donc ici être brefs.

Ce qui frappe, c'est l'absence de bois, même pour les casiers.

Ces wagons sont en acier. C'est une condition favorable à la sécurité des valeurs et du personnel. Les risques d'incendie sont écartés. Dans le cas d'une collision, la tôle se ploie tandis que les boiseries donneraient des éclats dangereux.

Nous avons vu appliquer l'éclairage électrique, au moyen d'une dynamo, actionnée par un arbre de la voiture, associée à des accumulateurs qui entrent en jeu dès que la vitesse tombe au-dessous d'une valeur déterminée.

Le chauffage n'a pas donné lieu à des observations particulières : nous avons même vu des poêles ordinaires.

Le tri se fait le plus souvent dans des batteries de sacs. Les supports sont démontables.

Les sacs sont tenus par des crochets faciles à dégager.

Les bords des tablettes métalliques sont garnis de bourrelets de cuir.

Les wagons sont munis le plus souvent d'un système de grand crochet permettant la prise en marche des sacs postaux. Ceux-ci ont été placés entre les bras d'une potence à portée du train, lorsqu'il se présentera; l'employé vise l'anneau en appuyant sur un levier qui fait basculer le crochet et il enfile l'anneau, comme à un jeu de bagues. La forme de l'appareil est combinée pour faciliter l'opération. Un employé qui, pendant de longues années, a fait le service sur les ambulants nous disait qu'il n'avait jamais manqué son coup.

Pour amener les sacs dans les wagons ambulants, nous avons vu employer toute espèce de moyens mécaniques.

Très souvent, lorsque le bureau-gare est de plain-pied avec les quais, on se contente de charger les sacs sur un wagonnet, mais ce wagonnet est à propulsion électrique. Il possède un moteur actionné par des accumulateurs. Le convoyeur monte à l'arrière sur un marche-pied. Il y a des pédales pour commander la mise en marche et l'arrêt. Il dirige le véhicule. Il faut naturellement qu'entre le bureau et le point d'embarquement il n'y ait aucun obstacle naturel. Nous avons remarqué que le sol était continu et uni. D'autre part, le système ne peut être pratique que si les quais ne sont pas encombrés par la foule des voyageurs ou par des manutentions de bagages. Or, c'est en effet ce que nous avons observé avec un peu d'étonnement; les quais ne sont pas encombrés. Les personnes qui sont au courant de l'exploitation des chemins de fer pourraient sans doute expliquer les raisons de cet état de choses ; nous en suggérerons quelques-unes. Il n'y a pas d'engorgement à la sortie, parce que l'on n'est pas arrêté par les guichets où il faut remettre son billet, celui-ci ayant été généralement retiré en cours de route, puisque l'intercommunication des wagons facilite le service des employés dans les trains en marche; on ne subit pas les interrogations et la visite de l'octroi ; enfin les voyageurs n'ont avec eux que de petits bagages à main. Les bagages importants sont confiés à des agences dites de transfert qui se chargent de les faire prendre à domicile et de les faire porter de même à destination. Nul n'a donc à séjourner dans la gare à la recherche de ses bagages. Ceux-ci ont souvent pris un train spécial. Parfois ils arrivent en retard : c'est le revers de la médaille. Mais il est bien probable que cette séparation du service des voyageurs et du service des messageries facilite la bonne tenue, si frappante, des gares américaines. Ajoutons à cela des salles d'attente vastes, spacieuses, aérées, propres, où l'on séjourne plus volontiers que sur un quai.

Plusieurs maisons construisent ces tri-porteurs. Je citerai la General Vehicle C° de Brooklyn. (*Electric freight truck*).

Nous avons vu ce système employé à Washington.

A New-York et à Chicago, nous avons vu, dans certaines gares, les sacs transportés mécaniquement par des « convoyeurs » ou courroies sans fin, associés avec des dispositifs très variés destinés à racheter les différences de niveau. Finalement, les sacs descendaient par une hélice dont l'ouverture pouvait être tournée du côté de la porte de l'allège stationnant à proximité ; de cette façon, les sacs tombaient d'eux-mêmes dans l'intérieur du wagon ambulant.

Conveyors. — De même, pour l'enlèvement des sacs, à l'arrivée, nous avons vu employer des moyens purement mécaniques : je citerai une des gares de Chicago. Entre deux quais du terminus, il y a deux voies et c'est entre ces deux voies qu'on rencontre un chemin latéral couvert de plaques métalliques. Au droit de l'ambulant, on écarte, au moyen d'un crochet en fer, une ou deux plaques de couverture et l'on aperçoit au fond du caniveau une large courroie sans fin ; il suffit donc de déverser les sacs postaux par cette trappe et les voilà véhiculés à trois cents mètres de distance jusqu'à un quai où les attendent les fourgons postaux des diverses destinations urbaines.

Il est bien clair que les dispositions des gares, si favorables à l'exécution du service postal, résultent de la coopération des compagnies de chemins de fer et du département des postes. Tout ce machinisme est favorisé par les prévisions qui ont été faites au moment de la création des gares.

C'est ainsi qu'étant à Chicago, nous avons appris que des travaux de démolition considérables portant sur plusieurs blocs avaient pour objet la construction d'une nouvelle gare, et que des conférences avaient lieu entre les représentants des chemins de fer et ceux de la poste; notre interlocuteur, ingénieur d'une grande société de « conveyors », avait été appelé à présenter divers projets, pour satisfaire au programme d'exploitation envisagé.

C'est un des traits caractéristiques de l'exploitation postale en Amérique que l'application en grand de tous les moyens mécaniques de transport, depuis les plus robustes qui emportent les sacs postaux les plus pesants dans leur cours impétueux, jusqu'aux plus légers qui entraînent avec célérité les petits paquets, les lettres isolées, les feuilles volantes. Les conditions d'application sont si variées, qu'on peut dire qu'en ce genre, aucun problème n'est insoluble. Si parfois les immeubles ont été faits en vue de leur destination, il est arrivé souvent aussi que la poste a été installée dans des bâtiments qui n'étaient pas faits pour elle. C'est bien le cas au bureau central de Chicago. Tantôt le service est de plain-pied, tantôt il est réparti en plusieurs étages. Mais l'emploi de l'électricité facilite le logement des moteurs et la division de la force motrice. Les dispositifs sont innombrables; les dessins que nous ont remis la Lamson C° en montrent plusieurs qui sont fort intéressants. Les bifurcations, les stations intermédiaires, la rapidité des pentes, les différences de niveau, n'offrent pas de difficulté insurmontable. Il est arrivé dans quelques cas, que le service des postes, pressé par le besoin, a commandé tel ou tel appareil, qui s'est trouvé installé sans étude bien approfondie. L'exécution a précédé les dessins et les plans. Mais c'est là l'exception.

Ce qui intéresse le plus, au premier abord, c'est l'ingéniosité des solutions; on admire les mécanismes, la nature des courroies, des tapis, des rouleaux, les serrures automatiques qui s'ouvrent aux stations voulues; on suit le mouvement de ces chariots qui se promènent au-dessus des trémies où elles déversent les correspondances et dont les allées et venues sont combinées pour égaliser le travail des divers employés des tables de relevage. Plus loin, ce sont des boîtes que les tapis roulants emportent, elles sont marquées de signes distinctifs, suivant leurs destinations ; ailleurs, l'employé jette à la volée sur un tapis en marche les lettres qui sont pour un autre service, un écran placé de l'autre côté arrête la lettre dans son vol si elle est lancée trop haut et la fait retomber sur le tapis mobile.

A Chicago, l'édifice de la poste centrale est un palais ; il forme une croix grecque ; au centre une coupole, surmontant une grande salle de pas perdus ; tout autour de ce hall, des balustrades bordant des promenoirs qui font communiquer les étages avec les escaliers et les ascenseurs. Les opérations postales de manutention sont confinées au sous-sol et au rez-de-chaussée. Pas de cour pour les fourgons. Sur un des trottoirs extérieurs, de grands coffres monumentaux en métal orné s'ouvrent pour les initiés ; c'est par là que les voitures font tomber les sacs, les colis postaux, etc. Cette matière postale se rend par une glissière sur des courroies ; un premier tri s'opère. L'ensemble est en général remonté automatiquement par des élévateurs à godets. Du sommet, les objets de correspondance iront à leurs diverses sections de manipulation ; ils pourront le plus souvent suivre la gravité.

Mais, à la réflexion, quand on voit que chaque employé reste immobile à sa place, que l'on n'a pas seulement supprimé les corbeilles, mais encore presque toutes les allées et venues, quand on se rend compte de la séparation des circulations concernant les objets recommandés, les lettres, les journaux et les colis postaux et qu'on s'aperçoit que tous les cas particuliers ont été prévus, on cesse de porter son attention sur les solutions si diverses que l'ingénieur mécanicien a réalisées et qui dépendent d'une technique qui n'a rien de particulièrement postal, puisqu'on en trouve des applications de toute sorte dans les magasins de nouveauté et dans les grands établissements de vente par correspondance, et l'on reporte son intérêt sur les travaux préparatoires qui incombaient aux autorités postales, lorsqu'elles ont eu à faire l'analyse et la synthèse de toutes les opérations de circulation, de façon à concevoir tous les besoins de l'exploitation et à poser aux constructeurs de convoyeurs mécaniques des problèmes bien adéquats à toutes les exigences du service.

On remonte ainsi à l'unité de conception qui a présidé à l'exécution de ce vaste plan de machinisme. Nul doute que cette vue d'ensemble n'ait grandement facilité la tâche des mécaniciens, en leur évitant bien des remaniements. Et c'est pour cette raison que je m'abstiens de décrire en détail ces transporteurs de divers genres : il ne s'agit pas en effet de tel ou tel appareil dont nous pourrions trouver l'application aujourd'hui à l'hôtel des Postes ou ailleurs; le problème doit se poser différemment; il faut que, sans se préoccuper d'une façon exclusive des difficultés à surmonter, le service d'exploitation fasse un plan d'exploitation, et le mécanicien lui fournira la solution.

Nous avons pu nous rendre compte de la perfection du système à Chicago parce que nous y avons suivi d'une façon méthodique les divers objets de correspondance depuis les divers points d'entrée jusqu'aux divers points de sortie. Mais il paraît que l'une des installations le mieux réussies serait celle de Saint-Louis où nous n'avons pu nous rendre, faute de temps.

Je dois dire que, si ingénieux que soient les transporteurs en usage en Amérique, il ne semble pas que l'on se trouve en présence de procédés exceptionnels; et, si des détails bien imaginés sont vraisemblablement protégés par des brevets, il est cependant probable que les constructeurs français pourraient très bien nous donner l'équivalent. Encore faudra-t-il savoir le leur demander.

Sacs postaux. — Nous avons rapporté des sacs postaux, gracieusement donnés à notre Administration par l'Administration américaine.

Je ne crois pas qu'on prenne pour la fermeture des sacs les mêmes précautions qu'en France. En revanche, on s'applique à favoriser l'ouverture et la fermeture rapides. Nous avons remarqué une ficelle, combinée avec une sorte d'encliquetage à frottement irréversible qui empêche le lien de se desserrer de lui-même.

En revanche, les cadenas utilisés pour la fermeture des sacs contenant les objets chargés ou recommandés sont des cadenas de sûreté pourvus d'un compteur; ce qui permet les contrôles. Ils sont d'un modèle qui est la propriété de l'État et ils sont fabriqués par lui.

Les sacs sont garnis d'œillets ou d'anneaux et de cuir. A cause de la présence du cuir, on ne peut les lessiyer; mais on peut les dépoussiérer; c'est ce qu'on fait dans des tonneaux rotatifs.

C'est à Washington que MM. Bouthillon et Valensi ont visité la fabrique des serrures et l'installation de dépoussiérage.

Petites machines. — Nous avons déjà décrit sommairement les chariots électriques; mais à l'intérieur des bureaux de poste, on trouve bien d'autres organes mécaniques que les « conveyors ». Comme en France, comme partout, il y a d'abord les machines à oblitérer du système Flier. Ces machines ont sur les autres l'avantage de donner, non pas une sorte de bande d'oblitération, qui macule toute la largeur de la lettre et par suite les indications si fréquentes de la raison sociale, mais une seule impression parfaitement nette et lisible comprenant le cachet d'oblitération, la flamme qui peut porter des inscriptions variées, telles que l'invitation à souscrire pour les bons de la Liberté, enfin le timbre à date, si essentiel pour le contrôle du service postal et si utile au commerce par la certification de date qu'il lui garantit. Bien que le mécanisme doive se déclencher à chaque lettre qui se présente à l'oblitération, il fonctionne avec la même vitesse que s'il était animé d'une rotation continue. Ces machines sont en location. Il y en a en général deux en service simultané : l'une pour les lettres courtes, l'autre pour les lettres longues, beaucoup plus fréquentes en Amérique qu'en France. Les lettres à timbrer étant déversées sur les tables, les employés les remettent sur la bonne face et dans le bon sens et les font glisser jusqu'au bord de la table où elles tombent dans une gouttière étroite où elles se tiennent de champ; mais le fond de la gouttière est occupé par une courroie en mouvement rapide qui les amène jusqu'à la machine à timbrer. On évite ainsi l'obligation de les prendre par

paquets pour les introduire dans un margeur automatique. C'est
là une disposition tout à fait recommandable.

Machine à empaqueter. — Quand un employé du service du
tri a réuni un certain nombre de lettres qu'il convient de réunir
en une liasse, le ficelage s'opère à l'aide d'une machine à lier.
Cette machine est unique pour un groupe de quelques employés;
elle est légère et montée sur roulettes; un sous-agent en a la
charge; il suit la marche du travail; il va présenter sa machine
à celui qui en a besoin. Il est curieux de voir cette machine
étendre ses bras grêles, faire tourner le paquet et obtenir un
nœud qui tient, avec le minimum de dépense de ficelle et quels
que soit le format et la régularité du paquet. C'est une machine
bien pratique.

Machine à rendre la monnaie. — La monnaie américaine est
bien commode. Le dollar n'existe qu'en papier. Mais il y a le

Fig. 5. — Machine à rendre la monnaie.

demi-dollar, le quart, la dime, la pièce de cinq cents, la pièce de un cent. Dans la machine à rendre la monnaie, on commence par approvisionner les conduits correspondant à ces diverses subdivisions du dollar avec un nombre de pièces convenables. Le dessus de l'appareil est occupé par des clés. On marque, par l'abaissement des clés, la somme dont on veut rendre la monnaie sur un dollar. Si on abaisse la touche 6 cents, l'appareil doit vous donner 94 cents, et, en effet, les renvois des clés sont combinés si habilement que vous recevez alors les huit pièces nécessaires, savoir une pièce de 50 c, une de 25 c, une de 10 c et quatre pièces de 1 c. On gagne ainsi un temps précieux et l'on évite des erreurs. C'est un instrument bien utile pour la préparation des payes (fig. 5).

Machines à écrire et à additionner. — Tous les guichets sont pourvus de machines à écrire et de machines à additionner.

Un guichet postal présente de grandes analogies avec la caisse mécanique d'une maison de commerce quelconque.

Nous dirons plus loin un mot de la vérification des comptes.

Machine automatique à faire le tri. — A coup sûr, l'une des machines les plus singulières qu'il nous ait été donné de voir en Amérique, c'est la machine automatique à faire le tri des correspondances, dont nous donnons la représentation ci-contre. Trier automatiquement les correspondances, c'est donner un numéro à l'adresse. L'appel de l'abonné demandé ne pourrait se faire dans les appareils téléphoniques automatiques s'il n'était représenté par un numéro. Ici ce n'est pas l'adresse même de l'abonné qui est représentée par un numéro, mais c'est celle de la ville ou de la route correspondantes.

Or, à Chicago, où cette machine était en essais, le tri se fait en trois temps, d'abord l'État, puis la ville, centre de distribution, enfin la destination finale. Ce sont les deux premières opérations de tri que la machine permet de réunir en une seule, parce que la machine autorise 284 discriminations.

Pour obtenir un tableau mnémonique de concordance entre les

nombres et les lieux, on a dressé une table de Pythagore, chaque case correspond à un État de l'Union ; dans chaque case, il y a quatre noms de localités, par ordre d'importance ; il est alors facile, ayant ce tableau sous les yeux, de faire sur un clavier la combinaison qui correspond aux indications de l'emplacement de la case et du rang occupé dans la case.

Fig. 6. — Machine à faire le tri des lettres.

Nous avons donc 284 déterminations possibles et 284 casiers où les lettres devront être distribuées automatiquement.

L'organe de distribution est une chaîne sans fin, qui porte des portefeuilles. Ceux-ci sont ouverts au moment de recevoir une lettre ; ils ne se rouvriront pour laisser tomber leur contenu qu'au moment où ils passeront au-dessus du casier destinataire.

Les lettres étant placées par paquets dans un margeur automatique, l'une d'elles se présente à l'opérateur ; il fait sur les touches d'un clavier une combinaison ; chaque touche manœuvre un aiguillage ; c'est l'emploi d'un code analogue au code Baudot, mais le nombre des signaux élémentaires est supérieur à cinq.

Dès que la combinaison est achevée, la lettre est lancée dans une glissière qui l'introduit dans le portefeuille alors à la hauteur du clavier (fig. 6).

La combinaison qui a été effectuée a eu pour objet d'armer convenablement la serrure du portefeuille, de sorte qu'il ne pourra s'ouvrir qu'au contact de la combinaison complémentaire portée par le casier voulu.

La chaîne sans fin est en mouvement continu. Le clavier étant fixe, le couloir qui réunit le margeur à la chaîne pivote à l'une de ses extrémités, tandis que l'autre accompagne un moment la chaîne dans son mouvement; il revient ensuite d'un mouvement rapide en arrière et s'adapte au premier portefeuille ouvert qui passe devant lui. On voit par là que plusieurs employés peuvent travailler simultanément. Le couloir mobile doit avoir aussi une longueur variable, ce qu'on obtient aisément, sans qu'il soit nécessaire d'insister.

Cette machine était en expérience. Elle coûte cher.

Attendons que l'expérience l'ait consacrée.

Le taux des salaires ayant une tendance générale à devenir de plus en plus élevé, il est manifeste que les Administrations seront amenées à introduire de plus en plus le machinisme dans leurs exploitations.

Un détail intéressant. Nous avons, dans l'appareil Hughes, le mécanisme d'inversion qui permet de doubler le nombre des signes élémentaires transmissibles; de même ici, pour diminuer de moitié la longueur de la chaîne, on a doublé sa largeur et on a mis côte à côte deux lignes de casiers; de sorte que les portefeuilles, en arrivant à l'extrémité de la machine où ils vont se renverser, vont pouvoir également être, s'il y a lieu, chassés latéralement le long de leur tringle support; ils circuleront alors au-dessus de l'une ou de l'autre des deux lignes de casiers. L'encombrement est ainsi diminué.

Bureaux de quartier. — L'Administration américaine nous a remis les photographies d'un certain nombre de bureaux de quartier; nous en avons visité plusieurs à Chicago. Tout le service est de plain-pied. L'immeuble appartient à l'État.

Boîtes aux lettres. — Les boîtes aux lettres sont d'un modèle uniforme. Il y en a de plusieurs grandeurs. Il y a aussi quelques types particuliers pour le service des écarts.

Le mécanisme est fort simple.

Il se prête facilement à l'introduction de plis de grandes dimensions. Or il arrive quelquefois que l'on remet au guichet des bureaux de poste des plis encombrants. Le public tient alors pour responsable de l'expédition l'employé à qui la remise a été faite, et cela ne va pas sans inconvénient. On pourrait dans bien des bureaux placer sur la ligne des guichets l'ouverture d'une boîte de modèle américain. Le système est semblable à celui d'un tour et permet de même une sorte d'éclusage. Quand l'ouverture commence à s'ouvrir sous la pesée de la main manœuvrant la poignée, une trappe se met à clore l'espace cylindrique du tour. On introduit l'objet de correspondance et la trappe retombe par son poids, dès que la main s'écarte : l'objet bascule au fond de la boîte, mais la communication avec le récipient ne s'établit que lorsque le volet solidaire de la trappe du tour vient justement de refermer la bouche de la boîte aux lettres. De cette façon il n'y a jamais eu de communication directe entre l'extérieur et l'intérieur. La sécurité est parfaite et n'a d'autre limite matérielle que la solidité du volet antérieur et de la trappe d'obturation.

Machines à ouvrir les lettres. — Dans les bureaux administratifs de la Poste ou d'autres grands établissements, on emploie des machines mues à l'électricité pour ouvrir la correspondance d'arrivée.

La machine consiste en une cisaille circulaire qui coupe sur le bord de l'enveloppe une bande de très petite largeur. Le pli étant ainsi ouvert, il devient très aisé d'extraire le contenu de l'enveloppe. Il y a bien peu de modèles dont le papier soit incompatible avec l'emploi de cette machine : on les met de côté, le cas échéant.

Il y a de grands magasins où ces machines sont tout à fait indispensables. Je citerai par exemple ceux de Sears Roebuck and Company. On y reçoit chaque jour de 1.200 à 2.500 livres de courrier, représentant de 75.000 à 150.000 lettres. C'est que cette firme fait un service de vente par correspondance. Dans toutes les villes d'Amérique, on trouve les divers fascicules de son catalogue. Il est encore plus répandu que ne l'est chez nous le gros catalogue de la Manufacture d'armes de Saint-Étienne, que la maison Pigelet imprime sur rotative. Les établissements ont bien des salles d'exposition, où les objets sont visibles, munis de leurs numéros de référence ; mais on n'y fait aucune vente directe. Quand les sacs postaux sont ouverts, un employé fait passer les lettres par une machine qui imprime sur chaque enveloppe la date et l'heure d'arrivée. La vitesse est de 500 à la minute. On ouvre les lettres à la cisaille électrique. Un employé chargé d'alimenter la machine y dépose les lettres par paquets de cinquante. La cisaille découpe les bandes minces à la vitesse de 500 à la minute ; elles sont ouvertes de cette façon bien mieux qu'on ne saurait le faire à la main.

Disons un mot d'explication sur leur sort ultérieur.

Les lettres sont remises, ainsi ouvertes, aux employés chargés du dépouillement du courrier ; ils en examinent rapidement la teneur, ils comptent les envois d'argent puis passent les ordres à la division des entrées et les réclamations à la division de la correspondance. La division de la Caisse contrôle le compte argent.

La division des entrées occupe un des plus grands bureaux du monde · il est occupé par cinq cents jeunes dactylographes. On analyse les commandes, on voit les divers départements que chaque commande concerne, on établit à la machine à écrire une fiche spéciale pour chacun d'eux.

Mais il faut que les articles destinés à un même client se trouvent réunis au même moment dans la salle des expéditions ; il est donc nécessaire que les diverses parties d'une même commande soient servies dans le même délai par les divers départements.

Les fiches sont dirigées sur ces départements et chaque ordre doit s'exécuter en conformité d'une cédule qui spécifie pour chaque article le moment précis où il devra se trouver sur voiture, sur wagon ou sur ambulant. Cette cédule est la chose caractéristique du système; tous les départements sont tenus d'observer rigoureusement l'horaire des opérations, tel qu'il est fixé par la cédule; c'est ce qui assure la promptitude du service d'exécution jusqu'à l'expédition finale.

Pour faciliter la liquidation des ordres, ceux-ci sont envoyés par bouffées au lieu d'être expédiés d'une façon continue. Ces envois, qui s'opèrent par la voie des tubes pneumatiques, se succèdent de dix minutes en dix minutes. Ces intervalles de dix minutes sont essentiels pour la séparation des lots et la suppression de tout encombrement.

Inutile de dire que, dans ces établissements, tous les paquets sont acheminés mécaniquement.

Dans d'autres grands magasins de nouveautés de Chicago, nous avons examiné encore d'autres systèmes de conveyors. La multiplicité des appareils échappe à toute description générale. Dans l'un de ces établissements, les paquets arrivaient à de larges tables inclinées où ils se répartissaient entre divers employés chargés de contrôler avant expédition le montant du crédit de chaque client. Ils consultaient les feuillets tenus à jour d'un tourniquet, où les clients sont inscrits par ordre alphabétique avec le montant de leur compte-courant. Il doit être bien tentant d'avoir ainsi un compte ouvert chez son fournisseur habituel; c'est aussi une bien grande commodité. Il en résulte, comme on voit, un mode d'exploitation qui influe sur l'installation mécanique des transporteurs. C'est un sujet que nous avons déjà traité; nous n'y reviendrons pas.

Service des articles d'argent. — Je laisse de côté d'autres petites machines qu'on pourrait trouver dans les bureaux de poste et divers objets de matériel tels que les extincteurs d'incendie, les postes de lances à eau, etc. J'ai hâte d'arriver à l'étude des méthodes de travail du service de la comptabilité et en particulier de la vérification des articles d'argent ou money orders. Elles m'ont vivement frappé. Elles consistent dans l'emploi systématique de machines pour effectuer les rapprochements et les contrôles. Les machines sont de deux sortes : les unes sont des machines à classer, les autres des machines à additionner.

Mais avant d'entrer dans le détail des opérations, il convient de faire un historique rapide du système des money orders.

Il y avait, fin juin 1913, aux États-Unis, 54.594 bureaux admis au service des mandats. La grande masse des mandats émis dans le pays provient des 45.000 petits bureaux de quatrième classe, mais, en règle générale, ils sont payés dans les grandes villes ; c'est le cas de un sur six pour Chicago et de un sur dix pour New-York ; enfin 60 % du nombre total des mandats a été payé dans les cinquante-deux bureaux les plus importants. Ces bureaux envoient leurs comptes chaque jour à l'auditeur chargé d'apurer leurs comptes, en y joignant les mandats, dont ils ont effectué le payement. Les autres bureaux envoient leurs comptes par quinzaines ou par mois. Il est remarquable de constater qu'en dix années, de 1903 à 1913, le montant total des mandats a doublé.

Depuis le 1er novembre 1864, c'est-à-dire depuis l'inauguration du service, jusqu'à l'année fiscale 1910, les comptes-mandats des receveurs ont été apurés par des procédés que l'on peut appeler subjectifs. On rapprochait les mandats payés des comptes de receveurs ; la comparaison se faisait à vue ; on faisait, par le calcul mental ordinaire, les additions par colonne pour déterminer le montant du crédit. Après quoi les mandats étaient classés à la main, réunis par État de l'Union et dans chaque État par bureau, puis rangés dans l'ordre numérique ; enfin ces mandats étaient de nouveau comparés aux comptes des receveurs des bureaux d'émission et les colonnes étaient additionnées pour déterminer le montant du débit.

Ce système donnait lieu à trois objections palpables :

1° il ne permettait pas d'obtenir des résultats exacts ;

2° il se passait parfois plus d'une année avant l'apurement du compte des receveurs pour les mandats émis ;

3° il fallait une moyenne de sept employés par million de mandats.

C'est en 1910 que l'on introduisit les machines à additionner pour remplacer les anciennes méthodes de comparaison et de calcul mental ; mais comme les anciens errements subsistaient toujours pour le classement à la main des mandats, il était toujours nécessaire de manier à plusieurs reprises chaque mandat. On a compté qu'il était remanié neuf fois.

Cependant l'emploi de la machine à additionner permit du moins d'avoir des résultats plus exacts et le nombre d'employés nécessaires s'abaissa à cinq et demi par million de mandats.

C'est le 1er juillet 1912 que le système de comptage électrique a été institué, d'une façon complète ; avec ce système qui comporte l'emploi d'un machinisme automatique, il a été démontré que chaque million de mandats n'exige plus, pour l'apurement des comptes, que deux employés trois quarts en moyenne.

De plus, un degré d'exactitude supérieur a été atteint ; la nouvelle méthode a permis de déceler 50 % d'erreurs de plus qu'avec la machine à additionner, et 100 % de plus qu'avec le système manuel primitif.

Ainsi donc, s'il s'est produit une certaine émotion dans le personnel au moment de l'introduction des machines, on comprend que, devant ces résultats, le Congrès ait approuvé l'heureuse initiative de l'Administration.

Les trois principales opérations qui se présentent dans l'apurement des comptes des receveurs pour les mandats émis et payés sont les suivants :

1º Vérification du montant du crédit accusé par le receveur qui a payé le mandat et qui l'envoie à l'auditeur comme pièce à l'appui ;

2º Classement des cartes qui représentent le mandat payé par État de l'Union et par bureau d'émission, le tout par ordre numérique pour faciliter le rapprochement avec les listes de mandats émis ;

3º Vérification du montant des sommes taxées par le receveur du bureau d'émission qui a reçu l'argent de l'acheteur ou expéditeur du mandat.

Le fondement du système de comptage électrique, c'est l'établissement d'une petite carte sur laquelle on inscrit, sous forme de perforations, toutes les indications objets du dépouillement.

Il y a trois espèces de machines en usage :

1° *Des perforatrices.* — C'est une petite machine garnie de onze poinçons manœuvrables par un clavier à touches. La moyenne du nombre des cartes qu'une opératrice peut faire par jour est de 2.500.

2° *Des machines électriques à faire des additions par colonnes.* — C'est une machine électrique à additionner, qui fait automatiquement les totaux et enregistre les données fournies par les cartes perforées. Par jour, une machine peut traiter de trente mille à quarante mille cartes.

3° *Des classeuses électriques.* — La machine à classer assemble automatiquement les cartes perforées dans n'importe quel ordre de séquence ou d'arrangement que l'on désire. Une machine peut traiter, en moyenne, cent mille cartes par jour.

Les comptes des receveurs et les mandats qui les accompagnent sont reçus dans la salle du courrier, ouverts, mis dans des boîtes de dépouillement d'une capacité de cinq mille mandats, envoyés à la section de perforage.

C'est d'après les mandats originaux que l'on perfore les cartes de dépouillement qui pourront leur être substituées pour les opérations mécaniques.

On y reporte donc le numéro du bureau d'émission, le montant payé et toutes les autres données nécessaires, y compris le signe caractéristique de l'opératrice.

Les cartes ainsi perforées sont envoyées aux machines à calculer; elles y passent à la vitesse de 150 à 170 à la minute et les totaux obtenus servent à vérifier l'exactitude des crédits.

Elles passent ensuite aux inspecteurs chargés des écritures pour apurement final et arrêté de compte.

Après cette opération, le mandat peut être classé aux archives.

Les résumés de sommes payées sont envoyés aux comptables teneurs de livre pour être portés au crédit des comptes mensuels des receveurs.

Les mandats étant payables pendant un an après le dernier jour du mois d'émission, on doit, avant de commencer l'apurement des comptes d'émission, attendre que la majeure partie des mandats émis pendant une période donnée ait été présentée au payement. Les cartes perforées qui viennent d'être utilisées pour l'apurement des comptes de mandats payés sont envoyées aux machines à classer et assembler et elles passent dans ces machines électriques à la vitesse de 250 à 270 à la minute; elles sont d'abord réunies par État, puis par bureau d'origine, et enfin disposées en ordre numérique.

C'est alors qu'on les donne aux machines à additionner et elles fournissent les totaux qui servent à contrôler le montant final des mandats émis et celui des droits perçus.

Cartes et comptes sont envoyés aux inspecteurs dits de l'émission, qui font l'apurement définitif et préparent les arrêtés de compte et les relevés de différences.

On voit ainsi que les cartes qui doivent représenter fidèlement le mandat sont soumises à deux séries de vérifications, qui sont effectuées, dans chaque cas, par des employés différents.

Que si un mandat n'a pas encore été présenté au payement à l'époque de l'apurement, il est représenté provisoirement par une carte de couleur spéciale, par une carte bleue, en l'espèce; elle est perforée d'après les données du bureau d'émission et envoyée à l'auditeur comme pièce comptable.

Après que le délai d'un an est expiré, on établit un certificat et le payement est ordonnancé par le Post master général.

Évidemment la première année de l'application du système, les frais du comptage électrique ont été beaucoup plus élevés que les années suivantes, parce que, dans l'ensemble, les dames opératrices étaient dénuées d'expérience et il faut un exercice de plusieurs mois pour acquérir l'habileté voulue.

Cependant, dès la première année, on a pu apurer 95.263.008 mandats émis (année fiscale 1913) au prix de $ 327.700, soit $ 3.440 par million de mandats. L'économie réalisée cette année-là sur l'ancien système s'est élevée à $. 135.274.

La première mesure préliminaire prise, ce fut tout d'abord d'attribuer un numéro à chaque bureau. Au lieu, par exemple, de la mention Washington D. C., on a le numéro 33.100; la machine à perforer est assez large pour toutes les colonnes supplémentaires que l'on peut avoir à ouvrir. On peut remarquer que le travail des bureaux de payement a été allégé, puisqu'on n'a plus eu besoin de leur demander de faire la préparation du classement par bureau d'origine; il en est résulté des économies de personnel.

On a fusionné le contrôle des mandats et la vérification des comptes postaux ; on opère pour ceux-ci suivant les méthodes mécaniques que nous avons décrites.

Chaque année amène quelque perfectionnement soit de l'outillage, soit des procédés.

On a pu supprimer ainsi beaucoup d'inscriptions inutiles, de registres, d'organes intermédiaires et opérer de grandes simplifications dans la comptabilité des receveurs. On a facilité les comptes rendus des recettes et des dépenses par article du budget.

Il me semble qu'il y a une tendance à ne faire des receveurs que des caissiers, plutôt que des comptables, et à centraliser la comptabilité dans un office central parfaitement outillé. C'est lui qui dépouille les pièces justificatives, fait les contrôles et les classements nécessaires.

C'est tout au moins là le terme logique de l'évolution à laquelle nous assistons.

Actuellement, il arrive un million cinq cent mille objets de correspondance à la salle du courrier. On comprend que, dans ces conditions, la poste trouve avantage à utiliser des machines mues électriquement soit pour ouvrir les lettres, soit pour les cacheter, toutes les fois que leurs dimensions et l'épaisseur du papier de l'enveloppe s'y prêtent. Il est, je crois, inutile, pour le moment, d'entrer dans le détail des opérations de comptabilité mécanique de la poste. On trouvera des indications détaillées sur ce sujet dans les rapports de l'Auditeur du Department des finances, chargé d'apurer les comptes des receveurs, ou dans ceux de M. Albert S. Burleson, Postmaster General, à l'obligeance de qui nous devons la plupart des renseignements que nous venons de fournir.

Il nous reste encore à donner une idée des machines employées.

On pourrait croire, au premier abord, qu'elles doivent avoir une grande analogie avec celles qui sont employées pour le dépouillement des feuilles de recensement et dont la plus remarquable est l'invention de M. Lucien March. Il n'en est rien pourtant, parce que les fonctions à remplir ne sont pas définies de la même façon (fig. 7).

Lorsque l'on procède à un recensement, on se fait à l'avance un programme des questions auxquelles on veut une réponse et

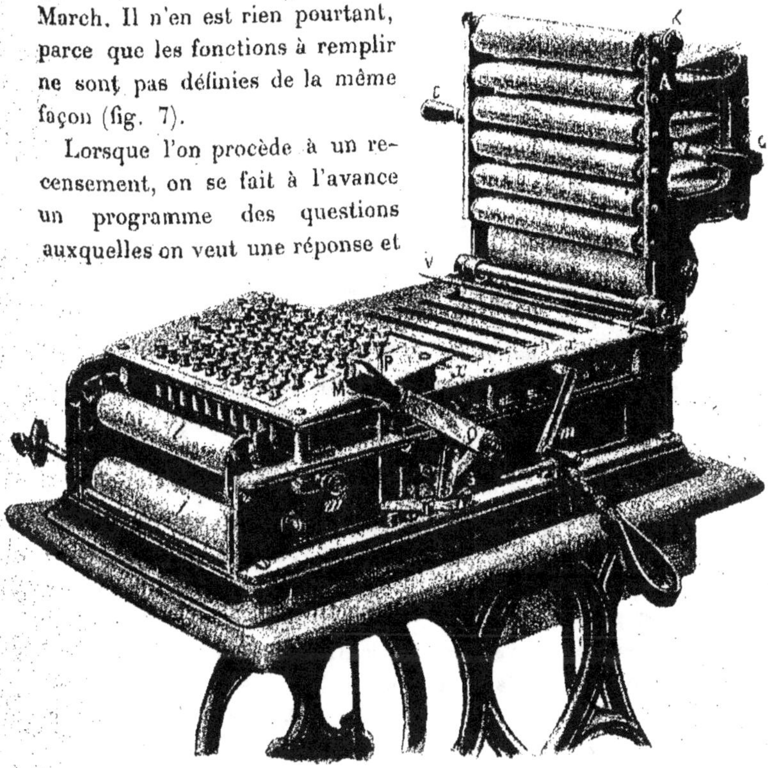

Fig. 7. — Classicompteur Lucien March pour le dépouillement des recensements.

l'on dresse, en conséquence, le tableau des indications à faire figurer sur les fiches individuelles; mais on s'interdit de changer de ligne de conduite, l'ensemble des renseignements généraux extraits ainsi du questionnaire adopté suffisant à fournir déjà de nombreux volumes bien remplis. Par exemple, on voudra savoir combien il y a, dans une industrie, classée sous le n° 3,68, d'ouvriers masculins dont l'âge est compris entre 40 et 45 ans. On interrogera la réponse faite par une fiche individuelle et l'on marquera une unité si le titulaire de la fiche se trouve dans le cas envisagé ; dans le cas contraire, on ne marquera rien. A chaque nature de question posée correspond donc dans le classi-compteur imprimeur une touche qu'on abaissera, le cas échéant. Si le nombre des questions est grand, il y aura un grand nombre de touches. A chacune d'elles correspond un comp-teur.

Nous avons donc un clavier incliné composé de soixante touches associées à soixante compteurs. On commence par classer les fiches remplies par les intéressés en séries correspondant à une des catégories de renseignements que l'on désire obtenir. Puis on admettra que les touches occupant une certaine région du clavier correspondront, par exemple, à la nationalité, qu'une autre région est réservée à l'âge, un troisième au nombre d'enfants, etc. et, comme le même clavier peut être employé pendant une période à un dépouillement de ce genre, mais pendant une autre période à un dépouillement de nature bien diffé-rente, on ne peut inscrire sur les touches leur affectation spé-ciale ; mais il est facile de faire cette répartition au moyen d'une planche de carton, de la dimension du clavier, que l'on a perforée, à l'endroit des boutons des touches, de trous assez grands pour laisser passer ces boutons. On assujettit cette planche sur le plan du clavier au moyen des vis de fixation de ce dernier. Or, on a eu la précaution de teinter au préalable, ledit carton, de teintes différentes suivant les différentes régions de touches que nous avons définies et une inscription complète la désignation à appli-quer aux touches.

Pour chaque fiche, l'opérateur abaisse les touches correspon-dant aux renseignements portés sur la fiche et qui constituent une réponse oui à la question posée explicitement ou implicite-ment. Puis il appuie sur une manette et celle-ci provoque l'avan-cement d'une unité sur tous les compteurs armés par l'abaisse-ment des touches.

L'addition se fait donc unité par unité.

L'impression des résultats s'opère de la manière suivante : les compteurs sont placés tous ensemble dans un plan horizontal, les chiffres utiles sur la face supérieure. On tend sur l'ensemble de ces soixante compteurs une toile d'impression jouant le rôle du ruban d'impression de la machine à écrire; puis on abaisse un châssis de six rouleaux de papier et, d'un coup de pédale, on obtient l'impression des soixante totaux. Le premier rouleau porte sur la même ligne les dix totaux de la première rangée de compteurs, le second rouleau porte sur la même ligne les dix totaux de la seconde rangée, et ainsi de suite; chaque rouleau de papier porte ainsi dans une même colonne les totaux successifs correspondant à un même compteur dans des séries successives de comptages partiels.

Il y a un dispositif de remise au zéro des compteurs.

Je n'insiste pas sur les avantages de cette machine qui diffère essentiellement des classeuses dont nous allons parler maintenant pour les avoir vues en fonctionnement chez nos amis d'Amérique.

Dans le procédé américain, on commence par traduire les indications des fiches, telles quelles, sur des cartes au moyen de perforations; ce sont ensuite ces combinaisons de perforations qui seront interrogées. Si donc une fiche porte une indication d'âge, 43 ans par exemple, on fera une perforation représentant le nombre 43. On pourra donc ultérieurement interroger les cartes pour en faire sortir telle indication que l'on voudra et elles la donneront, si les fiches pouvaient la donner, car elles en sont l'image et la représentation fidèles. Si donc, à un moment quelconque, on présume quelque rapport intéressant, auquel on n'avait point pensé d'abord, entre deux espèces de nombres portés sur les fiches, on pourra l'obtenir en refaisant passer convenablement les cartes dans la machine.

Le système a une souplesse remarquable. En revanche, il exige les dépenses d'achat des cartes et de main-d'œuvre de perforage.

Une remarquable machine de de ce genre est la classeuse Hollerith, fort en usage à la Poste à Washington. Elle a été décrite dans le n° 2.121 de la *Nature* par le Docteur Jacques Bertillon (17 janvier 1914).

Nous avons vu une autre machine plus remarquable, plus récente d'ailleurs, dont l'inventeur est M. Powers. Cette machine étant en activité dans le service de la statistique des hôpitaux, où nous avons eu l'autorisation de l'examiner en détail, nous pouvons la décrire ici d'une façon à peu près complète : elle est admirable d'ailleurs.

La machine comprend :

1° Un margeur automatique à magasin où l'on introduit les cartes perforées par paquets ;

2° Un combinateur qui interroge les perforations au moyen de chercheurs, constitués par des aiguilles qui passeront dans le trou ou, selon le cas, seront arrêtées par le carton, comme les aiguilles d'un Wheatstone ;

3° Un aiguillage qui dirige sur les casiers convenables de réception les cartes qui, après avoir été interrogées, sont prises dans le mécanisme d'entraînement.

Portons tout d'abord notre attention sur les cartes. L'idée d'employer des cartes perforées pour effectuer des opérations arithmétiques revient à l'anglais Charles Babbage qui commença ses recherches vers 1820. Le principe était d'appliquer aux machines à calculer des cartons perforés semblables à ceux qui permettent dans les métiers Jacquard de tisser des étoffes reproduisant fidèlement dans toute leur fantaisie des dessins artistiques. Malgré une subvention du Parlement anglais d'environ 125.000 francs, Babbage ne put créer une machine pratique et utile. Un modèle de son invention est conservé à l'observatoire Dudley, Albany, New-York (fig. 8).

Les cartes de la machine Powers comportent dix lignes numérotées de zéro à neuf et un nombre de colonnes variable, consacrées chacune à une inscription spéciale ; la colonne correspondant à l'indication de l'année, par exemple, peut ne comprendre qu'une file verticale, car il suffit de perforer un trou à la hauteur de la ligne marquée 7 pour figurer le millésime 1917 ; la colonne réservée au mois comprendra deux files verticales, car il y a deux chiffres significatifs pour l'indication du mois de décembre, par exemple, qui sera représenté convenablement par le nombre 12, figuré lui-même par deux perforations, l'une dans la colonne des dizaines à la seconde ligne qui est cotée un, l'autre à la troisième ligne qui est cotée deux, la première ligne étant cotée zéro. Une somme d'argent de 145 fr. 35 sera inscrite dans la colonne intitulée montant ; ce compartiment sera lui-même constitué par six colonnes verticales, si le plus gros chiffre qu'on puisse avoir à y inscrire ne dépasse pas 9.999.99 Dans notre exemple, en allant de gauche à droite, on perforera un trou dans chacune des cinq premières colonnes respectivement à la rencontre de ces colonnes et des lignes marquées

cinq, trois, cinq, quatre, un, ce qui fera 145,35. Et ainsi de suite,

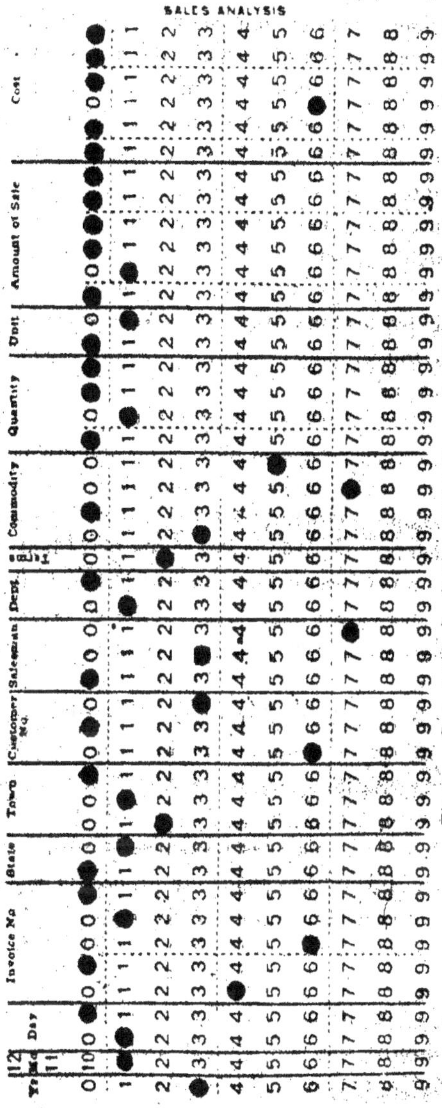

Fig. 8. — Carte perforée pour machine à classer et additionner.

pour toutes les catégories d'inscription que l'on peut avoir à faire. Naturellement, si l'on avait à porter le nom d'un abonné au téléphone, c'est son numéro qu'on inscrirait. Si l'on a à porter le nom d'une ville dans la colonne des villes, on a eu soin de faire correspondre un numéro déterminé à ce nom de ville. La carte ainsi perforée est donc la reproduction de la fiche qui a servi à l'établir et toutes les indications, même celles qui ne sont pas numériques dans leur essence ont pu être reportées sous forme de perforations. Dans chaque colonne particulière il n'y a d'ailleurs jamais qu'une perforation ; j'ajoute qu'il y en a toujours une et que dans l'exemple que j'ai choisi du nombre 145, 35, il convient de perforer un trou à la ligne marquée zéro, c'est-à-dire la première, dans la colonne des mille, s'il y a, en effet, une colonne des mille.

Dans bien des cas, d'ailleurs, il peut y avoir intérêt à utiliser des cartes ayant un plus grand nombre de lignes, douze, par ex. ; mais qu'arriverait-il si l'opérateur avait omis de perforer l'indication correspondant à une colonne partielle, s'il avait négligé, par ex., de perforer des zéros précédant les chiffres significatifs d'un nombre ou d'un numéro ? Disons tout de suite que la machine à classer, au lieu d'avoir douze cases, en possède treize, la dernière constituée justement pour les rebuts qui peuvent se produire.

Il y a, dans la pratique télégraphique, bien des machines à perforer ; je citerai le perforateur pour Wheatstone, le perforateur multiple pour les bandes destinées, à Londres, au service de presse, le perforateur Polak Virag, le perforateur alphabétique de M. Terrin, pour les transmissions sous-marines, celui de l'appareil Murray. Les machines à perforer étant moins nouvelles pour l'employé de l'Administration des Postes et Télégraphes que les machines à classer et assembler, j'insisterai seulement sur la description de la machine à classer.

Je me bornerai à dire, au sujet de l'emploi de la machine à perforer, que pour obtenir un bon rendement de ces machines, il faut commencer par sélectionner les opératrices ; elles doivent avoir bonne vue et de l'agilité dans les articulations des doigts ;

ensuite, elles doivent apprendre à manier leur clavier sans le
regarder ; enfin il faut que le travail soit mené à une allure d'entraînement rapide et coupé par de courtes périodes obligatoires
de repos, observées au coup de sonnette et prédéterminées, dans
l'intérêt commun du patron et de l'ouvrier, par une étude scientifique approfondie de la fatigue chez l'opératrice. Dans ces conditions, une tâche peut être imposée, de façon à satisfaire l'Administration, tout en évitant le surmenage.

Rappelons donc que la machine à classer est faite pour des
cartes contenant douze lignes horizontales, chacune comprenant
45 emplacements où l'on peut faire une perforation suivant la
nature des renseignements portés sur les fiches.

Nous savons tous que pour bien comprendre le fonctionnement
de l'appareil Hughes, il suffit presque de se rendre un compte
exact du rôle joué par chacune des différentes cames portées sur
l'arbre des cames. C'est là une observation d'ordre général, plus
vraie encore dans la construction américaine que dans tout autre
genre de construction. Il suffit de regarder avec un peu d'attention la machine pour y découvrir un axe principal qui a pour
attribution la coordination des diverses fonctions et qui porte des
cames appropriées correspondant à chacune d'elles. En le suivant
d'un bout à l'autre, on ne manquera pas de trouver les diverses
cames correspondant aux diverses opérations qui concourent
au résultat final. C'est en particulier ce qui a lieu dans la machine Powers. Nous allons donc expliquer le jeu des diverses
cames, sans qu'il soit d'ailleurs bien nécessaire d'entrer dans le
détail des mécanismes mis en œuvre.

La force motrice est empruntée à un moteur électrique de
0,25 HP, placé sur le sol ; il actionne par courroie un arbre de
commande de la machine ; sur cet arbre est calée une roue dentée qui transmet par chaîne de Galle le mouvement à notre
fameux arbre des cames (fig. 9 et 10).

J'introduis un paquet de cartes dans le magasin de la machine.
C'est une marge à l'anglaise qui est employée, j'entends par là
que les cartes sont prises par dessous par le margeur automatique ; on peut donc rajouter des paquets de cartes par dessus, à
volonté ; c'est l'alimentation continue assurée.

Je presse alors le bouton électrique de mise en marche et les opérations commencent : une came provoque le mouvement de va-et-vient horizontal d'un chariot portant à plat un couteau,

Fig. 9. — Machine à classer Powers.

dont l'épaisseur est inférieure à celle d'une carte ; ce couteau, formant épaulement, chasse la carte, en même temps que son dos soulage le frottement des cartes supérieures. La carte inférieure se présente ainsi devant une fenêtre horizontale, sorte de fente réglée exactement sur l'épaisseur du carton, de façon à laisser passer la carte chassée par le couteau et à retenir toutes les autres.

La carte s'engage alors entre des rouleaux qui agissent à la façon d'un laminoir pour l'entraîner. Les rouleaux supérieurs et les rouleaux inférieurs sont calés sur des arbres qui engrènent l'un avec l'autre. C'est une chaîne de Galle qui leur communique le mouvement de rotation emprunté à l'arbre des cames.

La carte est ainsi introduite dans le combinateur du margeur

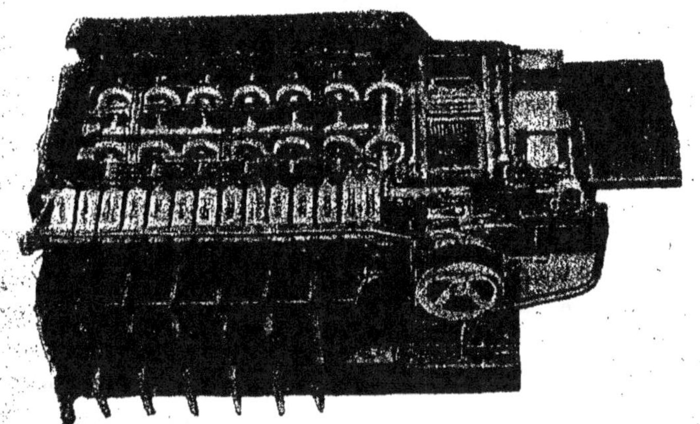

Fig. 10. — Machine à classer Powers, avec compteurs.

automatique. Elle vient butter contre une plaque d'arrêt qui l'immobilise et la marge.

Il s'agit maintenant d'interroger les perforations.

Si l'indication comprend deux chiffres significatifs portés dans les colonnes 20 et 21, on fera deux opérations de classement, l'une correspondant à la colonne 20 qui réunira ensemble toutes les cartes ayant le même chiffre significatif dans la colonne des dizaines, l'autre correspondant à la colonne 21 qui réunira les cartes qui ont le même chiffre des unités. Ces opérations successives sont si rapides qu'il ne faut pas s'effrayer de leur multiplicité.

La carte est placée dans la machine de façon que le sens de sa progression est celui des colonnes, les lignes étant perpendiculaires au sens du mouvement.

Nous allons donc avoir dans le sens d'une colonne, douze chercheurs, correspondant aux douze lignes. Le châssis qui porte les
aiguilles chercheuses peut être déplacé latéralement et fixé au
moyen d'une crémaillère au droit de telle colonne que l'on désire.
C'est un déplacement horizontal qu'on lui donne ainsi à la main
dans le sens transversal. Supposons-le donc fixé sur ses guides
et faisant corps avec un châssis plus important, auquel il est possible de communiquer un mouvement vertical. Dans ce mouvement d'abaissement, les aiguilles, guidées par une plaque-
matrice perforée à tous les points de rencontre d'une ligne et
d'une colonne, vont rencontrer le carton de la carte interrogée,
et elles ne pourront continuer leur mouvement de descente ; un
petit ressort de rappel sera simplement bandé sur chacune d'elles,
à l'exception d'une seule qui continuera son chemin à travers la
perforation de la carte. La sélection est désormais opérée.

Il faut la fixer par un dispositif de blocage convenable.

En même temps que le châssis s'abaisse un doigt articulé qu'il
porte vient prendre appui sur la platine et fait avancer un peigne
entre les chercheurs ; or ceux-ci portent, venu de forge, un épaulement circulaire. Le peigne laisse donc au-dessus de lui les épau-
lements des aiguilles
immobilisées et les sé-
pare de l'épaulement
de l'aiguille libre.
Comme le châssis con-
tinue son mouvement

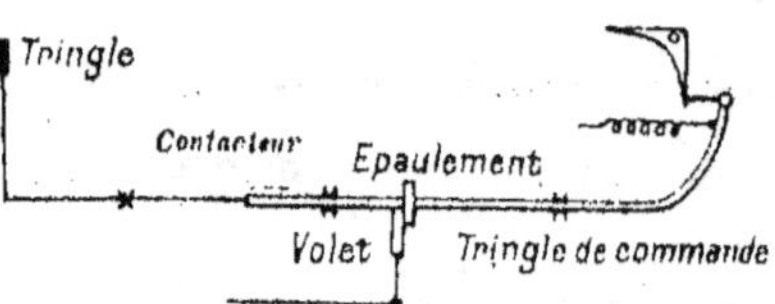

Fig. 11. — Commande des clapets.

de descente, le peigne agit sur l'épaulement de l'aiguille sélectionnée et l'oblige à appuyer sur une barre horizontale correspondant à la ligne en cause et placée par conséquent dans le sens
transversal de la machine.

Si nous suivons la transmission de mouvement, en renvoi de
sonnettes, qui part de cette tringle, nous verrons qu'elle déplace
angulairement un levier, auquel je donnerai le nom de contacteur et dont la position détermine l'état d'ouverture ou de fermeture des clapets d'accès aux boîtes, comme nous le verrons dans
un instant (fig. 11 et 13).

C'est une came spéciale qui commande le mouvement de levée du bâtis des chercheurs dans des glissières verticales.

Au point où nous sommes arrivés, la carte peut être admise dans la machine, sans inconvénient. A cet effet, la butée de marge s'efface, elle est tirée vers le bas par un levier qu'un ressort de rappel appuie sur une came spéciale. Le contact entre le levier et la came de commande s'effectue par l'intermédiaire d'un galet qui remplace le frottement de glissement, d'où résulterait un freinage, par la douceur du frottement de roulement.

La chaîne de Galle qui entraîne le laminoir d'admission des cartes entraîne aussi par une roue dentée le rouleau de sortie du margeur ; la carte à classer passe entre ce rouleau et un rouleau de pression posé en jockey au-dessus. L'inconvénient ordinaire des chaînes de Galle consiste dans leur allongement, aussi y a-t-il, sur son parcours, une roue dentée formant tendeur et, par conséquent, portée par un bras qu'on peut fixer dans la position convenable pour la tension.

Le chemin qui s'ouvre devant la carte est constitué par les dos des clapets qui ferment les couloirs d'accès aux boîtes de réception. De part et d'autre de cette voie sont deux séries de galets d'entraînement. Les galets inférieurs sont fous sur leur axe et ramenés contre les galets supérieurs par l'action d'un ressort à boudin, agissant sur le levier qui porte leur axe, de façon à régler leur pression contre les galets supérieurs, qui reçoivent la force motrice d'une chaîne de Galle à tension réglable et dont la jante est garnie de caoutchouc pour faire prise sur le carton. La carte se trouve ainsi sollicitée à parcourir la voie qui s'ouvre devant elle jusqu'au point où elle est obligée de s'engager dans un couloir d'accès par l'ouverture d'un clapet déterminé.

Il convient de revenir maintenant au jeu des contacteurs. J'appelle ainsi ces leviers que l'abaissement d'un chercheur déplace et qui sont en regard des tiges de commande des clapets. Quand le levier est dans sa position normale, la tige de commande d'un clapet vient buter, en bout, contre son extrémité ; que si le levier est abaissé, la tige de commande, sollicitée par un ressort, peut continuer le mouvement longitudinal suivant son axe sans rencontrer l'obstacle qui vient de s'effacer, ouvrant ainsi le clapet correspondant.

Il est d'ailleurs nécessaire de réarmer la tige de commande d'un clapet à chaque opération. A cet effet, une came spéciale donne à chaque tour un mouvement très rapide à un volet qui saisit un ergot porté par la tige de commande de clapet et la ramène à sa position de repos. Quand le volet abandonne aussitôt après la tige de commande, celle-ci se trouve retenue, malgré l'action de son ressort antagoniste, par le bout du levier contacteur, placé à son niveau, en regard de lui.

Si nous récapitulons les roues ou cames portées sur l'arbre des cames, nous avons jusqu'ici les organes suivants :

1° la roue d'entraînement des sept galets garnis de caoutchouc pour la progression des cartes ;

2° la came rapide qui, par l'intermédiaire d'un galet de roulement, fait osciller le volet qui sert au réarmement des clapets ;

3° la roue dentée qui commande la chaîne de Galle qui fait tourner le laminoir d'entrée de carte au margeur automatique et le laminoir de sortie ;

4° le galet à came fermée qui, par un balancier, commande le va-et-vient horizontal du couteau chargé de chasser la carte inférieure du paquet emmagasiné ;

5° la came qui donne son mouvement vertical alternatif au châssis général des chercheurs ;

6° la came qui permet à la plaque de marge de s'effacer au moment de l'admission d'une carte ;

7° la roue motrice.

Pour être complet, il convient de dire que le margeur de la machine possède un arrêt automatique en cas de manque de carte. Si un doigt, au lieu de poser sur la carte, vient se poser sur la platine, cette différence d'amplitude est amplifiée par un levier et une pièce vient s'intercaler entre une came et le levier de déclenchement, en provoquant ainsi la levée et opérant la rupture du courant électrique.

Dans certaines variétés, la machine possède une série de douze compteurs ; il y en a un par case ; le compteur enregistre la levée

du clapet. Un treizième compteur est un compteur totalisateur.
Tous ces compteurs peuvent être simultanément ramenés au zéro.
Un dernier compteur est également un compteur totalisateur.
Mais si on ne le ramène pas au zéro spécialement, il totalisera les
totaux partiels de toute une série d'opérations distinctes succes-
sives.

La machine Powers est d'une admirable construction. Quelques
cames se trouvent reproduites identiques à elles-mêmes des deux
côtés de la machine, pour
éviter des efforts latéraux
et le gauche dans les transmissions de mouvement
(fig. 12).

D'une part, un râteau
chasse latéralement les cartes
engagées dans les couloirs,
et d'autre part, une série de
galets avec jockeys de pression entraîne vers les boîtes
de réception, placées sur l'un
des flancs de la machine, les
cartes mises en prises avec
eux par le râteau (fig. 13).

Le râteau R a des dents
verticales, r, r′, r″, r‴ etc. qui

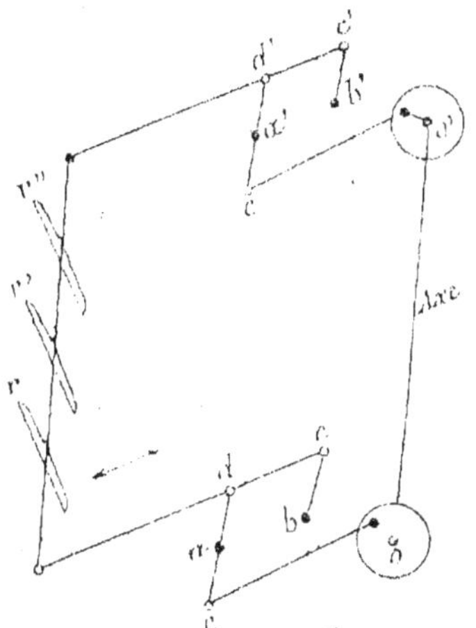

Fig. 12. — Commande des râteaux.

doivent avoir un mouvement alternatif latéral dans la direction
horizontale A. Il est porté à ses deux extrémités par les leviers dc,
d′c′, qui font partie des parallélogrammes articulés a b c d, a′ b′ c′
d′ dont les points de pivotement a b et a′ b′ sont fixes, sur les plans
avant et arrière de la machine ; le balancement de ces parallélogrammes est obtenu par les bielles c m et c′ m′, grâce aux
manivelles m o, m′ o′, qui tournent avec l'axe o o′, situé perpendiculaire à l'arbre des cames et recevant son mouvement de lui par
l'intermédiaire d'un harnais d'angle et d'une chaîne de Galle.
Les dents r, r′, r″ etc. s'engagent horizontalement dans les divers
couloirs et chassent les cartes sous les galets d'entraînement

correspondant à chaque case. Ces galets sont portés par un arbre parallèle à o o′ et recevant son mouvement par l'intermédiaire du même renvoi à angle droit.

La figure 9 montre la disposition des boîtes de réception.

Mais il est merveilleux surtout de voir la machine en marche, faisant circuler 250 à 270 cartes à la minute. Or il faut remarquer qu'avant d'admettre une nouvelle carte dans la voie des aiguillages formés par les clapets, il faut que la carte précédente ait parcouru toute la machine, si elle était à destination de la

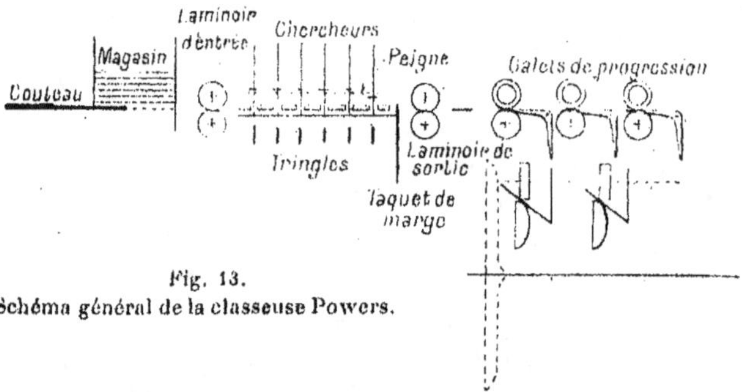

Fig. 13.
Schéma général de la classeuse Powers.

dernière boîte de réception et que cet intervalle maximum doit être observé dans tous les cas.

Les cartes tombent dans les boîtes et s'y assemblent sous forme de paquets réguliers faciles à saisir et à enlever.

En résumé, nous sommes en présence d'une machine qui manutentionne des objets ayant une certaine analogie de forme et de consistance avec des cartes à jouer et qui, lorsque les jeux ont été battus, rassemble automatiquement et à grande vitesse les cartes de même couleur, grâce à la façon dont elle sait interroger les perforations caractéristiques qui les distinguent.

La Compagnie Edison de New-York fait au moyen de cartes perforées sa comptabilité d'abonnés. D'autres établissements se servent de ces cartes pour tenir une comptabilité matière perpétuelle, c'est-à-dire constamment à jour et facile à consulter à tout instant. Le service du Contrôle des articles d'argent et la Poste en général s'en servent pour la vérification du compté des mandats-poste et de tous les autres comptes. Ces procédés permettent de décharger les employés en rapport avec le public de toute opération de comptabilité, il leur suffit d'avoir une caisse compteuse-imprimeuse et toute la partie administrative, totalisation, balance, affectation aux divers articles, etc., peut être centralisée et exécutée dans un bureau spécial outillé mécaniquement, ce qui évite des doubles-emplois, des erreurs et d'inutiles dépenses.

Bien que j'aie insisté sur la machine à classer, les autres machines à employer conjointement ne sont pas moins remarquables, notamment celles qui servent à perforer les cartes, à imprimer en colonnes sur des bandes de papier les diverses inscriptions enregistrées par les perforations et à additionner au besoin ces diverses colonnes. D'ailleurs ces machines peuvent faire l'une ou l'autre de ces opérations indépendamment des autres et traiter, en particulier, des cartes préalablement assorties.

Quand on voit le temps que prennent les opérations de comptabilité et de contrôle telles qu'elles sont actuellement pratiquées et les retards qui en résultent dans l'apurement des comptes, on ne peut qu'appeler de ses vœux l'emploi de ces machines, qui est destiné à accomplir dans nos méthodes de travail concernant les écritures une révolution d'une importance capitale. Aussi les signalons-nous d'une façon pressante à l'attention des Administrations. Après avoir décrit les procédés techniques employés dans la vérification des articles d'argent, je vais revenir au côté tout à fait administratif du service des *money orders*, dans l'espérance que les explications que je vais emprunter aux rapports d'un comité présidé par M. le Postmaster General A. S. Burleson pourront faire ressortir les avantages du système français de mandats-poste ou suggérer quelque perfectionnement.

C'est le 17 mai 1864 que le Président des États-Unis mit son approbation au bas de l'acte du congrès instituant le service des mandats-poste. On voulait donner au public des facilités nouvelles et augmenter les garanties de sécurité dans les envois d'argent par l'entremise de la Poste.

D'une part, un particulier trouve ainsi le moyen de se libérer d'une dette par un envoi de fonds qui laisse une trace facile à constater ; d'autre part, la population immigrée avait ainsi un procédé commode de faire parvenir ses économies à des parents restés à l'étranger ou à des caisses d'épargne de son pays d'origine. Quelques personnes prenaient un mandat à leur propre nom payable au bureau même, de façon à constituer ainsi un dépôt provisoire. La création de la caisse d'épargne postale a cependant mis fin à ce genre de pratique.

Mais le Gouvernement lui-même a tiré parti du système. C'est ainsi qu'après la guerre civile, le Ministère de la Guerre a émis quantité de mandats, dont le montant annuel s'élevait à des milliers de dollars, pour des bonifications et retours de paye, au bénéfice de soldats de couleur, pour services rendus par eux pendant la guerre.

Enfin, pour couvrir en partie les dépenses de la guerre contre l'Espagne, on établit en juin 1898 un droit de deux *cents* sur chaque mandat intérieur, ce qui permit de verser au Trésor un revenu supplémentaire de $ 1,931 481,94 sans aucune dépense nouvelle, depuis le 1er juillet 1898 jusqu'au 30 juin 1901, où la loi fut abrogée.

En général, les Américains imitent plus volontiers les procédés anglais que ceux des administrations françaises. Ils sont donc les premiers à s'étonner de voir que le besoin de la création d'un service de mandats-poste n'ait été reconnu chez eux que vers 1857 alors qu'il en existait un en Angleterre dès 1839. On peut remarquer, dans le rapport du Postmaster General Blair de 1862, que cette création était alors réclamée comme un remède contre le mal résultant de la pratique très générale à cette époque, consistant à insérer du numéraire dans les lettres. Cette insertion constituait une tentation séduisante pour les gens mal intentionnés et, en fait, elle était la cause principale de la spoliation des dépêches.

Ces observations furent renouvelées en 1863 ; on faisait remarquer encore qu'en outre des avantages pour la population civile et militaire, le système obvierait à la perte de bien des correspondances, presque toutes contenant de petites sommes.

Enfin le service put être inauguré d'abord dans 141 bureaux, puis, avant la fin de la première année, dans 419.

Il fallut bientôt étendre le service à l'armée ; mais tandis qu'en France, ce sont, en général, les familles qui envoient de l'argent à leurs enfants sous les drapeaux, les mandats furent surtout utilisés par les militaires pour envoyer de l'argent à leurs familles et à leurs amis.

Le service constitua en 1891 une division dans le service du premier assistant Postmaster General. C'est le Dr. C. F. Macdonald qui en fut le titulaire ; il a pu être appelé à juste titre le père du système des money-orders. Le personnel a depuis lors été constamment en augmentant avec le développement même du service ; nous n'insisterons pas sur ce point.

C'était donc la sécurité dans les envois d'argent que l'on cherchait principalement à avoir, et l'on voulait donner à l'Etat toutes les garanties possibles. C'est dans cette idée qu'on imagina de ne pas inscrire sur la formule du mandat le nom du bénéficiaire. Ce renseignement était en quelque sorte confidentiel ; il était transmis au moyen d'un avis de service par le receveur du bureau d'émission au receveur du bureau sur lequel le mandat était tiré. Le receveur chargé de payer avait ainsi en mains le nom et toutes les indications voulues, au moment où le mandat était présenté au payement et c'était naturellement pour lui un contrôle précieux de l'identité du destinataire.

Mais néanmoins, en 1893, la formule fut modifiée et elle comporta le nom du bénéficiaire. Il est vrai que l'ancien mandat donnait toute sécurité à la poste, mais, en revanche, le propriétaire ne savait pas toujours bien exactement la façon dont il devait signer et l'endosseur n'avait pas le moyen de savoir si la personne dont il avait accepté un mandat en était le légitime possesseur. A partir du changement, banques et commerçants acceptèrent volontiers les mandats.

Ici se place un incident qui montre le danger pour une assemblée de vouloir trop entrer dans le détail d'une réglementation.

Le Congrès retira au Postmaster General un droit dont il était investi par la loi organique, celui de combiner à sa guise la for-

mule du mandat, et il prescrivit l'emploi d'un imprimé avec coupon et souche pour le montant. On voulait faciliter au bureau de
l'apurement le contrôle des comptes des receveurs sortants. Cette
formule fut en usage pendant quatre années; mais voici ce que
le chef de service expose à ce sujet :

« Le résultat qu'on cherchait à atteindre a été obtenu tout simplement par un règlement plus rapide des comptes des receveurs
sortants, alors grandement en retard ; c'est une situation qui
n'existe plus. Dès que la nouvelle formule a été adoptée, on a
vu immédiatement qu'elle se prêtait aisément à certaines fraudes.
Enfin le Département des Postes a été impliqué dans un litige
qui menaçait d'arrêter la marche du service, la prétention de la
partie adverse étant que la formule violait un droit de brevet.
C'est ce qui a forcé le Département des Postes à modifier les
méthodes qu'il était censé suivre et a obligé l'auditeur des comptes
à cesser de se servir du coupon comme moyen de contrôle. La
formule ne donne pas satisfaction ; elle est en défaveur auprès
du public. Elle ne répond pas à ce qu'on attendait d'elle et son
prix de revient est le double de ce qu'il devrait être. »

Ce fut le 1er mars 1899 que le Congrès rendit au Postmaster
General ses anciennes prérogatives.

Et une nouvelle formule simple, claire, conforme aux besoins,
fut mise en service. Mais on conservait toujours l'avis de service
et, dans les premiers temps, il y eut aussi un reçu pour l'expéditeur.

Cependant on ne tarda pas à s'apercevoir qu'il était par trop
facile d'altérer l'inscription indiquant le montant. Alors on eut
recours à un contrôle marginal et à l'emploi d'un papier de
sûreté. C'est ce qui eut lieu en 1905.

Et aucun changement essentiel ne fut apporté jusqu'à l'année 1910 ; à cette date, le Congrès rendit l'avis facultatif. L'avis
avait suivi le mandat à travers toutes ses vicissitudes pendant
les quarante-six années de son existence ; il coûtait cependant
$ 500 000 par an et sa suppression ne devait pas nuire au ser-
vice. On révisa donc la formule ; on remplaça l'avis par un
coupon détachable. L'avis primitif devait servir à fournir des

données confidentielles pour l'identification du bénéficiaire au receveur payeur, ainsi prémuni contre une fraude possible ; le coupon, au contraire, était annexé au mandat, laissé aux mains de l'expéditeur et ne devait, le cas échéant, atteindre le bureau de payement que par l'entremise du bénéficiaire. Cette innovation réussit.

Mais il n'y eut certainement pas de changement qui ait plus fait pour accroître l'utilité du service que l'innovation préconisée par le troisième assistant Postmaster General actuellement en fonctions et consistant à rendre le mandat payable dans n'importe quel bureau de poste.

Puisqu'on avait cessé d'aviser le receveur-payeur des mandats tirés sur lui, il n'y avait plus de nécessité de limiter le payement à un bureau particulier. En ce qui concerne l'identité du bénéficiaire et l'authenticité du mandat, tous les receveurs étaient sur le même pied. C'est une réforme assez récente. Le bill a été approuvé le 5 février 1914 par le Président. On mit en service, le 1ᵉʳ juillet 1914, une nouvelle formule, payable dans les trente jours de l'émission à tout bureau de poste des États-Unis continentaux, l'Alaska excepté. Cette formule est encore en vigueur.

D'autres, plus compétents que moi en cette matière, pourront, d'après les documents que nous avons rapportés d'Amérique, étudier les droits, le développement du service, les conventions internationales relatives au change, etc.

Je me bornerai à cette remarque que la plupart des mandats sont payés dans les grandes villes et qu'ils sont présentés au payement par des banques ; c'est que le mandat peut être endossé une fois et qu'il peut ensuite être payé à une banque. Grâce à cette facilité, les guichets postaux sont soustraits à un fâcheux encombrement et les mandats étant présentés en nombre par les banques qui les ont récoltés, l'identification du bénéficiaire et la comptabilité sont simplifiées au plus haut degré. J'insiste donc sur cet aspect particulier du money-order et je souhaite que le mandat français puisse jouir des mêmes commodités.

Telles sont les principales réflexions auxquelles a donné lieu notre incursion dans le domaine de la Poste en Amérique.

Le fait saillant c'est l'introduction du machinisme dans toutes les parties du service et même dans celles qui, au premier abord, pourraient sembler le plus rebelles à cette application, comme par exemple, la comptabilité.

Il en résulte que le service postal prend alors un aspect de plus en plus technique.

J'ai sans doute été fort incomplet ; mais je laisserais une lacune impardonnable, si je ne renouvelais ici l'expression de mes sentiments reconnaissants aux fonctionnaires américains pour l'empressement qu'ils ont mis à me faciliter ma tâche.

LE TÉLÉGRAPHE [1]

Sommaire. — Emploi de la machine à écrire pour la réception au son. Manipulateurs spéciaux. Relais translateurs pour l'exploitation en courant de repos continu. Translation duplex avec emploi de courants des deux sens. Demi-duplex. Utilité des selfs enroulées sur un même noyau comme branches de pont. Duplex à trois directions. Appareil imprimeur. Analogies avec le Baudot, le Murray, le Picard. Facilités des fonctions : mise en synchronisme, corrections, répétitions, visites, etc. Simplex imprimeur. Surveillance centralisée du trafic instantané sur le réseau. Boulisterie centralisée, pick up et conveyor. Sélecteur Gill. Protection des lignes télégraphiques contre les effets d'induction des courants industriels. Usages variés de la Bakelite.

Messieurs,

Le sujet dont j'ai à vous entretenir aujourd'hui, c'est le télégraphe.

La chose principale et essentielle, c'est que nous avons constaté l'emploi généralisé d'un télégraphe imprimeur multiple, celui de la Western Electric C°.

Mais avant d'aborder cette question, je vais passer en revue quelques points de moindre importance.

Sounder. — La réception au son se fait généralement au sounder, mais l'employé se trouve devant une machine à écrire et, au fur et à mesure qu'il traduit mentalement les signaux qu'il reçoit, il les inscrit à la machine à écrire sur une formule de télégramme. Le destinataire a ainsi un texte écrit lisiblement en écriture typographique. Je suis d'avis que cette méthode est très avantageuse pour le public et qu'elle mériterait d'être acclimatée en France.

---

(1) M. l'Ingénieur en chef Pomey. Conférence faite à l'École Supérieure des Postes et Télégraphes, le 31 août 1917.

Manipulateurs. — Les manipulateurs semblent standardisés ; ils sont plus petits que nos manipulateurs ; ils n'ont pas la forme du manipulateur Morse, puisqu'on emploie le courant continu ; ils sont donc pourvus d'un commutateur à main pour passer de réception sur transmission et inversement. Le plus souvent ils sont attachés à un câble à deux conducteurs de cinquante centimètres de long dont l'autre extrémité est fixée à des bornes sur la table de manipulation. De cette manière, le manipulant a une certaine latitude pour placer son manipulateur dans la position qui lui est le plus commode. Il peut au besoin manipuler, le bras étendu sur la table.

Manipulateurs spéciaux. — Il y a aussi des manipulateurs très différents de ceux que nous voyons en France ; ce sont des manipulateurs à vibration ; au lieu d'abaisser la poignée de haut en bas, on appuie du bout des doigts sur une touche qui se présente de champ ; c'est donc de droite à gauche qu'on fait pression ; si on maintient la pression, un ressort de contact continue à vibrer et fait une série de points équidistants. Les points se font donc d'eux-mêmes. Il en résulte un mode de manipulation distinct du mode ordinaire. Quand un employé est fatigué par la manipulation ordinaire, il peut recourir à la seconde méthode et se reposer ainsi en trompant la fatigue. J'ajoute que l'alphabet morse américain n'est pas le même que l'alphabet que nous employons et qu'il paraît favorable au genre de manipulation que je viens de décrire.

Emploi du courant continu. — Souvent les lignes américaines sont fort longues et elles passent par de nombreux bureaux ; enfin elles passent aussi dans bien des cas chez des abonnés. Il est donc naturel qu'on économise les frais de surveillance et d'entretien en ne mettant de piles que dans les bureaux principaux. C'est l'application au télégraphe d'un principe analogue à celui qui a conduit en téléphonie à la batterie universelle. Mais au lieu d'avoir simplement des lignes en charge coupées par un condensateur, on a un courant continu en circulation sur la ligne. Au point de vue de la sécurité de la ligne télégraphique, c'est une disposition favorable, car si la ligne vient à être rompue par accident ou par malveillance il en résulte immédiatement un signal qui peut attirer l'attention. Je conclus de ces diverses remarques que le système de courant continu pourrait être appliqué utilement dans les colonies. Là aussi, on a besoin d'être prévenu sans retard de toute rupture de fil; là aussi on a intérêt à grouper les piles.

Relais translateur. — Quand la ligne est un peu longue, on peut augmenter la vitesse de transmission en intercalant des relais translateurs.

Le besoin de la translation en courant continu pose quelques problèmes dont les ingénieuses solutions méritent de retenir un moment l'attention.

Voici d'abord le schéma normal des communications de deux postes (fig. 1).

Fig. 1. — Montage en courant continu.

Il y a lieu de remarquer que le courant de repos est de même sens que les courants de travail. La lettre A par exemple est faite par un courant court suivi d'un courant long. On ne transforme pas en signaux les intervalles entre courants; ce sont les

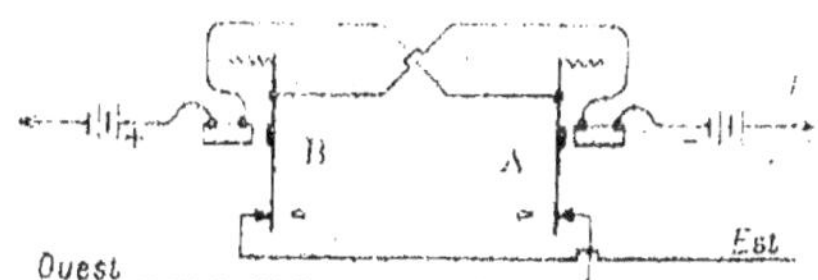

Fig. 2. — Principe de la translation.

courants eux-mêmes qui forment les signaux comme en France.

Considérons alors le schéma de translation ci-après (fig. 2):

Si je maintenais à la main la palette A sur contact, on voit que la palette B reproduirait les mouvements du manipulateur du poste Ouest. Par suite les signaux seraient correctement transmis vers la ligne Est. Il en serait de même pour les signaux venant de l'Est, si j'avais soin de maintenir fermé le contact de la palette B.

Mais maintenant, supposons que pendant une manipulation venue de l'Ouest, je laisse la palette A sous le simple jeu des forces électromagnétiques figurées et de son ressort de rappel ; alors, dès que la palette B aura coupé son contact, l'électro de la palette A relâchera aussi son armature et dès lors, la ligne Ouest sera isolée et aucun signal ultérieur ne sera reçu. Il faut donc, pendant la manipulation du poste Ouest, maintenir la continuité de la ligne dans la direction Est. Or la manipulation du poste Ouest a pour signe caractéristique dans le poste de relais le mouvement de l'armature B ; il faut donc que le relâchement de l'armature B soit utilisé pour empêcher le mouvement de l'armature A ; c'est ce qui arrivera en faisant alors agir sur A l'action d'un second électroaimant que nous appellerons l'électroaimant de blocage ; c'est donc le déplacement de B qui actionnera l'électro de blocage de A et celui de A qui, de même, fera agir l'électro de blocage de B ; car il faut évidemment, pour que les translations puissent avoir lieu dans les deux sens, que les actions soient réciproques et le système symétrique.

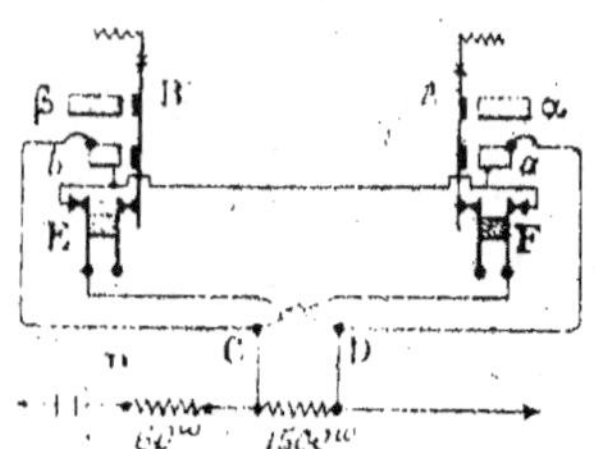

Fig. 3. — Dispositif de blocage.

La figure ci-dessus donne le schéma des circuits des électroaimants de blocage (fig. 3). On voit que la pile P maintient entre les points C et D une certaine d. d. p. D'autre part, dans l'état de repos ou d'attente, qui est figuré sur le diagramme, l'électroaimant de blocage a se trouve court-circuité par le contact E, tandis que l'électroaimant de blocage b se trouve court-circuité par le contact F. La résistance de 1.500 ohms se trouve elle-même court-circuitée par les contacts E et F en série, actuellement fermés l'un et l'autre ; mais dès que l'un ou l'autre se trouvera ouvert, la d. d. p. voulue apparaîtra entre les points C et D ; en attendant, pour diminuer l'usure de la pile, il conviendra d'intercaler sur le circuit de la pile une certaine résistance.

Il résulte de cet exposé que, dès que l'armature B se déplace, le contact E est rompu, la d. d. p. voulue apparaît aux bornes de la résistance de 1500 Ω, l'électroaimant de blocage (a) cesse d'être court-circuité ; il maintient donc l'armature A sur contact ; la continuité de la ligne se trouve donc assurée, comme il convient.

Remarquons que A ne se trouve rappelé par son électro de blocage qu'après que B a déjà rompu le contact E ; pendant que cette opération se produit, le contact de A sur ses butoirs serait mal assuré si on ne prolongeait la durée de l'action de l'électro de ligne α en intercalant entre α et la ligne Est, à cheval sur

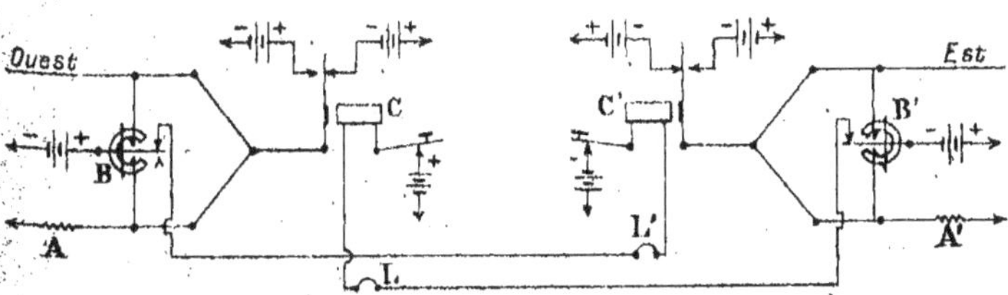

Fig. 4. — Translation polarisée duplex.

le contact de l'armature B un condensateur, d'ailleurs de très faible capacité. Je me suis abtenu de le représenter.

Ainsi donc, quand on manipule avec des courants d'un seul sens et que l'installation est à courant continu, il y a lieu de prévoir un dispositif de blocage et des précautions particulières pour en assurer l'efficacité.

Ces difficultés ne se présentent pas quand on a affaire à une manipulation à double courant.

Si l'on emploie des courants des deux sens, la translation n'a plus besoin de comporter des relais de blocage.

Le diagramme ci-après représente la combinaison adoptée, appelée duplex polarisé complet (fig. 4). Il y a lieu de porter son attention sur les boucles L L' ; ces lettres sont l'initiale du mot *loop* qui signifie boucle. La boucle est un circuit qui va chez l'abonné ; elle comprend le fil d'aller, un manipulateur, un récepteur, le fil de retour.

A et A' représentent schématiquement, d'une façon très incom-

plète, à dessein, des lignes artificielles équilibrant les côtés Ouest
et Est respectivement.

Si on transmet en L, le changeur de pôles C entre en jeu et
opère une transmission sur la ligne Ouest qui ne trouble pas le
relais B; les courants venus de l'Ouest pourront donc actionner
B et faire sentir leur action : 1° sur le récepteur de L', 2° sur le
changeur de pôle C' et sur la ligne Est, par conséquent.

Donc l'abonné transmet par L vers l'Ouest, par L' vers l'Est ;
il reçoit de l'Ouest par L' et reçoit de l'Est par L. Ces transmissions et réceptions sont indépendantes.

De même on transmet et reçoit en duplex de la ligne Ouest

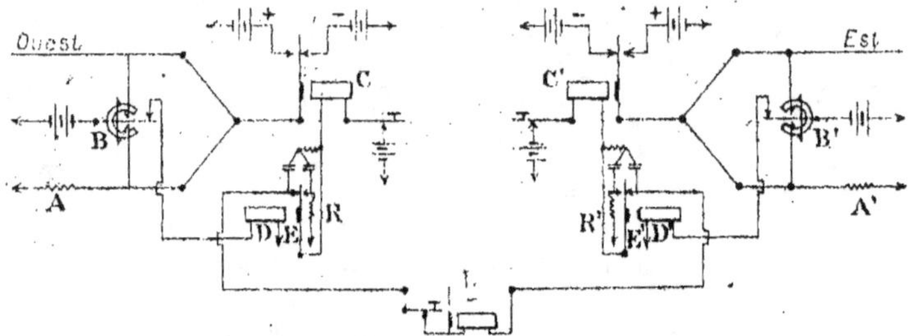

Fig. 5. — Translation polarisée, demi-duplex.

sur la ligne Est et réciproquement, et ces transmissions sont
contrôlées en L et L' au passage.

On peut, au poste de relais lui-même, installer sur les circuits des boucles L et L' des relais récepteurs, non figurés, pour
le contrôle des transmissions et pour correspondre aussi soit
avec le poste d'abonné intercalé dans L, soit avec celui de L'.

Dans ce système de translation complète polarisée duplex, il
y a deux boucles allant chez l'abonné du poste intermédiaire.

Il se peut que chez l'abonné du poste intermédiaire ne s'intro-
duise qu'une boucle unique venant du poste de relais. On a alors
le demi-duplex, qui exige un électro de blocage comme nous
allons le voir.

La boucle comprend toujours un manipulateur et un relais ; et
dans la situation d'attente, le manipulateur est sur contact ou
court-circuité.

Le diagramme est le suivant (fig. 5) :

On voit que lorsque l'abonné, dont le poste est embroché sur la boucle L, transmet, il ne peut simultanément recevoir; d'autre part, quand il transmet, les armatures E et E' étant attirées par les élecroaïmants D et D', l'abonné actionne simultanément les changeurs de pôle C et C' et par suite transmet sur les deux lignes Ouest et Est en même temps, comme dans le cas d'une ligne ordinaire exploitée en courant continu simple; ce faisant, d'ailleurs, il n'actionne ni le relais B, ni le relais B'.

Supposons maintenant qu'une transmission vienne de l'Ouest, l'armature de B va reproduire cette manipulation et par suite, il en sera de même du relais D et, en second lieu, du récepteur placé dans la boucle L.

Mais il importe que la transmission originaire de l'Ouest ne soit pas troublée par une manipulation intempestive opérée par le relais C; or, c'est ce qui arriverait, si l'armature E, en même temps qu'elle ouvre et ferme le circuit de la boucle L, ouvrait et fermait le circuit du relais C. Il y a une précaution à prendre : voici comment on y a pourvu. Pendant le déplacement de l'armature E, les courants qui circulent dans C sont prolongés par le mouvement des charges des condensateurs branchés sur les contacts et dès que l'armature E est venue sur le contact de droite, elle referme le circuit de E, en le complétant par la résistance R.

Grâce à ce blocage de l'électro C opéré par le relais de contrôle D, l'ouverture de la boucle L, quand elle est effectuée au contact de repos de l'armature E, ne produit pas de courant sur la ligne Ouest, à l'inverse de ce qui a lieu, quand cette ouverture se produit au manipulateur de l'abonné.

Ainsi donc une transmission venue de l'Ouest est reproduite par les mouvements de l'armature E, ce qui a pour conséquence d'actionner le relais de l'abonné d'une part et le relais C' d'autre part; la transmission est alors envoyée sur la ligne Est par le jeu de l'armature du relais C'. La translation est ainsi opérée.

Mais ce n'est pas une translation duplex, car les mouvements de l'armature E, ouvrant et fermant la boucle L sous l'action des courants venus de l'Ouest interféreraient avec une transmission venant en sens opposé.

Nous n'insisterons pas sur les dispositifs variés qui peuvent dériver de ces diagrammes fondamentaux. On peut combiner le demi-duplex avec un simple fil exploité au Morse en courant continu, de façon à relier ce poste Morse à une boucle desservant un abonné, par l'intermédiaire d'une installation de relais, représentée par la moitié de droite d'une demi-translation duplex.

On peut de même embrocher des postes intermédiaires simples entre deux postes extrêmes; ceux-ci utilisant un côté de demi-translation duplex, etc.

Ce que nous venons d'étudier ce sont des translations polarisées duplex.

Ces translations ont évidemment la plus grande analogie avec les installations de postes extrêmes, montés en duplex polarisé.

Dans chaque poste, nous avons deux boucles L, L', toujours constituées de même; elles comprennent un manipulateur, court-circuité dans la position d'attente, et un récepteur Morse, lequel peut être remplacé par un relais actionnant un sounder.

Ainsi l'abonné a, en somme, deux postes independants L et L' à sa disposition ; il reçoit sur L' et il transmet sur L. On n'utilise donc pas normalement le manipulateur de L' ou le récepteur de L.

Cependant le récepteur de L peut servir à l'abonné pour recevoir une transmission venant du bureau où se trouve installé l'ensemble des piles et appareils du duplex.

De même le transmetteur de L' peut aussi lui servir pour transmettre des messages à ce bureau, qui les recevra dans un relais de contrôle.

Les organes inutilisés dans les transmissions d'abonné à abonné sont donc utilisables pour les transmissions de service d'abonné à poste central.

Je n'insiste sur ces détails, que parce que nous voyons ici, contrairement à nos habitudes, des abonnés télégraphiques reliés à un bureau central, comme nos abonnés téléphoniques le sont à un multiple.

L'équipement en duplex des lignes concédées aux journaux permettrait d'en augmenter le rendement et serait peut-être à essayer.

Je reproduis le diagramme d'un poste (fig. 6).

La pile P est la pile de transmission locale; la pile Q, la pile de réception locale; le relais D contrôle la réception; le relais C contrôle la transmission. La capacité φ prolonge l'action des courants et la communication avec la terre pendant que l'armature du changeur de pôle est en train de passer d'un de ses butoirs à

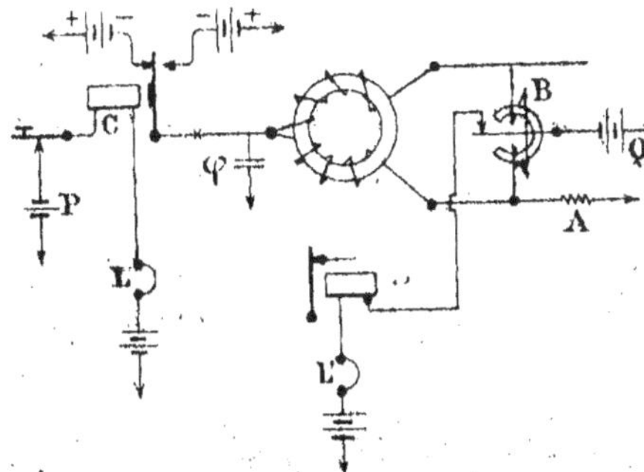

Fig. 6. — Installation de poste duplex.

l'autre. Les circuits d'équilibre du pont sont enroulés sur un noyau en fer; à la réception ces circuits sont parcourus dans le même sens et l'inertie magnétique crée une f. e. m. antagoniste qui oblige le principal du courant à passer par le relais récepteur B; à la transmission, les deux forces magnétomotrices sont égales et de signes contraires; l'aimantation de la bobine est donc négligeable et aucun effet de retardement ne se produit.

La ligne artificielle comprend non seulement des résistances, mais encore des capacités réparties et une self. Il semble que l'on puisse faire varier cette self au moyen d'un second enroulement, qui permet, au moyen d'un courant auxiliaire, de faire varier l'état du magnétisme du fer et par suite de donner à la perméabilité la valeur la plus convenable. Je fais peut-être erreur; en tous cas, c'est un moyen qui pourrait être appliqué aisément dans le mode de montage adopté par *l'American telegraph Cy*.

Je n'ai pas reproduit certains détails tendant à l'unification de résistance des lignes, à la mesure des courants, aux divers réglages.

Cette installation est celle d'un circuit normal en duplex polarisé complet.

On peut de même organiser un circuit en demi-duplex polarisé.

Dans ce cas l'abonné n'est relié au bureau central que par une seule boucle (un fil d'aller et un fil de retour); naturellement il ne peut pas travailler en duplex.

On remarquera seulement que l'armature du changeur de pôles entraîne dans son mouvement une seconde armature qui ferme le circuit d'un relais F : on entend donc la transmission du départ. Ce relais F, en même temps, a une autre fonction. Pour que la transmission ne soit pas troublée par une f. e. m. accidentelle à laquelle la ligne serait soumise, pendant la transmission, et qui serait d'autant plus gênante que la réception qui pourrait en résulter, actionnerait le relais de contrôle D et produirait une coupure intempestive de la boucle, le relais court-circuite le contact d'armature du relais polarisé de réception. La continuité est ainsi assurée.

L'armature E de D est solidaire d'un autre levier non figuré qui commande le circuit local d'un sounder (fig. 7).

Si l'on empêche le sounder F de remplir sa seconde fonction, qui paralyse toute réception, pendant le fonctionnement du changeur de pôles, par exemple : si on isole son armature, on voit que le bureau central lui-même est équipé en duplex. La clef G lui permet de transmettre par l'intermédiaire du changeur de pôles et cela, quelle que soit la position de l'armature E du relais de contrôle, puisque cette armature dans ses deux positions conserve la continuité du circuit de l'électro C; cet électro n'est donc bien sous la dépendance que de la clef G. Si donc le relais fait office de récepteur, la clef G pourra faire office de transmetteur, simultanément; de la sorte, de boucle à boucle, on n'a bien qu'une installation simplex, mais de bureau central à bureau central, on conserve le bénéfice d'une installation duplex.

On a donc, en somme, une communication duplex de bureau à bureau qui se trouve prêtée comme communication simplex à deux abonnés, pour correspondre l'un avec l'autre.

Pour terminer ce sujet, je dirai que, les installations de duplex complet ou de demi duplex comportant en fait les mêmes organes principaux, les montages réellement effectués sont complétés par des commutateurs qui permettent de passer instantanément d'une installation à l'autre.

Enfin il conviendrait d'ajouter les jacks de pile, les inverseurs

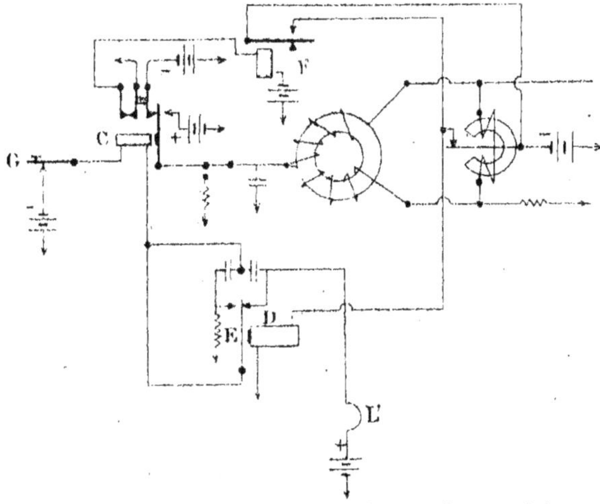

Fig. 7. — Installation de poste en demi-duplex polarisé.

de pôles, divers commutateurs, les jacks des boucles et des fils de ligne, etc. C'est sans utilité pour notre but.

Passons à la description d'un autre genre d'installation, analogue, il est vrai, aux précédentes, mais dont on n'a guère d'exemple en Europe. Il s'agit de satisfaire aux besoins de la clientèle, qui sont d'essence très diverse tandis que le monopole d'État n'est pas favorable à cette diversité, encore que les règlements autorisent bien toute espèce de concession, notamment aux journaux ou même l'exploitation de lignes d'intérêt privé.

Mais tandis qu'en téléphonie, nos sociétés particulières peuvent avoir plusieurs réseaux reliés par des lignes principales d'abonnement aux bureaux centraux téléphoniques de l'État, on ne voit guère de réseaux télégraphiques d'intérêt privés reliés les uns aux autres par des lignes télégraphiques disponibles du réseau de l'État, ou même simplement constitués par divers postes privés rattachés simultanément à un même bureau de l'État organisé pour leur fournir les forces électromotrices nécessaires et leur éviter l'installation, la surveillance et l'entretien des piles.

Bien que les conditions d'exploitation en Amérique soient très

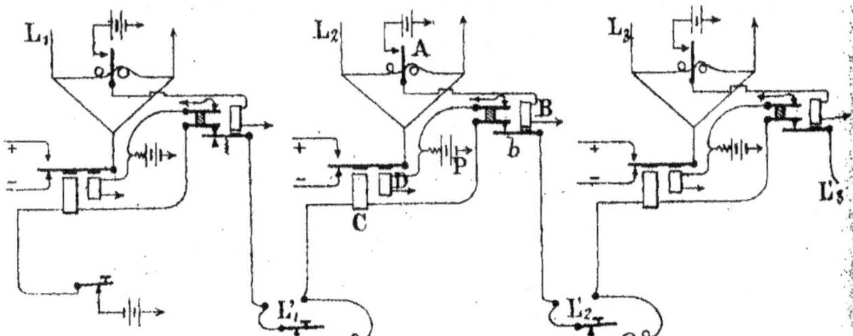

Fig. 8. — Duplex polarisé à directions multiples

différentes des conditions d'exploitation en France, l'examen de ces dispositifs spéciaux ne peut manquer d'un véritable intérêt technique ; mais nous irons plus loin et je dirai que c'est précisément parce qu'il s'agit de besoins nouveaux pour nous que ma description est utile, car ce n'est pas ce que nous avons déjà chez nous que nous allons chercher à l'étranger.

Je vais donc dire quelques mots du *duplex à trois directions*.

Il s'applique au cas où trois abonnés correspondent simultanément par l'intermédiaire d'un bureau central.

Tandis que dans le mode d'exploitation en courant continu, les appareils sont embrochés sur une ligne unique de grande longueur, les appareils à relier sont, dans le cas présent, en dérivation les uns par rapport aux autres.

Au surplus, rien n'empêche les divers demi-duplex que je vais figurer d'être répartis entre plusieurs bureuax.

Je reproduis le schéma de principe (fig. 8).

L_1 L_2 L_3 sont des lignes reliées au central ; L'_1, L'_2 sont des boucles allant chez des abonnés.

Les courants venus par L_2, par exemple, actionnent le récepteur polarisé A de ce poste ; les courants locaux de la pile dite de réception actionnent donc le relais de contrôle B ; l'armature b de ce relais de contrôle fait alors office de manipulateur sur la ligne générale qui comprend, en particulier, les postes L'_1 et L'_2.

Mais lorsque l'armature b se déplace, le circuit de l'électro changeur de pôle C est alternativement ouvert et fermé et des courants seraient renvoyés sur la ligne L_2 où l'on est en train de transmettre, si l'armature du changeur de pôle C ne se trouvait maintenue au repos par l'action du relais de blocage D, toutes les fois que le courant cesse dans C ; la pile locale P, ne trouvant plus la terre en f, lorsque b coupe le circuit de C, actionne alors l'électro de blocage D.

D'ailleurs les courants de manipulation qui sont émis sur la ligne commune L'_1 et L'_2, non seulement actionnent les récepteurs de ces postes, mais aussi les diverses bobines des changeurs de pôle des divers autres demi-duplex, de sorte que les émissions se trouvent reproduites sur L_1 L_3 etc., bien qu'on ait empêché leur retour sur L_2.

De cette façon, la transmission d'un seul poste se trouve reçue dans tous les autres.

Les relais de contrôle, tels que B, ont un sounder embroché sur leur circuit et c'est lui qui sert d'appareil de réception sur le demi-duplex correspondant.

De même un manipulateur se trouve embroché sur le circuit du changeur de pôle C, tout à côté de lui, en suivant la marche du courant, et c'est lui qui sert d'appareil de transmission.

On est amené d'ailleurs comme précédemment à mettre sur le changeur de pôle une seconde palette qui participe aux mouvements de la première.

Cette palette servira de manipulateur pour renvoyer la transmission dans un sounder répétiteur. On aura ainsi le contrôle de la transmission ; d'autre part, cette palette, chaque fois que l'armature du sounder répétiteur (non représenté sur la figure) sera relâchée, elle établira un court-circuit entre l'armature du relais récepteur polarisé et son butoir de travail (lequel est aussi son butoir d'attente, l'autre butoir étant isolé). Le relais polarisé de réception sera ainsi paralysé et par suite l'armature b du relais de contrôle B sera maintenue de façon à assurer la continuité de la ligne et à ne pas troubler l'action du manipulateur de transmission sur les changeurs de pôle qu'il commande.

On voit quelle variété présentent les installations américaines. Il serait fort utile, à coup sûr, de compléter les renseignements techniques ci-dessus par quelques données d'exploitation. C'est ce qu'il sera sans doute facile de faire quand les troupes américaines seront en France.

Naturellement, on trouve aux États-Unis de nombreux exemples de *quadruplex*. Or, dans ces installations, les courants de travail de même polarité sont différenciés par leurs intensités. Celles-ci doivent être dans le rapport de 1 à 3,5 ou de 1 à 4. La plupart du temps les piles sont remplacés par des dynamos génératrices à courant continu. Il n'est donc pas rare de voir à côté des génératrices à 120 ou 135 volts, d'autres dynamos à 385 volts. C'est un voltage qui nous paraîtrait bien élevé ; il ne doit pas être sans danger ; mais aussi les montages des fusibles et des paratonnerres sont faits avec le plus grand soin et les laboratoires pour l'examen des coupe-circuits sont montés avec un certain luxe.

J'aborde maintenant la description sommaire de l'appareil imprimeur de la *Western Electric Cy* employé par la *Western Union Telegraph Cy* (fig. 9).

La transmission s'effectue sur un clavier de machine à écrire. Ainsi l'opératrice touche son clavier, en même temps qu'elle lit le texte du télégramme à transmettre. Si la commande ne passe pas d'une façon réflexe de ses yeux à ses mains, elle devra donc porter alternativement les regards de son papier à son clavier et ce tâtonnement, pour trouver l'emplacement juste de la touche désirée, aura le double inconvénient de causer des pertes de temps et de favoriser les erreurs. Aussi les dames employées, avant d'être admises à manipuler en ligne, doivent-elles passer par une école préparatoire où elles sont exercées à manipuler leur clavier de machine à écrire sans le regarder. A cet effet, on interpose entre leurs mains et leurs yeux, en la fixant à une cer-

Fig. 9. — Printing de la *Western Electric Company*.

taine hauteur, une feuille de carton qui les oblige à toucher juste sans regarder. Au bout d'un exercice d'environ trois mois, elles gagnent la précision et l'assurance nécessaires.

6

L'assurance est un des facteurs les plus importants de la correction ; c'est ce qui a été mis en évidence par M. Murray. C'est lui qui a imaginé un dispositif de correction des bandes perforées qui permet à l'opératrice d'effacer immédiatement une erreur. Dans le cas, en effet, où elle a abaissé une touche pour une autre ou inversé l'ordre de deux lettres, elle en a du même coup l'impression sur le champ et, comme la correction est aisée, ce genre d'erreur la préoccupe moins ; or moins elle est préoccupée, moins elle commet de fautes.

Bien que dans l'appareil imprimeur de la Western on puisse manipuler directement sur la ligne, en général, la manipulation du clavier a pour objet la préparation d'une bande perforée qui alimentera le manipulateur. C'est la même méthode que dans le Murray. Et l'on applique le même procédé de correction. Je rappellerai donc en quoi il consiste.

Si l'opératrice appuie sur une mauvaise touche, tout ce qu'elle a à faire pour rectifier son erreur, c'est d'appuyer sur le levier qui rappelle la bande en arrière de la longueur d'une lettre, d'abaisser le levier d'inversion des lettres, lequel perforera un signal qui effacera tout autre, s'il est produit par le maximum de perforations et qui ne produira aucun effet, puisqu'on est déjà sur lettres ; il ne reste plus à l'opératrice qu'à perforer ensuite la bonne lettre. C'est l'affaire d'un clin d'œil. Quelques secondes suffisent ainsi à effacer un mot de six lettres et la correction ne laisse point de traces sur le télégramme imprimé au bout de la ligne ; elle n'y apparaît même pas par un blanc.

Cet exemple nous montre par un détail, qui d'ailleurs a son importance, que l'appareil imprimeur de la Western ne prétend pas à l'absolue originalité, mais au contraire que l'on prétend y avoir incorporé tout ce qu'il y a de meilleur dans tous les autres.

Définissons l'appareil : c'est un appareil imprimeur, imprimant les messages en caractères d'imprimerie ; c'est un appareil multiple, en général un quadruple ; c'est un appareil à composition préalable, enfin c'est un appareil à synchronisme qui emploie, sauf des différences de détail, le code Baudot.

Il n'y a pas lieu de revenir sur les avantages du code Baudot ;
nous l'avons vu adopté dans l'appareil Murray, nous le retrouvons dans celui de la Western. Toutes les lettres étant constituées par un nombre égal d'éléments, il se prête particulièrement
bien à l'application mécanique. On sait, par exemple, combien
est délicat l'avancement du papier dans le perforateur automatique Terrin, utilisé à Marseille sur les câbles.

Mais tandis que, dans le Murray chaque lettre occupe sur la
bande une longueur de cinq espaces élémentaires, dans le *Printing*, — c'est ainsi que j'appellerai par abréviation l'appareil que
je décris, — les perforations sont sur une même ligne transver-
salement par rapport à l'avancement de la bande. La bande est
donc plus large, mais elle est beaucoup moins longue ; il en
résulte une économie importante de papier. Et l'on ne voit plus
ces interminables bandes de papier qui gênent et encombrent.
La lecture, d'après les perforations, qui peut être parfois d'un
certain secours, est aussi rendue plus commode parce que les
signaux sont plus ramassés et que ceux de deux lettres successives sont bien séparés.

Comme dans tous les multiples, nous avons aux deux bouts
de la ligne des distributeurs tournant en synchronisme et en
phase.

Ce qu'on pourrait contester, c'est l'utilité de la préparation de
la bande, du moment qu'on ne peut pas accélérer son passage
dans le transmetteur, ainsi qu'il est si facile de le faire dans un
appareil sans synchronisme, comme le Wheatstone ou le Pollak-
Virag électrochimique.

Il faut remarquer cependant que l'interposition d'une bande
perforée entre la manipulation et la transmission électrique a
pour effet d'affranchir l'opératrice de la sujétion impérieuse de la
cadence ; elle peut donc travailler par bonds successifs, se procurer ainsi sans peine, puisqu'elle n'a pas à modérer ses élans,
une certaine avance et emmagasiner ainsi assez de matière composée pour qu'aucun tour ne soit perdu ; une inadvertance, une
correction cessent d'être des causes de retard ; bien plus, elle
peut profiter de son avance pour exécuter un travail d'ordre,

apposer un timbre, une signature, ajuster un nouveau télégramme sur son pupitre, etc. Enfin, si la longueur de la ligne ne permet pas d'utiliser toute la rapidité de manipulation de l'opératrice, dans le cas où elle transmettrait directement, rien ne l'empêche de préparer des bandes avec toute la vitesse dont elle est capable.

La liberté d'esprit que lui laisse son affranchissement de la cadence doit aussi contribuer à accroître la correction de son travail et diminuer sa fatigue.

Il y a donc avantage pour le rendement, pour l'exactitude, pour le personnel.

L'opératrice étant rompue à l'exercice de la machine à écrire peut facilement, le cas échéant, trouver une occupation dans les bureaux ; son aptitude peut être utilisée dans le commerce si elle vient à quitter le service télégraphique ; la direction de ce service peut recruter facilement, de même, des dactylographes qui n'aient besoin que d'un complément d'instruction professionnelle de courte durée.

Les essais de préparation préalable de bandes perforées pour notre appareil Baudot méritent d'être repris, dès que la situation générale le permettra.

Le principe des perforateurs automatiques à clavier est bien connu : c'est le même qui est appliqué dans l'appareil Murray, dans le Polak Virag à écriture cursive, dans le Printing.

Le mécanisme de sélection se compose de cinq lames horizontales placées au-dessous des leviers de touche et arrangées de façon que chaque levier, en s'abaissant, appuie sur une ou plusieurs lames. C'est l'enfoncement de ces lames qui produit la sélection des poinçons. Dès que cette sélection est faite, un contact commun se ferme et l'électro-perforateur est actionné. La bande est perforée dans le sens transversal, comme je l'ai dit déjà. Il y a devant le clavier un indicateur qui se déplace d'un cran à chaque lettre, devant une échelle et qui revient au zéro quand on abaisse une certaine touche. Quand on approche du bout de ligne, une lampe s'allume. C'est un signal d'avertissement. Une opératrice peut aller à la vitesse de 92 mots à la minute, si elle peut soutenir cette vitesse.

La bande perforée passe dans le transmetteur, et elle avance
d'un pas à chaque tour. Les perforations de la bande sont interrogées par cinq aiguilles. Dans le Murray, il n'y a qu'une seule
aiguille ; dans le Wheatstone, il y en a deux.

Un trait caractéristique du Printing, comme assez généralement de tous les appareils américains qui ont été étudiés à fond
en vue de leur standardisation, c'est l'attention qui a été apportée à toutes les fonctions accessoires. C'est là une notion bien
familière à ceux qui ont eu à s'occuper d'imprimerie : on sait
que les presses vont le plus souvent à des vitesses considérables,
mais que ces périodes de travail sont précédées de périodes de
mise en train, qui sont parfois de longue durée ; de plus, à chaque
commencement et fin de vacation, il y a des précautions à prendre
pour les rouleaux, de sorte qu'il est très important de pouvoir
faire avec facilité toutes les opérations accessoires, placement des
clichés, changement des étoffes, corrections sur presse, encrages
et lavages, etc. Ce sont tous ces travaux que l'on appelle alors
les « fonctions », et il importe souvent beaucoup plus d'avoir de
la facilité pour accomplir les fonctions que de pouvoir tourner à
grande vitesse. Eh bien ! l'on peut dire que, dans le Printing, on
a pourvu à toutes les fonctions avec un soin extrême.

En particulier, il y a sur le transmetteur deux commutateurs,
l'un marqué *start* et *stop* sert dans la position *start* à assurer
l'avancement de la bande pas à pas, dans la position *stop* à arrêter la bande et à envoyer le signal du blanc, les cinq aiguilles
chercheuses étant maintenues abaissées ; l'autre, marqué *on* et *off*,
met le transmetteur en service normal dans la position *on*, tandis que dans la position *off* la bande est arrêtée et le signal
qu'elle présente aux aiguilles se trouve répété indéfiniment. Cette
répétition est souvent utile pour les réglages.

Dans l'appareil Baudot le moteur est soit un moteur à poids,
soit un moteur électrique ; dans le Murray, c'est une roue phonique
dont la vitesse est régularisée par un vibrateur isochrome à lame
unique. Dans le Printing, on emploie aussi une sorte de roue
phonique actionnée par les impulsions émises sous le contrôle
d'un diapason. La période du diapason entretenu électriquement

en mouvement vibratoire varie peu avec la température ou la force électromotrice. En chargeant les branches avec des poids, on fait varier la période par sauts ; on la règle à la valeur définitive qu'on veut lui donner par un autre moyen de réglage, en agissant sur une vis.

J'ai pu voir une mise en synchronisme ; le pupître du dirigeur qui contient les relais possède aussi des lampes de phases et l'on procède à l'accrochage comme dans les stations d'énergie électrique, quand on accouple des alternateurs.

Comme dans le Baudot, l'appareil qui reçoit le synchronisme est amené à une vitesse légèrement supérieure à celle de l'appareil qui le donne ; et la correction se fait aussi en corrigeant l'avance des bras du distributeur ; ils sont arrêtés pour repartir en phase.

Dans le Baudot, on a pour la correction le diagramme suivant (fig. 10) :

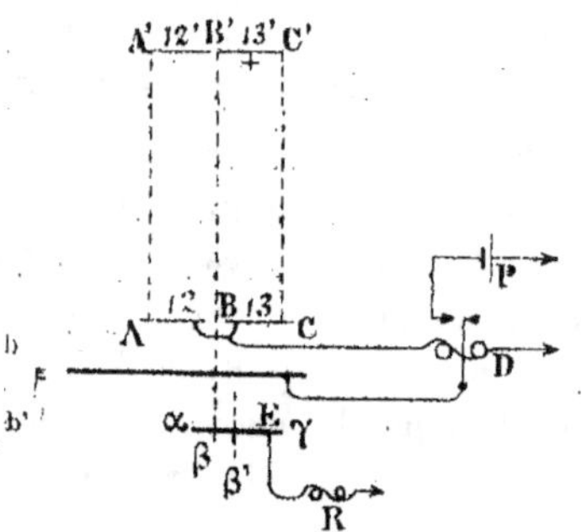

Fig. 10. — Correction Baudot.

Je représente la ligne par une simple flèche dans l'intervalle qui sépare le poste correcteur A′ B′ C′ du poste corrigé A B C. A′ B′ et B′ C′ étant les contacts 12′ et 13′ du distributeur d'un poste Baudot (double) correcteur, à chaque révolution des courants sont envoyés sur la ligne ; et si les deux distributeurs tournent en synchronisme et sont bien orientés, le courant négatif émis par A′ B′ est reçu sur toute la longueur du contact correspondant A B, n° 12 ; le courant positif émis par le contact B′ C′ est de même reçu par B C, n° 13. Pendant la réception du courant (—) sur A B, l'armature du relais D est sur pile ; pendant toute la réception du courant (+) sur B C, son armature est rappelée sur le contact de droite, et par suite, isolée. Le relais correcteur R ne peut donc recevoir de courant que par la portion αβ dont le contact E (appelé contact mobile) déborde sur l'aplomb du point de séparation B entre les contacts 12 et 13 et si les balais $b\,b'$ conjugués sont bien en vitesse et en phase, l'électro-correcteur R ne recevra le courant de la pile P que pendant le temps t du passage du balais b' sur la surface $\alpha\,\beta$. Or, je suppose que la durée t de cette action ne soit pas encore suffisante pour le faire fonctionner, mais que si la durée du passage du courant à travers ses bobines était supérieure à cette limite extrême t si peu que ce soit, son armature passerait sur le contact de gauche. Donc dans l'état de synchronisme parfait, bien qu'il soit sur le point de fonctionner, il n'y a point de correction qui s'opère.

Mais admettons que les balais du poste corrigé prennent une petite avance, alors le courant négatif émané du contact A′ B′

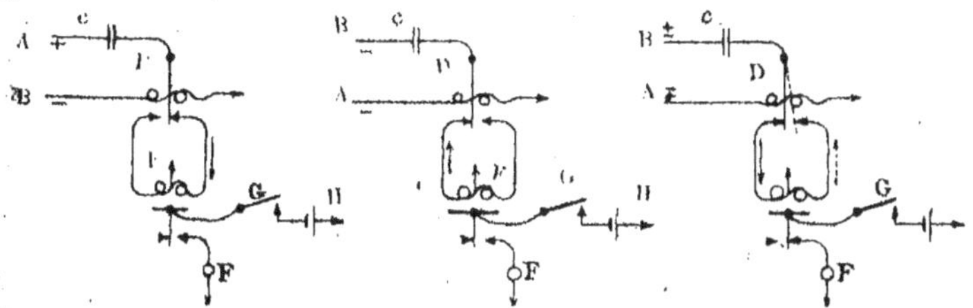

Fig. 11. — Correction Picard; principe.

du distributeur correcteur au lieu d'être reçu intégralement sur le contact A B correspondant, empiètera sur le contact B C et par suite le courant de la pile P, au lieu d'être envoyé dans l'électro correcteur pendant le temps limite t correspondant à la durée du passage des balais $b\,b'$ sur la portion $\alpha\,\beta$ du contact mobile E, sera envoyé pendant un temps supérieur à t, correspondant à la durée du passage des balais $b\,b'$ sur la portion $\alpha\,\beta'$ du contact mobile, le point β' étant en regard du point du contact 13 où cesse l'émission négative.

La durée du courant émis dans l'électro correcteur R étant dès lors suffisante pour son fonctionnement, il déclenchera le mécanisme correcteur.

Dans le Baudot, on voit donc que deux contacts sont utilisés à la correction et perdus pour la transmission des messages.

C'est pourquoi dans le dispositif Picard, on a recherché la correction sans contacts spéciaux. Il n'est peut-être pas inutile de rappeler le procédé. Il est basé sur les remarques préliminaires auxquelles donne lieu l'agencement figuré ici (fig. 11).

Je suppose que A et B reçoivent successivement des courants
de même signe, positifs, pour fixer les idées (première figure) :
l'armature de l'électro-aimant commutateur D se porte sur le
butoir de droite ; le courant positif qui arrive ensuite en B traverse le relais correcteur E et porte son armature sur le contact
de gauche, donc l'électro correcteur F n'est pas actionné. Il suffit
de jeter un coup d'œil sur la seconde figure pour voir que l'électro correcteur ne sera pas plus actionné si, à un courant négatif
reçu sur A succède une impulsion négative reçue sur B.

Mais si, au contraire, après que A a reçu un courant d'un
certain sens, B reçoit un courant de sens inverse, la position de
l'armature du relais correcteur E mettra l'électro correcteur F en
communication avec le contact G, lequel fermé une fois par tour

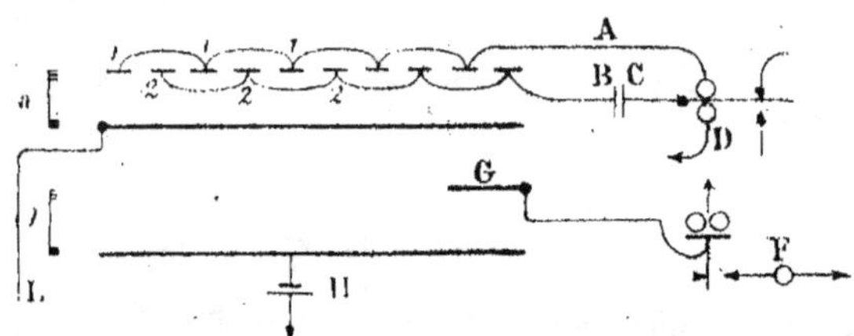

Fig. 12. — Réalisation de la correction Picard.

permettra à la pile locale H d'actionner F et de déclencher le
mécanisme correcteur (fig. 12).

Supposons maintenant que les contacts 1, 1 etc. et 2, 2 etc.,
soient des contacts égaux, de longueur égale à la moitié de la
longueur d'un contact de réception (la couronne des contacts de
réception n'étant pas figurée sur le diagramme pour ne pas le
surcharger). Les courants de ligne seront reçus par les balais
conjugués dans les contacts 1 et 2. Ils sont tantôt positifs, tantôt
négatifs ; j'appelle inversion le passage d'un négatif au positif
ou d'un positif au négatif. Cela étant, si une inversion se produit,
pendant que les balais a sont en train de franchir un contact (1),
le contact (2) recevra un courant de même sens que le sens du
courant qui passait par le contact (1) précédent au moment où
le balais (a) a quitté celui-ci. Comme (1) et (2) sont reliés aux

communications A et B du diagramme précédent, il est clair qu'il n'y a pas correction.

Mais si les balais du poste corrigé prennent de l'avance sur ceux du poste correcteur, il arrivera un moment où l'inversion, au lieu de se produire sur un contact impair (1), se produira sur le contact pair suivant (2). Dans ces conditions, le courant, à la fin du contact (2), a une polarité différente de celle du courant, reçu par le contact (1) précédent, donc l'armature du relais correcteur ayant été déplacée par un courant d'un certain sens, un courant de sens contraire agit sur le relais correcteur à la fin du contact (2). On se trouve dans le cas où les fils A et B reçoivent successivement des courants de sens contraire. Peu importe d'ailleurs si l'inversion a lieu du positif au négatif ou inversement ; l'électro correcteur est dans les deux cas relié au contact de correction G. D'ailleurs, dans le courant d'un tour, s'il y a d'autres inversions, elles se produiront toujours sur un contact pair si l'une d'elles s'est produite sur un contact pair, puisque l'intervalle qui sépare les points correspondants de deux contacts de même parité a la longueur d'un contact de réception. A la fin du tour, la fermeture du contact G par les balais *b* sur la pile locale assure la correction.

Le synchronisme est donc ainsi maintenu. Il ne reste plus qu'à obtenir l'orientation. On convient alors d'une combinaison qui sera envoyée sur un secteur déterminé ; on empêche le jeu du système correcteur jusqu'au moment où la combinaison convenue s'enregistre sur le secteur correspondant ; l'orientation existe alors, le maintien du synchronisme la conserve, si on laisse dès ce moment la correction s'effectuer.

Je n'ai pas de détails précis sur le mode de correction utilisé dans le Printing, mais il semble bien, d'après les descriptions un peu vagues que nous en avons, que ce soit le système Picard qui a été adopté, mais que l'emploi des lampes permette de savoir sur quel secteur l'inversion correctrice se produit. Il y aurait donc certains perfectionnements pratiques dans l'application du procédé.

On voit que le Printing, par l'emploi d'un diapason au lieu

d'une verge, réalise aussi une amélioration sur l'appareil Murray, car un diapason est naturellement équilibré, tandis que la solidité de l'encastrement d'une verge maintenue en état vibratoire doit être bien précaire.

Le principe de la synchronisation est bien différent dans l'appareil Murray. La roue phonique de l'appareil corrigé a sa vitesse réglée par une lame vibrante entretenue électriquement. Il faut donc parvenir à obtenir une action sur la période de la lame vibrante, s'il survient quelque désaccord dans le synchronisme. Or l'entretien est à peu près indépendant de la f. e. m. de la pile d'entretien pour une lame vibrante libre. Donc, pour pouvoir mettre le mouvement périodique dans une certaine dépendance des courants d'entretien, on fait osciller la lame vibrante entre des ressorts amortisseurs ; dans ces conditions, la période dépend de l'amplitude. Il est facile maintenant d'expliquer la réalisation

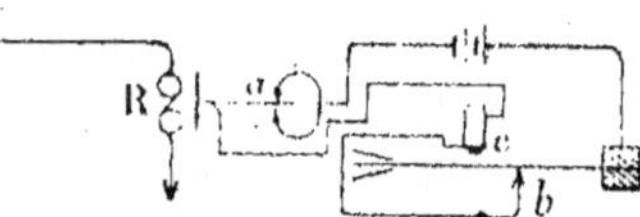

Fig. 13. — Synchronisation Murray.

pratique du dispositif de synchronisation :

La figure ci-contre (fig. 13) montre la lame vibrante entre ses amortisseurs ; si les contacts a étaient reliés en permanence à l'armature du relais R qui reçoit les courants de ligne, on aurait affaire à une simple verge entretenue électriquement en vibration ; il en serait de même si les changements de polarité du relais R avaient lieu au moment même où le contact (b) est lui-même rompu, car rien ne serait changé au courant d'entretien, mais il n'en serait pas de même si le changement de polarité, l'inversion, se produisait pendant que la lame vibrante est encore en contact avec (b), car le courant d'entretien serait écourté pendant le temps que l'armature du relais R met à passer d'un contact (a) à l'autre. Si donc la coupure en (b), gagnant de l'avance sur les émissions successives des courants de travail, arrive à rattraper le moment d'une inversion, le courant d'entretien va avoir sa durée tronquée et la vitesse de la verge sera modérée et ramenée dans les limites voulues. Pour obtenir cet effet, il suffit de donner à la lame vibrante du poste corrigé une fréquence très légèrement supérieure à celle du poste correcteur.

Je ferai observer que le Printing, qui a tant de ressemblances avec le Murray, s'est écarté de lui sur ce point.

L'appareil imprimeur de réception, ce que nous appellerions le traducteur, a pour objet de donner des messages qui soient la reproduction typographique exacte des messages remis par l'expéditeur, si celui-ci les avait présentés dactylographiés.

C'est donc sur une bande de 8,5 pouces de large que les télégrammes reçus seront imprimés.

Cette bande, en se déroulant ligne par ligne vers le haut, passe entre un cylindre et une lame formant couteau. Quand le message est terminé, il suffit donc de prendre le bout libre par un coin, de renverser la feuille et de la déchirer contre l'arête du couteau, qui coupe la bande avec netteté.

La partie gauche de la bande porte le timbre de la Compaguie répété indéfiniment à intervalles presque jointifs. Un timbre au moins apparaît donc sur chaque message reçu.

Dans d'autres cas, l'en-tête, comprenant le nom de la Compagnie, son timbre, les noms des président et vice-président, des indications de service, etc., occupe toute la largeur de la bande, et se trouve répété à des intervalles constants, compatibles avec l'inscription des télégrammes les plus longs du service courant.

Pour séparer les télégrammes, on devra donc, à la fin d'une réception, tirer vivement la bande vers le haut pour faire apparaître l'en-tête imprimé suivant et l'on déchirera la bande juste au-dessus, en la retournant sur le couteau.

Le message reçu est envoyé au destinataire sous une enveloppe à fenêtre : la feuille est pliée de façon que le pli sépare l'adresse du texte ; l'adresse se présente donc au bas de la partie apparente, la fenêtre, en conséquence, occupe, sur la plus grande partie de sa largeur, le bas de l'enveloppe et n'a guère que la hauteur de trois lignes.

Le message étant imprimé directement sur la feuille comme s'il était écrit à la machine à écrire, il en résulte que le transmetteur doit comprendre les signaux : retour à la marge et retour à la ligne, c'est-à-dire avancement de la bande de la hauteur d'une ligne.

L'opératrice à la réception dispose aussi de deux boutons poussoirs, l'un « C R » (*carriage return*) pour le rappel à la marge, l'autre « L F » (*line feed*), pour alimenter d'une ligne et faire avancer la bande d'un pas.

Ces boutons sont utiles après un arrêt, ou pour préparer la réception d'un second message, en donnant un peu de bande, sans tirer le papier avec la main.

J'ai vu divers systèmes de traducteurs ; dans les uns, la bande se déplaçait devant une roue des types, dans les autres, la roue des types voyageait devant la feuille de papier ; enfin, dans un modèle plus récent, la bande était immobile, sauf son avancement ligne par ligne, et c'est devant elle qu'un clavier de machine à écrire se déplaçait et les messages étaient ainsi réellement dactylographiées par un agent invisible.

C'est bien ce dernier système qui paraît le plus perfectionné car l'opératrice à la réception peut alors lire avec le plus de facilité la transmission au fur et à mesure qu'elle s'inscrit. Il y a en effet, une vraie fatigue pour la vue à suivre le mouvement saccadé d'une bande de Hughes.

Après avoir vu les résultats de l'impression sur pages, et en dépit des petits arguments servis par les télégraphistes habitués à un autre mode de réception, je considère la réception sur bande comme un procédé barbare, appelé à disparaître.

Le mécanisme de sélection a quelque analogie avec celui de l'appareil Murray : seulement celui-ci emploie comme intermédiaire entre la réception et la traduction une bande perforée, reproduction à l'arrivée de la bande de départ. Cet intermédiaire est supprimé ; les lames à encoches qui constituent le sélecteur Murray sont ici remplacées par cinq disques dont la circonférence est échancrée et qui tournent d'un petit angle. Nous sommes loin de la simplicité du Baudot.

J'ai l'idée que le traducteur du Printing n'a pas achevé son évolution.

Il est compliqué, mais, en revanche, il se décompose en douze

organes ou assemblages de pièces détachées, qu'on peut individuellement enlever et remplacer par un organe similaire inter-
changeable. Ceci compense cela.

Avant de terminer ce sujet, je dirai un mot d'un accessoire,
nommé contrôleur automatique.

La bande, sortant du perforateur de la machine à écrire, fait
une boucle avant de s'engager dans le transmetteur; si la dactylographe ne peut tenir la vitesse, le mou diminue et la bande se
tend, elle soulève ainsi un levier et le signal qui est alors transmis est le *spacing signal* qui ne produit aucun effet sur le traducteur; en même temps, la bande perforée est arrêtée et elle
reprendra son mouvement d'avancement pas à pas lorsqu'un peu
de mou aura permis au levier de retomber.

Le contrôleur automatique comporte aussi un secteur à trous,
analogue au secteur employé pour l'appel au numéro de l'abonné
demandé par l'abonné demandeur dans le système automatique
Strowger. Si on met le doigt dans l'un des trous et qu'on amène
le secteur à tourner jusqu'à l'arrêt, en se relevant le secteur
envoie certains signaux correspondant au numéro du trou et ces
signaux se traduisent, à l'autre bout de la ligne, par un ou plusieurs coups de timbre ; chaque coup de timbre est commandé
par la succession de deux lettres ou signes dans un ordre inusité.

Les coups de timbre qu'on envoie ainsi signifient, suivant leur
nombre : en route, répétez le dernier message, arrêt, mécanicien,
reperforez (bande mauvaise).

Ces divers signaux conventionnels, l'effaçage mécanique des
erreurs sur les bandes sont de grandes facilités pour ce que j'ai
appelé les fonctions et c'est grâce à ces perfectionnements qu'on
a pu substituer à la réception sur bande gommée, la réception
sur page, beaucoup plus propre et qui a la faveur du public.

Un message peut alors être classé dans un dossier comme
n'importe quelle correspondance.

J'ai remarqué que les opératrices ne tenaient pas de procès-
verbaux ; mais elles ont des timbres individuels; leur numéro
leur sert de nom. Cette référence m'a paru préférable à des initiales écrites à la hâte.

En outre du système de télégraphe imprimeur quadruple, la

Western Electric C° a imaginé un simple, pouvant fonctionner en duplex, ce que, par abréviation, les télégraphistes appellent souvent un simplex.

On sait que Baudot, dès ses débuts, a réalisé un simplex que la continuation de l'emploi du Hughes a empêché de prendre place dans le matériel courant ; on sait aussi que, dans un but d'unification, l'idée du simplex a été reprise et que l'appareil a été mis au point par M. Lesaffre et ses collaborateurs : il fonctionne aujourd'hui à l'entière satisfaction de l'Administration.

Le simplex de la *Western Electric Cy* ne peut donc manquer d'intéresser les spécialistes du Baudot. Je vais donc le décrire d'après les notes et diagrammes que m'a fournis M. Osborne.

Le distributeur a deux plateaux, l'un avant, l'autre arrière, l'un pour la transmission, l'autre pour la réception. Les bras des balais sont entraînés par un moteur à vitesse constante, mais c'est un entraînement par friction. Normalement, le bras est retenu par un loquet ; si le loquet est attiré par un électro-aimant, le bras fait un tour et il envoie ou reçoit les courants ; puis il se réenclenche. C'est le système *start-stop*, très utile sur les lignes de grande longueur.

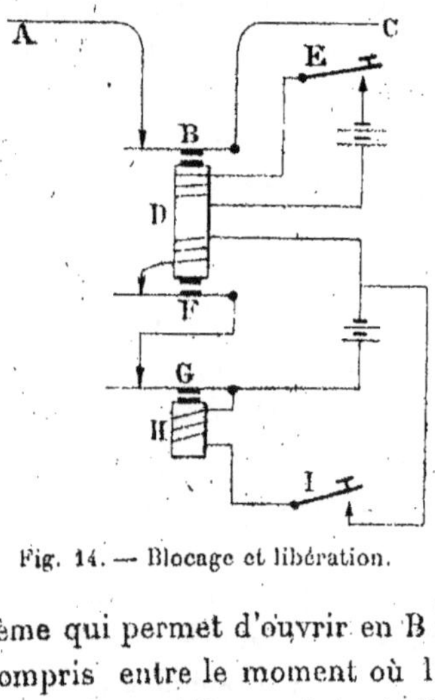

Il y a sept contacts sur une couronne de distributeur, cinq pour la formation du signal et deux, respectivement pour le déclenchement et pour l'arrêt.

On n'a pas besoin d'un synchronisme bien rigoureux dans ce système.

On manipule à la main ou en engageant une bande perforée, à volonté.

Fig. 14. — Blocage et libération.

Pour faciliter l'exposé qui va suivre, je vais indiquer un système qui permet d'ouvrir en B un circuit ABC pendant le temps compris entre le moment où l'on fait un point Morse avec le manipulateur E et celui où l'on fait un point Morse avec le manipulateur I (fig. 14).

Si je fais un point avec E, l'électro D attire son armature B et coupe le circuit ABC, en même temps il attire son armature F et s'enclenche lui-même. Mais il suffit d'appuyer sur le manipulateur I pour que, l'électro H attirant son armature G, coupe le circuit d'enclenchement et, comme alors E est ouvert, l'électro D relâche son armature B, qui referme le circuit ABC.

On a ainsi un exemple d'un électro qui s'enclenche automatiquement et qu'on peut ensuite libérer.

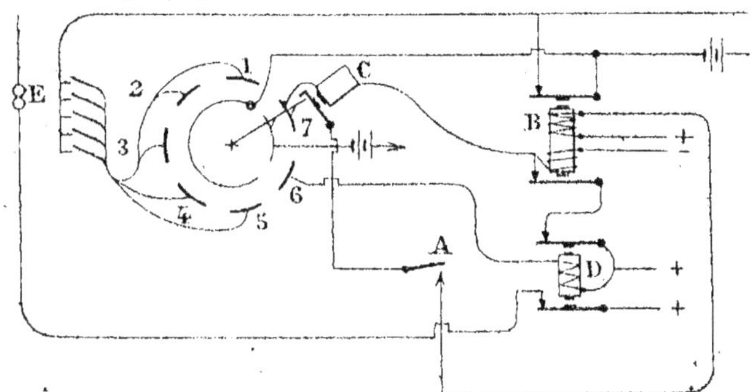

Fig. 15. — Simple de la W. E. Cy. Transmission.

Voici comment s'opère une transmission (fig. 15). A l'état d'attente, la ligne est parcourue par le courant de repos. Puis le poste transmetteur, ayant à envoyer une lettre donnée, le contact général de commande A se ferme et actionne l'électro B ; la boucle de ligne est donc ouverte et prête à recevoir les émissions de travail qui constitueront le signal. Le relais B s'enclenche lui-même et, en même temps, l'électro de déclenchement C attire son armature et libère le bras des balais. D'ailleurs, cette armature, qui forme loquet, retombe dans sa position primitive dès que les balais quittent le contact 7. L'émission des signaux par les contacts 1 à 5 ne présente aucune particularité à noter. Mais quand les balais passent sur le contact 6, l'électro d'enclenchement D coupe le circuit de blocage du relais B, qui remet la boucle de ligne dans les conditions initiales. En même temps, un courant est envoyé à l'électro E pour les fonctions locales du transmetteur. Le bras en arrivant sur le contact 7 s'arrête sur la tubée du loquet.

Le dispositif que je viens de décrire suffit pour la transmission automatique; pour la transmission à la main, on a recours à un enclenchement électrique de tous les leviers de transmission, une fois qu'ils ont été amenés sur leurs butoirs de travail (fig. 16). L'abaissement d'une touche du clavier ayant produit une combinaison des leviers T, on va voir que les leviers de transmission correspondants T sont bien enclenchés comme il faut. En effet, dès que l'abaissement de la touche a eu lieu le

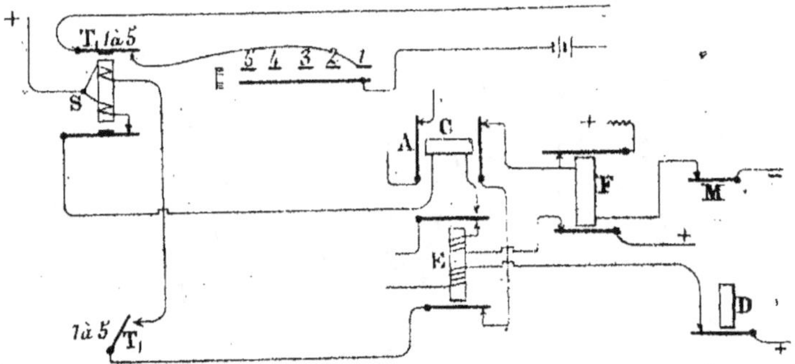

Fig. 16. — Simple de la *W. E. Cy.* Transmission manuelle.

contact M se ferme et un courant est envoyé par les leviers T dans les électros sélecteurs S; immédiatement, ces électros se bloquent eux-mêmes par le second enroulement, en même temps que se bloque aussi le relais de clavier C, ce qui a pour effet de fermer le contact A qui joue le même rôle que le contact A de la fig. précédente et met en branle le distributeur. Les signaux ayant été émis, le relais de renclenchement du loquet D fonctionne et provoque par le relais d'ouverture E, la libération du relais de clavier C et des sélecteurs S.

On remarquera que pendant le blocage de ces électros, l'armature de droite C a coupé le circuit des leviers de touche T, empêchant la combinaison enregistrée d'être modifiée intempestivement pendant la durée du tour.

L'enclenchement des sélecteurs conserve donc la combinaison, même si les doigts du manipulant se relevaient ou s'ils abaissaient une autre touche pendant l'envoi du signal.

Mais si le manipulant maintenait trop longtemps la touche

abaissée, il faut qu'elle ne soit pas ainsi transmise involontaire-
ment deux fois.

C'est ce résultat que procure l'électro de garde F. Car, dès la
fermeture du contact commun du manipulateur M, il se bloque
lui-même, empêchant les sélecteurs d'être actionnés une seconde
fois ; tant que le manipulant maintient la touche abaissée, le
contact M subsiste et la lettre ne peut pas être transmise une
seconde fois ; mais le relèvement de la touche rompt le contact M
et débloque l'électro de garde.

On est donc protégé aussi bien contre les inconvénients d'une

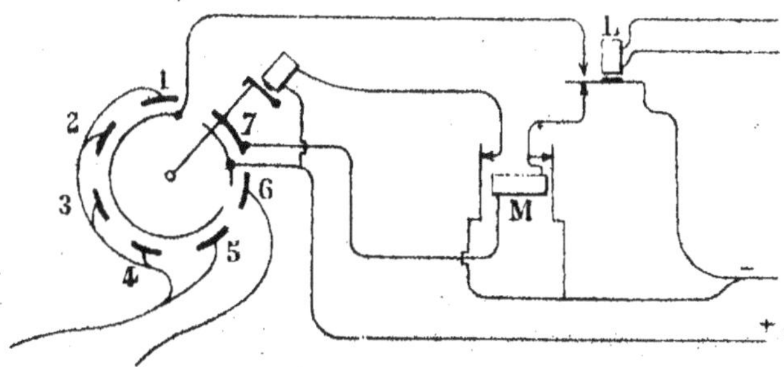

Fig. 17. — Simple *W. E. Cy.* Réception.

manipulation piquée que contre les débordements d'une manipulation appesantie.

La réception s'opère comme suit (fig. 17) : dans la situation
d'attente, le relais de ligne L attire son armature ; dès qu'un signal
va être transmis, cette armature est libérée, et ferme le circuit du
relais de mise en marche M, lequel se bloque lui-même par son
armature de droite, tandis que par son armature de gauche il ferme
le circuit de l'électro d'enclenchement du loquet ; les bras partent ;
dès que les balais ont quitté les secteurs de repos, le relais de
mise en marche est débloqué, et l'électro du loquet laisse revenir
le loquet dans sa position primitive. Les balais en passant sur les
contacts écourtés 1 à 5 forment la combinaison réceptrice, que
fait imprimer le contact 6 et les bras s'arrêtent contre le loquet.

Je ne serais pas étonné qu'un grand avenir fût réservé au
simplex ; c'est en somme un Hugues très simplifié, dans lequel

7

la durée du tour n'est plus divisée qu'en sept parties, ce qui réduit beaucoup les difficultés du synchronisme, et dans lequel le rappel au blanc fonctionne à chaque lettre, ce qui réduit de même les difficultés d'orientation.

Cet appareil se prête très bien à la transmission locale des renseignements aux banques et offices de publicité.

Direction. — Pour diriger un grand réseau, il faut, pour lui faire rendre toute son utilité, pouvoir modifier à chaque instant sa constitution de la façon la plus efficace, en faisant acheminer les télégrammes par les voies les moins encombrées, de façon à égaliser le travail et à réduire au minimum le temps qui s'écoule entre le dépôt d'un message et sa réception.

L'habitude de faire transiter un grand fil par de nombreux bureaux intermédiaires multiplie les doubles communications et augmente les facilités, mais il en résulte aussi une complication qui empêche de suivre les fluctuations du trafic, si un organe spécial n'est pas constitué pour remplir cette fonction.

Bien que je n'aie pas eu le temps d'approfondir la question, je dirai ce que j'ai vu.

Un employé avait devant lui un tableau semblable à une table de Pythagore, avec cette seule différence que le nombre des cases était extraordinairement grand ; pour s'y reconnaître d'ailleurs on avait accentué certaines lignes et certaines colonnes. Au point d'intersection d'une ligne avec une colonne, l'employé piquait sur le tableau une épingle à tête de verre colorée. La ligne correspondait à un certain bureau de départ, la colonne à un certain bureau d'arrivée ; la couleur à la durée constatée entre le dépôt au premier bureau et l'arrivée au second. Des télégrammes de service arrivaient constamment à cette table de direction ; ils étaient ouverts et lus tout haut par un assistant de l'employé piqueur d'épingles. Celui-ci avait devant lui toute une série de casiers contenant des provisions d'épingles classées par couleur. Certaines couleurs correspondent à de longues durées ; ce sont ces couleurs-là qu'il doit s'efforcer de bannir de son tableau ; aussi dicte-t-il à chaque instant à un autre assistant des télégrammes de service qui auront pour effet de modifier l'acheminement des télégrammes.

Boulisterie. — La direction des télégrammes paraît donc ainsi centralisée entre les mains d'un spécialiste.

Dans les salles de manipulation, on marche sur des tapis de linoléum ; les dames qui font la dactylographie de transmission ou qui surveillent la réception sont assises confortablement ; il ne m'a point paru qu'elles eussent plus à craindre l'huile qu'une dactylographe ordinaire devant son clavier.

Je n'ai point vu dans le local d'allées et venues ; au-dessus de chaque table, il y a un petit transporteur à courroie à grande vitesse ; en bout de table, les feuilles se déversent dans un large conduit vertical ; elles tombent sur un autre transporteur à courroie, qui, cette fois, est horizontal, pratiqué dans le plancher ; le linoléum est interrompu, la face supérieure est de verre épais la courroie est visible. C'est ainsi que s'en vont les télégrammes reçus.

Les télégrammes à transmettre viennent par le haut ; c'est un pick up qui les apporte à chaque place ou à chaque table tout au moins.

Tous les télégrammes sont centralisés dans une salle ; c'est de cette salle de direction qu'ils sont envoyés aux divers postes.

Dans cette salle, il est difficile de circuler, tellement elle est occupée par des conduits de convoyeurs, des tubes pneumatiques, des pick up ; mais il n'y a pas d'encombrement, parce que chacune des employées a à travailler en restant à sa place. Chacune a à portée de sa main les documents à consulter, adresses convenues, etc. Elle fait son tri dans des casiers sans fond. Une autre employée placée de l'autre côté mettra les feuilles ainsi classées dans le pick up convenable.

On pratique l'entre-aide ; un même transporteur passe devant plusieurs opératrices ; ce que la première n'a pu prendre passe à la seconde et ainsi de suite, de chacune à la suivante.

Un même pick up peut desservir plusieurs stations ; au départ de ce pick up, il y aura quatre quais de départ formés par quatre étagères ; sur la chaîne sans fin du pick up, les pinces se succèdent, mais la combinaison d'ouverture ne se répète que de quatre en quatre, de sorte que chaque pince ne prend que ce qui l'attend sur un étagère déterminée ; comme les pinces ou plutôt les châssis-convoyeurs garnis de pinces se suivent tous les mètres ou tous les deux mètres, il n'y a guère de temps perdu. C'est une installation complexe, mais où tous les cas sont prévus ; car personne ne se déplace. Elle est réussie et mériterait une description plus détaillée.

Quand plusieurs bureaux sont embrochés sur le même fil, si on ne se contente pas de différencier les appels par les indicatifs, on emploie le *sélecteur* Gill, qui se trouve décrit sommairement dans le livre de D. Mc. Nicol, la *Télégraphie en Amérique*, ouvrage de la Bibliothèque des *Annales des Postes, Télégraphes et Téléphones*, traduit de l'anglais par MM. E. Picault et G. Viard, et recommandable à bien d'autres titres.

Je vais maintenant dire un mot des perturbations apportées à l'exploitation des lignes télégraphiques et téléphoniques par les distributions d'énergie.

C'est une question qui a été traitée déjà par M. de Pulligny.

Au mois de mars 1914, M. de Pulligny appelait l'attention sur une étude lue le 18 décembre 1913 à la Société Canadienne des Ingénieurs civils par Mc. A. H. Armstrong et intitulée *The engineering problem of electrification*.

Le courant monophasé a été installé sur le Grand Trunk et sur le réseau de New-York–New-Haven ainsi que sur le Norfolk Werstern Railway. Dans ce dernier cas, il s'agit du « split-phase » system. Mais le mode de distribution en ligne est le même. Seulement sur la locomotrice, il y a un transformateur statique et un transformateur de phase qui « coupe la phase » en trois et permet d'alimenter les moteurs et le ventilateur en courant triphasé, ce qui peut avoir un grand intérêt pour la traction, mais ne paraît pas avoir une influence extrêmement sensible sur les variations de débit de la ligne de distribution.

La compagnie des chemins de fer du Midi s'est trouvée aux prises avec les mêmes difficultés que les compagnies américaines. M. Ch. Dachary a décrit récemment l'application qui a été faite de transformateurs suceurs à la ligne électrique à courant monophasé de Perpignan à Villefranche de la Compagnie des chemins de fer du Midi.

Ce sont les mêmes dispositifs que l'on emploie en Amérique.

Les divers procédés à appliquer sur les lignes télégraphiques pour les soustraire à l'action des perturbations dues au voisinage des lignes d'énergie ont été exposées par M. Devaux-Charbonnel dans la Lumière électrique en mars et avril 1916. Les travaux et mémoires de Mr. Devaux-Charbonnel sont connus et appréciés en Amérique.

La situation est beaucoup plus délicate en France qu'en Amérique, parce que nos lignes suivent les voies ferrées, les longent à faible distance ; tandis qu'entre Woodhaven et Cos Cob, par exemple, la ligne télégraphique aérienne est à une distance de quatre à cinq milles, sur dix-huit milles de longueur.

Il est vrai qu'il y a, à une distance très minime, une ligne souterraine, qui, même, traverse la voie ; mais c'est une ligne souterraine ; cependant l'induction s'y fait sentir ; en service normal, le trouble consiste en une f. e. m. de 20 v., on a constaté 100 v. en court-circuit avant d'avoir pris des mesures de protection. Sur la ligne aérienne, la f. e. m. parasite a été ramenée de 50 volts à 10 volts.

J'ai vu des courbes d'enregistreurs. Il semble que parfois il y ait encore un lancé, mais ce cas exceptionnel ne doit pas gêner l'exploitation.

Des expériences ont été faites pour voir si le courant d'énergie revenait par les rails ou par le sol ; on a opéré sur des lignes à double voie ou à quadruple voie. Déjà à quatre milles de distance, il y a 40 °/₀ du courant, qui, au lieu de revenir par la double voie, emprunte la terre comme conducteur de retour.

Il faut donc obliger le courant de retour à revenir par la voie, car, en s'en écartant, il augmente la surface de la boucle d'induction perturbatrice.

C'est à ce procédé que l'on a recours et non à celui qui surchargerait de nouveaux éléments les circuits, déjà si compliqués, de télégraphie ou de téléphonie. Le système employé n'a pas le nom imagé de transformateurs suceurs. Il y a trois dispositifs, le Booster track transformer system ; le Booster feeder transformer system et le sectionalized trolley, fed from both ends of each section. Le premier est appliqué en trois endroits et réduit les troubles à 10 % de leur valeur primitive ; le second est appliqué sur le London-Brighton and South Coast en concomitance avec le premier, et réduit les troubles à 5 % ; le troisième est employé sur des lignes du Pensylvania Railroad.

Les schémas sont les suivants et se passent d'explication.

Dans le premier système, il est difficile de maintenir l'isolement entre les deux extrémités des

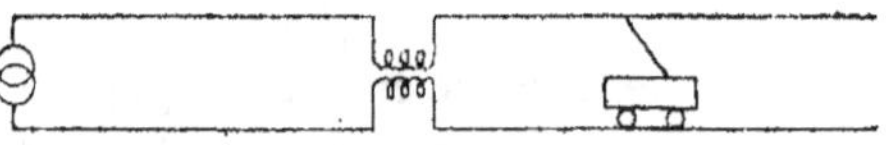

Fig. 18. — Track transformer System.

rails à l'endroit de la coupure (fig. 18).

Dans le second système, on a le même dispositif que celui de la Compagnie des chemins de fer du Midi (fig. 19).

Le trolley sectionné est un peu plus compliqué et

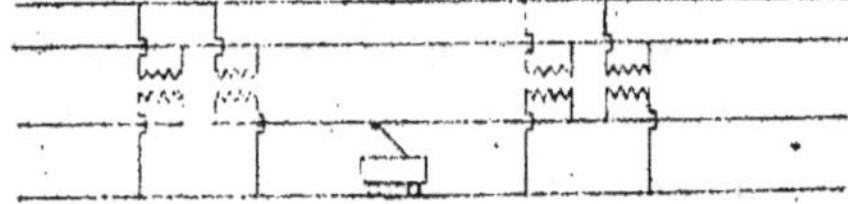

Fig. 19. — Feeder transformer System.

doit être encore plus efficace (fig. 20) (1).

Isolants. — Dans ce problème, comme dans beaucoup d'autres, en particulier en télégraphie sans fil, de grands progrès seraient faits si l'on avait des isolants doués d'une résistance mécanique et d'une inaltérabilité assez grandes.

Parmi les substances qui ont attiré notre attention se trouve la

Fig. 20. — Sectionalized System.

Baekelite, inventée par M. le Dr Baekeland. C'est une substance bien commode ; on en fait des isolateurs pour les supports d'antenne, des tubes de stylographes, des roues des types pour appareil Hughes ou pour le Printing de la Western Electric Cy. Ses emplois sont innombrables et universels.

____

(1) En terminant, je rendrai justice à la mission permanente d'ingénieurs de M. de Pulligny, en constatant que les personnalités qui la composaient, bien que n'étant pas spécialisées dans l'électricité, ont tenu le Ministère des Travaux publics très exactement au courant, dans leur ensemble, des travaux américains relatifs à la protection des lignes à courant faible.

LE TÉLÉPHONE [1]

SOMMAIRE. — Quelques statistiques du développement du téléphone aux États-Unis. Postes à prépaiement. Régime des communications téléphoniques interurbaines : no delay system. Jeunesse et activité du personnel de tous grades. Préoccupations commerciales constantes. Organisation générale du téléphone aux États-unis : American Telephone and Telegraph Company, Associated Telephone Companies, Western Electric Company. Coopération de tous ces services pour la standardisation des meilleures méthodes d'exploitation et des meilleurs appareils.

C'est aux États-Unis que le téléphone est né et, depuis son apparition, la téléphonie n'a cessé dans ce pays de croître et de se développer. Le 1er janvier 1911, il y avait aux États-Unis 7.595.938 abonnés aux téléphone. Dans la seule année 1910, 600.246 postes nouveaux avaient été installés, ce qui représente pour le nombre total de postes téléphoniques une croissance annuelle de 8,6 %. En 1911, il y avait aux États-Unis 8,1 postes par 100 habitants.

La guerre européenne ayant été pour l'Amérique une cause d'accroissement énorme de l'activité industrielle et commerciale, le nombre des abonnés au téléphone aux États-Unis doit atteindre actuellement 9 ou 10 millions.

En janvier 1911, la longueur de fil téléphonique posé aux États-Unis atteignait déjà 16,633,590 milles (1 mille = 1.609 mètres). Dans la seule année 1910, 9 % de cette longueur de fil avait été posée (soit 1.383.141 milles). Le capital total qui avait été dépensé pour l'installation du réseau téléphonique américain était à cette époque 956,700.000 dollars (1 dollar = 5 fr. 65) soit près de 5 milliards de francs.

Le nombre des communications téléphoniques échangées sur ce réseau américain dans la seule année 1911 était environ de 14 milliards 500 millions, ce qui donne déjà à cette époque au télé-

---

(1) M. l'Ingénieur VALENSI, Conférence faite à l'École Supérieure des Postes et Télégraphes, le 28 septembre 1917.

phone le quatrième rang dans l'ordre d'importance des différentes industries américaines, fait remarquable puisque le téléphone n'est entré dans la pratique aux États-Unis que vers 1875.

Seules les industries du fer et de l'acier, du bois, du chauffage et de l'éclairage l'emportent en 1911 sur l'industrie téléphonique au point de vue du capital total engagé et du chiffre annuel d'affaires. En effet, cet extraordinaire développement du téléphone comme d'ailleurs de tous les moyens électriques de transport de la pensée, est une des choses qui frappent le plus le visiteur aux États-Unis.

Dans tous les hôtels américains, il y a un poste téléphonique dans chaque chambre, et un tableau téléphonique desservi par une ou plusieurs opératrices constamment en service. Toutes les maisons de commerce, les magasins, les bureaux de tous genres ont leurs installations téléphoniques souvent très ramifiées à l'intérieur et raccordées au réseau extérieur par plusieurs lignes.

Dans les bureaux américains, où plusieurs dizaines d'employés sont groupés autour de leur directeur dans une vaste salle de travail comme les élèves d'une école autour de leur maître, il y a généralement un poste téléphonique sur chaque table. Et ces postes ne se troublent pas les uns les autres, car ils ont une puissance transmettrice remarquable et l'on peut avec eux, en parlant très bas dans le cornet du microphone, se faire entendre même au bout de très longs circuits. Dans presque tous les endroits publics (stations de métro, gares de chemins de fer, halls de grands magasins ou de buildings, water-closets et lavabos publics, etc...) des postes téléphoniques à prépaiement permettent aux passants de téléphoner où ils veulent. Ces postes sont quelquefois à l'intérieur de cabines ou simplement posés au mur, groupés ou isolés. Quand ils sont groupés en assez grand nombre (ce que l'on rencontre fréquemment dans les halls des buildings du New-York commerçant ou dans les halls des grands hôtels où les passants sont nombreux) il y a ordinairement une employée à la disposition du public pour donner tous les renseignements désirés : numéros d'appel des abonnés demandés, taxes téléphoniques, etc... mais cette employée se borne à renseigner ceux qui veulent téléphoner ; elle ne prépare aucune communication et ne perçoit aucune taxe.

Le poste téléphonique à prépaiement comporte 3 fentes, analogues à celles des distributeurs automatiques, avec les indications 5 cents, 10 cents, 25 cents et une ouverture par laquelle des pièces peuvent sortir de l'appareil. Les pièces, glissées dans les fentes, heurtent des timbres différents (il y a trois timbres donnant trois sons différents) et ces bruits, en impressionnant le microphone du poste, sont perçus par la téléphoniste du bureau central qui dessert tous les postes à prépaiement raccordés à ce bureau. Cette téléphoniste dispose sur son keyboard d'une clé spéciale à deux positions de travail qui lui permet soit de faire tomber les pièces dans une bourse située à l'intérieur de l'appareil, si la communication s'échange normalement, soit de restituer les pièces à l'abonné en les faisant sortir de l'appareil par l'ouverture spéciale, si la communication n'a pu s'échanger ou si le poste demandé était un poste officiel appelé pour les besoins du service.

Tous ces postes téléphoniques ne servent pas seulement aux communications locales, urbaines ou suburbaines, mais le plus large emploi du téléphone est fait aux État-Unis pour les communications interurbaines. Le régime de ces communications interurbaines ou le *No delay system* est d'ailleurs extrêmement pratique pour l'abonné. En effet, en aucun cas, le délai d'attente pour une communication interurbaine ne peut excéder 10 minutes. Les circuits téléphoniques et les employés qui les desservent sont assez nombreux et restent assez nombreux pour que ce résultat soit toujours atteint. Aussi lorsqu'un poste téléphonique demande une communication interurbaine, il est raccordé au central interurbain et reste accordé à ce central jusqu'à ce qu'il ait obtenu le correspondant qu'il désire.

Le central interurbain peut retenir ainsi l'abonné demandeur car il est sûr de ne pas le retenir plus de 10 minutes sans lui donner satisfaction. D'une part, en effet, les circuits sont en nombre suffisant pour cela, les câbles téléphoniques pupinisés souterrains et aériens, déjà très développés aux

États-Unis et en développement continuel, permettent d'établir entre deux centres quelconques des liaisons téléphoniques nombreuses et en bon état électrique par tous les temps. Mais d'autre part, le service téléphonique est remarquablement assuré et les opératrices ont un grand rendement. D'abord toutes ces employées sont jeunes et actives : on est frappé, quand on visite l'interurbain de New-York (au *Lispenard building*) de voir l'extrême jeunesse de toutes les demoiselles téléphonistes (elles semblent toutes avoir de 17 à 25 ans) ; d'autre part elles sont étroitement surveillées : en dehors des surveillantes de la salle du meuble interurbain, il y a une demi-douzaine de chronométreuses, assises à une table de surveillance spéciale dans un local complètement séparé de la salle du multiple interurbain, qui se portent en écoute sur les différentes communications en cours et qui rédigent des fiches donnant toutes les indications de durée possibles. Des jacks d'écoute et des lampes d'appel et de supervision répétées à ces tables de surveillance permettent à ces chronométreuses d'apprécier l'intervalle de temps séparant deux phases quelconques d'une communication : appel de l'abonné, réponse de la téléphoniste interurbaine, appel du ou des bureaux intermédiaires et du bureau demandé, réponse de ces bureaux, appel de l'abonné demandé, réponse de cet abonné ainsi que toutes les phases de la fin de conversation. Les fiches rédigées à la salle de surveillance portent toutes ces indications en quittant cette salle. Ces fiches servent à établir les primes au rendement qui s'ajoutent au salaire des employées et sont également précieuses pour toutes les statistiques de trafic faites par les bureaux d'études.

Dans le personnel téléphonique des États-Unis, la jeunesse des chefs frappe autant que la jeunesse des employés. Les inspecteurs ou chefs de section du central interurbain qui nous faisaient visiter ce bureau semblaient avoir de 25 à 30 ans ; surtout les ingénieurs de l'*American Telephone Cy* et de la *Western Electric Cⁱᵉ* ont l'air de jeunes gens, bien qu'ils occupent des postes élevés. Certes, les postes de direction supérieure appartiennent, comme il convient, à des hommes d'âge mûr qui seuls ont une expérience de la vie suffisante pour trancher d'une façon satisfaisante les questions de personnes, les questions financières, les points de droit administratif ou commercial. Mais au-dessous d'eux une pléiade de jeunes gens actifs assurent d'importants commandements et assument, sous la présidence de leurs chefs, de grandes responsabilités.

J'ai eu personnellement l'occasion de voir travailler les ingénieurs de l'*Americain Telephone Cy*. M. Carty, Ingénieur en Chef, actuellement Colonel dans le service télégraphique de l'armée américaine, avait été chargé par l'état-major américain de procéder à l'étude du matériel téléphonique dont le corps expéditionnaire des États-Unis aurait besoin dans sa zone d'étapes en France. Comme j'avais été depuis le début de la guerre et pendant deux ans et demi officier de liaison pour la Télégraphie militaire de deuxième ligne auprès de l'armée anglaise, M. Carty me fit venir dans son bureau, réunit autour de nous les principaux ingénieurs sous ses ordres et se mit à discuter avec eux et moi toutes les conditions du problème téléphonique aux armées. La question m'étant familière et ne réclamant pas toute mon attention, j'eus le loisir d'étudier ainsi les méthodes de travail des ingénieurs américains. Cette conférence, à laquelle je prenais part, est en effet la manière générale de traiter une question dans les grandes firmes américaines. Lorsqu'une question nouvelle se présente à l'*American Telephone Cy* par exemple, le directeur réunit chez lui tous ses chefs de service adjoints susceptibles d'être intéressés par cette question ou susceptibles d'aider à la résoudre.

La discussion est tout à fait cordiale, grâce au tact du chef, mais elle est aussi tout à fait fructueuse, car l'autorité qui préside interroge les plus humbles comme les plus élevés avec une bienveillance, une politesse et une considération égales, met tout le monde en confiance, suscite les objections et les remarques de tous, supprime d'un mot les longs palabres inutiles où des esprits têtus s'opposent l'un à l'autre sans vouloir s'entendre, bref met de l'harmonie et de la vie dans ces jeux intellectuels. De telles conférences, qui se terminent toujours par une décision sous forme de circulaire administrative rappellent un peu, en effet, les jeux sportifs qu'une règle ingénieuse et saine coordonne et dont chacun se retire satisfait, plus sain et plus fort qu'auparavant. De même, de ces discussions courtoises et fructueuses, la société commerciale à laquelle tous appartiennent sort grandie et plus puissante et chacun participe à cet accroissement.

Car aucun individualisme vain, aucun désir de gloire vaine n'anime ces ingénieurs. Leurs travaux et leurs recherches restent anonymes : ce sont ceux de l'*American Telephone Cy*. Leurs découvertes, le prix de leurs efforts appartiennent également à cette personne morale, qui est pour eux comme une petite patrie. Dans ces conférences, chacun acquiert nettement le sentiment qu'il n'est rien en lui-même, qu'il est un simple rouage dans une machine très compliquée, qu'il est une des faces d'une grande idée. Il comprend que le progrès, le progrès technique surtout, est le résultat de la collaboration d'efforts multiples dans toutes les directions et en tout sens, bref que le progrès résulte d'une organisation.

M. Carty, avec lequel j'ai eu le plaisir de causer fréquemment et même dans l'intimité de son foyer, m'a dit un jour : « Trois formes d'activité intellectuelle : la science pure, la recherche technique industrielle et l'industrie exploitante constituent le domaine scientifique ou y confinent. Que l'individualisme soit de règle en science pure, rien de plus naturel : les grands savants sont de hardis acrobates qui font des bonds immenses dans le domaine de l'inconnu. Laissons-les bondir à leur aise ; ne les alourdissons d'aucun fardeau.

« Mais en technique industrielle, mais en industrie exploitante proprement dite l'individualisme est au contraire funeste. L'homme qui croit avoir fait une découverte de quelque valeur scientifique en imaginant par exemple un appareil téléphonique nouveau, ou un nouveau type de tableau téléphonique ou un nouveau mode de construction de lignes, est victime d'une bien grande illusion de sa vanité. Il n'a pas conquis un pouce nouveau de ce vaste territoire que nous nommons « l'Inconnu », il n'a pas porté un pouce plus loin la frontière entre notre connaissance et le mystère qui nous entoure.

« Ces choses n'ont qu'une valeur commerciale et par conséquent aucun nom particulier ne doit y être attaché ; elles appartiennent à la Société commerciale dont leur inventeur fait partie. »

— « Cependant, lui fis-je remarquer, à défaut de gloire ou de distinction honorifique, il faut une récompense à celui qui trouve un perfectionnement quelconque pour l'encourager à en chercher d'autres. »

— « Oui, me dit-il, des primes ou de l'avancement. »

Parvenir aux hauts grades de l'*American Telephone Cy* est en effet la récompense que les jeunes ingénieurs ou inspecteurs américains sont sûrs d'obtenir comme prix de leurs efforts. Et cela constitue pour eux non seulement une récompense pécuniaire, mais encore un honneur plus grand que celui d'avoir imaginé tel poste téléphonique d'un montage nouveau ou tel type de tableau téléphonique d'un agencement nouveau.

L'avancement au choix, conformément au travail et au mérite, est d'ailleurs de règle dans ces sociétés commerciales américaines, et il en est ainsi pour des raisons commerciales. Quand un employé n'a pas une valeur suffisante pour être nommé à un grade supérieur, son avancement est *commercialement impossible* car il grèverait inutilement les frais généraux sans rien ajouter aux bénéfices. Par contre, si un homme possède des qualités d'intelligence, d'instruction scientifique, de volonté ou d'activité supérieures à celles que demande sa tâche actuelle, s'il n'est pas actuellement utilisé à plein rendement, son chef, dans l'intérêt financier de la compagnie, dans son intérêt particulier à lui-même, chef, en tant que participant aux bénéfices de la société, l'élève immédiatement à un grade supérieur où cet homme donnera mieux sa mesure et rapportera plus d'argent à la compagnie.

Ces préoccupations commerciales règlent non seulement l'avancement des employés mais se manifestent dans toutes les branches de l'exploitation téléphonique aux États-Unis.

La recherche assidue de la clientèle téléphonique en est un des exemples les plus caractéristiques. Des agents spéciaux, dans chacun des bureaux téléphoniques américains, notent les abonnés dont la consommation en téléphone n'est pas en rapport avec leur importance commerciale ou sociale. Ces agents vont trouver ces abonnés, leur disent qu'ils n'utilisent pas le téléphone autant qu'ils devraient le faire, que ce merveilleux outil est susceptible de leur servir beaucoup plus dans leurs affaires, de leur rapporter davantage. Ils leur citent l'exemple de leurs concurrents qui tirent du téléphone un plus grand profit et savent s'en servir mieux et davantage. Cet étroit contact entre la compagnie et les abonnés, entre le producteur et le client, est à l'avantage de l'un et de l'autre.

Ces quelques idées d'ordre général étant énoncées, l'atmosphère générale de l'organisation téléphonique américaine étant ainsi esquissée, voyons quelle est la structure anatomique de cette organisation.

Le territoire des États-Unis d'Amérique est divisé en 8 circonscriptions, d'ailleurs d'étendues inégales ; dans chacune de ces circonscriptions fonctionne une compagnie associée ou compagnie d'exploitation (*operating division* ou *associated company*) qui établit, développe, entretient et exploite le réseau téléphonique intérieur à cette circonscription.

De l'Est à l'Ouest, ces 8 compagnies portent les noms suivants :

New England Telephone C⁰. — Capitale Boston — 2 °/₀ du territoire total des États-Unis — 7 °/₀ de la population — 7 °/₀ des postes téléphoniques — 12 °/₀ des circuits.

Eastern telephone C⁰. — Capitale New-York city — 6 °/₀ du territoire — 27 °/₀ de la population — 23 °/₀ des postes téléphoniques — 30 °/₀ des circuits.

Southern telephone C⁰. — Capitale Altanta (Etat de Georgie) — 14 °/₀ du territoire — 19 °/₀ de la population — 8 °/₀ des postes téléphoniques et 11 °/₀ des circuits.

Central telephone C⁰. — Capitale Chicago — 8 °/₀ du territoire — 19 °/₀ de la population — 27 °/₀ des postes téléphoniques et 91° /₀ des circuits.

Northwestern telephone C°. — Capitale Omaha, près de Lincoln (Etat de Nebraska) — 12 % du territoire — 7 % de la population — 11 % des postes téléphoniques et 7 % des circuits.

Southwestern Telephone C°. — Capitale Saint-Louis (Etat de Missouri) — 17 % du territoire — 13 % de la population — 14 % des postes téléphoniques — 13 % des circuits.

Mountain telephone C°, qui s'étend de la frontière canadienne à la frontière mexicaine tout le long des montagnes rocheuses. Capitale Denver (Etat de Colorado) — 22 % du territoire — 3 % de la population — 2 % des postes téléphoniques et 3 % des circuits.

Pacific telephone C°, qui s'étend tout le long de la côte du Pacifique. — Capitale San Francisco (Etat de Californie) — 19 % du territoire — 5 % de la population — 8 % des postes téléphoniques et 5 % des circuits.

En dehors de ces 8 compagnies associées dont le rôle est strictement territorial, dont l'action ne dépasse pas les limites de leurs territoires respectifs, il y a l'*American Telephone and Telegraphe C°* (souvent appelée également la *Bell Telephone C°*) dont la capitale est à New-York et enfin la *Western Electric C°*.

L'*American Telephone C°* se compose en réalité de 2 sociétés différentes ayant même conseil d'administration.

1° Le *Long Lines Department* ou Departement des longues lignes ou encore Compagnie d'exploitation des grands circuits téléphoniques interurbains d'Amérique. C'est cette compagnie qui exploite le réseau interurbain général, qui assure la liaison entre les 8 compagnies associées énumérées précédemment.

2° Le *Engineering Department* qui est en réalité un vaste Service d'Etudes et de Recherches techniques qui étudie tous les problèmes téléphoniques possibles, au profit de chacune des compagnies associées ou au profit du *Long Lines Department*, qui recherche les perfectionnements qu'on peut apporter dans tous les domaines : amélioration du matériel employé pour la constitution du réseau téléphonique, amélioration des méthodes de construction de lignes ou d'installations de bureaux, amélioration des méthodes d'exploitation du réseau, des méthodes d'entretien du réseau, etc...

L'*American Telephone and Telegraphe C⁰* rend donc aux compagnies associées un double service : 1° le *Long Lines Department* raccorde chacune de ces compagnies associées au réseau général et assure en quelque sorte leur intercommunication.

2° Le *Engineering Department* met à la disposition des compagnies associées ses nombreux et éminents ingénieurs pour l'étude de toutes les questions qui les préoccupent ; en outre, les compagnies associées bénéficient de tous les progrès réalisés dans la technique téléphonique par l'*Engineering Department* grâce aux nombreux circulaires et bulletins techniques que cet *Engineering Department* leur envoie régulièrement.

En revanche les compagnies associées paient annuellement à l'*American Telephone C⁰* un tribut calculé sur la base suivante : 4 1/2 °/₀ de leurs recettes brutes.

Enfin la *Western Electric C⁰* est une société industrielle fabricant tout le matériel téléphonique : ses laboratoires sont à New-York et ses usines à Howthorne près de Chicago. C'est elle qui produit tout le matériel téléphonique nécessaire aux compagnies associées aussi bien qu'à l'*American Telephone C⁰*. Les centaines d'ingénieurs de ses laboratoires de New-York sont en liaison étroite avec les centaines d'ingénieurs de l'*Engineering Department de l'American Telephone C⁰*, résidant également à New-York. Cette collaboration constante entre savants, ce contact permanent entre le producteur et le consommateur, ont été une source si riche de progrès et de perfectionnements que nous allons en étudier d'un peu plus près le mécanisme.

L'*Engineering Department* actuellement dirigé par M. Carty, Ingénieur en Chef (*Chief Engineer*), a pratiquement existé depuis le début de l'industrie téléphonique et a grandi avec elle. En 1911, il comptait 208 ingénieurs ; maintenant leur nombre dépasse 300. Quelques-uns d'entre eux sont des mathématiciens et des physiciens éminents dont le seul rôle est d'étudier les dernières découvertes scientifiques et d'essayer d'en faire profiter la téléphonie.

Voici comment s'exprimait M. Carty au 33ᵉ congrès de la Société des Ingénieurs électriciens d'Amérique (*American Institute of Electrical Engineers*) à Cleveland le 27 juin 1916 en parlant des rapports entre la Science pure et la recherche technique industrielle.

« La recherche industrielle, conduite d'après des principes scientifiques n'est pas une chose nouvelle aux États-Unis. Le département que je dirige, fondé il y a près de 40 ans pour développer, avec l'aide d'hommes scientifiques, l'art du téléphone, n'était au début qu'un petit groupe de chercheurs et est devenu maintenant une grande institution employant des centaines de savants et d'ingénieurs et tout le monde reconnaît que si le développement et le perfectionnement de la téléphonie en Amérique ont dépassé de beaucoup les résultats atteints par les autres pays cela est largement dû à la recherche technique industrielle conduite suivant les principes scientifiques.

« Je considère qu'il est du devoir de tous les savants et de tous les ingénieurs américains de faire comprendre à tous les industriels des États-Unis quelles merveilleuses possibilités d'économie dans leurs fabrications et en même temps d'amélioration de leurs produits leur offrent les découvertes de la science. La recherche industrielle conduite scientifiquement permet de profiter de ces possibilités. Quand les industriels auront compris que la recherche industrielle rapporte, qu'elle paie, ils s'empresseront d'appeler à leur aide les hommes de culture scientifique. Ceux qui seront les premiers à s'assurer les bénéfices d'une telle recherche obtiendront une telle supériorité sur leurs concurrents que nous pouvons prévoir l'époque où les avantages de la recherche scientifique en matière d'industrie deviendront un dogme universel.

« Il y a dans beaucoup d'esprits une confusion entre la recherche scientifique industrielle et la recherche scientifique pure, surtout à cause du fait que la recherche industrielle implique l'utilisation de méthodes scientifiques élevées et exige le plus haut degré de culture scientifique. La différence entre ces deux recherches n'est pas dans la façon d'opérer mais dans le motif, dans le but du chercheur.

« Lorsque par exemple une difficulté nouvelle et inexpliquée se
présente dans le fonctionnement d'une lampe électrique, l'ingénieur électricien étudie ce phénomène au moyen de méthodes
scientifiques en vue d'améliorer le fonctionnement de cette
lampe, de faire disparaître cette difficulté. Le savant, lui, étudie
ce même phénomène avec les mêmes méthodes scientifiques
mais simplement afin de comprendre son mécanisme physique,
d'en résoudre, d'en expliquer le mystère.

« Le chercheur en science pure peut être comparé à l'explora-
teur qui découvre de nouveaux continents, des territoires incon-
nus. Il cherche continuellement à étendre les limites de la connaissance.

« Le chercheur en technique industrielle peut être comparé au
pionnier qui parcourt le territoire nouvellement découvert,
reconnaît ses ressources minérales, évalue l'étendue de ses
forêts, note l'emplacement de ses terres cultivables, qui en un
mot prépare l'occupation et l'exploitation du pays nouveau. »

C'est suivant ces principes, éloquemment exprimés par leur
directeur, M. Carty, que l'*Engineering Department* procède à
tous les travaux et recherches techniques concernant la téléphonie.

Les ingénieurs de ce département sont en contact étroit et permanent avec tous les ingénieurs et chefs de service des compagnies associées, par des visites réciproques, par une correspondance continue, par l'envoi systématique de toutes les statistiques, de tous les rapports, cahiers des charges, circulaires,
spécifications, bulletins de toutes sortes.

Le but de l'*Engineering Department*, en maintenant ce contact intime avec les compagnies associées est de se rendre compte
avec exactitude des difficultés particulières et des conditions
spéciales que chaque localité présente. Si un problème nouveau
se pose dans le territoire d'une compagnie associée, problème exigeant l'étude d'un nouveau *standard*, c'est-à-dire d'un nouveau
procédé d'exploitation ou d'un nouvel appareil, on commence
par se placer exactement au point de vue local et par apprécier
avec soin les idées et propositions de ceux qui ont les premiers

rencontré la difficulté nouvelle. Ensuite on fait une enquête sur le même sujet auprès des autres compagnies associées, on consulte dans les archives conservées à l'*Engineering Department* tout ce qui se rapporte de près ou de loin à cette question, renseignements provenant soit de l'expérience américaine, soit des sources étrangères les plus variées.

L'objet de cette étude préliminaire est de déterminer avec précision et exactitude les besoins réels que comporte la situation nouvelle, bref de définir les conditions du problème à étudier, une question ne pouvant être résolue qu'après avoir été clairement posée.

Cela fait, les ingénieurs spécialisés dans la branche ou les branches que ce problème intéresse se mettent à l'œuvre pour le résoudre en imaginant la meilleure méthode d'exploitation ou le meilleur appareil répondant aux besoins nouveaux.

S'il s'agit de créer un appareil nouveau, l'*Engineering Department* de l'*American Telephone* fait appel aux laboratoires de la *Western Electric Cº* auxquels il indique les résultats que l'appareil nouveau doit permettre d'atteindre, les fonctions qu'il doit remplir, et le prix maximum qu'il peut coûter. En cours de recherches, les ingénieurs de la *Western* communiquent au jour le jour le résultat de leurs travaux aux ingénieurs de l'*Engineering Department*. Lorsqu'on est parvenu, grâce à cette collaboration étroite, à un type d'appareil satisfaisant à la fois l'*American Telephone Cº* et la *Western Electric Cº*, on le présente pour avis à la compagnie associée qui a posé la première le problème et à d'autres compagnies si cela est utile. Si des expériences sont nécessaires, on procède une fois pour toutes, sous la direction de l'*Engineering Department*, à l'essai systématique de cet appareil nouveau dans une partie choisie spécialement du réseau téléphonique des États-Unis.

Ces expériences sont suivies avec soin par les ingénieurs de l'*Engineering Department* et par ceux de la *Western Electric* qui ont étudié et créé l'appareil nouveau. Par leurs conseils et leurs explications détaillées, ces ingénieurs éduquent et persuadent au cours de ces essais le personnel, naturellement réfractaire à tout changement d'habitude. Et bien souvent le succès d'expériences a été dû en grande partie à ce contact entre ingénieurs et agents de l'exploitation, à leur collaboration active et courtoise à une même œuvre de progrès.

Lorsque de telles expériences ont été jugées concluantes et que l'appareil nouveau a reçu l'approbation de tous, on le *standardise*, c'est-à-dire on en fait un *type modèle* qui sera fabriqué en série par la *Western Electric C°*, dont le montage et les conditions d'emploi seront décrits dans une circulaire ou bulletin envoyée à toutes les compagnies associées, répandues dans l'Amérique entière.

Ces travaux de standardisation donnent une idée assez précise des rapports entre les ingénieurs de la *Western Electric C°*, ceux des compagnies associées et ceux de l'*Engineering Department de l'American Telephone C°*, ces derniers constituant un véritable état-major général technique qui contrôle et dirige les travaux techniques de tous les autres.

Le Service des Études de l'*American Telephone* ne s'occupe pas seulement de la standardisation des appareils nouveaux mais aussi de l'étude, du développement, de la standardisation des méthodes d'exploitation, des méthodes suivant lesquelles le trafic téléphonique doit être réglé.

Ces études relevant à la fois de la technique et de l'administration, les ingénieurs qui y procèdent sont en relations particulièrement étroites et suivies avec les différents chefs de service des compagnies associées et du département des longues lignes.

Cet *Engineering Department* s'occupe aussi dans une large mesure des troubles produits sur les lignes téléphoniques par les décharges atmosphériques, par les fils de haute tension (éclairage ou transport de force) tant au point de vue des contacts que de l'induction.

Le *Department* s'occupe également d'études théoriques sur la transmission des courants téléphoniques, études mathématiques qui depuis les travaux de Pupin, de Heaviside, de Vaschy, de Campbell, de Fleeming, de Breisig et de tant d'autres ont atteint

un développement remarquable et ont conduit aux plus intéressantes découvertes. Les études de transmission portent non seulement sur les circuits interurbains ou suburbains, mais encore
sur les lignes auxiliaires, sur les lignes d'abonnés, sur les montages des tableaux téléphoniques, des postes d'abonnés, bref sur
tous les éléments du réseau téléphonique. Ces études ont atteint
une si grande précision que les notions d'affaiblissement et
d'équivalent de transmission sont entrées définitivement dans la
pratique américaine et ces termes ont maintenant pour les plus
humbles employés des compagnies d'exploitation une signification précise. C'est ce service d'études de transmission téléphonique qui vient d'étudier et de mettre au point le relais téléphonique, appareil qui permet d'accroître d'une façon si remarquable
la portée des communications téléphoniques et de réduire la
quantité de cuivre employée dans l'établissement des circuits.

L'*Engineering Department* s'occupe également des méthodes
de construction de lignes (lignes aériennes en fil nu, lignes
aériennes en câbles sous plomb, très répandues en Amérique et
destinées à se répandre davantage encore, lignes souterraines en
câble) ainsi que des méthodes d'installation de bureaux téléphoniques.

Une section spéciale se consacre aux études de développement du réseau (*development studies*). Bien que cette question
soit avant tout d'ordre commercial et administratif, elle a tant
de points de contact avec la technique téléphonique qu'elle doit
être traitée par des hommes ayant à la fois une haute culture
technique et l'expérience et l'entente des affaires. Les ingénieurs
américains de cette section de l'*Engineering Staff* étudient la
croissance et le développement de toutes les villes des États-
Unis, depuis leur naissance, et, à la lumière de leur passé, font
des prévisions pour leur avenir. Ils discutent ces prévisions avec
les compagnies associées qui ont ces villes dans leurs territoires
et élargissent ainsi les vues des directeurs de ces compagnies
associées en leur montrant, par des comparaisons avec d'autres
villes des États-Unis ou de l'étranger, un point de vue différent
du leur, en dégageant leur esprit des contingences locales qui

parfois conduisent à un enthousiasme irréfléchi ou à un pessimisme injustifié. Supposons qu'il s'agisse par exemple du réseau téléphonique urbain souterrain d'une ville américaine. Quand on place une conduite souterraine nouvelle, ce n'est pas seulement pour les besoins du moment, car ces besoins se renouvelleront peut-être plusieurs fois dans un avenir prochain et l'on ne peut se permettre de creuser chaque année le sol des rues. Quand on ouvre des tranchées, il faut donc prévoir non seulement les besoins immédiats mais les besoins probables de l'avenir. On pourrait évidemment en enterrant une quantité suffisante de grès, de ciment ou de fer, ainsi que de cuivre et de plomb établir suffisamment de disponibilité pour faire face aux besoins d'un siècle ou de deux, quelque grands que ces besoins puissent devenir, mais cette immobilisation de capitaux improductifs pendant 50 ou 100 ans serait un poids bien lourd pour les abonnés d'aujourd'hui. Par contre, si l'on ne ménage pas un nombre suffisant de conduites, la génération actuelle d'abonnés au téléphone devra payer chaque année, ou tous les deux ou trois ans, les frais excessifs de l'ouverture et de la fermeture des tranchées et le public souffrira chaque fois de l'encombrement causé dans les rues par les travaux de terrassement. Ces études de développement de réseau ont donc une importance commerciale énorme : si elles sont bien conduites, il en résultera de grandes économies ; si elles sont mal faites, elles peuvent être la cause d'erreurs très onéreuses.

Les Américains ne sont pas d'avis que les études techniques ou technico-économiques et, en particulier, ces études de développement, puissent être menées avec succès par les ingénieurs des compagnies associées, des compagnies d'exploitation. Ces ingénieurs doivent s'occuper surtout des travaux immédiats de leur société, des travaux de cette année et de l'année prochaine. Ils ont à construire, à exploiter, à entretenir. Ils doivent traiter des milliers de questions d'ordre pratique, s'occuper de milliers de petits détails particuliers : travaux de construction ou d'installation en cours ; relève des dérangements, etc... Et l'expérience, pensent les Américains, a montré que la pratique des affaires et la haute recherche scientifique ne vont pas ensemble. Ils pensent que l'on doit séparer d'un côté la recherche expérimentale et mathématique des laboratoires et services d'études et d'autre part les travaux administratifs et la technique appliquée, *the pratical engineering*, c'est-à-dire l'exercice pratique du métier d'ingénieur.

C'est pourquoi la détermination et la standardisation du meilleur appareil ou de la meilleure méthode d'exploitation, ou des procédés les plus économiques de construction, ainsi que tous les grands projets de développement de réseaux téléphoniques de toute nature sont faits par l'*Engineering Department* ou Service d'Etudes et de Recherches techniques de l'*American Telephone C°* qui concentre les renseignements provenant de toutes les sources possibles, non seulement des compagnies associées américaines, mais encore de toutes les sociétés ou administrations étrangères, qui étudie les brevets pris dans le monde entier, et consulte et conserve dans ses archives les mémoires scientifiques, les publications techniques de toute nature, les statistiques de toutes sortes, de même qu'il étudie les fluctuations des marchés commerciaux (marchés du bois, du fer, du cuivre, du plomb, etc...), l'évolution de toutes les industries ayant un rapport quelconque avec le téléphone, et même les tarifs du fret maritime et fluvial. Ce service a des représentants dans tous les pays de l'Europe et aussitôt qu'un développement téléphonique nouveau y apparaît, même sous forme d'un entrefilet dans un journal quotidien, une enquête est faite pour le compte de l'*American Telephone C°* qui se trouve ainsi immédiatement renseignée.

Voilà donc, dans ses grandes lignes, la remarquable organisation du téléphone aux Etats-Unis, avec ses deux caractères principaux ; le *caractère scientifique* et le *caractère commercial*. C'est grâce à cette organisation que le pays dans lequel est né le téléphone a su conserver le premier rang en téléphonie en mettant au point chaque année de nouveaux perfectionnements.

APPLICATION DES AMPLIFICATEURS
A L'EXPLOITATION TÉLÉPHONIQUE [1]

Sommaire. — Théorie succincte de la lampe à 3 électrodes utilisée dans les amplificateurs téléphoniques. Relais téléphoniques embrochés et relais téléphoniques d'intercommunication. Différentes études à faire lors de l'établissement d'un projet de relais téléphoniques. Applications possibles des amplificateurs à l'exploitation téléphonique française. Modifications à apporter à un réseau en vue de l'installation de relais téléphoniques sur ce réseau.

Considérations générales. — On appelle relais téléphonique un appareil destiné à amplifier les courants téléphoniques. Il comporte des amplificateurs proprement dits, avec des sources d'énergie fournissant l'énergie nécessaire à l'amplification, et des électro-aimants accomplissant toutes les fonctions accessoires qui rendent le relais téléphonique d'un usage commode.

Les relais téléphoniques permettent d'accroître considérablement la portée des communications téléphoniques, tout en réduisant le diamètre des conducteurs de cuivre utilisés pour les circuits téléphoniques. Voici quelques exemples de l'efficacité des relais, employés aux États-Unis en même temps que la pupinisation, sur les lignes téléphoniques interurbaines.

Le circuit New-York-San-Francisco, qui traverse l'Amérique de la côte de l'océan Atlantique à celle de l'océan Pacifique est constitué par deux conducteurs de cuivre pesant 435 livres anglaises au mille (la livre anglaise vaut 453 grammes et le mille mesure 1.609 mètres), ce qui fait, pour le poids de cuivre immobilisé dans ce circuit, 3.000.000 de livres anglaises environ.

S'il n'y avait, sur cette ligne aérienne, ni bobines Pupin, ni relais téléphonique, le rapport de l'énergie rendue par la ligne au récepteur à l'arrivée à l'énergie fournie par le transmetteur à la ligne au départ serait 1 cinquante billionième $\left(\dfrac{1}{50\ 000\ 000\ 000}\right)$.
Or, pour que la conversation soit possible, il faut que ce rapport

---

(1) M. l'Ingénieur Valensi, conférence faite à l'École Supérieure des Postes et Télégraphes, le 5 octobre 1917.

soit supérieur ou au moins égal à $\frac{1}{1\,000}$ (et la valeur $\frac{1}{100}$ est désirable).

Sur ce circuit il y a 400 bobines Pupin : cette pupinisation, à elle seule, suffirait à donner au rapport de ces énergies la valeur :

1 millionième $\left(\frac{1}{1\,000\,000}\right)$.

Six relais téléphoniques, espacés sur ce circuit relèvent encore la valeur du rendement transmissif en énergie et, grâce aux effets combinés de la pupinisation et des relais téléphoniques, le rapport des énergies reçue à l'arrivée et fournie au départ a la valeur très acceptable $\frac{1}{80}$ (affaiblissement total correspondant : 2,24).

De fait, ce circuit New-York-San-Francisco est en service régulier dans l'exploitation téléphonique des États-Unis et l'audition y est aussi bonne que sur un bon circuit interurbain de longueur moyenne.

Comme deuxième exemple, citons la communication téléphonique par câble souterrain Boston-Washington, via New-York et Philadelphie. Ce câble a 500 milles de longueur (1 mille = 1.609 mètres). Ses conducteurs de cuivre du type « Nº 10 Brown. and Sharp », ont un diamètre de 2 mm. 59 et pèsent environ 46 kg. 91 par kilomètre (166 livres anglaises par mille). Le rendement en énergie de ce câble, non pupinisé, serait un trente mille milliardième $\left(\frac{1}{30.000\ \text{milliards}}\right)$. La pupinisation à elle seule suffit à élever ce rendement à la valeur $\left(\frac{1}{300}\right)$. Les relais téléphoniques intercalés sur ce circuit permettent d'obtenir un rapport final de $\frac{1}{10}$ entre l'énergie fournie au départ et l'énergie recueillie à l'arrivée, ce qui assure une excellente transmission téléphonique (affaiblissement total correspondant : 1,15).

On distingue, suivant la nature des amplificateurs, le relais du type mécanique et le relais à lampe. L'amplificateur du relais du type mécanique se compose seulement d'un microphone et d'un récepteur téléphonique accouplés. Le récepteur reçoit les courants téléphoniques et sa membrane, servant de diaphragme au microphone, réalise automatiquement l'amplification.

Ce type d'amplificateur tend à être abandonné à cause de l'inertie qu'il présente. Nous ne citerons que pour mémoire l'amplificateur Brown et l'amplificateur Shreeve.

Les lampes utilisées comme amplificateurs dans le relais téléphonique à lampes sont fondées sur un principe que nous expliquerons ultérieurement.

Le relais téléphonique doit comporter un montage réversible des amplificateurs permettant de causer dans les deux directions.

Il existe de nombreux montages réversibles, dont les schémas sont d'ailleurs connus, qui permettent de causer dans les deux directions en utilisant un ou deux amplificateurs, sans craindre un amorçage d'oscillations entretenues, c'est-à-dire un ronflement ou un sifflement continus, bien que les deux côtés du circuit téléphonique, de part et d'autre de l'amplificateur ou des amplificateurs utilisés, aient des impédances inégales. Certains montages comportent des dispositifs différentiels avec ou sans capacités et résistances de compensation ; d'autres comportent des lignes artificielles qui ne sont le plus souvent que de simples combinaisons d'impédances représentant les impédances au départ des deux côtés du circuit téléphonique.

Aux États-Unis, on utilise de préférence des montages reversibles comportant deux amplificateurs et des lignes artificielles qui correspondent parfaitement, au point de vue des impédances, aux côtés est et ouest de la ligne téléphonique réelle sur laquelle est intercalé le relais téléphonique. Cette correspondance parfaite est une condition nécessaire de bon fonctionnement des relais téléphoniques comportant de tels montages avec lignes artificielles ; si cette condition n'est pas réalisée, une partie des courants amplifiés par l'amplificateur n° 1 passe par l'amplificateur n° 2 et inversement : il s'établit alors une circulation d'énergie, de sorte que l'ensemble des deux amplificateurs se comporte comme une source d'oscillations entretenues intercalée sur la ligne ; il s'ensuit un effet de sifflement ou de chantage. Avant d'approcher des conditions de chantage, la qualité de la transmission téléphonique devient bien vite mauvaise : chaque mot où chaque syllabe est suivi d'un bruit de sifflement qui altère la parole ; si plusieurs relais téléphoniques sont sur la ligne, ce phénomène prend l'allure d'un écho. Comme la tendance au chantage, par le fait d'un déséquilibre dans le montage reversible du relais téléphonique, s'accentue quand on augmente l'amplification donnée par les amplificateurs, il convient de régler la valeur de cette amplification afin de rester non seulement au-dessous des conditions de chantage mais encore au-dessous des conditions de mauvaise qualité de transmission téléphonique. Il en résulte pratiquement que l'efficacité d'un tel relais téléphonique est fonction du degré d'équilibre du montage reversible utilisé dans ce relais.

Définition de l'amplification. — Le relais téléphonique en amplifiant les courants agit comme une résistance négative insérée sur la ligne. Dans les meilleures conditions d'utilisation pratique l'insertion d'un relais téléphonique à lampes du modèle utilisé aux États-Unis, équivaut au point de vue de la transmission téléphonique, à la suppression d'une longueur de ligne de même affaiblissement total que dix-huit ou vingt milles de câbles standard (N° 19 gauge cable) dont la résistance par boucle d'un mille vaut 88 ohms et dont la capacité par boucle d'un mille vaut 0,054 microfarad (cela correspond à une constante d'affaiblissement kilométrique de 0,1 environ). Nous dirons, pour employer le langage des Américains, que le relais téléphonique produit une amplification de 18 ou 20 milles au plus. En réalité l'amplification sera rarement aussi grande ; il faut la régler sur chaque circuit déterminé, en se basant sur les conditions précédentes, au sujet du déséquilibre dans le montage du relais. En général, on ne dépasse pas sur les lignes aériennes une amplification de 14 à 16 milles. Sur les câbles, étant donnée la stabilité de fonctionnement électrique, on peut atteindre une amplification de 20 milles, mais on dépasse rarement cette valeur.

Relais téléphonique avec lampes. — La lampe à trois électrodes utilisée comme amplificateur est une ampoule comportant un filament chauffé, une grille et une plaque métallique. Le filament, en Amérique, est un filament métallique à oxyde rapporté (oxyde de calcium ou oxyde de baryum, ces oxydes étant des corps conducteurs riches en électrons libres). On sait que, dans les théories physiques modernes, on considère un atome comme formé d'un centre électro-positif autour duquel gravitent des petites planètes chargées d'électricité négative, et qu'on appelle les *électrons*. Expérimentalement, il est établi qu'un électron est une petite charge d'électricité négative qu'on peut supposer distribuée à la surface d'une sphère dont le diamètre est environ 0,000 001 de celui d'un atome chimique. Un corps conducteur doit être considéré comme un réseau d'atomes, dont la structure lacunaire est comparable à celle d'une éponge, entre les mailles duquel circule un fluide électrique composé d'électrons. Ce fluide, dont le corps conducteur est en quelque sorte imbibé, peut-être tout à fait assimilé à un gaz obéissant à la théorie cinétique des gaz. Les différents électrons circulant au sein du conducteur sont donc soumis aux lois d'agitation thermique, l'énergie cinétique moyenne de chacun de ces électrons étant proportionnelle à la température du corps conducteur considéré. Pour les températures ordinaires, les forces de cohésion moléculaire contiennent, en quelque sorte, ce gaz électronique, mais si nous chauffons le conducteur, l'énergie cinétique moyenne des électrons s'accroît considérablement à mesure que la température s'élève, et peut devenir suffisante pour vaincre les forces de cohésion moléculaire : les électrons s'échappent. On a le phénomène bien connu de l'émission d'électrons par un corps métallique chauffé ou phénomène d'Édison. Les filaments à oxydes rapporté produisent une émission d'électrons particulièrement riche. La loi de cette émission d'électrons par un corps chauffé, ou loi de Richardson, est la suivante : Le courant dû à cette émission est

$$i = a \sqrt{T}\; e^{-\frac{b}{T}}$$

a et b étant deux constantes caractérisant le conducteur considéré, et T étant la température absolue, c'est-à-dire la température centigrade + 273 degrés.

Les électrons, étant des charges électro-négatives, se déplacent le long des lignes de force du champ électrique, mais en sens inverse de ces lignes de force, puisque ces lignes de force se dirigent des corps chargés positivement vers les corps chargés négativement.

Dans une lampe à trois électrodes de relais téléphonique, la plaque est maintenue à un potentiel positif élevé par rapport aux potentiels des différents points du filament. Il y a donc un champ électrique, dont les lignes de force sont dirigées de la plaque au filament et que les électrons émis par le filament peuvent constamment remonter. Si la grille n'existait pas, il se produirait uniquement un courant continu dans le circuit filament-plaque, à l'intérieur de l'ampoule. Pour un chauffage donné, un filament ne peut émettre par unité de temps qu'un nombre déterminé d'électrons. Si le potentiel de la plaque est suffisamment élevé, tous les électrons atteignent la plaque, on obtient alors pour le chauffage considéré le courant maximum dans le circuit filament-plaque ou courant de saturation. L'emploi d'un potentiel plus élevé sur la plaque n'aurait pas d'effet utile.

Le rôle de la grille est de produire un champ électrique qui dépend du potentiel de la grille par rapport au filament, et qui se superpose à celui de la plaque ; elle modifie ainsi le nombre des électrons qui vont du filament à la plaque, c'est-à-dire l'intensité du courant dans le circuit filament-plaque.

Supposons que, la plaque étant portée à un haut potentiel positif par rapport au filament, on applique un voltage croissant sur la grille, depuis des valeurs négatives grandes en valeurs absolues jusqu'à des valeurs positives, le zéro des potentiels étant toujours le potentiel du pôle négatif du filament. Plusieurs cas peuvent se présenter : 1º le voltage de la grille est fortement négatif par rapport aux régions voisines du filament ; ce voltage est à *fortiori* fortement négatif par rapport à la plaque ; toutes les lignes de force du champ électrique partant du filament et de la plaque vont aboutir à la grille ; aucun des électrons ne quitte le filament : ils y restent contenus par le champ électrique ; il n'y a pas de courant-plaque et il n'y a pas de courant-grille.

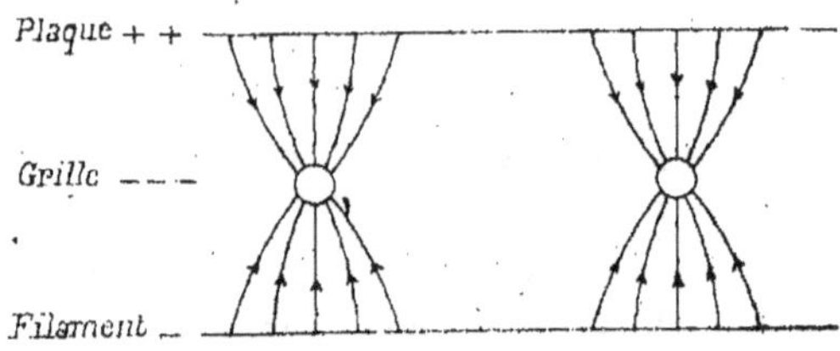

2° La grille est négative par rapport aux régions voisines du filament mais n'est pas fortement négative ; les lignes de force du champ partant de la plaque et du filament aboutissent en majorité sur la grille, mais certaines lignes de force traversent la grille et vont directement de la plaque au filament. On observe un petit courant dans le circuit filament-plaque, mais il n'y a pas encore de courant dans le circuit filament-grille.

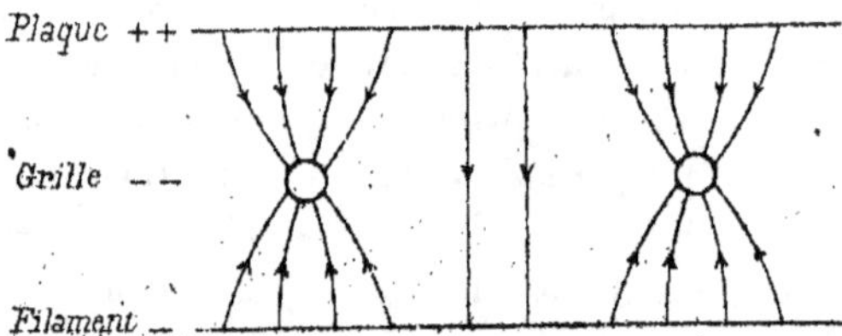

3° La grille est positive par rapport aux régions voisines du filament, mais reste fortement négative par rapport à la plaque. Les lignes de force vont en majorité de la plaque au filament, quelques-unes vont de la plaque à la grille, et quelques-unes aussi de la grille au filament. On observe un fort courant filament-plaque et un léger courant filament-grille.

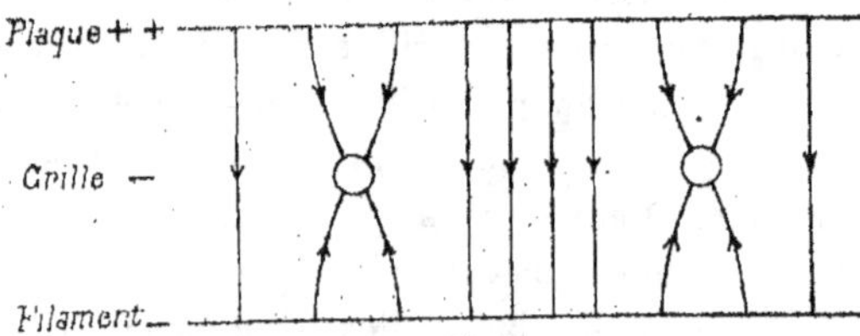

4° La grille est fortement positive par rapport au filament et

peut même devenir positive par rapport à la plaque. Le nombre
des lignes de force allant de la grille au filament augmente au
détriment du nombre des lignes de force allant de la plaque au
filament. Par suite, le courant dans le circuit filament-plaque
cesse de croître pour décroître, tandis que le courant filament-
plaque croît constamment.

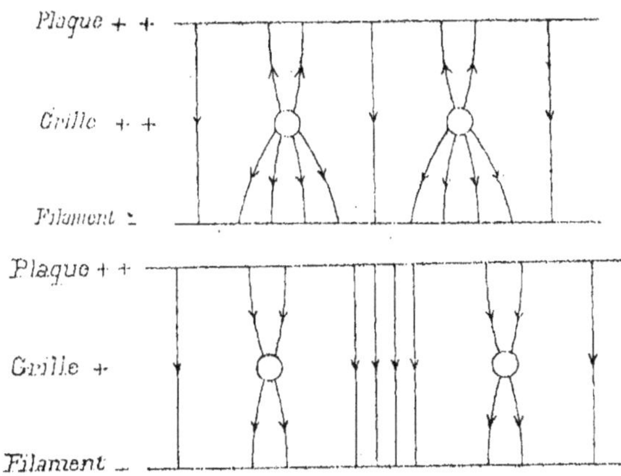

Finalement, si nous portons en abcisse le voltage de la grille
par rapport au pôle négatif du filament et en ordonnées, d'une
part le courant dans le circuit filament-plaque, et d'autre part

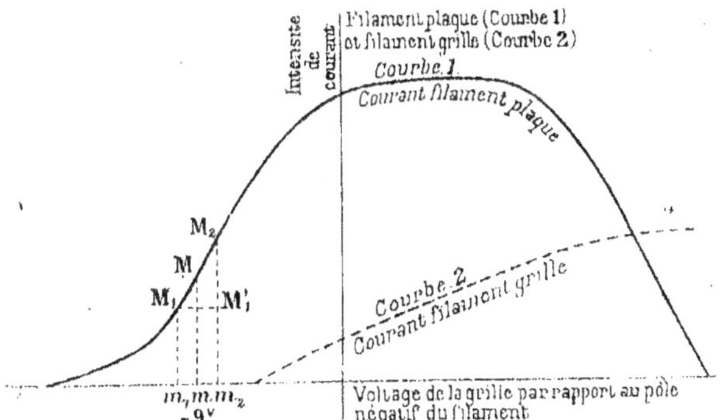

Fig. 1. — Caractéristiques d'une lampe à 3 électrodes.

le courant dans le circuit filament-grille, nous obtenons les
courbes de la figure 1.

Considérons sur la première de ces courbes le point M correspondant à une différence de potentiel — 9 volts entre grille et filament. Dans les lampes du relais téléphonique américain, M est souvent choisi comme point de fonctionnement et l'on insère alors une batterie de 9 volts entre le filament et la grille (fig. 1 et 2). Supposons que nous intercalions également entre le filament et la grille le secondaire d'un transformateur dont le primaire est fermé sur un microphone dans lequel on parle : au voltage constant — 9 volts viendra s'ajouter un voltage alternatif variant suivant les fluctuations de la parole. Le potentiel résultant de la grille oscillera entre les points m_1 et m_2.

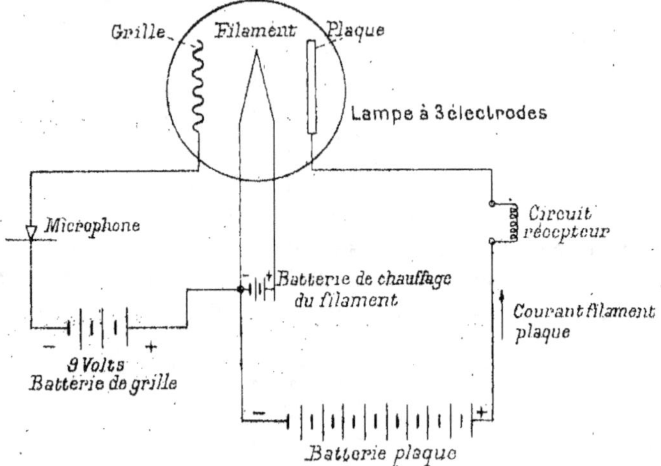

Fig. 2. — Montage d'une lampe en amplificateur téléphonique.

Donc le courant recueilli dans le circuit filament-plaque oscillera entre les valeurs $m_1\,M_1$ et $m_2\,M_2$; or, à cause de la forme des courbes précédentes, à une petite variation $m_1\,m_2$ du potentiel de la grille correspondra une grande variation $M_2\,M'_1$ du courant filament-plaque, c'est-à-dire qu'on réalise ainsi une amplification des courants microphoniques, l'énergie nécessaire étant empruntée aux batteries de piles ou d'accumulateurs de la figure 2.

Différents modes d'utilisation des amplificateurs téléphoniques.
— Le relais téléphonique peut être utilisé de deux façons différentes :

1° Un relais peut être intercalé d'une façon permanente sur un
circuit téléphonique déterminé toujours le même. Nous appellerons ce relais un *relais téléphonique embroché.*

Si ce relais est monté avec lignes artificielles, il comporte, en
dehors des bornes relatives aux batteries de plaque, de grille et
de filament, huit bornes extérieures auxquelles sont raccordés
respectivement les côtés est et ouest du circuit téléphonique et
les deux lignes artificielles équivalentes, au point de vue des
impédances, à ces deux côtés du circuit. Si le relais embroché
est monté sans lignes artificielles, il comporte simplement quatre
bornes de lignes relatives aux côtés est et ouest du circuit.

2° Un relais téléphonique peut être inséré sur un dicorde de
tableau téléphonique interurbain en vue d'améliorer une communication entre deux circuits téléphoniques quelconques ; ce type
de relais peut s'appeler *relais téléphonique d'intercommunication.*

Les cordons de relais téléphoniques d'intercommunication sont
d'ordinaire groupés sur le keyboard d'une position spéciale du
meuble interurbain, qu'on peut appeler *position-relais.* Le multi-
plage de tous les circuits téléphoniques sur lesquels on se propose d'utiliser des relais se termine à cette position à un jack ou
à un groupe de deux jacks jumelés suivant que le relais téléphonique ne comportera pas ou comportera l'utilisation de lignes
artificielles. Dans ce dernier cas, à chaque circuit téléphonique
doit correspondre une ligne artificielle dont l'impédance est équivalente à l'impédance au départ du circuit ; un des deux jacks
jumelés mentionnés précédemment, supposés par exemple situés
l'un au-dessus de l'autre, sera raccordé au circuit téléphonique
lui-même et l'autre jack sera raccordé à cette ligne artificielle
équivalente.

Dans ce cas, également, les cordons-relais doivent être terminés par des fiches doubles. Chacun de ces cordons doit posséder
les mêmes lampes de supervision et les mêmes clés qu'un dicorde

d'intercommunication ordinaire : clé d'appel sur les deux fiches, clé d'écoute et de conversation. En outre, ce dicorde comporte une clé spéciale, clé de commande du relais, qui permet au moment voulu de mettre le relais téléphonique en service sur une communication réalisée au moyen de ce cordon-relais.

Si le relais téléphonique d'intercommunication ne comporte pas l'usage de lignes artificielles, le cordon-relais se termine sur le keyboard de la position-relais comme un dicorde ordinaire, par deux fiches simples, et dans ce cas ce cordon-relais ne diffère d'un cordon d'intercommunication ordinaire que par la présence d'une clé supplémentaire, la clé de commande du relais téléphonique.

Différents types de relais téléphoniques embrochés et de relais téléphoniques d'intercommunication. — Nous avons dit qu'un relais téléphonique n'est en somme qu'un amplificateur ou qu'un groupe d'amplificateurs (lampes à trois électrodes, par exemple) montés et équipés d'une façon convenable pour être d'un usage commode dans l'exploitation courante.

Dans les deux genres de relais téléphoniques que nous avons appelés relais embrochés et relais d'intercommunication, on peut donc distinguer des espèces différentes innombrables correspondant aux différents problèmes que l'exploitation téléphonique peut présenter.

Nous n'avons pas la prétention d'entreprendre une classification de tous les relais téléphoniques imaginés ou imaginables, ni de décrire plus particulièrement tel relais téléphonique américain plutôt que tel autre. Nous nous contenterons d'indiquer sommairement, à la lumière des observations que nous avons faites aux États-Unis au sujet des relais téléphoniques, quelles pourraient être, selon nous en France, les applications immédiates des lampes amplificatrices.

Chacune de ces applications pose un problème particulier et il faut, dans chaque cas, étudier un relais téléphonique répondant aux conditions de ce problème. Cette étude comporte quatre parties:

1° *Choix des amplificateurs* qu'on utilisera : amplificateur mécanique ou lampe à trois électrodes. Si l'on emploie des lampes, choix des caractéristiques de fonctionnement de ces lampes, des voltages des batteries de chauffage des filaments, d'alimentation des plaques et d'alimentation des grilles ; choix des moyens de réglage de l'amplification donnée par les lampes, en réglant le courant de chauffage des filaments, ou le potentiel moyen des grilles ou tout autre variable électrique de la lampe.

2° *Étude du montage réversible* qu'on utilisera pour permettre de causer, avec ces amplificateurs, dans les deux directions, en supprimant toute tendance au sifflement, au chantage du relais téléphonique.

3° *Étude de l'équipement* des amplificateurs et en particulier des électro-aimants accomplissant les différentes fonctions grâce auxquelles le relais téléphonique s'adaptera d'une façon parfaite à l'exploitation qu'on a en vue.

On peut imaginer toutes sortes de fonctions réalisant chacune un avantage particulier mais exigeant chacune des organes supplémentaires : électro-aimants, condensateurs, bobines d'induction, transformateurs, jacks, fiches, lampes de signalisation, etc.

Énumérons quelques-unes des fonctions qui sont souvent utiles :

a) Mise hors-circuit des lampes amplificatrices pendant l'appel d'un des postes correspondants, afin de protéger les lampes contre les courants d'appel ;

b) Répétition ou translation du courant d'appel : lorsque l'appel vient du côté est, par exemple, il actionne des électros faisant partie de l'équipement du relais téléphonique et le jeu de ces électros raccorde à la ligne ouest le générateur de courants d'appel de la station de relais téléphoniques ;

c) Amplification spéciale des courants d'appel. Il se peut au contraire que l'on amplifie les courants d'appel au moyen des lampes comme on le fait pour les courants téléphoniques ; mais, naturellement, dans ces deux cas, les lampes ne fonctionnent pas tout à fait avec les mêmes caractéristiques électriques et des électros spéciaux doivent pouvoir modifier, en vue de l'amplification des appels, le point de fonctionnement habituel des lampes en cours de conversation ;

d) Commande à distance du chauffage des filaments, afin de ne laisser débiter les lampes que pendant les heures où le relais téléphonique est utilisé.

4° Enfin la quatrième partie de l'étude d'un type de relais téléphoniques est le *choix des dispositifs qui faciliteront les essais et l'entretien de ces relais* et notamment l'étude d'une table d'essais pratique.

En vue des essais, il est en effet commode de ménager sur le bâtis du relais : 1° des jacks permettant de mesurer les voltages et les intensités des courants utilisés dans les lampes amplificatrices : voltage de la plaque par rapport au filament et de la grille par rapport au filament, courant de chauffage des filaments, etc. ; 2° des jacks ou des clés permettant l'écoute et la surveillance, en cours de conversation, de l'agent chargé de l'entretien des relais téléphoniques ; 3° des jacks et des dispositifs convenables permettant de mesurer l'amplification donnée par les lampes, etc.

Ces indications sommaires donnant une idée de la façon dont un projet de relais téléphonique peut être étudié, voici quels sont les types de relais téléphoniques dont on peut dès maintenant prévoir l'usage en France.

I. — DIFFÉRENTS TYPES DE RELAIS EMBROCHÉS.

En premier lieu, on peut songer à améliorer la conversation téléphonique sur un circuit déterminé de grande longueur en intercalant en son milieu un relais téléphonique : par exemple, en mettant un relais à Amiens sur un circuit Paris-Calais, on améliore sensiblement la transmission. Nous avons vu en effet que tout se passe comme si l'insertion d'un relais téléphonique embroché diminuait l'affaiblissement du circuit de 1,4 à 1,8 unités en moyenne.

De même, on peut, en intercalant sur un long circuit international, Paris-Rome, par exemple, à des endroits convenables, des relais téléphoniques en nombre suffisant, rendre tout à fait possible et d'usage courant la communication téléphonique entre les capitales de deux pays limitrophes.

Enfin l'on peut songer à utiliser un relais embroché à Marseille par exemple, pour téléphoner de Paris à Alger au moyen de deux conducteurs d'un câble télégraphique. Mais bien des précautions doivent être prises et une étude sérieuse devrait être faite à ce sujet.

Deux choses en effet caractérisent une bonne transmission téléphonique :

1° Un faible affaiblissement total, grâce auquel une partie importante (1/100 environ) de l'énergie fournie au départ par le transmetteur est recueillie à l'arrivée par le récepteur ;

2° Une faible déformation n'altérant pas sensiblement la qualité de la parole transmise, les différentes ondes qui composent le courant téléphonique n'étant pas transmises par la ligne avec des vitesses et des affaiblissements trop différents.

Or, si les relais téléphoniques réduisent avec succès l'affaiblissement, et toutes choses égales d'ailleurs, accroissent sensiblement le volume de la parole reçue, ils ne permettent pas de remédier à la déformation et lorsqu'ils sont mal réglés ils en aggravent même les effets en introduisant eux-mêmes des sifflements et des chantages qui altèrent beaucoup la qualité de la transmission téléphonique.

Or un câble télégraphique présente au point de vue téléphonique un coefficient de déformation important et toute une étude serait à faire pour réaliser une communication téléphonique Paris-Alger avec des lignes du genre des lignes existantes.

Les différents cas que nous venons d'envisager visent toujours des relais téléphoniques embrochés isolés, intercalés de loin en loin sur un circuit ou sur une communication téléphonique déterminée. Mais on peut prévoir l'établissement de véritables stations de relais embrochés comme c'est le cas par exemple pour la nouvelle station américaine d'Ossining qui ne comporte pas moins de 50 relais à elle seule.

Cela se produira souvent dans l'avenir sur les câbles téléphoniques interurbains. Le relais téléphonique permet en effet de réduire considérablement le diamètre des conducteurs de ces câbles et, en intercalant sur chaque paire de conducteurs, à intervalles convenables le long du câble, des relais téléphoniques embrochés, on peut réaliser des communications téléphoniques satisfaisantes avec des conducteurs de diamètre extraordinairement faibles, ce qui permet d'économiser le cuivre dans des proportions considérables. Dès maintenant, aux États-Unis, dans les câbles téléphoniques nouvellement posés, on ne dépasse pas le diamètre de $1^{mm}5$ et l'on peut prévoir l'époque où, grâce à la technique des relais téléphoniques et de la pupinisation, les câbles téléphoniques interurbains seront tout à fait semblables aux câbles employés actuellement dans les grandes villes pour les lignes d'abonnés.

II. — Différents types de relais d'intercommunication.

La première application des relais d'intercommunication pourrait être l'installation au central interurbain de Paris d'une position-relais.

Il y aurait sur cette position-relais un nombre convenable de dicordes comportant un relais téléphonique entre les deux fiches et, à cette position, aboutiraient tous les longs circuits interurbains raccordant à Paris des centres régionaux importants, tels que Dunkerque, Calais, Le Havre, Rouen, Brest, Nantes, Bordeaux, Lyon, Marseille, etc.

Quand une de ces villes demanderait une communication, en transit à Paris, avec un autre centre régional éloigné, la communication désirée serait réalisée au moyen d'un cordon-relais.

Lorsque, grâce à l'usage des relais téléphoniques embrochés, de nombreux circuits internationaux rayonnant autour de Paris seront mis en service régulier (tels que Paris-Londres, Paris-Liverpool, Paris-Manchester, Paris-Glasgow, Paris-Lisbonne, Paris-Madrid, Paris-Barcelone, Paris-Rome, Paris-Milan, Paris-Turin, etc.), une position-relais spéciale pourrait être installée au central interurbain de Paris en vue du transit téléphonique international. La situation géographique de la France nous permet d'espérer de pouvoir assurer à bon compte dans l'avenir une grande partie du trafic téléphonique européen et cela pourra être pour l'Administration française des Postes, Télégraphes et Téléphones une source d'activité très importante.

Enfin, en dehors du central interurbain de Paris, d'autres bureaux téléphoniques français pourraient utiliser avec avantage le relais d'intercommunication. On pourrait par exemple disposer sur le keyboard de quelques tables téléphoniques de bureaux régionaux 1 ou 2 cordons-relais d'un type très simple et d'un usage commode ; on les utiliserait pour les communications en transit entre deux localités quelconques qui, sans être très éloignées géographiquement l'une de l'autre, doivent, pour correspondre, emprunter des circuits de petits diamètres et passer par des bureaux intermédiaires en si grand nombre que l'affaiblissement résultant est trop grand pour pouvoir causer convenablement sans relais téléphonique. Il y aurait là, dans notre pays, une application particulièrement heureuse des amplificateurs téléphoniques.

Le relais téléphonique nous offre donc un moyen commode d'améliorer l'exploitation téléphonique actuelle et d'augmenter la portée des communications en permettant notamment, d'une façon régulière, le trafic interrégional et international.

Modifications à apporter à un réseau en vue de l'utilisation de relais téléphoniques sur ce réseau. — Avant d'utiliser des relais téléphoniques sur un réseau, et surtout lorsque ces relais comportent l'usage de lignes artificielles correspondant parfaitement au point de vue des impédances aux circuits téléphoniques composant ce réseau, il faut d'abord simplifier autant que possible ces circuits, c'est-à-dire s'efforcer de rendre le long de ces circuits l'impédance aussi régulière et aussi constante que possible en améliorant l'isolement et en faisant disparaître les irrégularités de la ligne, ou tout au moins en les atténuant, ce qui d'ailleurs présente l'avantage de restreindre les causes de déperdition d'énergie due aux réflexions nuisibles.

Les principales discontinuités que peut présenter dans notre pays une ligne téléphonique aérienne sont les suivantes :

1° *Traversée de tunnels, de rivières ou de villes en câble souterrain ou sous-fluvial*. — Si la section de câble correspondante est très courte (inférieure à 500 ou 600 mètres), le mieux est de la constituer en câble Krarup, dont l'impédance caractéristique aura été amenée par krarupisation à la valeur de l'impédance caractéristique de la ligne aérienne.

Rappelons la définition de l'impédance caractéristique et la constitution d'un câble Krarup.

On sait que si l'on considère une ligne suffisamment longue et uniforme dont les constantes électriques sont par unité de longueur R pour la résistance, S pour la conductance de fuite ou perditance, L pour le coefficient de self-induction, C pour la capacité des deux fils du circuit considéré entre eux et avec la terre, on trouve que le rapport du voltage au courant $\dfrac{V}{I}$ est le même en tous les points de la ligne, et s'exprime, en quantités imaginaires, par la formule suivante :

$$\frac{V}{I} = Z = \sqrt{\frac{R + i\,\omega\,L}{S + i\,\omega\,C}}$$

Le module de Z, c'est-à-dire la quantité

$$Z_0 = \sqrt[4]{\frac{R^2 + L^2\,\omega^2}{S^2 + C^2\,\omega^2}}$$

est l'*impédance caractéristique de la ligne*. Cette quantité Zo caractérise bien en effet les qualités électriques de la ligne et règle le régime de transmission des ondes électriques de pulsation ω le long de la ligne. On prend en général pour ω dans l'expression de l'impédance caractéristique la valeur 5.000 correspondant à la fréquence moyenne du courant téléphonique.

Tout type de ligne suivant le diamètre et la nature de son fil, les isolateurs utilisés, le mode de construction utilisé a une telle impédance caractéristique Zo ; sur une ligne théorique très longue et uniforme, l'impédance caractéristique se confondrait avec l'impédance mesurée en un point quelconque ; sur une ligne ordinaire, on a un moyen de mesurer indirectement l'impédance caractéristique ; il suffit de mesurer l'impédance au départ (ou impédance à l'émission) quand l'extrémité de la ligne est ouverte $Zouv$, et quand elle est court-circuitée Zcc et de prendre la moyenne géométrique des valeurs trouvées.

$$Zo = \sqrt{Zouv\ Zcc}$$

La krarupisation, du nom de l'ingénieur danois Krarup, consiste à augmenter la self-induction d'une ligne en câble afin d'améliorer ses qualités transmissives, en enroulant autour des conducteurs du câble, des hélices à spires jointives de fil de fer oxydé dont le diamètre est de 2 à 3 dixièmes de millimètre ; cela augmente la perméabilité magnétique de l'espace entourant les conducteurs et par suite cela augmente le coefficient de self-induction de la ligne téléphonique en câble.

Si la section de câble dans la traversée souterraine ou sous-fluviale de la ligne téléphonique considérée est assez importante (comprise par exemple entre 500 mètres et 3 ou 4 kilomètres), la meilleure solution consiste à placer une bobine Pupin au milieu de cette section afin de réaliser une cellule de pupinisation dont l'impédance caractéristique soit encore égale à celle de la ligne aérienne.

Si la section de câble considérée est très longue (supérieure à 4 kilomètres), ce qui serait par exemple le cas de la traversée de Lyon ou de Paris, il faut étudier une pupinisation spéciale qui réduise autant que possible l'affaiblissement de la section de câble, tout en lui donnant une impédance caractéristique voisine de celle de la ligne aérienne. Une pupinisation faible donnant au câble une impédance caractéristique de 800 ohms et un affaiblissement légèrement inférieur à celui d'une ligne aérienne de même diamètre que les conducteurs du câble, conviendrait bien.

Si la krarupisation ou la pupinisation ne peuvent être réalisées, ou en attendant qu'elles le soient, on peut atténuer le mauvais effet produit par la section de câble en intercalant entre la ligne aérienne et le câble un transformateur ou un auto-transformateur, dont les enroulements auront des impédances respectivement égales aux impédances caractéristiques du câble et de la ligne aérienne. L'auto-transformateur comportant un condensateur en son milieu est fréquemment utilisé aux États-Unis et présente le grand avantage de permettre tout de même l'essai électrique en courant continu des lignes sur lesquelles il est intercalé et la localisation des dérangements sur ces lignes par des mesures électriques.

2° *Traversée de villes en fil aérien de plus petit diamètre.* — Par exemple dans la traversée d'une ville, une section en fil de bronze de 15 dixièmes de millimètre est intercalée sur un circuit en fil de cuivre de 4^{mm}. Si cette section aérienne est suffisamment longue et commence suffisamment près du bureau où se trouve le relais téléphonique, pour affecter sensiblement l'impédance au départ du circuit téléphonique, le mieux est de la reconstruire en fil de même diamètre que la ligne aérienne, c'est-à-dire dans l'exemple choisi en fil de 4^{mm}. Si cette reconstruction est impossible, ou en attendant qu'elle soit faite, il faudra équilibrer cette section par une impédance spéciale dans la ligne artificielle destinée à équilibrer le circuit téléphonique dans le montage du relais téléphonique.

3° *Raccord à un câble sous-marin.* — C'est le cas d'un circuit téléphonique Paris-Londres, par exemple. Ce câble sous-marin est déjà krarupisé ou pupinisé, on ne peut donc plus agir sur lui et cependant son impédance caractéristique est différente de celle de la ligne aérienne. On intercalera à la guérite d'atterrissement du câble, entre la ligne aérienne et la ligne sous-marine, un transformateur dont les enroulements auront des impédances respectivement égales à celle de la ligne aérienne et à celle de la ligne sous-marine ; d'ailleurs ces transformateurs sont utiles à bien d'autres points de vue.

LES LIGNES TÉLÉPHONIQUES [1]

SOMMAIRE. — Indications générales sur la construction des lignes téléphoniques aériennes en fil nu et des lignes téléphoniques en câbles souterrains aux États-Unis. Lignes en câbles aériens : leurs avantages au point
de vue de la rapidité et de l'économie de la construction et au point de
vue de la protection contre l'électrolyse. Différentes phases du tirage
d'un câble aérien suivant les méthodes américaines. Relève des dérangements dans les câbles aériens.

Les lignes téléphoniques américaines sont établies de trois
façons différentes : en fil nu aérien, en câble sous plomb aérien, en
câble sous plomb souterrain.

Nous parlerons, un peu plus en détail, par la suite, des lignes
en câbles aériens, à cause de l'intérêt que ce type de construction présente, de l'avenir qui lui est réservé, et aussi parce que
la question est nouvelle en France puisque le câble sous plomb
aérien n'est pas un type de ligne utilisé dans notre pays.

Donnons d'abord quelques indications sur les lignes aériennes
ordinaires en fil nu et sur les lignes souterraines des États-Unis.

1° LIGNES AÉRIENNES.

Les lignes aériennes sont construites en Amérique sur poteaux
de bois (le bois est très bon marché dans ce pays) avec des traverses en bois. Les traverses sont assujetties dans des entailles
du poteau au moyen de boulons et sont supportées par deux
entretoises fixées ensemble au poteau par une même vis et des-
sinant un V. Chacune de ces traverses porte en moyenne 10 tiges
d'isolateurs (les isolateurs sont généralement en porcelaine avec
double cloche et sont vissés sur leurs tiges). Ces tiges d'isolateurs sont clouées dans les traverses et sont en bois injecté à
la créosote ou mieux à la paraffine blanche pure (suivant une
méthode nouvelle). Les traverses sont injectées à la créosote. Les
poteaux, quand ils sont injectés, le sont à la créosote.

---

(1) M. l'Ingénieur VALENSI, conférence faite à l'École Supérieure des
Postes et Télégraphes, le 12 octobre 1917.

Bien souvent, et même d'ordinaire, on se contente de peindre au carbolineum (ou carbonyle) le sommet et la base sur une longueur de 8 ou 10 pieds (3 mètres environ). On réserve les poteaux créosotés pour les endroits où le sol est humide et marécageux.

Les lignes américaines sont assez peu chargées. Les lignes en H, à 2 poteaux par appui, sont exceptionnelles. Généralement chaque appui est formé d'un seul poteau avec 4 ou 5 traverses au plus (ce qui fait 40 ou 50 fils). Les lignes en H, elles-mêmes, ne dépassent jamais une capacité de 80 fils. Les poteaux américains sont cependant, à longueurs égales, plus gros que les nôtres. Les jambes de force sont rares. Généralement les poteaux sont haubannés d'une façon régulière, tous les 5 ou 6 appuis, tout le long de la ligne et sont spécialement haubannés aux angles, l'extrémité inférieure du fil de hauban étant ancrée dans le sol : il y a différents procédés d'ancrage suivant la nature du sol.

L'anti-induction est réalisée au moyen de croisements effectués sur une longueur de 2 portées (comme pour les circuits français sur consoles en S courtes et longues). Les 2 fils d'un circuit ont sur les 3 poteaux consécutifs les positions suivantes (fig. 1) :

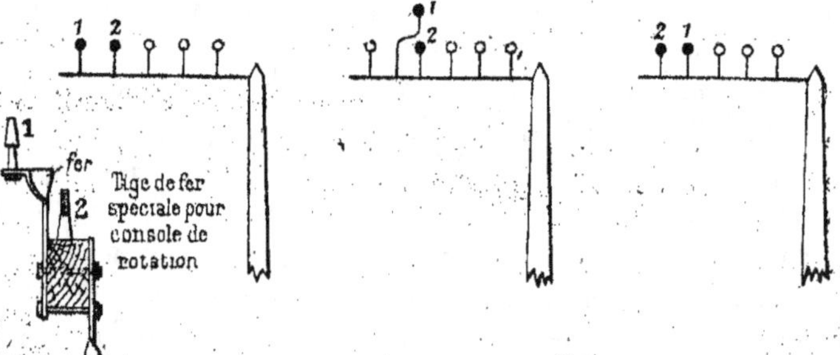

Fig. 1. — Dispositif américain d'anti-induction.

Les lignes téléphoniques sont généralement établies le long des routes, ce qui facilite beaucoup leur construction et leur entretien en permettant l'emploi de camions automobiles et de bicyclettes. Il est vrai que les routes d'Amérique ne sont en général pas plantées d'arbres sur leurs bords comme les routes françaises et que, la propriété n'étant pas morcelée comme chez nous, le nombre des chemins de traverses, au-dessus desquels les lignes doivent être plus élevées qu'ailleurs, est relativement faible.

Enfin, bien souvent, les lignes américaines ne suivent même pas les routes et traversent franchement les champs et les propriétés privées : cela se fait chaque fois que la Cie téléphonique a intérêt à le faire.

2° LIGNES EN CABLES SOUTERRAINS.

Les câbles américains souterrains urbains ou interurbains sont établis dans des conduites de type multicellulaire, généralement en tuile ou en grès, quelquefois en bois créosoté ; les conduites sont très rarement en tuyaux de fonte ou de fer. Les éléments de conduites de tuile ou de grès ont généralement les sections suivantes qui permettent de réaliser en les superposant ou en les juxtaposant des conduites à 10, 12, 13, 15, 16, 18, 20, 21, 24, 27, 28, 30, 32 et 36 voies (fig. 2).

Ces conduites sont posées généralement sur un lit de béton et sont recouvertes ensuite d'une autre couche de béton protectrice.

Fig. 2.

Les joints sont enveloppés d'une étoffe de lin et recouverte ensuite d'une couche de mortier spécial d'1/2 pouce (12 mm. d'épaisseur).

Quand il est impossible de trouver dans le sol une fondation suffisamment solide pour la conduite, on l'entoure complètement d'une gaîne de béton dont la partie inférieure peut même être armée de tiges de fer.

Les conduites de bois créosoté sont constituées par des éléments parallélipipédiques de bois creusés chacun d'une cavité cylindrique centrale. Ces éléments à section carrée peuvent être juxtaposés et superposés en nombre suffisant pour réaliser le nombre de voies voulu. Ils sont posés directement au fond de la tranchée à moins que le sol ne soit trop meuble (cas du sable ou de l'argile, par ex.). Dans ce cas on place au fond de

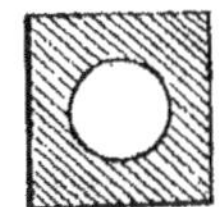

la tranchée une planche de bois créosoté (épaisse de 3 centimètres environ). Les conduites reposent sur cette planche
et sont elles-mêmes recouvertes d'une autre planche protectrice
de bois créosoté analogue à la planche inférieure.

Les conduites de fonte ou de fer, assez rarement employées
aux États-Unis, sont généralement noyées dans le béton.

Pour la réparation d'une section de conduites de tuile ou de
grès endommagée, on emploie avec succès des conduites multicellulaires à 4 ou à 6 voies dont les éléments sont coupés en
3 tronçons dans le sens de la longueur (parallèlement aux axes des
cellules) (fig. 3). On dispose les tronçons inférieurs sur toute la longueur de la section à réparer, ce qui dessine 3 rigoles parallèles.
On place sur elles une planche sur laquelle on dispose les câbles
de la première couche afin de les redresser en vue de leur insertion dans les rigoles formées par les tronçons inférieurs des conduites. On fait glisser la planche et l'on place progressivement
les câbles une fois redressés dans ces rigoles. Cela fait on dispose
les tronçons intermédiaires des conduites,
ce qui ferme les 3 voies inférieures, et l'on
redresse et insère les câbles de la deuxième
couche de la même façon que précédemment en utilisant une planche. Enfin l'on
place les tronçons supérieurs, ce qui complète les éléments de conduite et l'on referme
la tranchée. Les génératrices de contact entre les différents tronçons de ces conduites multicellulaires sont souvent recouvertes
de mortier de ciment afin d'assurer l'étanchéité de ces conduites.

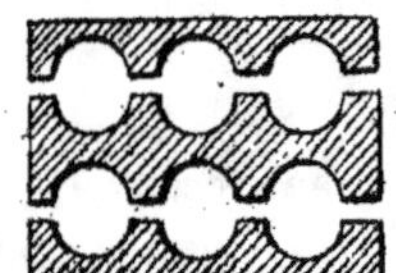

Fig. 3.

Les chambres de tirage et les trous d'homme n'ont en Amérique rien de particulièrement intéressant à signaler.

Les câbles américains sont pleins, sans circulation d'air.
L'épaisseur du papier isolant est beaucoup plus grande que dans
nos câbles, afin de laisser entre ces conducteurs une distance
suffisante pour ne pas avoir, bien qu'il n'y ait aucun vide dans le
câble, une capacité trop grande entre les deux fils d'un circuit
téléphonique. Les diamètres des conducteurs des câbles
urbains sont extraordinairement petits : un câble, dont un

tronçon nous fut offert par M. Carty, n'a pas plus de 6 cm. de diamètre et contient 2.400 fils (1.200 paires).

Les câbles interurbains nouvellement posés aux États-Unis ont également des conducteurs de diamètre relativement faible (les plus gros, dès maintenant, ont au plus $1^{mm}5$ ou 2 mm.). Ceci est possible car on utilise sur ces câbles à la fois une forte pupinisation et des relais téléphoniques en nombre suffisant.

Les câbles américains n'étant pas à circulation d'air, la localisation des dérangements ne peut se faire que par des méthodes électriques et les mesures de localisation doivent être précises. Il y a, dans les bureaux de tous les grands centres téléphoniques, des tables d'essai qui servent uniquement aux mesures sur les câbles urbains ou interurbains.

Les câbles urbains, aussitôt que leur longueur dépasse 5 kilomètres, sont pupinisés ; il en est de même des câbles entre les guérites des lignes aériennes et les bureaux téléphoniques (toll entrance cables) ou des sections souterraines urbaines de lignes aériennes.

La pupinisation, comme toute chose dans l'exploitation téléphonique américaine, est standardisée : c'est-à-dire qu'on ne calcule plus de câbles pupinisés ; on choisit, chaque fois, parmi un petit nombre de types définitivement consacrés, celui qui répond le mieux aux besoins à satisfaire.

Pour les câbles téléphoniques interurbains, il y a 3 types de pupinisation : forte, moyenne et faible. En passant du premier au troisième, la réactance de chaque bobine diminue et la distance entre 2 bobines consécutives augmente.

Pour les câbles urbains, entre les bureaux et les guérites de lignes aériennes, il y a 2 types de pupinisation.

Les sections souterraines urbaines de lignes aériennes pupinisées reçoivent une pupinisation extra forte qui donne aux paires du câble une impédance caractéristique voisine de 2.000 à 2.200 ohms (impédance caractéristique des lignes aériennes pupinisées).

Les sections souterraines urbaines de lignes aériennes non pupinisées reçoivent au contraire une pupinisation extra faible qui donne aux paires du câble une impédance caractéristique de 600 à 800 ohms (impédance caractéristique de lignes aériennes non pupinisées).

Le réseau des câbles téléphoniques interurbains d'Amérique, déjà très important, s'accroît constamment. Il comporte de nombreux câbles souterrains mais aussi de nombreux câbles aériens. On ne construit plus de lignes aériennes en fil nu dans l'Est de l'Amérique, pays très peuplé et déjà riche en communications téléphoniques. Par contre, on étudie en ce moment, et on commence même à établir un réseau nouveau de câbles téléphoniques aériens destiné à relier les principales villes des États de l'est et du centre.

En effet, le câble aérien sur lequel nous allons maintenant donner quelques indications plus détaillées, présente de nombreux avantages.

LIGNES EN CABLES AÉRIENS.

Les lignes en câble aérien sont d'une construction et d'un entretien très faciles.

Elles présentent sur les lignes souterraines l'avantage de n'exiger aucun frais de terrassement. L'établissement de tranchées est une entreprise coûteuse surtout si l'on ne doit pas poser sur le même chemin plusieurs câbles à la fois ; l'établissement de chambres de tirage et de trous d'homme entraîne également des travaux de terrassement et de maçonnerie coûteux. Le câble aérien, qui se pose sur poteaux (de bois, de fer ou de béton), ne nécessite aucun travail de ce genre.

Les lignes en câbles aériens sont également plus faciles à construire que les lignes aériennes ordinaires en fil nu de même nombre de conducteurs, lesquelles exigent des soins spéciaux pour les rotations et les réglages de la tension des fils. D'autre part, le câble aérien leur est bien préférable au point de vue de l'entretien. A ce point de vue le câble aérien peut même être avantageusement comparé au câble souterrain : sans doute il est moins abrité que ce dernier contre les orages et les tempêtes qui peuvent, dans des cas d'ailleurs exceptionnels, briser un des appuis de la ligne en câble aérien; par contre le câble aérien est d'un accès infiniment plus commode que le câble souterrain et, en cas de dérangement, il n'y a aucune tranchée à ouvrir pour le réparer : il suffit d'accrocher, comme nous le verrons ultérieurement, une échelle de bois au toron de soutien du câble et à grimper sur cette échelle pour faire le raccord et les soudures nécessaires.

Enfin et surtout, le câble aérien peut être mis complètement à l'abri de l'électrolyse, ce qui est important quand la ligne doit longer des voies de tramways.

Par conséquent, le câble aérien offre, au double point de vue de la construction et de l'entretien, un procédé économique pour l'établissement d'un vaste réseau téléphonique décrivant sur tout le territoire d'un pays de nombreux détours avec nombreux recoupements afin de desservir toutes les villes importantes et de ménager des voies de secours en cas de dérangement sur un des tronçons du réseau.

Le câble aérien, permet par exemple d'établir économiquement 3 liaisons par câbles entre les villes A et B par 3 chemins différents passant par les villes C D et E. Ce procédé serait ruineux si l'on se plaçait en souterrain, car il exigerait des kilomètres de tranchées.

Au point de vue de l'exploitation téléphonique, il présente cependant une flexibilité très avantageuse. Si l'on établit en plus une ligne transversale en câble aérien suivant le chemin C. D. E. voilà réalisé, avec 4 câbles seulement, un réseau téléphonique desservant 5 villes (fig. 4).

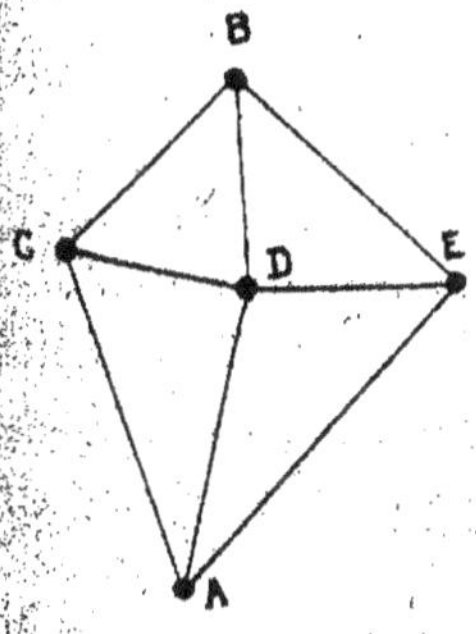

Fig. 4.

Les Américains utilisent dans leurs lignes en câble aérien des poteaux de bois, car le bois n'est pas cher dans ce pays. Ceci réduit un peu la vie de ces lignes, ou bien encore complique un peu leur entretien, car il faut sonder périodiquement les poteaux et les remplacer quand ils deviennent défectueux. Mais dans nos pays, où le bois coûte cher, on pourrait fort bien envisager, s'il était question d'introduire chez nous le câble aérien, des poteaux de ciment armé, dont la technique a réalisé ces temps-ci d'intéressants progrès. Le béton de ciment qui convient mal à la constitution d'appuis pour lignes aériennes en fil nu à nombreux conducteurs à cause de la difficulté d'armement des consoles ou traverses ne présente plus cet inconvénient lorsqu'il s'agit de câble aérien n'exigeant qu'une attache au poteau.

Les lignes en câble aérien comportent *des poteaux, un toron de soutien* auquel le câble est accroché au moyen d'anneaux ou de *bagues en fer galvanisé* et des *boulons comportant des mâchoires à gorges en fer galvanisé* qui servent à fixer le toron de soutien aux poteaux. Il y a d'ordinaire 1 ou 2 câbles sur une même ligne de poteaux, les 2 câbles étant de part et d'autre du poteau. Quelquefois un câble est simplement fixé aux appuis d'une ligne aérienne en fil nu dont les conducteurs sont assez peu nombreux pour que la ligne puisse supporter en plus la charge du câble.

Le toron de soutien, qui est constitué par plusieurs brins d'acier (ou de fer) toronnés ensemble, est fourni par bobines de longueur aussi grande que possible, eu égard au transport et à la manutention : généralement par longueurs d'un mille (1609 mètres) aux États-Unis.

Les poteaux étant plantés le long de la route que doit suivre la ligne en câble, des camions automobiles apportent les bobines de toron de soutien et on déroule celui-ci sur le sol en même temps qu'une cordelette assez fine (de l'épaisseur du petit doigt) qui servira au tirage du câble. Les longueurs consécutives de toron de soutien sont réunies bout à bout au moyen de coquilles annulaires analogues à celles que l'on utilise entre le fil d'un hauban et son ancre, ou au moyen d'olives en fer à doubles cavités qu'on appelle « strand connectors ». Les extrémités recourbées du toron de part et d'autre des coquilles ou de l'olive sont assujetties sur le toron au moyen de mâchoires serrées par des boulons.

On assure ainsi la continuité du toron tout le long de la ligne et l'on fixe ensuite ce toron sur les poteaux en le serrant entre les mâchoires des boulons à gorge, lesquels sont munis au besoin de consoles de renforcement et de brides de sécurité dans le cas de câbles particulièrement lourds.

Aux poteaux d'angles, on dispose souvent une spire de toron d'acier autour du poteau, les extrémités de cette spire, en tirant sur le toron de soutien, brisent les côtés de l'angle aigu que formerait ce toron et lui donnent ainsi un tracé de ligne brisée sans angle vif (fig. 5).

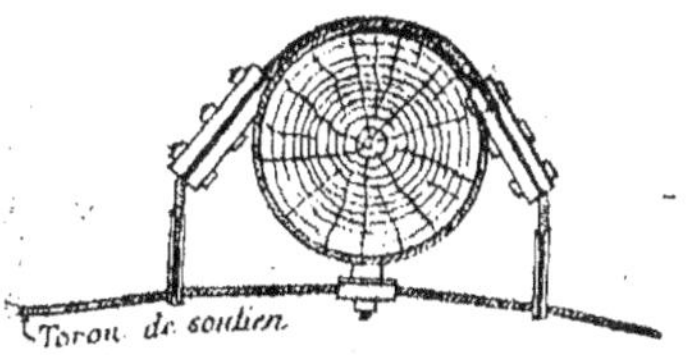

Fig. 5. — Poteau d'angle d'une ligne en câble aérien.

Le toron de soutien est posé très tendu avec une flèche qui, aux températures moyennes, ne dépasse pas 1 mètre pour des portées de 30 mètres ; la tension est donnée par des moufles de gros modèle.

Pour mesurer cette tension les Américains n'emploient généralement aucun dynamomètre. Ils se contentent : 1° de mesurer la flèche, 2° d'entendre le bruit que fait le toron de soutien tendu lorsqu'on le frappe avec une perche. Ces deux données et l'expérience acquise leur permettent d'évaluer approximativement pendant la pose la tension donnée au toron de soutien.

Pour porter les câbles usuels on emploie des torons d'acier (ou de fer) galvanisé capables de supporter, sans aucun danger de rupture, des efforts de traction de 6.000, 10.000 et 16.000 lbs (lb = livre anglaise 453 grammes, un peu moins que la livre française). Le toron de soutien de 16.000 lbs par exemple présente un facteur de sécurité de 2 par un vent transversal de 70 milles à l'heure (115 kilomètres à l'heure), avec une couche de glace d'un demi-pouce d'épaisseur (12 millimètres) et un câble suspendu de gros diamètre (câble pesant 8 livres par pied, 4 kilos pour 30 centimètres et ayant 2 pouces 5/8 de diamètre, 16 centimètres de diamètre).

L'extrémité du toron est amarrée au poteau tête de ligne, lequel est fortement haubanné.

Lorsque le toron de soutien est fixé aux poteaux, on lui suspend des petits chariots qui glissent sur le toron au moyen de poulies et sur lesquels prennent place les ouvriers chargés d'accrocher au toron les bagues destinées à supporter le câble. Les ouvriers déplacent leur siège, le long du toron, au fur et à mesure que leur travail progresse, en tirant latéralement sur le toron. En accrochant les bagues, ils prennent soin de passer dans ces bagues la fine cordelette qui avait été déroulée sur le sol en vue du tirage du câble.

Il y a deux types de bagues : l'ancien type dont on pinçait les extrémités recourbées autour du toron au moyen d'une pince spéciale afin d'assujettir solidement la bague et de l'empêcher de glisser sur le toron. Ceci avait l'inconvénient de faire craquer quelquefois la couverte galvanique de la bague. Le nouveau type de bague, à cause de sa construction même, forme ressort et presse de lui-même contre le toron de soutien sur lequel il ne glisse jamais.

Lorsque les bagues sont placées, on attache à l'extrémité de la fine cordelette de chanvre une corde d'acier flexible épaisse d'un demi pouce environ (12 millimètres) ou à défaut une corde ordinaire de un pouce d'épaisseur (25 millimètres). Puis on enlève le plomb sur une vingtaine de centimètres à l'extrémité du câble et on ligature les bouts des conducteurs de cuivre et l'extrémité de la corde d'acier flexible. On recouvre cette ligature d'une tresse noire graissée afin de donner au raccord une épaisseur très régulièrement croissante et de réaliser une forme de cône sans bourrelet (fig. 6).

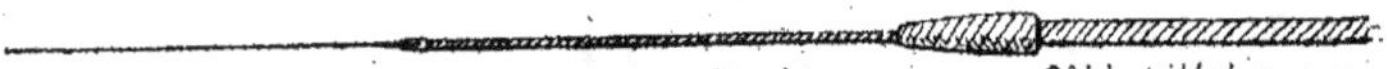

Fig. 6. — Raccord du câble téléphonique au câble d'acier servant au tirage.

Supposons alors qu'on veuille poser la section de câble A B.

On suspend au toron au point A, une poulie en bois dans la gorge de laquelle on engage la corde d'acier à laquelle est attaché le câble (fig. 7).

L'extrémité B de la cordelette passant sur une poulie de bois analogue placée au sommet du poteau B et sur une poulie de chèvre disposée à la base du poteau B' est amarrée à un treuil ou à défaut au camion automobile. On tire sur cette cordelette ce qui fait glisser le câble dans les bagues, tandis que ce câble est graissé par un ouvrier au pied du poteau A. Au fur et à mesure que la bobine de câble B se déroule, un autre ouvrier surveille le déroulage de la bobine de câble et le règle au moyen d'un frein. Pour le graissage du câble on employait du savon, mais comme ce produit est devenu cher, on emploie maintenant une graisse minérale analogue à celle qui sert pour le graissage des machines.

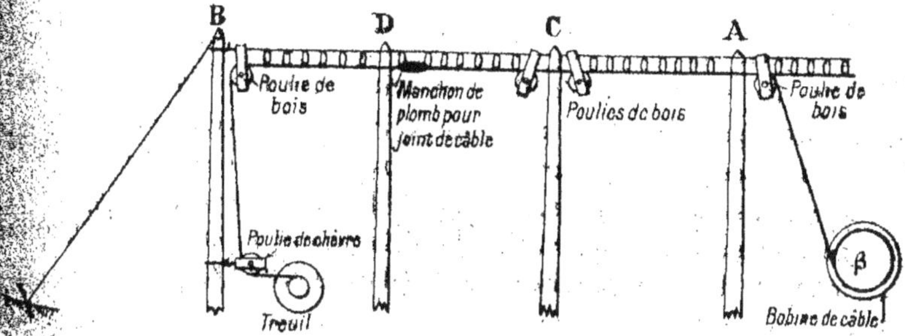

Fig. 7. — Tirage d'un câble aérien.

Au poteau C où la ligne fait un angle on suspend au toron de soutien de part et d'autre du poteau 2 poulies de bois sur lesquelles glissera le câble pour franchir l'angle sans à-coup.

Au poteau D où une dérivation doit être faite sur le câble, on fait passer la fine cordelette à travers le manchon de plomb destiné au joint qui sera fait en ce point.

Les joints de câble aérien sont faits comme tous les joints de câble aux États-Unis, c'est-à-dire les épissures sont aspergées de paraffine liquide (pas trop chaude pour ne pas brûler le papier) puis recouvertes d'une tresse et enfin d'un manchon de plomb soudé aux deux bouts à l'enveloppe du câble.

Les joints ne sont pas suspendus au toron au moyen de bagues comme le reste du câble mais au moyen de corde goudronnée de 4 ou 5 millimètres de diamètre (corde Marline). La corde Marline est utilisée en double. On fait quatre tours de double corde autour du câble et du toron de soutien, puis l'on noue, entre le câble et le toron (fig. 8).

Un joint de câble est supporté au moyen de corde Marline de la manière représentée sur la figure 8.

La pose des câbles aériens est une opération très rapide. Un câble interurbain lourd, comportant par exemple 80 conducteurs (40 paires) peut être posé par une équipe de 10

Fig. 8. — Suspension d'un joint de câble.

hommes et un chef d'équipe à une vitesse de 3 milles (4 à 5 kilomètres) par journée de 8 heures de travail, sans compter la confection des joints. Un ouvrier soudeur, avec un aide, fait un joint sur un tel câble en 1 heure 1/2. Les bobines de gros câble ayant généralement des longueurs de câbles égales à 500 pieds (200 mètres), il y a 24 bobines pour 3 milles, donc 24 joints à faire.

Ces nombres prouvent clairement que les lignes en câble aérien sont plus faciles et plus rapides à construire que les lignes en fil nu de même nombre de conducteurs et que les lignes souterraines utilisant le même câble.

Le câble aérien se termine toujours à une boîte de raccordement (en bois ou en fer). Les précautions prises aux raccords varient aux États-Unis suivant les régions. Dans l'ouest, par exemple, au raccord entre les câbles aériens et les câbles souterrains, les Américains disposent sur chaque conducteur simplement un fusible de 7 ampères. Cela constitue surtout une protection contre les gros courants capables de causer des incendies. Au raccord entre un câble aérien et une ligne aérienne en fil nu (ligne de longueur supérieure à 1 kilomètre, soit 20 à 30 portées), ils disposent sur chaque conducteur un paratonnerre à charbon et mica, et, si la ligne aérienne est une longue ligne interurbaine (cas des circuits téléphoniques interurbains) ils placent également un fusible de 7 ampères sur chaque conduc-

teur ; s'il s'agit au contraire de lignes d'abonnés, les paratonnerres sont jugés suffisants (un fusible étant situé à proximité
chez l'abonné, puisque les lignes d'abonnés ne sont jamais bien
longues).

Dans l'Est de l'Amérique, aux raccords entre câble aérien et
câble souterrain, on dispose une boîte de raccordement (*Cross-
connecting box*) comportant également un fusible de 7 ampères
sur chaque conducteur et pas de paratonnerre.

Aux raccords entre un câble aérien et une ligne aérienne en
fil nu (quelle que soit cette ligne : circuits téléphoniques et lignes
d'abonnés) on dispose souvent une boîte de raccordement comportant sur chaque conducteur un paratonnerre à cuivre et mica
et pas de fusible. Ce paratonnerre à cuivre et mica ne diffère du
paratonnerre à carbone et mica que par la substitution aux blocs
de carbone de blocs de cuivre de même forme. Ce type de paratonnerre est utilisé lorsque l'on veut éviter d'avoir à nettoyer les
blocs entre lesquels se fait la décharge atmosphérique.

Tous les dix poteaux environ le câble est réuni électriquement
au toron de soutien au moyen de rubans de cuivre, soudés à l'enveloppe de plomb du câble et fortement serrés contre le toron
de soutien. Ces liaisons électriques sont destinées : 1° à éviter
toute électrolyse entre le plomb du câble et le fer des bagues,
ces deux métaux différents juxtaposés tendant à créer un couple
électrolytique ; 2° à éviter toute étincelle entre le plomb du câble
et les bagues, ce qui pourrait se produire en cas de décharge
atmosphérique s'il n'y avait pas une bonne liaison métallique
entre ces deux conducteurs électriques.

Le toron de soutien est généralement mis à la terre, tous les
milles environ, au moyen de conducteurs descendant, le long
des poteaux, entre les boulons à gorge soutenant le toron et le
sol. Cependant quelquefois, dans l'Est de l'Amérique par exemple,
l'on tient au contraire la masse métallique constituée par le toron
de soutien et le plomb du câble soigneusement isolée du sol sur
les sections longeant les rails de tramways par exemple, grâce
aux précautions suivantes : 1° on intercale aux 2 bouts du toron
de soutien (à 60 cm. avant chacun des poteaux extrêmes) un iso-

lateur en grès en forme d'olive à deux cavités ; de même sur chaque ligne de hauban, entre son amarrage au poteau et son ancrage au sol, on intercale aussi un tel isolateur ; 2° aux deux extrémités de la section qu'on se propose de tenir isolée on réalise les joints de câble de la façon suivante :

Fig. 9. — Joint spécial à l'extrémité d'une section de câble exposée à l'électrolyse.

On enrubanne au moyen de tresse isolante une des extrémités de l'enveloppe de plomb jusqu'à ce que l'on obtienne une épaisser finale exactement égale au diamètre intérieur du manchon de plomb destiné à la soudure (fig. 9).

On fait glisser ce manchon en le forçant à recouvrir le guipage de tresse — puis l'on finit le joint avec du plomb, comme d'habitude, au point B — et avec de la tresse goudronnée (analogue à la composition appelée « chatterton ») au point A.

La continuité électrique de l'enveloppe de plomb du câble se trouve ainsi brisée au point A, de même que la continuité électrique du toron de soutien est brisée en ce même point grâce à l'isolateur de grès intercalé.

Evidemment, au point de vue des dangers de contact avec des fils d'énergie, le câble dont l'enveloppe est à la terre, présente plus de sécurité que l'autre, car en cas de contact, un court-circuit franc se produit pour le courant de l'usine, ce qui provoque le déclanchement du disjoncteur à cette usine.

Par contre, dans les pays où les tramways sont nombreux, où le sol est parcouru par de nombreux courants parasites (surtout par des courants continus de retour des rails de tramways aux usines génératrices), ces prises de terre donnent aux courants vagabonds accès à l'enveloppe du câble aérien qui court ainsi les mêmes risques d'électrolyse que les câbles souterrains.

Disons un mot de l'entretien des câbles aériens. Les câbles

aériens américains, comme tous les câbles américains, sont compacts : il n'y a aucun intervalle entre les différents conducteurs isolés au papier et aucun soufflage d'air n'est possible. Les joints eux-mêmes, emplis de paraffine, sont extrêmement compacts et constitueraient à eux seuls un obstacle infranchissable pour le courant d'air soufflé. C'est le système des cloisons étanches qui présente d'ailleurs cet avantage de réduire à une section limitée par deux joints successifs la zone soumise à l'humidité pénétrant par une piqûre du plomb.

Les seuls procédés de localisation des défauts, dans l'enveloppe de plomb, ou dans l'isolant en papier des conducteurs, ne peuvent donc être que des procédés électriques.

On emploie d'abord un pont en courant continu avec galvanomètre et pile, disposé soit à la table d'essai du bureau central auquel aboutit le câble, soit dans une boîte transportable, lorsque l'on veut faire ces mesures à partir d'une boîte de raccordement ou d'un joint quelconque le long du câble.

On utilise également un vibrateur (comme source de courants alternatifs) qu'on raccorde à une extrémité du câble et un détecteur constitué par un récepteur téléphonique raccordé à une bobine d'induction. La bobine, longue de 10 cm. et large de 4 cm., a une face concave qui peut s'appliquer contre l'enveloppe du câble. Nous verrons plus loin l'utilisation de cette bobine et de ce vibrateur.

Les dérangements qui affectent d'ordinaire un câble sont les suivants :

1° *Terre franche* sur 1 ou 2 conducteurs.

On localise cette terre avec autant de précision que possible au moyen d'une mesure au pont en courant continu faite à la table d'essai du bureau central.

Puis on raccorde un des pôles du vibrateur (également placé au bureau central) à l'enveloppe de plomb du câble et l'autre pôle au fil affecté d'une terre ou aux 2 fils affectés d'une terre pris tous deux en parallèle. L'ouvrier soudeur chargé de réparer le câble parcourt alors la ligne avec sa bobine exploratrice et son récepteur téléphonique (fig. 10).

Tous les 5 poteaux environ, l'ouvrier monte au poteau, applique sa bobine contre le câble et écoute dans son récepteur. Tant

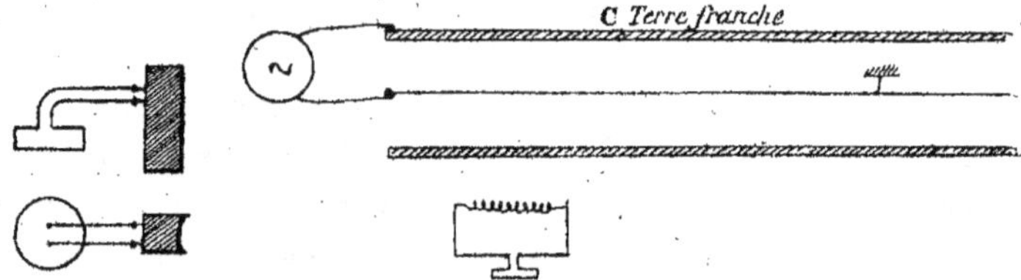

Fig. 10. — Recherche d'une terre franche.

qu'il n'a pas dépassé le point C où se trouve la terre sur le fil mauvais, il entend bien le courant vibré dans son récepteur ; aussitôt qu'il a dépassé le défaut, le bruit est faible ou nul. Quand il a localisé le dérangement entre deux points séparés ainsi par l'intervalle de 5 portées, l'ouvrier soudeur parcourt cet intervalle avec sa bobine exploratrice en se déplaçant le long de la ligne au moyen de son chariot à poulies glissant sur le toron de soutien. L'ouvrier soudeur ouvre ensuite l'enveloppe à l'endroit du défaut, change l'isolant du fil mauvais, verse de la paraffine sur la portion des conducteurs mise à nu et referme l'enveloppe de plomb.

Cas d'une paire de conducteurs court-circuitée. — On la localise également par une mesure au pont. On peut également utiliser le vibrateur pour l'exploration du câble en raccordant cette fois ses deux pôles aux deux conducteurs de la paire court-circuitée et non plus au plomb du câble (fig. 11).

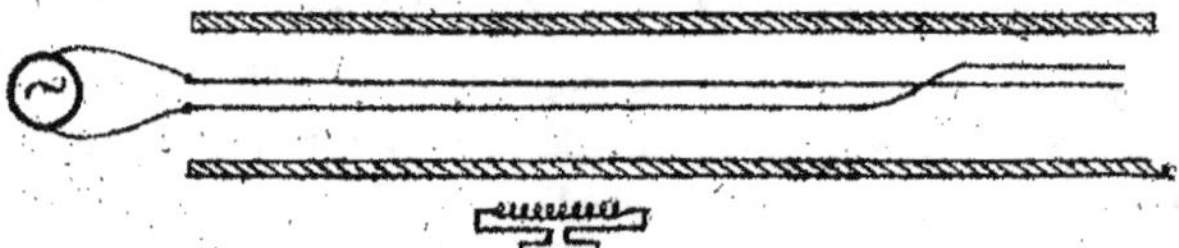

Fig. 11. — Recherche d'un mélange.

Cas d'un mélange entre deux ou plusieurs paires. — On utilise également le pont, ou le vibrateur raccordé à 2 des fils mêlés.

Cas d'une faible perte générale, d'un mauvais isolement géné-

ral. C'est le dérangement le plus difficile à localiser. On ne peut plus utiliser le vibrateur qui troublerait dans ce cas tous les conducteurs du câble et ne décelerait rien franchement. On doit se contenter de faire des mesures au pont aussi précises que possible, au bureau central et en différents points de la ligne (boîtes de raccordements, sectionnements de tous genres).

Conducteur interrompu. — Circuit ouvert. — On mesure à partir du bureau central avec un pont en courant alternatif la capacité entre plomb et fil du conducteur interrompu. Comme on connaît la capacité d'une longueur complète de conducteur, on en déduit par une règle de trois la distance entre le bureau central et la rupture du fil interrompu.

Quand le défaut a été trouvé, sa réparation est très rapide puisque le câble est très facilement accessible. Il n'y a pas de tranchée à ouvrir comme dans le cas de câble souterrain.

On accroche simplement au toron de soutien à l'endroit du défaut une échelle légère ou si la réparation doit être assez longue une plateforme amarrée au sol par des cordes, plateforme utilisée également pendant la construction de la ligne en câble pour faire les joints. L'ouvrier soudeur s'installe sur cette échelle ou sur cette plateforme et fait confortablement son joint (fig. 12).

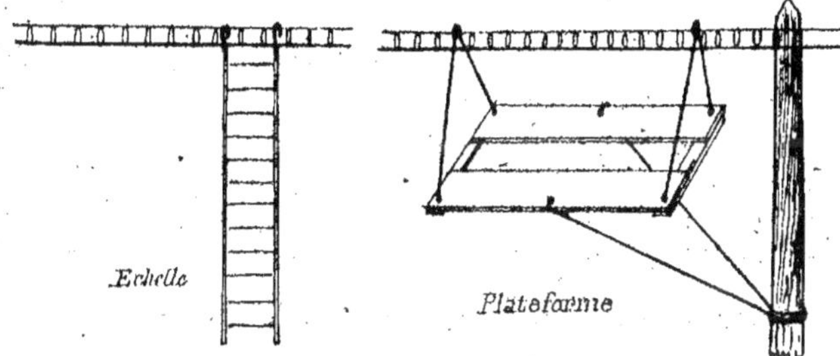

Fig. 12.

Aucune ligne aérienne n'est donc d'entretien plus facile que les lignes en câble aérien.

Cette économie de construction et cette commodité d'entretien expliquent la vogue que le câble aérien a eue et a de plus en plus en Amérique où son emploi, déjà très répandu, se répand davantage tous les jours.

Les radiocommunications à grande distance et le réseau transocéanique français [1]

SOMMAIRE. — Vue d'ensemble sur le réseau transocéanique français. But à atteindre. Conditions générales d'établissement.

Idées essentielles sur les radiocommunications à grande distance. Caractéristiques essentielles des radiocommunications à grande distance. L'intensité des signaux à la station de réception. Influence de la longueur d'onde. Les signaux reçus sont extrêmement faibles. L'intensité est très variable. Les signaux parasites. Conclusion.

Conditions d'établissement d'une radiocommunication à grande distance et à grand rendement. Le poste de transmission. Le poste de réception. Modes d'exploitation. Exploitation à trafic réduit. Exploitation à grand rendement. Transmission à grande vitesse. Service en duplex. Résumé. Résultats à attendre d'une radiocommunication à grande distance et à grand rendement. Considérations financières. Prix de premier établissement. Amortissements à prévoir. Frais d'entretien et d'exploitation. Recettes. Résultats financiers probables. Conclusion.

Les grands réseaux radiotélégraphiques et la technique actuelle des radiocommunications à grande distance. Observations d'ordre général. Remarques préliminaires. L'importance du réseau transocéanique des États-Unis. Le choix des emplacements. Divers modes d'exploitation.

Vue d'ensemble sur les procédés utilisés pour la Télégraphie sans fil à grande distance. L'antenne de transmission. Les méthodes de transmission. Méthodes à ondes amorties. Le phénomène de la décharge du condensateur. Excitation de l'antenne. La télégraphie sans fil musicale. Les procédés de charge du condensateur. Méthodes à ondes entretenues. Étincelles commandées. Arc à haute fréquence. Alternateurs à haute fréquence et multiplicateurs de fréquence. Les méthodes de réception. Principes. Les circuits d'accords. Le détecteur. Réception des ondes amorties. Réception des ondes entretenues. Liaison du détecteur et des circuits de haute fréquence. Appareil récepteur. Amplificateurs. Résumé. Applications des propriétés des lampes à trois électrodes à la réception à grande distance. Utilisation des lampes comme amplificateurs, comme

---

(1) M. l'Ingénieur BOURILLON. Conférences faites à l'École Supérieure des Postes et Télégraphes, les 26 octobre, 9, 16, 23 novembre 1917.

détecteurs, comme générateurs d'ondes entretenues. Montages combinés: détecteur-amplificateur, détecteur-amplificateur multiple, détecteur-amplificateur multiple-générateur. Réalisation technique des montages à lampes et des dispositifs d'accord. Réception auditive et réception enregistrée.

Réseaux à grande distance des compagnies Marconi. Composition. Emplacements. Antennes. Principe de l'antenne Marconi. Antennes et prises de terre pour la réception. Dispositifs pour la réalisation du service en duplex. Stations multiples. Réception. Méthode générale d'exploitation. Postes à étincelles, à courant alternatif et éclateur synchrone. Principe. Circuit de charge. Circuit d'excitation. Radiotransformateur et circuit d'antenne. Manipulation. Postes à étincelles, à courant continu haute tension et éclateur tournant. Principes. Premier mode de réalisation. Emploi de batteries d'accumulateurs. Dispositifs actuels de la station de Glace-Bay. Usine et circuit de charge. Circuits à haute fréquence. Matériel de secours. Troisième mode d'application. Système à étincelles commandées.

Stations de la *Federal Telegraph C*° et de la Marine de Guerre des États-Unis. Stations transpacifiques de la *Federal Telegraph C*°. Station d'Honolulu. Station de South San Francisco. Réseau à grande distance de la Marine américaine. Réseau des États-Unis. Projet panaméricain. Mode d'exploitation. Antennes. Installations radiotélégraphiques. Transmetteurs à arc de la *Federal Telegraph C*°. Divers types d'appareils. Génératrice à courant continu. Convertisseurs à arc. Sels d'antennes et commutateurs d'ondes. Manipulation. Postes à étincelles de la station d'Arlington.

Stations à grande distance des systèmes Telefunken. Postes à étincelles. Station de Funabashi. Antenne. Prise de terre. Postes à étincelles. Principe. Description. Poste à ondes entretenues de la Société Telefunken. Description de la station de Sayville. Antenne. Contre-poids. Réception. Poste de transmission. Principes. Longueurs d'onde employées. Principe des multiplicateurs statiques de fréquence. Description. Energie émise. Rendement.

Stations de grande puissance du système Goldschmidt. Description. Manipulation. Poste à arc. Réception. Procédés Alexanderson. Antenne multiple. Alternateurs Alexanderson. A axe flexible et à axe rigide. Amplificateur magnétique. Manipulation. Téléphonie. Manipulation à grande vitesse. Télégraphie sans fil multiple.

Conclusions. Le matériel d'émission. Oscillations entretenues et oscillations amorties. Les diverses méthodes d'émission. Arc à haute fréquence. Etincelles commandées. — Alternateurs à haute fréquence. Alternateur Alexanderson. Multiplicateurs statiques de fréquence. — Alternateur Goldschmidt. Quelques progrès qui s'annoncent. La téléphonie sans fil. Les conditions de la téléphonie sans fil. Téléphonie sans fil et signaux parasites. La direction des ondes. L'élimination des parasites. Esquisse du réseau transocéanique français. Organisation d'ensemble. Conditions techniques à remplir. Organisation des stations. Stations multiples. Le rôle de la France dans le développement de la télégraphie sans fil.

INTRODUCTION

Le Service de la télégraphie sans fil de l'Administration des Postes et Télégraphes a proposé pour la première fois en 1908, c'est-à-dire dès que furent connus les résultats d'exploitation des premières stations transatlantiques Marconi de Clifden et Glace-Bay, et demandé à nouveau depuis en de nombreuses occasions l'établissement d'une radiocommunication entre la France et les États-Unis d'Amérique. L'administration est maintenant résolue à exécuter ce travail important.

Elle procède en même temps (rapport du Ministre du Commerce au Président du Conseil sur la réorganisation du Service des Postes, Télégraphes et Téléphones, 1er septembre 1917) aux études nécessaires pour la création et l'exploitation des réseaux transocéaniques nécessaires à l'acheminement des télégrammes par voie française, sur toute la surface de la terre. Dans le but de posséder les renseignements utiles, elle avait prescrit à sa Mission aux États-Unis une enquête documentaire sur l'état actuel de la question des radiocommunications à grande distance dans ce pays. Ce sont les résultats de ces recherches que j'apporte ici en insistant tout particulièrement sur les questions soulevées par l'étude de l'établissement des grands réseaux français projetés.

VUE D'ENSEMBLE SUR LE RÉSEAU TRANSOCÉANIQUE FRANÇAIS. BUT A ATTEINDRE

Pour nous guider dans le cours de notre étude, il est nécessaire de nous faire, dès le début, une idée du but à atteindre et des conditions à réaliser pour donner à cette vaste entreprise sa pleine efficacité.

Le rôle essentiel du réseau transocéanique est d'assurer l'indépendance de la France au point de vue de ses communications avec l'étranger. Actuellement, en effet, notre pays n'est relié télégraphiquement par voie française qu'avec l'Afrique du Nord, l'Afrique occidentale et équatoriale, l'Amérique du Nord et l'Amérique centrale. Avec tous les autres pays les communications télégraphiques ne peuvent être obtenues que par l'intermédiaire de l'étranger. Il y a là une situation dépendante dont la télégraphie sans fil permet de s'affranchir.

Même avec les nations reliées à nous par câbles sous-marins, la France a le plus grand intérêt, soit pour parer à un accident possible des liaisons ainsi établies, soit pour aider leur trafic, à créer des relations radiotélégraphiques. Les services importants qu'ont rendus à l'Allemagne, pendant la guerre actuelle, les radiocommunications à grande distance prouvent qu'on ne saurait estimer trop haut l'importance de ce point de vue.

En plus des relations internationales, et quoique l'importance de ce deuxième objet soit moindre que celle du précédent, le réseau transocéanique réunira les différentes parties de l'empire colonial français entre elles et la métropole.

A l'intérêt politique du projet s'ajoute d'ailleurs une grande importance commerciale ; il a pour but de créer des voies françaises pour l'acheminement des télégrammes dans le monde entier. Là sera certainement la plus grande part du rendement, et c'est par là seulement qu'on peut espérer en rendre l'exploitation rémunératrice.

CONDITIONS GÉNÉRALES D'ÉTABLISSEMENT.

Un coup d'œil sur la carte suffit pour apercevoir les conditions générales d'établissement d'un tel réseau (fig. 1). Un centre radiotélégraphique établi en France et comportant une ou plusieurs stations d'une portée de 6 à 7.000 kilomètres pourrait assurer la communication directe, sans retransmission, avec les Etats-Unis, l'Amérique centrale (Martinique), l'Amérique du Sud (Pernanbuco) et l'Afrique occidentale. Deux stations du même genre suffiraient pour relier l'Argentine et Dakar. Le centre radiotélégraphique français atteindrait d'autre part Djibouti, puis, par de nouveaux bonds de 7.000 kilomètres environ, Saïgon, Nouméa et enfin

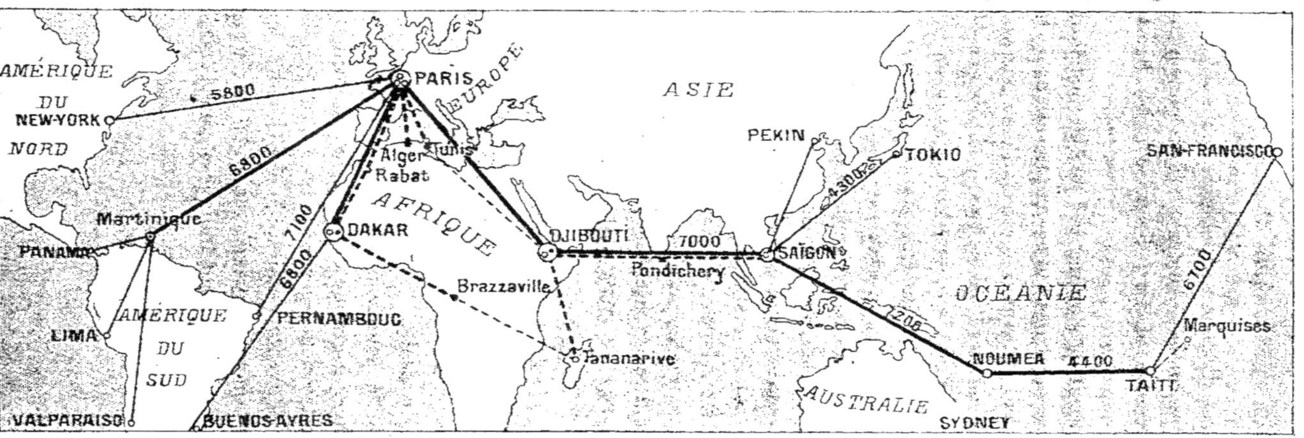

Fig. 1. — Esquisse d'un réseau de radiocommunications transocéaniques françaises

Tahiti. Saïgon étant d'ailleurs capable de communiquer avec la Chine, le Japon, les Indes, l'Australie ; Taïti pouvant atteindre les îles de la Polynésie et San Francisco, les liaisons de la France avec l'Extrême-Orient seraient assurées.

On voit qu'un réseau de stations de 7.000 kilomètres de portée suffit pour l'établissement des radiocommunications de la France avec l'univers entier. Cette portée est d'ailleurs nécessaire dans le cas des communications France-Amérique ; Saïgon-Nouvelle-Calédonie ; Taïti-San Francisco, pour lesquelles aucun relais n'est possible sur territoire français. Une station de portée restreinte sera installée aux Indes françaises, par exemple à Pondichéry ; mais les conditions locales ne permettant pas de la construire de telle sorte qu'elle puisse travailler en toutes circonstances, la liaison directe Djibouti-Saïgon doit être envisagée.

Des stations de portée restreinte sont également prévues au Maroc, en Tunisie, en Algérie, au Congo, à Madagascar, pour assurer les relations intercoloniales.

Abstraction faite de cette catégorie moins importante, la portée normale à prévoir pour les stations transocéaniques est donc de l'ordre de 7.000 kilomètres.

J'étudierai à la lumière des données nouvelles qui ont pu être recueillies, en particulier au cours de la mission en Amérique, les conditions d'établissement, les caractéristiques de telles stations et l'aspect financier du problème. Ce sera l'objet de la première partie de cette étude.

La deuxième partie sera consacrée à l'examen technique des radiocommunications à grande distance actuellement réalisées.

Enfin, dans une troisième partie, je tirerai les conclusions. A la lumière des constatations faites, je chercherai à dégager de l'examen du présent quelques vues d'avenir, et à préciser quelques-unes des conditions qui semblent indiquées pour l'établissement des grands réseaux français.

CHAPITRE PREMIER

IDÉES ESSENTIELLES SUR LES RADIOCOMMUNICATIONS A GRANDE DISTANCE

1° CARACTÉRISTIQUES ESSENTIELLES DES RADIOCOMMUNICATIONS A GRANDE DISTANCE

I. L'INTENSITÉ DES SIGNAUX A LA STATION DE RÉCEPTION*

Supposons donc que nous ayons à établir un projet de liaison radiotélégraphique entre deux points de la surface de la terre distants de plusieurs milliers de kilomètres, et pour concrétiser le problème, prenons pour correspondants deux postes situés l'un en Europe, l'autre sur la rive Atlantique de l'Amérique du Nord. La première question qui se pose est évidemment la suivante : la station d'émission ayant à sa disposition par exemple 200 kilowatts, quelle portion de l'énergie dépensée sera captée par l'antenne de réception ?

Malgré un grand nombre de travaux intéressants, la théorie de la propagation des ondes électromagnétiques le long de la surface de la terre ne donne encore aucune réponse précise. Le seul renseignement sûr qu'elle fournisse s'applique à la condition de supposer vérifiées les hypothèses suivantes : que l'atmosphère est un diélectrique parfait ; que le sol n'oppose aucune résistance au passage des courants ; que la surface de la terre est plane.

Dans ces conditions, si l'on appelle

n la fréquence du courant qui traverse l'antenne d'émission ;

I_0 l'intensité à la base de cette antenne ;

h_e la hauteur efficace de cette antenne, égale au produit de la hauteur réelle par un coefficient, inférieur à l'unité, et dont la valeur dépend de la répartition du courant le long de l'antenne ;

d la distance des stations

λ la longueur d'onde de l'oscillation, liée à la fréquence n par la relation

$$\lambda = \frac{\Omega}{n}$$

Ω étant la vitesse de propagation des ondes électromagnétiques dans l'air, vitesse égale à celle de la lumière ;

I_r l'intensité du courant à la base de l'antenne de réception ;

h_r la hauteur efficace de cette antenne ;

R la résistance apparente totale de l'antenne de réception ;

Ces grandeurs satisfont à la résolution suivante :

$$I_r = 377 \, \frac{h_e \, h_r}{R \, \lambda \, d} \, I_e$$

De cette formule nous retiendrons :

Que la résistance des antennes étant supposée constante, l'intensité reçue est proportionnelle à la hauteur de l'antenne de transmission et au courant dans cette antenne, ou ce qui revient au même, l'énergie est proportionnelle au carré de la hauteur de l'antenne et au carré de l'intensité dans l'antenne ; ou enfin, l'énergie reçue est proportionnelle à la hauteur de l'antenne et à l'énergie dans l'antenne d'émission.

La formule ci-dessus nous indiquerait encore que, toutes choses égales d'ailleurs, l'énergie rayonnée est inversement proportionnelle à la longueur d'onde, et donc, qu'il y aurait intérêt à diminuer celle-ci autant que possible ; elle donnerait également la valeur du courant dans l'antenne de réception.

Si les hypothèses énumérées plus haut étaient vérifiées pour la distance de 6650 kilomètres qui sépare le poste allemand installé à Nauen (en admettant pour la poste de Nauen $h_e = 150$ m., $I_e = 150$ ampères ; $\lambda = 12500$ mètres ; $d = 6650$ kilomètres) de son correspondant américain, l'intensité dans une antenne de réception de 30 mètres de hauteur efficace et 12 ohms de résistance installée à Sayville, serait 25 microampères et la puissance utilisable dans les appareils de réception serait 0,0075 microwatts. Cette énergie déjà bien inférieure au milliwatt nécessaire pour le fonctionnement d'un Morse, serait beaucoup plus grande qu'il n'est nécessaire pour la réception radiotélégraphique.

Mais pour des distances aussi grandes, nous ne pouvons admettre ni que le sol ne présente aucune résistance, ni que l'atmosphère est un diélectrique parfait ; elle dévie les rayons électromagnétiques à la façon dont un prisme dévie les rayons lumineux ; ni que la surface de la terre est plane : notre planète est si petite que l'obstacle dressé entre les deux stations du fait de sa convexité n'a pas moins de 900 kilomètres de hauteur. Toutes ces circonstances ont sur la propagation une influence considérable que la théorie ne permet pas de prévoir

INFLUENCE DE LA LONGUEUR D'ONDE

Tout d'abord, il existe pour chaque distance à franchir et pour chaque état de l'atmosphère, une longueur d'onde optima, d'autant plus grande que la distance à franchir devient plus considérable. Et cela explique qu'à mesure que les distances augmentaient, les ondes utilisées sont progressivement devenues plus longues. On est parti de 100 mètres avec les premières expériences de Marconi ; on en est maintenant à 10000 mètres et tout fait supposer que les ondes s'allongeront encore. M. Duddell a proposé de faire des essais avec des ondes de 30 kilomètres, et j'ai, moi-même en 1912, saisi l'Administration d'un programme d'expériences comportant l'emploi d'ondes de 300 kilomètres de longueur. Les expériences quantitatives faites jusqu'ici ont confirmé les résultats de la pratique. Il existe, pour les circonstances atmosphériques moyennes, une longueur d'onde optima, qui varie comme le carré de la distance à franchir suivant la courbe fig.

On voit que, pour les distances de 4.000, 5.000, 6.000 kilomètres, les longueurs d'onde indiquées seraient 9.000, 14.000 et 20.000 mètres.

11

INTENSITÉ DE LA RÉCEPTION

En second lieu, l'intensité de réception est beaucoup moins grande que ne le fait prévoir la formule ci-dessus.

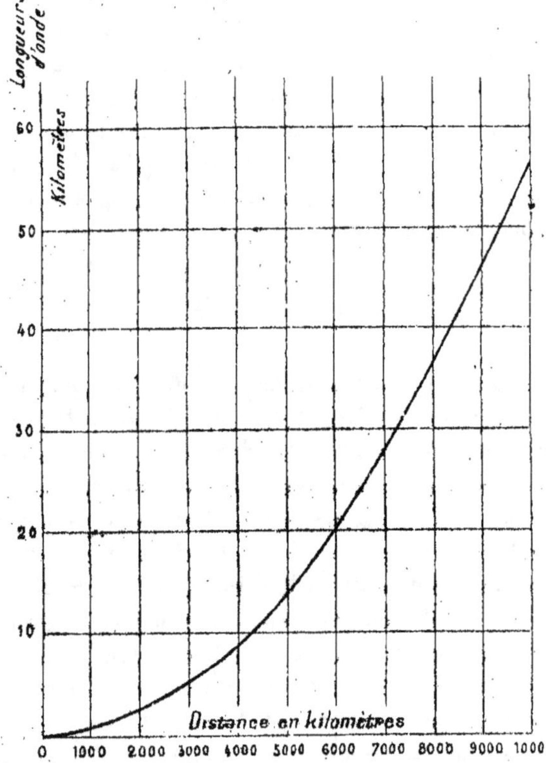

Fig. 2. — Longueur d'onde optima en fonction de la distance (d'après la formule d'Austin-Cohen).

Précisément, pour les cas des radiocommunications transatlantiques, le Dr L. W. Austin, Directeur du Laboratoire radiotélégraphique de la Marine américaine au Bureau of Standards (Washington) a bien voulu nous communiquer les résultats d'une très intéressante série d'essais de réception pendant lesquels fut enregistrée, jour par jour, du 1er janvier au 1er juillet 1916, l'intensité des signaux des stations de Nauen et Eilvese, qui, avec leurs correspondants américains de Sayville et Tuckerton, ont assuré pendant 2 ans et demi, les relations radiotélégraphiques entre l'Allemagne et les États-Unis.

Nous reviendrons plus tard sur les descriptions détaillées du réseau transatlantique allemand ; mais puisque nous prenons comme exemples les deux stations de Nauen et Eilvese, il est utile, pour fixer les idées, d'en donner dès maintenant les principales caractéristiques.

La station d'Eilvese est établie près de Hanovre, dans un terrain plat ; le but ostensible de sa construction, en 1913-1914, était la démonstration de la valeur de l'alternateur à haute fréquence Goldschmidt. Elle comporte une antenne en parapluie supportée par un pylône de 250 mètres de hauteur, le plus élévé du monde après la Tour Eiffel, soutenu par des haubans.

L'énergie est fournie par une machine à vapeur de 400 chevaux, fournissant le courant nécessaire pour l'entraînement d'un alternateur Goldschmidt à haute fréquence donnant 100 kilowatts et une fréquence d'environ 40.000.

Nous examinerons plus loin les détails de cette machine.

La station de Nauen, construite près de Berlin dans une plaine humide où la prise de terre peut être excellente, comporte une antenne en T supportée par un pylône central de 250 mètres de haut, et une série de pylônes moins élevés.

Un alternateur de 250 kilowatts fournit de l'énergie sous forme de courant à 8.000 périodes. La fréquence de ce courant est élevée à la valeur convenable par une série de transformateurs statiques du type Maurice Joly. L'antenne absorberait 100 kilowatts. La station comporte en outre une installation à étincelles, du système Telefunken, à laquelle l'énergie est fournie par un alternateur de 250 KVA 500 périodes.

LES SIGNAUX REÇUS SONT EXTRÊMEMENT FAIBLES

Les observations d'Austin ont presque toutes été faites à des moments où le trajet entier compris entre les deux stations était éclairé. Elles mettent en lumière un certain nombre de faits importants.

D'abord l'intensité est beaucoup plus faible que les chiffres théoriques que nous avons trouvés ci-dessus. Dans les expériences faites, elle ne dépasse pas 8 microampères et tombe jusqu'à $1/10$ microampère. L'énergie utilisable à la réception varie de 6×10^{-11} watt à 12×10^{-14} watts.

L'INTENSITÉ DES SIGNAUX EST TRÈS VARIABLE

Cette énergie si faible est de plus extrêmement variable.

Elle varie avec la saison ; beaucoup plus forte en avril et mai $(2,24 \times 10^{-6}$ amp.) que pendant l'hiver $(1,04 \times 10^{-6}$ amp.) elle subit une chute marquée en juin $(0,62 \times 10^{-6}$ amp.). Cette baisse se prolonge jusqu'en août ; puis les signaux redeviennent plus intenses (fig. 2 *bis*).

Elle varie avec l'heure du jour, avec un minimum marqué d'intensité quand la route que parcourent les signaux est en partie éclairée et en partie dans l'obscurité (fig. 3).

Les signaux atteignent, à ce moment, très probablement des valeurs inférieures à $1/10$ microampère.

Enfin, on observe des variations instantanées des signaux extrêmement importantes, d'un moment à l'autre, qui peuvent faire varier leur intensité dans le rapport de 1 à 100. Ces variations sont encore plus fréquentes et plus importantes la nuit.

En résumé, signaux d'intensité très variables, suivant la saison, suivant l'heure du jour et même d'un instant à l'autre. Énergie d'ailleurs très faible, puisque, étant en moyenne de 3 millièmes de microwatts, elle est, à certains moments, inférieure à un dix-millionième du microwatt.

La petitesse de ces chiffres apparaîtra immédiatement si on les
compare à la puissance reçue, dans une conversation ordinaire,

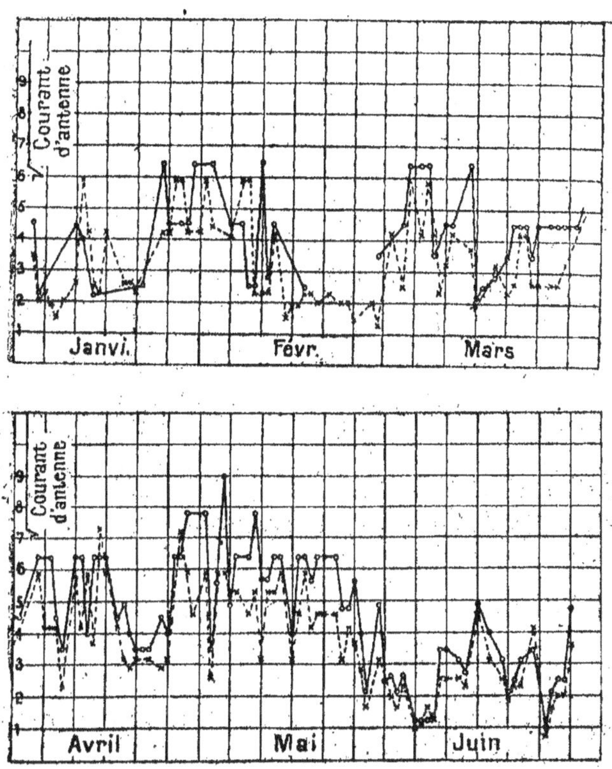

Fig. 2 *bis.* — Variation de l'intensité des signaux reçus à Washington de Nauen
et d'Eilvese, du 1er janvier au 31 mars et du 1er avril au 30 juin 1916.

Nauen x λ = 12.500 m. Eilvese o λ = 9.800 m.

Unité de courant = 1 $\times$ 10⁻⁷ ampères.

par cet instrument d'exquise sensibilité qu'est le récepteur téléphonique, soit environ un microwatt.

CONSÉQUENCES DE LA PETITESSE DE L'INTENSITÉ REÇUE

Quelque faible que soit cette intensité, quelque gênantes que soient ses incessantes variations, l'exploitation pourrait parfaitement s'en accommoder par suite du merveilleux progrès qu'a été, pour les radiocommunications, l'invention récente des amplifica-

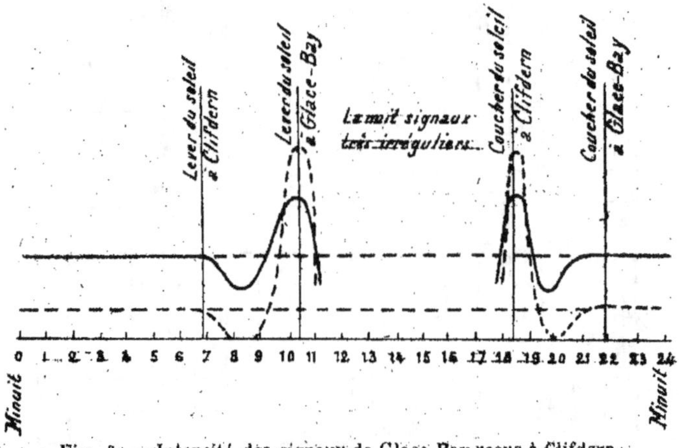

Fig. 3. — Intensité des signaux de Glace-Bay reçus à Clifdern.

------- Longueur d'onde 5.000 m.
———— Longueur d'onde 8.000 m.

teurs qui permettent, très simplement, de multiplier par dix, par cent, par mille l'énergie reçue ; plusieurs instruments pouvant d'ailleurs être mis en série si un seul ne suffit pas.

Alors que la puissance dans l'antenne de réception nécessaire pour produire un signal audible dans le téléphone de l'opérateur était, en 1912, 25 dix-millièmes de watts, elle est maintenant de l'ordre de 1/1000 de millionième de microwatt, en employant un seul récepteur à lampe. On voit donc que des signaux de l'intensité de ceux qui arrivent actuellement en Amérique, en provenance des stations européennes, pourraient être parfaitement reçus. Il serait possible également de régler le degré d'amplification suivant les variations d'intensité, de façon à enregistrer finalement des signaux approximativement constants.

II. LES SIGNAUX PARASITES

Mais la télégraphie sans fil a un autre ennemi beaucoup plus gênant que la faiblesse et l'inconstance de l'énergie reçue.

Pour concrétiser, considérons un mode particulier de réception, celui qui est d'ailleurs le plus employé : l'opérateur de télégraphie sans fil perçoit les signaux au moyen d'un récepteur téléphonique sous forme de sons plus ou moins longs ; la station d'émission crie dans le téléphone les communications à recevoir. Mais il y a beaucoup d'autres voix qui crient en même temps. Les stations rapprochées et celles dont les caractéristiques sont voisines de celles du correspondant sont entendues comme lui ; on évite cet inconvénient en différenciant suffisamment les longueurs d'onde. Toutes les variations de l'état électromagnétique du sol ou de l'atmosphère, au voisinage ou même à grande distance du poste de réception, les orages, les mouvements des corpuscules électrisés dans la haute atmosphère engendrent dans l'antenne des courants électriques qui crient eux aussi dans le téléphone, et souvent beaucoup plus fort que les émissions utiles. Quand l'intensité des parasites n'est que 500 fois plus grande que celle des signaux et que ceux-ci sont suffisamment musicaux, il est encore possible, grâce au merveilleux instrument de sélection qu'est l'oreille humaine et quoique difficilement, de lire à travers les parasites ; mais ceux-ci sont souvent beaucoup plus forts encore et produisent dans le téléphone une cacophonie à travers laquelle il est impossible de rien déchiffrer. Les amplificateurs, ainsi que les nouvelles méthodes de réception des ondes entretenues augmentent d'autant moins l'intensité que les signaux sont plus faibles ; mais ce progrès, d'ailleurs très intéressant, et les dispositifs essayés ou utilisés pour atténuer les parasites ne sont jusqu'ici que des palliatifs insuffisants : ils n'empêchent pas les signaux vagabonds de crier dans le téléphone, souvent plus fort que les signaux utiles, et d'empêcher dans certains cas toute réception. De sorte qu'en somme, il n'existe actuellement qu'un seul remède : émettre à la station de transmission des ondes suffisamment intenses pour qu'elles crient dans le téléphone récepteur plus fort que les parasites.

La situation n'est d'ailleurs pas la même en tous les points de la surface de la terre. Les côtes américaines de l'Océan Pacifique, où les gens de vingt ans ne se souviennent pas d'avoir jamais vu un orage, sont particulièrement calmes. Au contraire, la côte est des États-Unis, où les orages sont quotidiens, où se forment les dépressions atmosphériques qui viennent ensuite déferler sur l'Europe à travers l'Atlantique est beaucoup plus infestée de parasites que les rivages de France et d'Angleterre, de sorte que les radiocommunications transatlantiques sont plus faciles dans le sens Ouest-Est, allant d'Amérique en Europe, que dans le sens opposé : par exemple, de deux stations correspondantes situées l'une en Europe, l'autre en Amérique, la deuxième a pu envoyer pendant une semaine particulièrement troublée 40.000 mots, tandis que la première, quoiqu'un peu plus puissante, n'a pu faire recevoir par son correspondant américain que 18.000 mots. Le correspondant français d'une station américaine de 200 kilowatts devra disposer, par exemple, d'une puissance de 500 kilowatts, si l'on veut que les communications soient également faciles dans les deux sens.

III. RÉSUMÉ. CARACTÉRISTIQUES ESSENTIELLES DES RADIOCOMMUNICATIONS A GRANDE DISTANCE

En résumé les deux facteurs, intensité et caractéristiques des signaux utiles; intensité, fréquence et caractéristiques des parasites, se combinent pour affecter le résultat final, qui est la lisibilité des signaux. Ces facteurs étant très variables, suivant la saison, suivant l'heure du jour, et même de moment en moment, il en sera de même de la lisibilité.

Celle-ci est en général meilleure le jour que la nuit. Elle est particulièrement mauvaise quand il fait jour à l'une des stations et nuit à l'autre; elle est meilleure dans les mois d'hiver que pendant l'été.

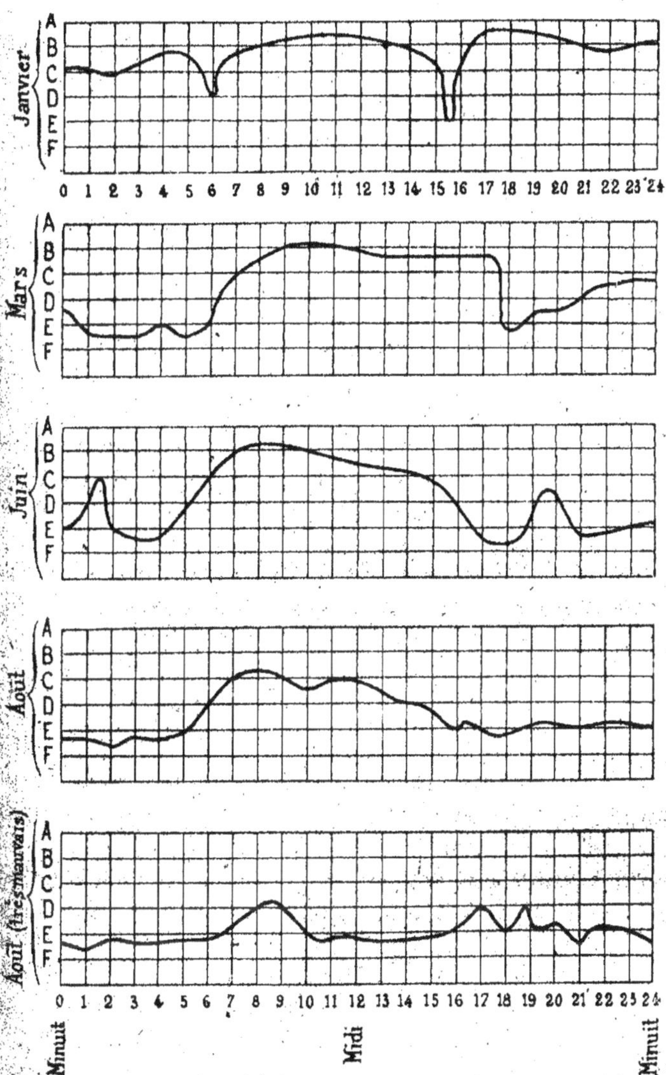

Fig. 4. — Courbes journalières de lisibilité des signaux dans une station transatlantique américaine.

A. Signaux très forts. — B. Signaux très lisibles. — C. Signaux lisibles. — D. Signaux presque illisibles. — E. Signaux illisibles.

Les courbes fig. 4, qui représentent la lisibilité dans une station américaine, à certains jours de l'année, illustrent les affirmations qui précèdent.

L'un des résultats de cette analyse est que, suivant les circonstances atmosphériques, la portée d'une station varie dans des limites extrêmement étendues, et qu'il y a lieu de bien préciser quand on parle de la portée d'une station, de dire s'il s'agit de la portée record, qu'on obtient dans les circonstances favorables ; de la portée moyenne ; ou de la portée minima, réalisée dans tous les cas ; celle-ci est souvent petite même avec des puissances relativement grandes.

Et réciproquement, la puissance nécessaire pour atteindre une station donnée, à partir d'un point déterminé, est extrêmement variable. On a pu, dans certaines circonstances, en partant de San-Francisco, atteindre Honolulu, à une distance de 3.700 kilomètres avec une puissance de 5 kw. En d'autres temps 300 kw n'ont pas suffi.

2° CONDITIONS D'ÉTABLISSEMENT D'UNE RADIOCOMMUNICATION A GRANDE DISTANCE ET A GRAND RENDEMENT

A la lumière des explications précédentes, il est facile de comprendre la situation actuelle de la télégraphie à grande distance, en comprenant sous cette dénomination des portées de 5 à 8.000 kilomètres. C'est le cas des transmissions transatlantiques entre les États-Unis et l'Europe occidentale, moins l'Angleterre ; entre la France et les Antilles ou le Brésil, entre les Iles Sandwich et le Japon, entre les Iles Sandwich et les Philippines. Toutes les stations actuellement affectées à ces services ont des antennes dont les hauteurs varient de 130 à 250 mètres, et exigent des puissances qui varient de 200 à 400 kilowatts.

Actuellement, toutes les stations européennes transatlantiques sont insuffisantes ; l'énergie qu'elles rayonnent, surabondante dans les périodes de calme ou de bonne propagation, n'arrive pas à percer les parasites intenses, qui coïncident pendant l'été, avec les époques de faible intensité.

Il n'arrive jamais qu'une station européenne ne puisse rien transmettre, pendant une journée entière, à son correspondant américain ; mais il arrive souvent durant les trois mois d'été, que toute communication est impossible pendant des séries d'heures consécutives.

Le poste de transmission.

Et si l'on songe à l'intensité relative des parasites et des émissions utiles, les premiers étant souvent 1.000 fois plus forts que les seconds, on se rendra compte que ce n'est pas en augmentant l'énergie de 50 kilowatts, comme on l'a fait jusqu'ici chaque fois qu'il s'est agi de construire une nouvelle station à grande distance, ou en augmentant de 50 mètres la hauteur des pylônes qu'on améliorera sérieusement la situation.

Supposons en effet qu'une station de 200 kilowatts et de 150 mètres de hauteur d'antenne donne à la réception un signal d'intensité 1 incapable de percer un parasite d'intensité 1.000, une station de 400 kilowatts et de 150 mètres de hauteur d'antenne donnera un signal d'intensité $\sqrt{2}$, dont le rapport à l'intensité du parasite est de $\dfrac{\sqrt{2}}{1000}$ et la situation n'est pas améliorée sensiblement.

Il est donc certain qu'on n'arrivera à un progrès sensible qu'en utilisant à la fois, dans toute leur puissance, tous les moyens techniques dont on peut actuellement disposer. Or, il est actuellement possible des construire des pylônes de 600 mètres de hauteur, supportant des antennes excitées par des stations empruntant au réseau 1.200 kilowatts de puissance.

Une telle station, comparée à celle de 200 kilowatts de puissance et 150 mètres de hauteur d'antenne, donnerait à la réception un signal d'intensité $\sqrt{\dfrac{1200}{200}} \times \dfrac{600}{150} = 4 \times \sqrt{6} = 10$, dont le rapport à l'intensité du parasite sera $\dfrac{10}{1000} = \dfrac{1}{100}$. On sera passé franchement dans les valeurs de ce rapport telles que les signaux seront lisibles à travers les parasites. Tout ne sera pas encore parfait : la réception auditive, à la vitesse du Morse, sera seule possible dans les moments troublés; mais elle le sera probablement dans toutes les conditions, et un progrès considérable sur l'état actuel sera réalisé.

Le poste d'émission devra donc disposer d'une puissance considérable.

Il y a quelques années, un professeur éminent de l'École supérieure d'Électricité comparant les millions de kilowatts que transportent les distributions d'énergie aux milliwatts qui se propagent sur les lignes télégraphiques traitait dédaigneusement la télégraphie de petite électricité. Les radiocommunications à grande distance nous font rentrer dans le domaine de la grande électricité.

Pour rayonner suffisamment d'énergie aux grandes longueurs d'onde employées, l'antenne devra être très élevée ; pour pouvoir emmagasiner suffisamment d'énergie sans exiger des tensions trop hautes, elle devra posséder une capacité importante. En pratique, on réalisera ces deux conditions en supportant par des pylônes de vastes réseaux de fils conducteurs, à peu près horizontaux, à une grande hauteur au-dessus du sol. En outre de l'antenne, le poste d'émission comprendra une vaste usine.

Il comportera, pour la puissance de 1.000 à 1.500 kilowatts dont nous avons parlé, s'il n'est pas alimenté par un réseau de distribution, une usine génératrice, avec moteurs mécaniques à vapeur ou autres de 1.500 à 2.000 chevaux, et dynamos, chargées de fournir l'énergie électrique ; il sera muni d'un puissant matériel radiotélégraphique nécessaire pour l'émission, par l'antenne, d'une énergie électromagnétique de plusieurs centaines de kilowatts, et les rechanges nécessaires pour un service continu.

Le personnel devra comporter plusieurs spécialités . chauffeurs, mécaniciens pour la conduite des moteurs mécaniques et des machines électriques, ouvriers pour l'entretien du matériel et des antennes. Soit, en tout, une trentaine de personnes.

Dans une station de cette importance, une nouvelle question se pose, celle du rendement. Nous le définirons le rapport de l'énergie rayonnée par l'antenne à l'énergie empruntée au réseau de distribution ou à la source d'énergie de la station d'émission. Il importe peu dans un petit poste de dépenser 100 watts au lieu de 200 : l'énergie nécessaire pour le seul éclairage de la station dépasse celle que dépensent les appareils radiotélégraphiques.

Il n'en est pas de même des grandes stations, où il est très intéressant de ne dépenser que 800 kilowatts au lieu de 1.200. Au prix très réduit de 8 centimes le kilowatt-heure, et pour un service journalier de manipulation de 10 heures seulement, ou, en comptant les espaces égaux en moyenne aux signes, cinq heures de traits continus, l'économie de 400 kilowatts réalisée correspondrait pour l'année entière à 66.000 fr. Pour un travail continu de 24 heures, l'économie serait de 158.000 fr. On voit toute l'importance de la question du rendement.

Le poste de réception.

Si à la transmission, il est nécessaire de faire grand, il n'en est pas de même à la réception. Ce qui importe, là, en effet, ce n'est pas tant de recevoir fort, que de recevoir assez fort pour que la lecture des signaux à travers les parasites soit possible, et nous avons vu que c'est la station de transmission qui est chargée du rôle de crier fort. Des antennes de réception très élevées augmenteraient l'intensité des signaux utiles ; mais elles amplifieraient autant les signaux perturbateurs et ne procureraient aucun avantage. La station réceptrice comportera donc des antennes relativement basses ; elle possédera les amplificateurs nécessaires pour amener l'intensité reçue à une valeur qui permette, suivant les cas, soit la réception auditive, soit l'enregistrement des signaux. Elle utilisera évidemment tous les moyens techniques qui peuvent diminuer l'intensité des parasites par rapport à celle des signaux : réception hétérodyne, dispositifs à lampes, montages à deux détecteurs opposés, antennes dirigées avec réception nulle de la direction d'où viennent les parasites les plus intenses, etc. Elle sera donc, en général, si l'on veut, ce qui aura une répercussion très heureuse sur le volume du trafic, obtenir les meilleurs résultats, munie d'un matériel de précision, dont les réglages sont extrêmement délicats. Le flair bien connu du radiotélégraphiste, qui connaît tous les détours de son installation, et qui, de même que les matelots prévoit les orages, est habitué aux vicissitudes de l'intensité des signaux et de la force des parasites, aura une extrême importance. Le personnel radiotélégraphiste sera d'ailleurs de deux sortes : l'une devra posséder, pour la réception au son, une grande acuité et une souplesse auditive extrême pour pouvoir débrouiller les signaux utiles au milieu de toutes les voix qui crient dans le téléphone; l'autre devra posséder l'habitude des réglages de précision, la connaissance parfaite des appareils et des montages ; et comme il est souvent difficile de demander toutes ces qualités aux mêmes individus, il y aura intérêt, dans les très grandes stations, à prévoir pour la réception, deux catégories de personnel : l'une affectée à la lecture auditive, l'autre, qui pourra être moins nombreuse, chargée des réglages. Il y aura lieu d'y ajouter un troisième groupe, chargé des liaisons télégraphiques avec le réseau intérieur, ainsi que les mécaniciens et ouvriers chargés de l'entretien du poste, des antennes, et des lignes télégraphiques, de la conduite des moteurs et des dynamos qui fournissent l'énergie électrique et la lumière aux différentes parties de l'installation. En tout, une trentaine de personnes affectées à la partie réception.

Ainsi, trente personnes à la transmission, trente personnes à la réception, c'est un personnel important, qui sera souvent, à cause de l'immensité des antennes et des conditions techniques imposées à l'emplacement, à grande distance des agglomérations de quelque importance. Il est donc nécessaire de prévoir dans la plupart des cas le logement du personnel, sa nourriture, et, ce qui est aussi important que le logement et la nourriture, son confort et sa distraction aux heures de loisirs. Aussi, les stations américaines les plus importantes comprennent-elles, le tennis, le club où l'on trouve le billard, les journaux, les magazines. En France, il faudra y ajouter la bibliothèque.

3° MODES D'EXPLOITATION

Il résulte des considérations précédentes que, avec les stations existantes, la réception auditive à la vitesse du Morse, 20 mots environ par minute, n'est pas possible actuellement en toutes circonstances; mais elle peut l'être probablement si l'on emploie des moyens techniques suffisants, moyens techniques qui existent d'ailleurs à l'heure actuelle ; l'énergie sera, quand les circonstances seront favorables, extrêmement surabondante. Ces caractéristiques des radiocommunications en déterminent les modes possibles d'exploitation.

1° EXPLOITATION A TRAFIC RÉDUIT.

Ou bien on se proposera de faire un trafic régulier, peu intense, qui devra alors être réglé sur le nombre minimum de télégrammes qu'il sera possible d'échanger, dans les circonstances défavorables, et les stations devront être prévues de façon à rayonner une énergie suffisante pour écouler le trafic prévu. Dans ces conditions, la puissance installée sera surabondante à peu près toujours, et les machines devront être prévues de façon à ce que la puissance employée puisse, à chaque instant, être proportionnée aux besoins. La puissance totale ne sera utilisée qu'aux époques de faible intensité et de forts parasites : c'est ainsi que, dans une des stations de Californie qui fait le service avec Honolulu, et dans laquelle la puissance disponible est de 100 kilowatts, il suffit d'employer, en moyenne, pendant la saison favorable, de juillet à décembre, 50 kilowatts la nuit et 100 kilowatts le jour, de décembre à juillet 150 kilowatts le jour et 250 kilowatts la nuit. Il est d'ailleurs nécessaire que les rechanges soient aussi importantes que si la station fonctionnait toujours à pleine puissance. De sorte que, en définitive la puissance moyenne utilisée est alors très petite en rapport à la puissance installée ; 137, 5 kilowatts utilisés en moyenne pour

600 kilowatts installés. Le coefficient d'utilisation des installations est moins d'un quart.

2° EXPLOITATION A GRAND RENDEMENT. — TRANSMISSION
A GRANDE VITESSE.

Ou bien on se proposera de faire le trafic maximum. Ce trafic sera d'ailleurs irrégulier, beaucoup moins important pendant les mois d'été que pendant l'hiver. C'est ainsi que des stations qui échangent en moyenne, par semaine, 100.000 mots, pendant l'hiver, ne pourraient en écouler en été que 60.000. Certains jours, l'une des stations ne pourra pas recevoir 100 télégrammes. Tandis qu'aux moments calmes, l'énergie sera beaucoup plus grande qu'il n'est nécessaire pour la réception auditive. Dans ce cas, si le trafic est suffisamment important, il sera possible de faire du travail à grande vitesse, soit actuellement 70 mots à la minute. La vitesse de 100 mots est dès maintenant atteinte et dépassée dans des installations en essai. Des conditions atmosphériques meilleures permettent d'aller encore plus loin, en rendant possible la transmission simultanée de plusieurs télégrammes à grande vitesse, qui semble devoir être prochainement une réalité pratique. Le rendement électrique et le coefficient d'utilisation de l'installation sont alors considérablement augmentés, les machines travaillant toujours à pleine charge pendant les émissions.

Service en duplex.

Il est possible d'aller encore plus loin dans cette voie.

Si une station ne comporte qu'une antenne, la réception et la transmission ne sont pas actuellement possibles simultanément, et l'important matériel de transmission ne peut être utilisé que pendant la moitié du temps. Supposons au contraire que chacune des deux stations correspondantes A et B, situées l'une en France, l'autre en Amérique, soit composée de deux postes affectés l'un à l'émission, l'autre à la réception (différenciés par les indices e et r) et suffisamment distants pour que chacun des postes de réception puisse entendre les signaux envoyés par son correspondant, sans être troublée par le poste de transmission voisin, qui travaille avec le poste de réception de la station correspondante. Il sera possible alors de faire ce qu'on appelle en radiotélégraphie du *service duplex*, l'une des lignes $B_e A_r$ étant affectée d'une façon continue au passage des radiotélégrammes allant de B vers A, l'autre étant occupée, également d'une façon continue, par le trafic dirigé de A vers B.

Les deux postes de transmission et de réception d'une même station seront d'ailleurs reliés par des lignes télégraphiques, qui permettront de manipuler à partir des salles de réception : de sorte qu'un signal partant de A, sera d'abord transmis par fil du poste de réception A_r au poste d'émission A_e où il sera transformé en signal radiotélégraphique. En définitive, dans cette combinaison, le poste de transmission est un colossal relais transformant le signal télégraphique d'une puissance d'un milliwatt qu'il reçoit, en émission radiotélégraphique de plusieurs centaines de kilowatts. Le service duplex, ainsi organisé, et combiné avec les grandes vitesses de transmission dont nous avons parlé ci-dessus permet de doubler le rendement de l'installation sans accroître la puissance des machines ; il suffit de séparer les postes de transmission et de réception. Le personnel n'est pas augmenté. Le seul organe nouveau est l'antenne spéciale à la réception ; mais on serait amené à l'installer, dans un grand nombre de cas, même si les deux postes étaient dans un même local ; et d'ailleurs, l'antenne de réception pouvant être sans inconvénient moins importante que l'antenne de transmission, la dépense correspondante est minime. En somme, le service en duplex permet de doubler le trafic pour une augmentation insignifiante des frais de premier établissement.

Remarquons d'ailleurs que, même dans les cas où l'on ne tient pas à faire du duplex, ou dans lesquels on est obligé par les parasites de recevoir au téléphone, la séparation, dans chaque station, des deux postes d'émission et de réception est encore avantageuse. Elle permet au poste récepteur de couper son correspondant pour lui demander des répétitions ou des corrections.

Et les radiotélégraphistes qui, actuellement sont ordinairement privés de cette faculté savent par expérience combien elle est précieuse.

3° RÉSUMÉ. — RÉSULTATS A ATTENDRE D'UNE RADIOCOMMUNICATION A GRANDE DISTANCE ET A GRAND RENDEMENT.

En résumé une station radiotélégraphique à grande distance et à grand rendement doit consister actuellement en deux postes distincts pour la transmission et la réception, installés de telle sorte qu'ils puissent travailler simultanément avec le correspondant. Elle comporte une antenne de très grande hauteur et de grande capacité, et la technique actuelle des radiocommunications permet de rayonner des puissances de plusieurs centaines de kilowatts ; elle doit posséder les machines et appareils de rechange nécessaires pour qu'un service absolument continu soit réalisable.

Même en employant les moyens les plus puissants que fournit la technique à l'heure présente, il sera sans doute impossible d'affirmer que jamais aucun parasite n'arrivera avec une intensité suffisante pour troubler à aucun moment la communication, il semble du moins certain que les périodes d'interruption seront si courtes et si peu nombreuses qu'on pourra considérer le trafic comme possible d'une façon permanente à la vitesse du Morse (20 mots à la minute). En outre le service automatique en duplex sera possible pendant au moins six heures par jour en moyenne en été et douze heures en hiver, avec un rendement qui est actuellement de 140 mots à la minute, mais qui paraît pouvoir être facilement accru dans de grandes proportions par une augmentation de la vitesse de transmission et l'emploi de dispositifs multiplex.

4° CONSIDÉRATIONS FINANCIÈRES

La décision de l'installation d'une radiocommunication à grande distance par une Administration comme la nôtre n'est pas motivée uniquement par des considérations financières. Les raisons politiques, l'intérêt qu'il peut y avoir à établir des liaisons télégraphiques entre deux points importants, non réunis par des câbles, ou dans le cas où l'on a des raisons de craindre, en certaines circonstances, des ruptures de câbles, voulues ou non, pèsent d'un grand poids sur la décision.

Il est certain toutefois que l'importance des considérations financières ne saurait être méconnue. Des stations radiotélégraphiques aussi puissantes que celles dont nous avons exposé les caractéristiques générales seront certainement très coûteuses.

Ne seront-elles pas trop chères en comparaison des services qu'elles peuvent être appelées à rendre. Travailleront-elles à perte ou procureront-elles des bénéfices à l'exploitant ? La réponse à ces questions ne peut être donnée qu'en examinant de près l'assiette financière du projet.

Nous supposerons avoir à établir une radiocommunication à une distance comparable à celle de Paris-New-York, soit environ 6.000 kilomètres. Quoique, ainsi que je l'ai dit plus haut, les conditions de propagation ne soient pas exactement les mêmes dans les deux sens, et que les circonstances locales ne soient pas non plus identiques dans les deux stations, que, par exemple, dans le cas d'une communication transatlantique, il semble y avoir lieu, en raison des parasites violents constatés sur la côte Est des États-Unis, de faire la station française plus puissante que son correspondant américain, si l'on veut s'assurer des rendements égaux dans les deux sens ; nous supposerons, pour simplifier le problème, que les deux stations sont identiques et comportent, par exemple, une antenne en parapluie portée par un pylône de 600 mètres de hauteur, et une installation radiotélégraphique empruntant au réseau une puissance de 1.200 kilowatts.

Nous allons indiquer successivement les prix de premier établissement, les amortissements à prévoir, et les frais d'entretien et d'exploitation, étant bien entendu d'ailleurs que toutes les évaluations faites ne peuvent être qu'approximatives, et que les prix des différents organes d'une station peuvent varier dans de grandes proportions suivant les types d'antennes, les caractéristiques des machines et appareils radiotélégraphiques, et les conditions locales.

Prix de premier établissement.

Pour les prix de premier établissement, nous admettrons les chiffres suivants :

POSTE D'ÉMISSION

Antennes et terres...............................	3.600.000 fr.
Bâtiments.......................................	600.000
Installation radiotélégraphique..................	2.000.000
Terrain...	300.000
Usine génératrice d'énergie électrique..........	2.000.000
Total	8.500.000

POSTE DE RÉCEPTION

Antennes, terres................................	200.000 fr.
Bâtiments, terrain..............................	75.000
Installations techniques et liaisons télégraphiques.......................................	125.000
Total	400.000
Prix total de 1er établissement pour une station	8.900.000 fr.
pour deux stations	17.800.000

Amortissement des frais de premier établissement

Je compterai que l'amortissement des dépenses ci-dessus doive se faire en 25 ans pour les bâtiments, terrain et usine d'énergie ; en 20 ans pour les pylônes et antennes ; en 15 ans pour les installations techniques.

On a ainsi pour les deux stations :

BATIMENTS, TERRAINS, USINE GÉNÉRATRICE

Amortissement :

$$2 \times \frac{600.000 + 300.000 + 2.000.000 + 75.000}{25} = 238.000$$

PYLONES ET ANTENNES

$$2 \times \frac{3.600.000 + 200.000}{20} = 380.000$$

INSTALLATIONS RADIOTÉLÉGRAPHIQUES

$$2 \times \frac{2.000.000 + 125.000}{15} = 283.000$$

Amortissement annuel total.................. 901.000

Frais d'entretien et d'exploitation.

J'évaluerai enfin les frais d'entretien et d'exploitation. Ils comprennent les traitements et salaires du personnel, les frais d'entretien du matériel et des bâtiments et le coût de l'énergie consommée. La deuxième catégorie est à peu près indépendante du volume du trafic. La troisième et la première sont déterminées par le mode d'exploitation de la station et le nombre de radiotélégrammes.

On arrive, en première approximation, aux chiffres suivants. Je compterai, pour l'entretien du matériel et des bâtiments, une dépense annuelle, pour les deux stations de 240.000 fr., et en ce qui concerne le personnel et les frais d'exploitation, j'examinerai trois cas particuliers :

1° Utilisation complète des stations en duplex et transmission automatique pendant 9 heures en moyenne.

Dans ces conditions, le personnel devra être, ainsi que nous l'avons vu plus haut, au nombre de 120 unités environ pour les deux stations. Soit, en calculant sur une rétribution moyenne de 3.000 fr. par an :

$$120 \times 3.000...................... 360.000 \text{ fr.}$$

L'énergie électrique sera supposée fournie par l'usine génératrice au prix de 0 fr.08 le kilowattheure et nous aurons dans ces conditions, et en supposant, dans les signaux, les espaces égaux aux signes en moyenne :

Période de transmission automatique en duplex

$$1.200 \times 9 \times 365 \times 0,08 \ldots \ldots \ldots \ldots \quad 315.360$$

Période de transmission simplex à faible vitesse

$$1200 \times \frac{15}{2} \times 365 \times 0,08 \ldots \ldots \ldots \quad 262.800$$

$$\text{Total} \ldots \ldots \ldots \ldots \ldots \ldots \quad 578.160 \text{ fr.}$$

2° Cas du travail automatique en duplex pendant 4 heures par jour.

Dans ces conditions le personnel pourra être réduit de moitié, et l'on aura pour la dépense correspondante

$$60 \times 3.000 \ldots \ldots \ldots \ldots \ldots \ldots \quad 180.000 \text{ fr.}$$

Le coût annuel de l'énergie consommé sera pour les deux stations

$$1.200 \times 4 \times 365 \times 0,08 \ldots \ldots \ldots \quad 140.160 \text{ fr.}$$

3° Cas du travail automatique en duplex pendant 2 heures par jour.

Les frais du personnel sont les mêmes que dans le cas précédent, soit $\ldots \ldots \ldots \ldots \ldots \ldots \ldots \quad 180.000$ fr.

Le prix de l'énergie consommée sera

$$1.200 \times 2 \times 365 \times 0,78 \ldots \ldots \ldots \quad 70.080 \text{ fr.}$$

En faisant, pour les 3 cas envisagés ci-dessus, le total des frais d'amortissement, d'entretien, et d'exploitation, nous obtenons finalement :

	1er CAS	2e CAS	3e CAS
	Duplex — 9 h. Manuel — 15 h.	Duplex — 4 h.	Duplex — 2 h.
Amortissement.........	901.000	901.000	901.000
Entretien.............	240.000	240.000	240.000
Personnel.............	360.000	180.000	180.000
Energie...............	578.160	140.160	70.080
Total...........	2.079.160	1.461.000	2.391.080

Recettes.

Il convient de mettre en présence de ce passif important les recettes qui représenteront l'actif de l'exploitation.

J'évaluerai d'abord le nombre de mots échangés par les deux stations, dans les 3 hypothèses envisagées plus haut. On compte 140 mots à la minute pour le travail automatique en duplex, et 20 mots à la minute pour le service manuel.

On obtient dans ces conditions.

Première hypothèse ; 9 heures de travail automatique en duplex, 15 heures de travail manuel :

Transmis en duplex :

$$9 \times 60 \times 140 \times 365 \ldots\ldots\ldots\quad 27.594.000 \text{ mots}$$

Transmis en simplex :

$$15 \times 60 \times 20 \times 365 \ldots\ldots\ldots\quad 6.570.000 \text{ mots}$$
$$\text{Total}\ldots\ldots\quad 34.164.000 \text{ mots}$$

Deuxième hypothèse :

$$4 \times 60 \times 140 \times 365 \ldots\ldots\ldots\quad 12.264.000 \text{ mots}$$

Troisième hypothèse :

$$2 \times 60 \times 140 \times 365 \ldots\ldots\ldots\quad 6.132.000 \text{ mots}$$

Avec une vitesse de transmission automatique en duplex de 400 mots à la minute (200 mots dans chaque sens).

Les nombres des mots seraient :

Première hypothèse. 9 heures de travail automatique en duplex, 15 heures de travail manuel.

Transmis en duplex automatique :

$$9 \times 60 \times 400 \times 365 \ldots\ldots\ldots\quad 78.840.000 \text{ mots}$$

Transmis en simplex, à la main :

$$15 \times 60 \times 20 \times 365 \ldots\ldots\ldots\quad 6.570.000 \text{ mots}$$
$$\text{Total}\ldots\ldots\quad 85.410.000$$

Deuxième hypothèse :

$$4 \times 60 \times 400 \times 365 \ldots\ldots\ldots\quad 35.040.000 \text{ mots}$$

Troisième hypothèse :

$$2 \times 60 \times 400 \times 365 \ldots\ldots\ldots\ldots \quad 17.520.000$$

Les tarifs de transmission Paris-New-York sur les câbles transatlantiques français sont :

Télégrammes à plein tarif (par mot)............... 1 fr. 25
   —   différés   —   .... 0 fr. 625
   —   de presse   —   .... 0 fr. 50

Si l'on admet que le nombre de mots payés est en moyenne pour les trois catégories du télégrammes ci-dessus, la moitié des mots transmis dans les trois hypothèses faites, et pour des taxes moyennes de 0,50, 0,30, 0,10, dont la plus élevée est la plus faible des taxes actuelles des télégrammes par câble, le rendement de l'ensemble des deux stations sera :

*Service automatique à **70** mots par minute.*

	1er CAS	2e CAS	3e CAS
	Duplex — 9 h. Manuel — 15 h.	Duplex — 4 h.	Duplex — 2 h.
Taxe 0 fr. 50.............	8.541.000	3.066.000	1.533.000
Taxe 0 fr. 30.............	5.124.600	1.839.600	919.800
Taxe 0 fr. 10.............	1.708.200	613.200	306.600

*Service automatique à **200** mots par minute.*

	1er CAS	2e CAS	3e CAS
	Duplex — 9 h. Manuel — 15 h.	Duplex — 4 h.	Duplex — 3 h.
Taxe 0 fr. 50.............	19.710.000	8.760.000	4.380.000
Taxe 0 fr. 30.............	13.826.000	5.256.000	2.628.000
Taxe 0 fr. 10.............	4.609.000	1.752.000	876.000

Résultats financiers probables.

Au tarif moyen extrêmement réduit de 10 centimes par mot, qui provoquerait immédiatement d'une façon certaine un afflux de télégrammes capables d'alimenter continuellement plusieurs stations, celles-ci travaillant à plein rendement à la vitesse de 200 mots à la minute, pendant les heures de travail en duplex, forment un bénéfice de 14 % du capital engagé.

Au tarif moyen, encore très bas, de 30 centimes par mot, les stations feraient leurs frais dès que le nombre de mots (40.000 mots transmis, 20.000 mots payés), serait suffisant pour alimenter les stations pendant deux heures dans le cas du travail en duplex à 200 mots à la minute, pendant quatre heures dans celui du travail en duplex à 70 mots à la minute. Pour un travail à plein rendement, le bénéfice annuel serait 65 % du capital engagé.

Au tarif moyen de 50 centimes par mot, très réduit par rapport aux taxes actuelles, seraient respectivement.

Trafic	30.000	60.000	100.000	200.000	mots transmis
Soit	15.000	30.000	50.000	100.000	mots payés
Bénéfices annuels	3.6	19	39	78	pour cent

du capital engagé.

Et, le nombre de mots transmis journellement sur deux transatlantiques en bon état peuvent être environ 1.500 l'heure, soit à 30.000 en vingt-quatre heures.

On voit qu'il n'y aurait rien d'invraisemblable à ce qu'une réduction des taxes à la valeur moyenne de 0,30 centimes provoquât l'augmentation de trafic nécessaire pour alimenter d'une façon permanente la radiocommunication.

Conclusion.

Quoique les chiffres donnés ci-dessus ne puissent évidemment être autre chose que des évaluations approximatives, qu'un projet détaillé amènerait peut-être à modifier notablement, il n'en est pas moins certain que l'établissement et l'exploitation d'une radiocommunication établie suivant les principes que j'ai exposés serait une excellente affaire. Les lignes radiotélégraphiques qui réunissaient l'Amérique d'une part, à l'Angleterre et à l'Allemagne de l'autre, ont fait, dans le passé, des bénéfices intéressants. Encore disposaient-elles, ainsi que nous le verrons dans la suite, de moyens techniques très inférieurs à ceux dont j'ai indiqué l'emploi. Une radiocommunication transatlantique se présente donc aujourd'hui au point de vue financier dans d'excellentes conditions. Ces conditions seront d'autant meilleures qu'on aura moins dans l'établissement des stations, lésiné sur la hauteur des pylônes ou sur la puissance. Car, si je n'ai voulu, dans les évaluations données ci-dessus, tabler que sur des résultats obtenus jusqu'à ce jour, calculer les rendements que d'après les vitesses des transmissions réalisées actuellement, il n'en est pas moins certain que des vitesses triples seront prochainement réalisées ; que l'emploi des systèmes multiplex sera possible dans un court délai. Il n'en est pas moins certain non plus que ces transmissions exigeront d'autant plus de puissance qu'elles seront plus multipliées ou plus rapides, et que, par conséquent, les stations seront d'autant mieux qu'elles auront été prévues plus largement en état de profiter des progrès qui s'annoncent et augmenteront le rendement dans des proportions considérables.

CHAPITRE II

LES GRANDS RÉSEAUX RADIOTÉLÉGRAPHIQUES ET LA TECHNIQUE ACTUELLE DES RADIOCOMMUNICATIONS A GRANDE DISTANCE

Nous avons étudié dans les pages qui précèdent les caractéristiques générales, les conditions essentielles d'établissement et d'exploitation des réseaux radiotélégraphiques de grande portée. Cet examen d'ensemble était nécessaire pour connaître les différents aspects du problème des radiocommunications à grande distance et nous mettre en état d'apprécier à leur juste valeur les résultats acquis.

Ce sont ces résultats que nous allons maintenant observer, en poursuivant notre enquête à travers les différents réseaux transocéaniques actuellement en service.

1º OBSERVATIONS D'ORDRE GÉNÉRAL

I. REMARQUES PRÉLIMINAIRES

En 1895, Marconi, émettant des signaux au moyen d'une bobine de Rhumkorff dans le jardin de son père à Bologne, parvenait à franchir quelques centaines des mètres. En 1901, la télégraphie sans fil était déjà suffisamment développée pour que quelques émissions de Podhu, en Angleterre, pussent être reçues à Terre-Neuve, par delà l'Atlantique. En 1907 la mise en service par la Compagnie Marconi des stations de Clifden et Glace-Bay inaugurait la première des radiocommunications transocéaniques.

Nul pays, mieux que l'Amérique du Nord, ne se trouvait dans

des conditions favorables pour voir la télégraphie sans fil, ainsi inaugurée, atteindre du premier coup son plus grand développement. En raison de la place éminente que tiennent les États-Unis dans la vie économique du monde, un réseau de communications rapides entre eux et le reste de l'univers est une absolue nécessité. Or, avant la télégraphie sans fil, l'Amérique, île immense, isolée au milieu de l'Océan à plusieurs milliers de kilomètres du continent le plus rapproché, ne disposait, pour assurer des relations télégraphiques avec les autres nations, que de ce lien fragile, peu sûr, à l'entière discrétion des maîtres de la mer, que sont les câbles sous-marins. Aussi, dès que Marconi eût fait prévoir, en 1901, puis inauguré en 1907 l'ère des radiocommunications transatlantiques, les divers pays du monde, réalisant immédiatement que la nouvelle invention leur donnait un moyen précieux d'assurer l'indépendance de leurs relations télégraphiques, quel que fût le maître de la mer, virent, comme première application, l'établissement d'une ligne radiotélégraphique avec les États-Unis. Nous avons vu que, dès 1908, l'ingénieur chargé du service de la télégraphie sans fil, proposait à l'Administration française la construction d'une station transatlantique, aujourd'hui sur le point d'être entreprise. D'autres nations nous ont précédés dans cette voie, et nous verrons dans un instant, quelle ampleur a pris dès maintenant le réseau de radiocommunications établi par les nations qui, toutes ont inscrit en tête de leurs programmes de stations de grande puissance, leur liaison radiotélégraphique avec les Etats-Unis.

Et, les différents programmes étant loin d'être complètement réalisés, les réseaux à grande distance des différents pays du monde sont, en fait, actuellement, à très peu d'exceptions près, constitués par leurs radiocommunications avec l'Amérique du Nord ; de sorte que cette contrée présente, au point de vue de l'observateur désireux, comme nous l'étions, de recueillir des renseignements sur l'état actuel de la télégraphie sans fil à grande distance l'avantage exceptionnel de posséder des exemplaires de tous les systèmes et de toutes les méthodes essayées pour assurer les communications désirées. Il nous suffira, en somme, d'un voyage d'études à travers l'Amérique du Nord, pour nous faire une idée nette des résultats acquis à ce jour.

II. L'IMPORTANCE DU RÉSEAU TRANSOCÉANIQUE DES ÉTATS-UNIS

Un coup d'œil sur la carte nous montrera tout d'abord que la télégraphie sans fil transocéanique n'est pas, comme on l'a cru trop longtemps en France, le rêve de techniciens trop pressés d'appliquer sur une grande échelle des résultats encore incertains ; qu'elle est, dès maintenant, une importante réalité (fig. 5).

A l'heure actuelle, et en considérant uniquement les stations achevées, sans faire état des projets adoptés ou à l'étude et en nous tenant aux lignes commerciales, l'Europe est réunie à l'Amérique par six radiocommunications transatlantiques, partant d'Angleterre, de Norvège et d'Allemagne. La côte Ouest des États-Unis est reliée par

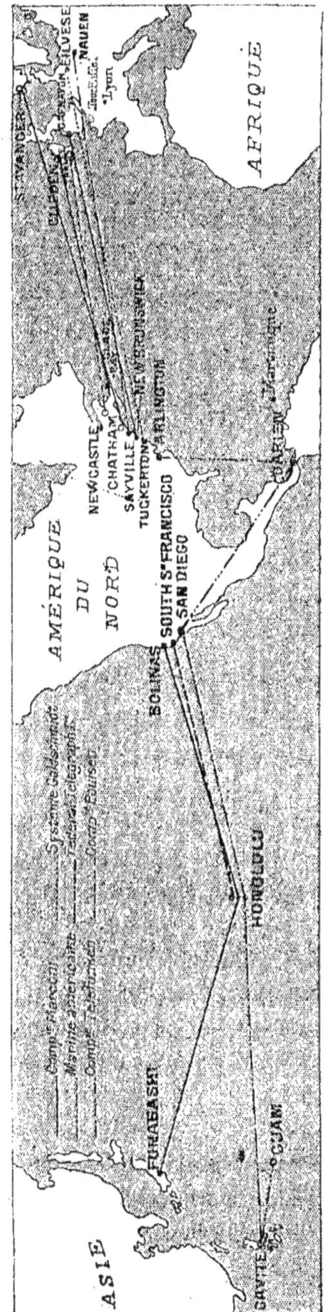

Fig. 5. — Radiocommunications transocéaniques de l'Amérique du Nord.

trois lignes à Honolulu, capitale des îles Sandwich, et, par son intermédiaire, au Japon et aux Philippines. Les portées varient de 3.590 kilomètres (Clifden-Glace-Bay), à 8.600 kilomètres Pearl Harbourg (Honolulu) à Cavite (Philippines).

La côte Est de l'Amérique est reliée à l'Angleterre par trois lignes, établies entre Clifden (Irlande) et Glace-Bay (Canada) (Compagnie Marconi) ; entre Carnarvon (Pays de Galles) et New-Brunswick (près de New-York) (Compagnie Marconi) ; entre Tralee (Irlande) et Newcastle (Canada) (Système Poulsen).

L'Allemagne est en liaison avec les États-Unis par les deux stations américaines de Sayville (Compagnie Telefunken) et Tuckerton (système Goldschmidt) correspondant respectivement avec Nauen, près Berlin et Eilvese (Hanovre).

La station américaine de Chatham (près Boston) est enfin destinée à travailler avec la station norvégienne de Stavanger.

De la côte Ouest des États-Unis, trois lignes appartenant respectivement à la Compagnie Marconi ; à la Federal Telegraph Co ; à la Marine américaine, partent vers Honolulu. La première se prolonge ensuite vers Tokio (station de Funabashi) ; la troisième continue vers les colonies américaines des Philippines et de Guam.

III. REMARQUE SUR LE CHOIX DES EMPLACEMENTS

Un fait qui frappe immédiatement à la lecture de la carte, c'est la multiplication des stations au voisinage des emplacements désignés, soit par l'importance du trafic, soit par des avantages techniques.

C'est ainsi que nous trouvons au Canada, dans la région la plus rapprochée de l'Europe, les deux stations de Newcastle et Glace-Bay.

Le centre commercial important qu'est San-Francisco a attiré dans son voisinage, dans un espace de cinquante kilomètres de longueur, les deux postes de transmission et de réception du système transpacifique Federal Telegraph Co ; ainsi que le couple de stations Marconi de Marshall et Bolinas, tête de la ligne radiotélégraphique San-Francisco-Honolulu-Tokio.

Aux îles Sandwich, trois stations complètes à grande distance sont serrées sur la petite île d'Oahou, aux environs d'Honolulu.

Le groupe de New-York est particulièrement caractéristique. L'importance de cette ville a multiplié les stations dans un étroit rayon autour d'elles, et l'on y trouve, à l'intérieur d'un cercle de 70 kilomètres de diamètre : celle de Turckerton, qui correspond avec Eilvese, à une distance de 6.220 kilomètres ; celle de Sayville, qui, avec Nauen, en Allemagne, constitue la liaison radiotélégraphique germano-américaine de Nauen (6.650 kilomètres) ; enfin le groupe Marconi de Belmar et New-Brunswick, qui assure les communications avec l'Angleterre (Canarvon 5.200 kilomètres) ; sans compter de nombreux postes de moindre importance, exploités par des amateurs ou utilisés pour la correspondance avec les navires. La station de Belmar, par exemple, enregistre les signaux venant d'Angleterre sans être gênée par ses deux voisins de New-Brunswick et Tuckerton qui l'encadrent à 30 kilomètres seulement de distance.

L'enseignement à tirer de cette concentration des stations de grande puissance en certains points, est que, s'il y a lieu, dans le choix des emplacements, de tenir compte des interférences possibles avec les postes voisins, les moyens de protection actuellement utilisés : différences de longueurs d'onde, syntonies aiguës, ont diminué l'importance de cette préoccupation dans une mesure telle que les postes peuvent être, somme toute, très rapprochés.

IV. MÉTHODES GÉNÉRALES D'EXPLOITATION

Au point de vue de l'organisation générale de l'exploitation, on retrouve partout, sauf dans les lignes germano-américaines de Sayville-Nauen et Tuckerton-Eilvese, des stations composées de deux postes d'émission et de réception séparés par une distance de l'ordre de vingt à trente kilomètres généralement.

Dans quelques cas où l'importance du trafic est suffisante

(lignes Marconi Glace-Bay-Clifden, New-Brunswick-Carnarvon, San-Francisco-Honolulu-Tokio), cette division des fonctions a pour but de permettre le travail en duplex, dans les conditions que nous avons examinées ci-dessus.

Dans d'autre cas, l'idée a été de reporter au centre même du trafic, pour éviter les ennuis et les retards des transmissions par les compagnies télégraphiques, le poste de réception, qui est aussi le centre de manipulation des signaux. L'antenne pouvant être, ainsi que nous l'avons vu, relativement peu importante, il n'y a aucune difficulté à l'établir au milieu d'une grande ville, au centre des affaires. C'est à cette idée qu'a obéi la Federal Telegraph Co en installant la réception de son système transpacifique dans la plus haute maison de San-Francisco. Remarquons d'ailleurs que c'est là un cas isolé. La Compagnie américaine Marconi, qui a ses bureaux au 18e étage du Voolworth Building, le plus haut gratte-ciel de New-York, dont la tour atteint plus de 250 mètres de hauteur, n'a pas jugé bon de profiter de ces circonstances exceptionnelles pour installer en plein centre de la ville la station de réception du système New-Brunswick-Carnarvon.

Enfin, dans le cas du réseau de la Marine américaine, on a voulu réunir dans une même station plusieurs postes d'émission et de réception, et la combinaison est alors la suivante. On groupe dans un même local toutes les installations d'émission, chacune ayant son antenne et ses appareils distincts, et, sur un autre emplacement, éloigné de plusieurs kilomètres, toutes les installations de réception, munies chacune de son antenne et de son matériel. On établit d'ailleurs entre les deux postes autant de liaisons télégraphiques par fil qu'il y a d'installations transmettrices, de façon à faire correspondre à chacune d'elles un ensemble de réception et de manipulation. Dans ce cas, si les longueurs d'ondes des diverses émissions sont suffisamment différentes, les syntonies assez aiguës, et la distance assez grande, chacun des postes comprenant une émission d'une part, la réception et la manipulation correspondantes d'autre part, peut travailler indépendamment des autres et le plein rendement de l'ensemble est atteint. Il n'eût évidemment pas été possible de travailler ainsi simultanément sur différents postes si toutes les installations avaient été rassemblées dans un même local.

2° VUE D'ENSEMBLE SUR LES PROCÉDÉS UTILISÉS POUR LA TÉLÉGRAPHIE SANS FIL A GRANDE DISTANCE

Avant d'aborder le détail des différents systèmes, il convient de rappeler en quelques mots les principes des méthodes employées, en se bornant, d'ailleurs, à celles qui sont applicables aux grandes puissances.

I. L'ANTENNE DE TRANSMISSION

Nous avons vu dans la première partie que, toutes choses égales d'ailleurs, l'énergie rayonnée est proportionnelle au carré

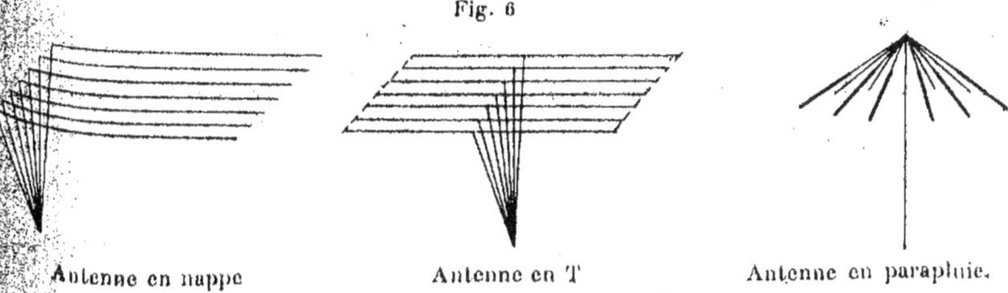

Fig. 6

de la hauteur des antennes et du courant dont elles sont le siège, et que ce fait conduit à les constituer par des réseaux conducteurs à peu près horizontaux supportés à une grande hauteur au-dessus du sol. Nous retrouverons en fait, dans les stations que nous allons décrire, trois types principaux :

L'antenne horizontale, formée d'une nappe de conducteurs parallèles, isolés à une extrémité, et reliés d'autre part aux appareils par une descente verticale (fig. 6).

L'antenne en T ou en plan horizontal, formé d'un réseau de fils horizontaux ou sensiblement horizontaux, réunis à la terre par une descente qui part de leurs milieux (fig. 6).

13

L'antenne en parapluie, formée d'une partie verticale, le manche, qui part du sol et vient se raccorder aux parties horizontales, rayonnantes à partir du centre en descendant vers le sol (fig. 6).

II. LES MÉTHODES DE TRANSMISSION

Nous avons vu également, dans la première partie, l'ordre de grandeur de la fréquence à adopter pour les portées de 4.000 à 7.000 kilomètres. Elle est de l'ordre de 15 à 30.0000 par seconde, correspondant à des longueurs d'onde de 20 à 10.000 mètres.

Il est probable que si l'on se fût rendu compte dès le début des véritables conditions des radiocommunications transocéaniques, en particulier si l'on n'eût pas cru devoir utiliser des fréquences beaucoup plus élevées, on eût songé immédiatement à produire l'énergie nécessaire au moyen de procédés analogues à ceux qui servent à produire, dans la technique industrielle, les courants alternatifs. Le succès avec lequel Tesla avait, dès 1891, construit des alternateurs à 10.000 périodes eût dû pousser dans ce sens. Mais l'évolution se fit dans une autre voie, en partant, comme nous l'avons vu, des essais de Marconi avec la bobine Rhumkorff. Et l'on commença par la télégraphie sans fil à étincelles.

Les méthodes à ondes amorties.

Le phénomène de la décharge du condensateur. — On connaît le principe de la méthode. De même qu'un pendule, écarté de sa position d'équilibre, puis abandonné à lui-même, revient à sa position première après une série d'oscillations, de même un condensateur, d'abord chargé puis abandonné à lui-même dans un circuit contenant une self-induction, se décharge avec oscillations. Autrement dit, le circuit est traversé par un courant alternatif amorti dont la fréquence est déterminée par les valeurs de la capacité et de la self-induction suivant la formule

$$n = \frac{1}{2\pi\sqrt{CL}}$$

En raison des très grandes fréquences de la télégraphie sans fil (10.000 à 3.000.000) il est nécessaire de faire en sorte que la fermeture du circuit au moment de la décharge soit extrêmement brusque : c'est la fonction de l'étincelle. Le circuit est interrompu par un éclateur, formé d'électrodes séparées par un intervalle d'air. On charge le potentiel jusqu'à ce que la différence de potentiel atteigne la valeur suffisante pour faire jaillir une étincelle à travers les électrodes. A ce moment l'air est brusquement rendu conducteur, et le condensateur se décharge à travers l'étincelle avec oscillations.

L'excitation de l'antenne. — L'application la plus simple de ces principes est basée sur la remarque que l'antenne, dont la base est mise à la terre, est assimilable à un circuit à condensateur. Elle possède en effet une certaine capacité par rapport au sol, et ses fils ont une self-induction déterminée.

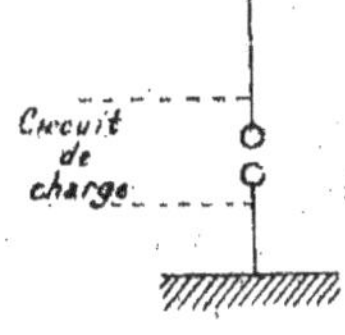

Fig. 7.

Insérons donc un éclateur à sa base, et agissons comme précédemment : nous avons le moyen de produire des courants à haute fréquence. C'est le procédé de l'excitation directe (fig. 7). L'onde est pure, en ce sens qu'elle possède une fréquence unique, bien déterminée ; mais la résistance de l'étincelle, intercalée entre l'antenne et la terre, provoque des pertes d'énergie, qui, s'ajoutant à celles qui viennent de la chaleur engendrée dans les conducteurs et du rayonnement, diminuent le rendement et amortissent les oscillations dans une proportion inadmissible ; d'autant plus que, les capacités étant très faibles, il faudrait, pour mettre en jeu de grandes quantités d'énergie, employer des voltages très élevés, donc des étincelles très longues et par conséquent très résistantes.

Un progrès fut réalisé en excitant l'antenne non plus directement, mais par l'intermédiaire d'un circuit à condensateur, lié à l'antenne par un transformateur à haute fréquence ou radiotransformateur. Si le couplage est relativement lâche le circuit à condensateur, d'abord chargé, puis laissé libre de se décharger à travers un éclateur quand l'étincelle éclate, agit sur l'antenne ; l'énergie passe du premier circuit dans le second ; puis l'antenne réagit à son tour sur [le circuit à condensateur ; ainsi de suite. Il se produit donc dans les deux circuits, et en particulier dans l'antenne des maxima et des minima d'amplitude, autrement dit des battements qui s'éteignent progressivement. Autrement dit les ondes rayonnées sont amorties et de deux fréquences : c'est l'inconvénient du procédé, une émission de fréquence double étant évidemment plus difficile à éliminer par les postes qui ne veulent pas la recevoir que des signaux de fréquence unique.

L'avantage était qu'on pouvait, en employant de grandes capacités, emmagasiner de grandes quantités d'énergie dans le condensateur tout en évitant des différences de potentiel exagérées.

Une nouvelle étape fut franchie, et, dans les systèmes à étincelles actuels des Compagnies Telefunken et Marconi, pour les grandes distances, l'antenne est parcourue par des oscillations d'une seule longueur d'onde. Ce résultat est obtenu en coupant l'étincelle au bout d'un temps très court, au moment où le circuit oscillant a transféré à l'antenne toute son énergie, et supprimant ainsi les réactions et actions successives de l'antenne sur le circuit à condensateur, et vice versa. L'étincelle coupée, l'antenne est chargée et abandonnée à elle-même. Elle oscille donc avec sa période propre et son amortissement propre. Deux procédés sont employés pour éteindre l'étincelle au moment convenable.

L'un a été indiqué par Wien ; l'étincelle étant extrêmement courte, de l'ordre d'un dixième de millimètre au plus, est très résistante, donc extrêmement amortie, et s'étouffe rapidement. Marconi arrive mécaniquement au même résultat au moyen d'un éclateur tournant formé d'un disque muni de saillies régulièrement fixées à sa périphérie et placées perpendiculairement à son plan. Ce disque tourne rapidement entre deux électrodes fixes. L'étincelle dure donc juste le temps que dure le passage des saillies devant les électrodes fixes, c'est-à-dire un petit nombre d'oscillations seulement. Il y a donc impulsion et émission, par l'antenne, d'une onde pure et peu amortie.

La Télégraphie sans fil musicale. — Le phénomène de la charge et de la décharge successives du condensateur, qui produit des oscillations de haute fréquence, est répété un certain nombre de fois par seconde, d'où émission d'un même nombre de trains d'ondes électromagnétiques. Chacun d'eux impressionne l'antenne et le dispositif de réception ; de sorte que si celui-ci comprend un téléphone, cet appareil rend un son de hauteur égale à la fréquence des trains d'ondes. On multipliera assez ceux-ci pour que le son soit suffisamment musical pour percer à travers les bruits provoqués par les parasites.

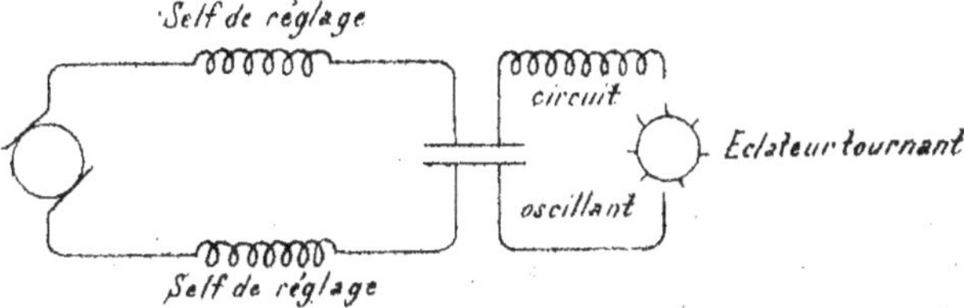

Fig. 8. — Charge au moyen d'une force électromotrice constante à haute tension.

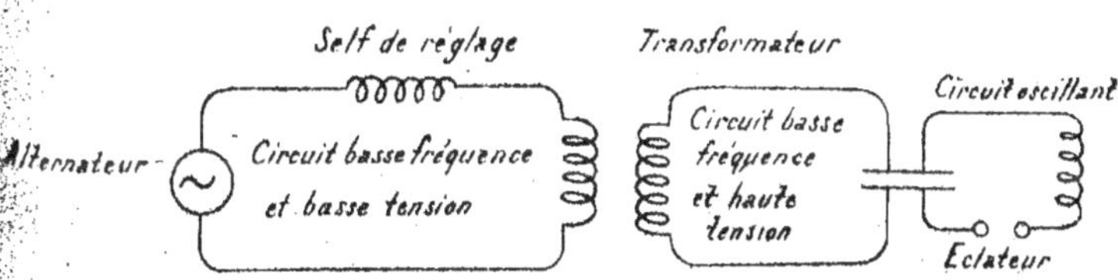

Fig. 9. — Charge au moyen du courant alternatif.

Les procédés de charge du condensateur. — Nous avons vu comment le condensateur se décharge. Dans les installations de grande fréquence, deux procédés de charge sont actuellement employés.

Ou bien on utilise dans ce but une source de force électromotrice à haute tension, accumulateurs ou dynamos, suivant le schéma ci-contre. La fréquence des étincelles est alors égale au nombre de passages par seconde des saillies de l'éclateur tournant devant les électrodes fixes (fig. 8).

Ou bien on se sert d'un alternateur et, comme cette machine ne donne pas directement la différence de potentiel suffisante pour la charge, on intercale entre elle et le condensateur un transformateur. On s'arrange d'ailleurs pour que l'étincelle éclate à chaque demi-période de l'alternateur (fig. 9).

Les méthodes à ondes entretenues.

Malgré les perfectionnements apportés, les ondes émises par les procédés précédents possèdent toujours un certain amortissement. Un inconvénient est que les signaux reçus ne peuvent être simplifiés par résonance au même titre que s'ils arrivaient sous forme d'ondes d'amplitude constante ou, comme on dit en radiotélégraphie, d'ondes entretenues ; ils sont également moins faciles à séparer des émissions de fréquences voisines. Un avantage supplémentaire des oscillations entretenues est que les amplitudes maxima de voltages dans les machines, appareils et antennes d'émission, étant constantes, sont moins grandes, à énergie égale, que dans le cas des oscillations amorties ; les isolements étant basés sur les voltages maxima sont donc moins difficiles à obtenir dans le premier cas, et une certaine économie, en même temps qu'une meilleure utilisation de la matière, est possible. Ces considérations ont conduit à chercher à se débarrasser de l'amortissement.

Méthode à étincelles commandées. — Un premier moyen consiste à superposer dans l'antenne les actions d'un certain nombre de circuits excitateurs agissant à intervalles réguliers, égaux, à une ou un petit nombre de périodes complètes du courant de haute fréquence (fig. 10).

Si, par exemple, le nombre de circuits est égal à 4 et que chacun d'eux induise dans l'antenne les courants amortis représentés sur les courbes successives de la figure ci-contre, les différentes actions ayant lieu à intervalles d'une période, le réultats sera la production de l'oscillation continue représentée par la courbe inférieure.

L'arc à haute fréquence. — Un autre moyen de se débarrasser de l'amortissement consiste à employer un circuit à condensateur dont on compense les pertes, à chaque oscillation, par un apport d'énergie, ou, en d'autres termes, à annuler la résistance positive, qui dissipe l'énergie sous forme de chaleur, de rayonnement, etc., par une résistance négative productrice d'énergie. L'arc électrique est un type de ces résistances négatives (fig. 11). La caractéristique, ou courbe qui représente l'intensité du courant ou fonction du voltage aux bornes, a en effet la forme de la courbe ci-contre : une augmentation de la différence de potentiel produit une diminution de l'inten-

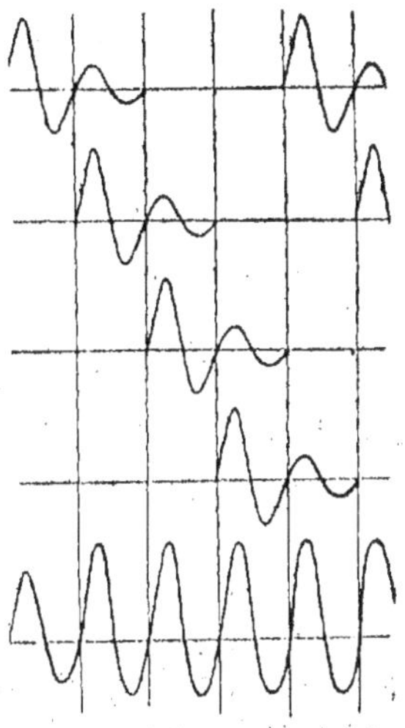

Fig. 10. — (Extrait du *Wireless World*).

sité du courant, et inversement, au contraire de ce qu'on constate avec un conducteur ordinaire. A l'inverse de celui-ci, l'arc

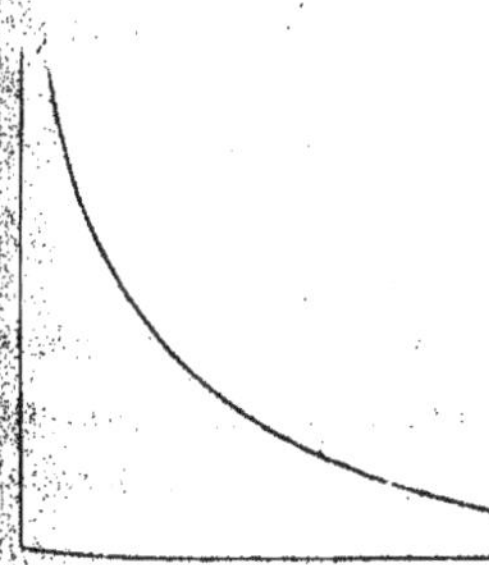

Fig. 11.

possède donc une résistance négative qui, insérée dans un circuit à condensateur, pourra compenser les pertes. Et, de même que l'oscillation d'un pendule se poursuivrait indéfiniment si les pertes d'énergie produites par frottement dans le milieu ou au point d'attache étaient supprimées, de même notre circuit à condensateur, délivré de sa résistance, oscillera sans amortissement et l'on aura un moyen de produire des ondes entretenues.

Alternateurs à haute fréquence et multiplicateurs de fré-

quence. — L'arc électrique étant excité par du courant continu, la méthode précédente est un moyen de transformer en énergie à haute fréquence l'énergie donnée sous forme de courant continu. On peut aussi partir de l'énergie mécanique ; c'est le problème qui est résolu dans les alternateurs. On connaît le principe de ces machines.

Considérons une spire conductrice F G H A B C qui tourne autour d'un axe O O_1, entre les pôles d'un aimant permanent

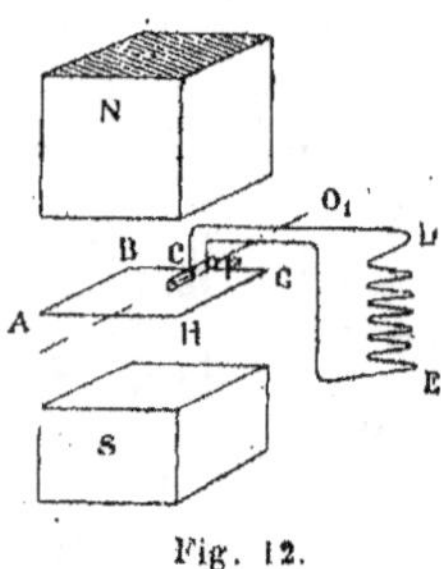

Fig. 12.

N et S, et dont les extrémités aboutissent à deux bagues fixées sur l'axe de rotation. Sur ces bagues appuient deux balais reliés au circuit d'utilisation (fig. 12). Pendant sa rotation, la spire est le siège de phénomènes d'induction, et par conséquent est traversée par un courant qui reprend, évidemment, la même valeur chaque fois que la spire reprend la même position, donc est périodique et a une fréquence F égale au nombre de tours par seconde.

Dans la pratique, l'aimant permanent est remplacé par un électroaimant.

S'il y a, au lieu d'une paire de pôles, n paires de pôles répartis sur une circonférence autour d'un axe O O_1, et alternativement positifs et négatifs, la fréquence F est multipliée par le nombre de paires de pôles.

$$F = N\,n$$

Soit, d'autre part, a la distance entre deux pôles de même nom consécutifs, ou période, dans l'espace, de la variation du champ magnétique dans l'entrefer ; u la vitesse de l'élément AB, HG de la spire.

On a :

$$2\,\pi\,R\,N = u$$
$$2\,\pi\,R = n\,a$$

d'où
$$F\,N\,n = \frac{u}{a}$$

On voit que les deux seuls moyens dont on dispose pour augmenter la fréquence sont: soit d'augmenter la vitesse relative des deux enroulements, soit diminuer le pas polaire a. On peut faire tourner l'inducteur, l'induit, ou tous les deux en sens contraire. Mais dans tous les cas on est rapidement arrêté dans l'augmentation de la vitesse par des considérations mécaniques de résistance des matériaux. La difficulté est d'autant plus grande que, dans le type d'alternateurs décrits ci-dessus, les pièces tournantes contiennent des enroulements, et, par conséquent, ne sont pas homogènes. Aussi pour les hautes fréquences emploie-t-on des machines dont le type est le suivant (Mordey) (fig. 13 et 14).

L'inducteur est une bobine à noyau de fer prolongé par deux épanouissements polaires portant chacun une couronne de dents, les dents de deux couronnes étant en regard. Toutes les dents

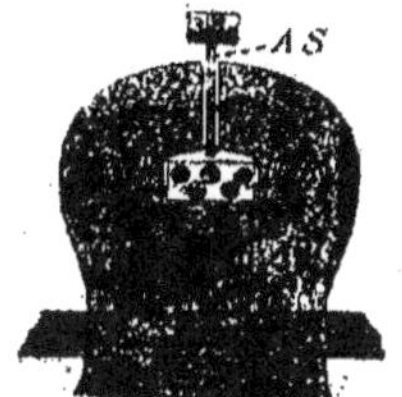

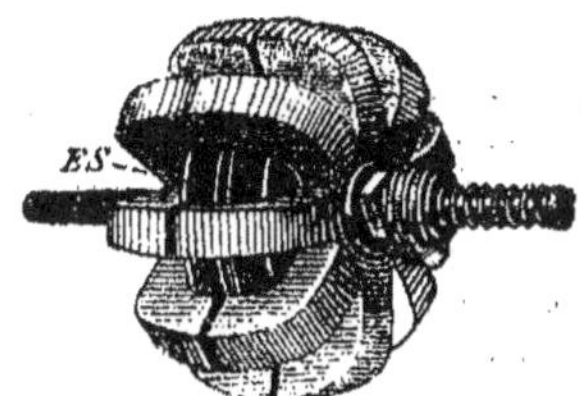

Fig. 13.   Fig. 14.

d'une même couronne sont amorties du même sens, celles de l'autre en sens contraire. L'induit est plat et disposé entre les deux couronnes. Quand l'inducteur est excité, la force magnétique est alternativement maxima et minima, les maxima étant au milieu des dents ; les minima au milieu des intervalles. Si l'inducteur tourne, chacun des points de l'induit est donc soumis à une force magnétique périodique qui produit un courant induit. Rien n'est d'ailleurs changé si l'enroulement inducteur restant fixe, le noyau et ses épanouissements polaires tournent seuls. Mais alors la pièce polarisée est tout entière homogène et l'on peut atteindre des vitesses périphériques de 300 et même 400 mètres par seconde. La difficulté résulte alors évidemment de la nécessité d'équilibrér les masses tournant à des vitesses aussi considérables. On a ainsi pour des vitesses de 200 et 300 mètres et les fréquences 10.000, 20.000, 30.000, les pas polaires suivants (le pas polaire égale la distance des axes des deux pôles consécutifs dans cette catégorie de machines).

Pas polaire en centimètres

		Vitesse périphérique (mètres par seconde)		
		200	300	400
Fréquences..	10.000...	2	3	4
	20.000...	1	1.5	2
	30.000...	0.67	1	1.35

Et l'on voit qu'on arrive ainsi à des pas polaires parfaitement acceptables.

Toutefois, cette solution fut écartée jusqu'à une époque toute récente et l'on eut recours à ses artifices pour élever la fréquence du courant produit par les alternateurs.

La fréquence peut être élevée dans la machine même et nous trouvons un exemple de cette méthode dans l'alternateur Goldschmidt.

Elle peut être augmentée à l'extérieur de la machine, dans des appareils spéciaux dits transformateurs de fréquence.

Nous trouvons dans les stations existantes des exemples de ces deux procédés.

Quel que soit le procédé employé pour la production de la haute fréquence dans les appareils ou machines mettant en jeu des phénomènes d'induction (alternateurs, transformateurs de fréquence), ces organes devront comporter des noyaux de fer autour desquels seront enroulées des bobines. On sait que, dans la pratique, et même pour les courants alternatifs à basse fréquence de la technique industrielle usuelle, ces noyaux de fer sont composés de lames minces isolées les unes des autres pour éviter

la formation de courants de Foucault et la dissipation corrélative
d'énergie sous forme de chaleur dans les pôles ; cette division
du fer devra être poussée très loin dans le cas de la haute fréquence. Pour des fréquences d'ordre de 30.000 on emploiera les
tôles les plus minces qu'il sera possible d'obtenir : 3 à 5 centièmes de millimètres d'épaisseur, et l'on cherchera les tôles au
silicium les moins hystérétiques et les plus résistantes électriquement. Et, même dans ces conditions, il sera souvent nécessaire
d'assurer le refroidissement des appareils et machines par des
circulations d'eau ou d'huile.

Nous avons donné aussi sommairement que possible le principe des différentes méthodes utilisées pour la réalisation des
radiocommunications à grande distance. Nous les retrouverons
appliquées à des cas concrets, en passant successivement en
revue les divers grands réseaux radiotélégraphiques actuellement
en service :

Postes à étincelles amorties suivant la méthode de Wien
(Compagnie Telefunken). Station de Funabashi (Japon). Postes
à étincelles des stations de Sayville et de Nauen.

Postes à étincelles à courant alternatif et éclateur tournant
sur les lignes Marconi transpacifique (San-Francisco-Honolulu) et
transatlantique (New-Brunswick-Carnarvon) ; ainsi que le
poste d'émission à étincelles de la National Electric Signaling
Co installés à la station d'Arlington, appartenant à la marine
américaine.

Postes à étincelles, à courant continu haute tension et éclateur tournant : ligne transatlantique Clifden-Glace-Bay de la
Compagnie Marconi.

Postes à ondes entretenues, du système à étincelles commandées de Marconi, avec courant continu haute tension : Stations
de Chatham, de Stavanger et de Carnarvon.

Postes à ondes entretenues produites par l'arc électrique :
ligne transpacifique (San-Francisco-Honolulu) de la Federal
Telegraph Co et réseau de la Marine américaine : Arlington,
Darien (Panama), San-Diego, Paul Harbour (Honolulu) ; Cavite
(Iles Philippines) Guam.

Postes à ondes entretenues produites par l'alternateur Gold-schmidt (ligne Eilvese-Hanovre).

Postes à ondes entretenues produites par alternateurs et trans-formateurs de fréquence (ligne Nauen-Sayville).

III. LES MÉTHODES DE RÉCEPTION

Les dispositifs de réception ont pour rôle essentiel de transformer l'énergie électrique reçue par l'antenne sous forme de courant de haute fréquence en énergie mécanique capable de mettre en mouvement l'appareil indicateur ou enregistreur qui, en pratique, est toujours la membrane d'un téléphone. En outre, ils doivent être tels qu'ils permettent la sélection des signaux utiles d'avec les émissions perturbatrices venant des stations voisines ; enfin, ils doivent être très sensibles, en raison de la petitesse de la puissance reçue.

Principes. — *Les circuits d'accord.* — On profite tout d'abord de l'amplification et du pouvoir sélectif dus à la résonance en accordant le circuit d'antenne sur la fréquence à recevoir, au moyen de condensateurs et de selfs-inductions. On sait qu'un condensateur mis en série diminue la longueur d'onde, tandis qu'une self-induction l'augmente. On accroîtra encore, si c'est nécessaire, le pouvoir sélectif en adjoignant au circuit d'antenne, par l'intermédiaire d'un radiotransformateur à un ou deux enroulements, un circuit à condensateur (fig. 15 et 16).

Le détecteur. — Nous avons, dans les circuits ainsi réglés, de l'énergie à haute fréquence. Il s'agit de l'utiliser pour commander l'appareil indicateur. Mais la fréquence est beaucoup trop grande pour pouvoir vaincre les inerties mécanique et électromagnétique (celle-ci représentée par la self-induction) opposées par le téléphone aux variations très rapides du courant et aux mouvements très brusques ; il est donc nécessaire d'intercaler entre les circuits de haute fréquence et l'appareil récepteur un organe qui transforme les courants de haute fréquence en courant de basse fréquence. Cet appareil est le détecteur.

Quelle que soit d'ailleurs sa nature il a pour caractéristique essentielle de rectifier les oscillations. Appliquons à ses bornes une

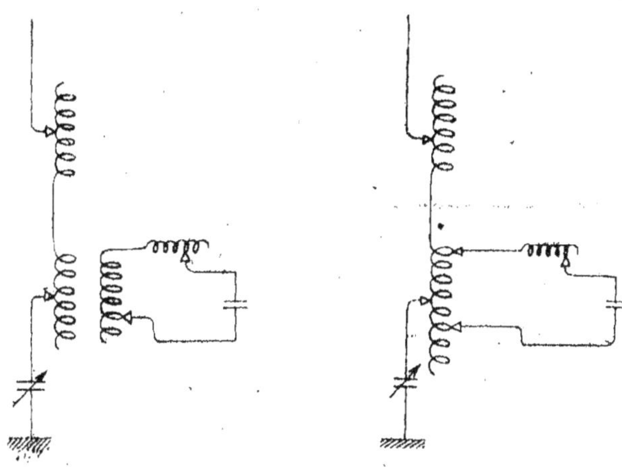

Fig. 15.   Fig. 16.

différence de potentiel alternative, représentée par la figure 17 *a*. Le courant qui traverse l'appareil a la forme indiquée (fig. 17 *b*) : un emoitié des oscillations, par exemple la partie négative, est supprimée ou considérablement réduite, et le courant moyen, au lieu d'être nul, a la valeur I (fig. 17 *c*).

Réception des ondes amorties. Réception des ondes entretenues. — Si le poste de transmission émet des séries de trains d'oscillations amorties, les potentiels oscillants amortis (fig. 18 *a*) produits aux bornes des détecteurs produisent dans celui-ci des courants rectifiés amortis (fig. 18 *b*) dont les moyennes sont représentées (fig. 18 *c*). Les oscillations de haute fréquence de ces courants n'agiront pas sur le téléphone ; mais les oscillations de basse fréquence que présente la courbe moyenne produiront une série d'impulsions, et le récepteur rendra un son de hauteur égale à la fréquence d'étincelles du poste de transmission.

Si les ondes sont entretenues, les circuits de réception seront parcourus par des oscillations d'amplitude constante (fig. 17 *a*) lesquels sont rectifiés par le détecteur (fig. 17 *b*) et agissent sur le téléphone à la façon d'un courant continu (fig. 17 c). Dans ces conditions le téléphone ne rendrait aucun son. On emploie alors l'artifice suivant. Ajoutons au courant oscillant reçu par l'antenne,

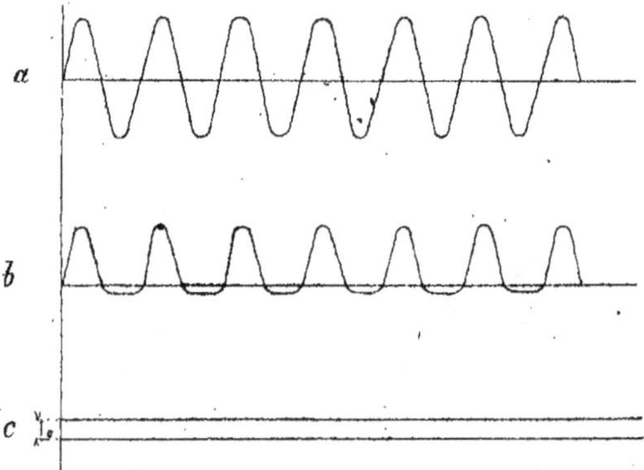

Fig. 17.

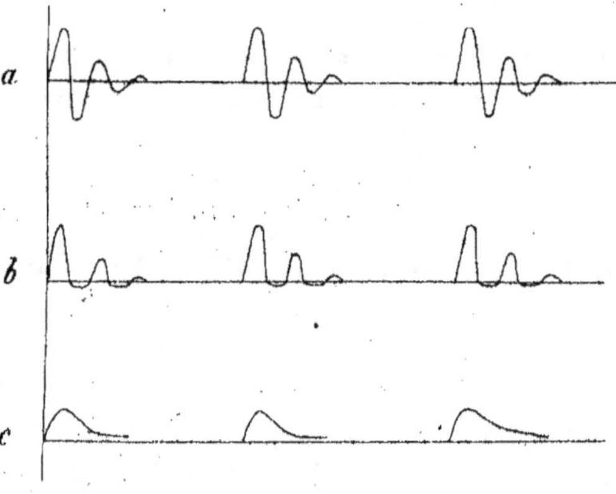

Fig. 18.

de fréquence 30.000 par seconde, par exemple (fig. 19 a), un courant alternatif provenant d'une source locale, et de fréquence 29.000 par exemple (fig. 19 b). Le résultat de la superposition est un courant alternatif dont l'amplitude variable éprouve des oscillations de fréquence égale à la différence des fréquences composantes (fig. 19 c), soit, dans l'exemple actuel 30.000-29.000 = 1.000 périodes par seconde. Ces oscillations étant ensuite rectifiées par le détecteur (fig. 19 d) la valeur moyenne du courant rectifié éprouvera une série d'oscillations de fréquence 1000 (fig. 19 e) qui, agissant sur le téléphone, lui fera émettre un son de cette fréquence, c'est-à-dire parfaitement audible.

Liaison du détecteur au circuit de haute fréquence. — Il s'agit maintenant de relier aux circuits oscillants le détecteur. Cet appareil, tout en absorbant une quantité d'énergie notable, doit être réuni aux systèmes de haute fréquence de telle façon

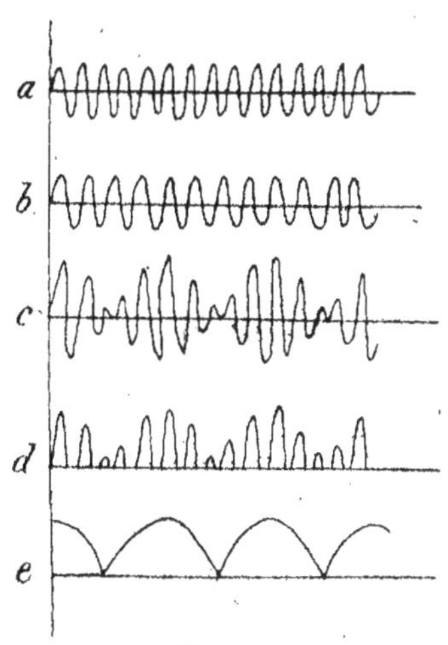

Fig. 19.

qu'il ne trouble pas notablement leur régime oscillant. Mais tous les détecteurs, sauf le détecteur magnétique qui n'est pas employé aux grandes distances, possèdent des résistances élevées et leurs indications sont d'autant plus grandes que les différences de potentiels maintenues à leurs bornes sont plus élevées. Ils ne pourraient donc être mis en série dans les circuits oscillants sans augmenter considérablement leur résistance et diminuer dans une forte proportion leur faculté de résonance et leur pouvoir sélectif. Ils ne peuvent donc qu'être placés en dérivation entre deux points où la différence de potentiel est élevée, et cela peut se faire soit directement en les mettant aux bornes d'un condensateur de circuit oscillant (fig. 20 et 21), soit indirectement par l'intermédiaire d'un transformateur élévateur de tension, à un ou deux enroulements (fig. 22 et 23). Cette dernière disposition sera obligatoire quand le seul circuit oscillant employé est l'antenne puisque des deux points entre lesquels la différence de potentiel est maxima, l'un au moins, le sommet de l'antenne est inaccessible (fig. 24 et 25).

Appareil récepteur. — L'appareil récepteur est, en pratique, toujours un téléphone. S'il présente une résistance comparable à

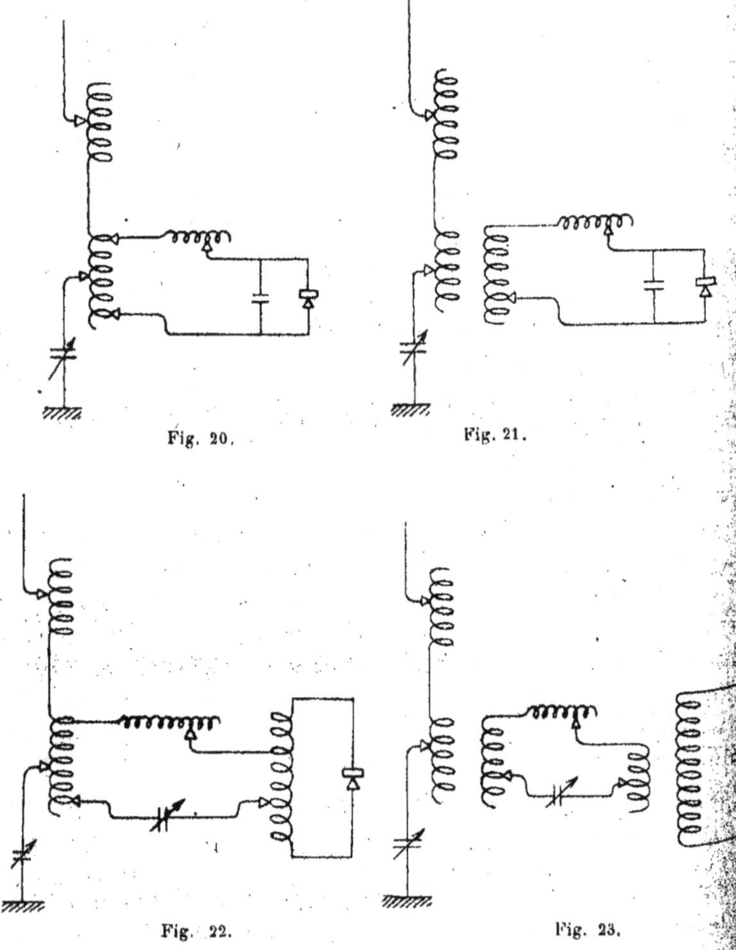

Fig. 20.   Fig. 21.

Fig. 22.   Fig. 23.

celle du détecteur c'est-à-dire la plupart du temps plusieurs milliers d'ohms au moins, il peut être mis en série avec lui (fig. 26). Si, au contraire, sa résistance est beaucoup plus faible, le même montage ne peut plus être utilisé : il conduirait à des pertes

dans le détecteur beaucoup plus importantes que l'énergie
utilisée dans le téléphone (fig. 27). On relie alors le téléphone

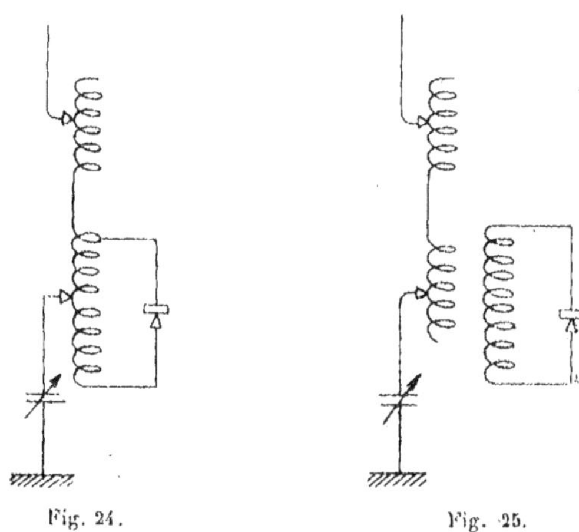

Fig. 24. Fig. 25.

au circuit à détecteur par un transformateur à fréquence téléphonique. En outre, les signaux étant musicaux, il a intérêt à profiter encore des effets de résonnance en basse fréquence, en pla-

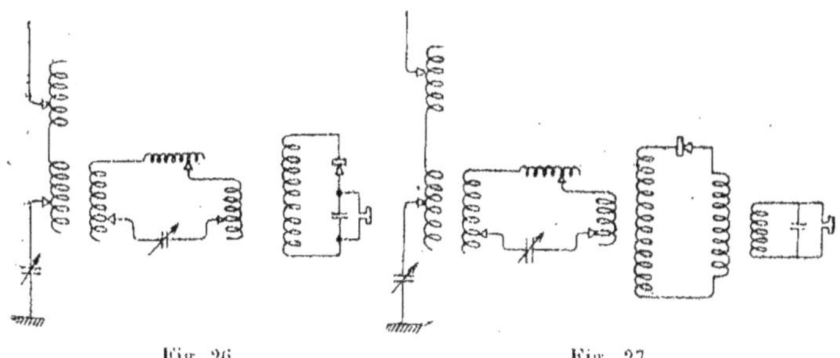

Fig. 26. Fig. 27.

çant aux bornes du récepteur téléphonique un condensateur, les
deux appareils formant un circuit oscillant dont on peut accor-
der la fréquence sur la note musicale employée.

Amplificateurs. — Enfin, si l'intensité des signaux n'est pas
suffisante, il est possible de l'amener à la valeur convenable au

moyen de dispositifs amplificateurs intercalés soit dans les circuits de haute fréquence, soit dans les circuits de fréquence téléphonique.

Résumé. — En somme les circuits de l'installation de réception doivent comporter, en outre du récepteur proprement dit, des appareils remplissant les trois rôles suivants :

1° Détecteurs pour la rectification des courants de haute fréquence ;

2° Générateurs de courants de haute fréquence, pour l'application de la réception par la méthode des battements dans le cas des ondes entretenues ;

3° Amplificateurs ;

Toutes ces fonctions sont actuellement remplies par les lampes à trois électrodes.

Application des propriétés des lampes à trois électrodes à la réception à grande distance. — Une lampe à trois électrodes contient, dans une ampoule de verre où l'on a fait le vide, un

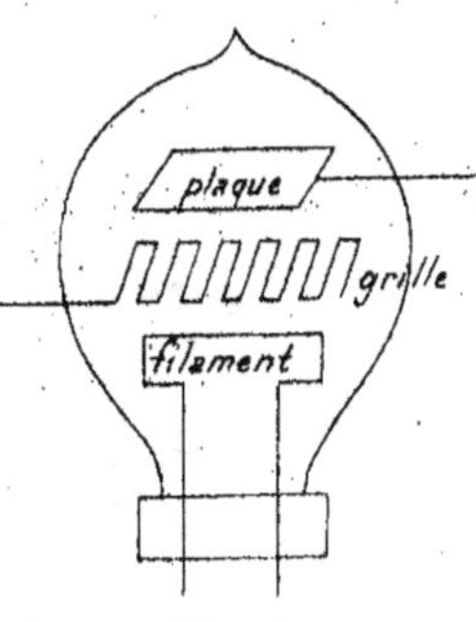

Fig. 28.

filament qu'on peut porter à l'incandescence au moyen d'une batterie d'accumulateurs, une plaque parallèle au filament, et une grille, ordinairement en forme de spirale ou de zig-zag placée entre ces deux éléments (fig. 28). Supposons la grille portée à un potentiel positif égal à 80 volts par exemple par rapport au filament dont nous prendrons la borne positive comme zéro de potentiel. Le filament incandescent émet dans l'espace des électrons ou corpuscules négatifs. Si la grille n'existait pas, la plaque positive attirerait ces électrons, et un courant, dirigé en sens inverse de leur mouvement, traverserait le circuit filament plaque. Supposons au contraire la grille fortement négative. Elle repousse énergiquement les électrons émis par le filament ; aucun

d'eux ne peut traverser les interstices pour aller vers la plaque,
et il n'y a de courant ni dans le circuit filament plaque ni dans le
circuit filament grille. Si le voltage négatif de la grille diminue
progressivement, elle repousse de moins en moins énergiquement
les électrons. Quelques-uns de ceux-ci peuvent traverser la grille,
un courant de plus en plus intense passe dans le circuit plaque.
Quand le potentiel de la grille devient inférieur à celui de certaines parties du filament, elle attire quelques électrons et un

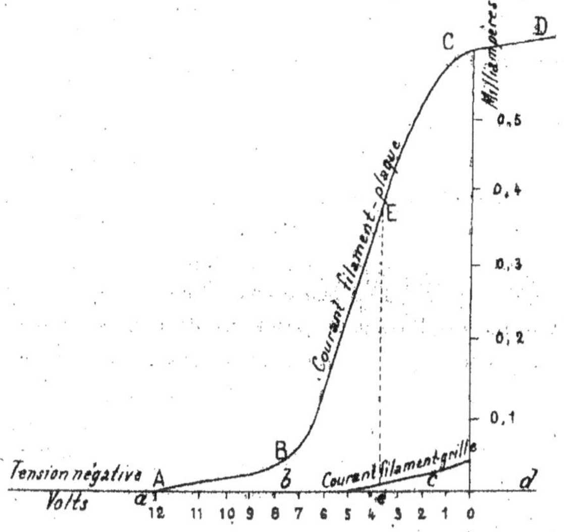

Fig. 29. — Caractéristiques d'une lampe à trois électrodes.

courant passe également dans le circuit grille, tandis qu'une partie de plus en plus grande des électrons attirés passe à travers
les interstices et va frapper la plaque, augmentant le courant
dans le circuit filament plaque. La fig. 29 représente les courants
dans le circuit filament plaque et le circuit filament grille pour
les diverses valeurs du voltage appliqué à la plaque: ces
courbes sont ce qu'on appelle les caractéristiques de la lampe.
A chaque valeur du chauffage du filament et de la différence de
potentiel positive appliquée à la lampe, correspond un groupe de

caractéristiques déterminé. La courbe filament plaque présente une partie à peu près droite B C, très inclinée sur la verticale, encadrée de deux parties moins inclinées A B, C D.

Utilisation des lampes comme amplificateurs. — Supposons la grille portée à un potentiel constant e, correspondant à un point E de la partie droite de la caractéristique et superposons au potentiel e un potentiel de faible amplitude. A chaque variation, même faible, du potentiel de la plaque correspond, en raison de la pente accentuée de la caractéristique, une variation importante du courant dans le circuit plaque, variation proportionnelle à la première, puisque la courbe est sensiblement droite dans la région considérée. Il y a donc amplification, sans déformation, des oscillations du circuit grille. C'est le principe de l'emploi des lampes comme amplificateur. La figure 30 représente un des montages employés.

Utilisation des lampes comme détecteurs. — Supposons au contraire que nous appliquions à la grille le voltage O b qui correspond au point B de la caractéristique. Superposons au voltage O b une oscillation de faible amplitude, les variations du courant dans le circuit plaque sont beaucoup moins grandes pendant les demi-oscillations négatives du potentiel alternatif que pendant ses demi-oscillations positives. Autrement dit, le courant dans le circuit plaque est rectifié, et l'appareil peut, par conséquent, être employé comme détecteur. Le montage est celui de la fig. 31.

Utilisation des lampes comme générateurs d'ondes entretenues. — Examinons maintenant un montage tel que celui de la fig. 32 dans lequel l'un au moins des deux circuits, de la plaque ou de la grille, est capable d'oscillations, et où l'on provoque, par des liaisons inductives ou autres, des réactions réciproques des deux circuits. Dans le cas de la fig. 32 par exemple, la grille est réunie à un circuit oscillant et les deux circuits de la plaque et de la grille sont reliés par un transformateur. Dans ces conditions, supposons que le circuit oscillant relié à la grille soit le siège d'oscillations. Si aucune énergie n'était fournie au circuit, ces oscillations s'amortiraient du fait des pertes, sous forme de chaleur ou autrement. Mais du fait de l'action amplificatrice de la lampe, ces oscillations se reproduisent avec une plus grande ntensité, dans le circuit plaque, l'énergie de ces variations am-

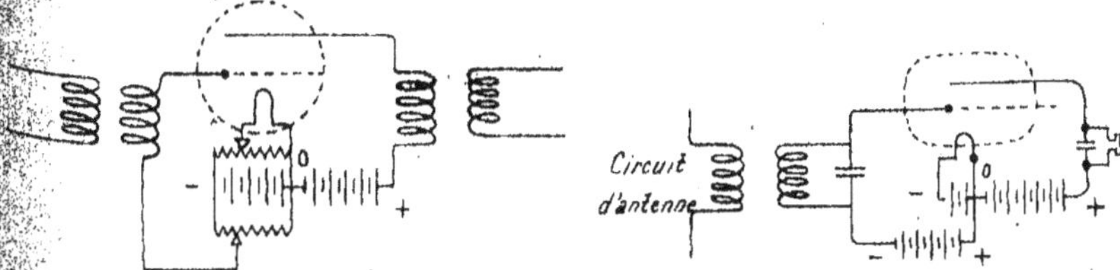

Fig. 30. — Montage en amplificateur.

Fig. 31. — Montage en détecteur.

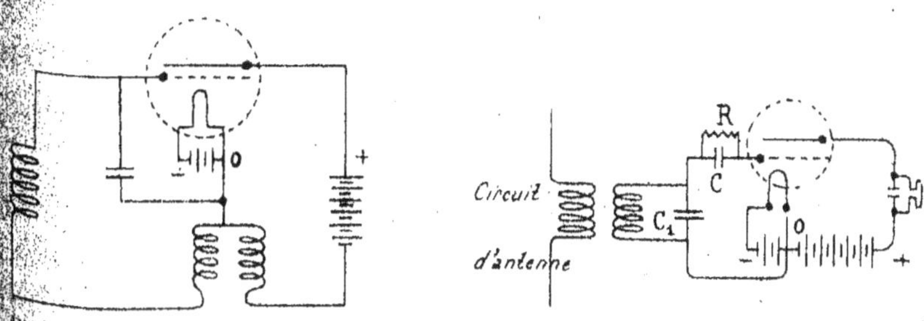

Fig. 32. — Montage en générateur.

Fig. 33. — Montage en détecteur-amplificateur.

plifiées étant empruntée à la batterie de piles de ce circuit ; par l'effet du transformateur une partie de cette énergie est transmise au circuit grille, et, si le couplage est suffisant, cette quantité d'énergie peut compenser les pertes dans ce circuit, de sorte que, la résistance étant annulée, les oscillations s'entretiennent d'elles-mêmes, suivant un mécanisme que nous avons déjà rencontré à propos de l'arc à haute fréquence. La lampe à trois électrodes fonctionne dans ces conditions comme générateur d'oscillations.

Montages combinés. — Tels sont les montages élémentaires de la lampe à trois électrodes. On emploie le plus souvent dans la pratique des dispositifs plus complexes, de façon à faire remplir à la fois par une même lampe plusieurs fonctions, détecteur et amplificateur, par exemple ; ou encore, de manière à ajouter à la fonction détectrice une amplification multipliée ou enfin en ajoutant à ces deux rôles celui de générateur d'oscillations entretenues. Nous indiquerons rapidement quelques-uns de ces montages les plus employés.

Montage détecteur-amplificateur. — Considérons d'abord celui de la fig. 33 dans lequel un condensateur c, de très petite capacité shunté par une résistance très élevée R est placé entre le

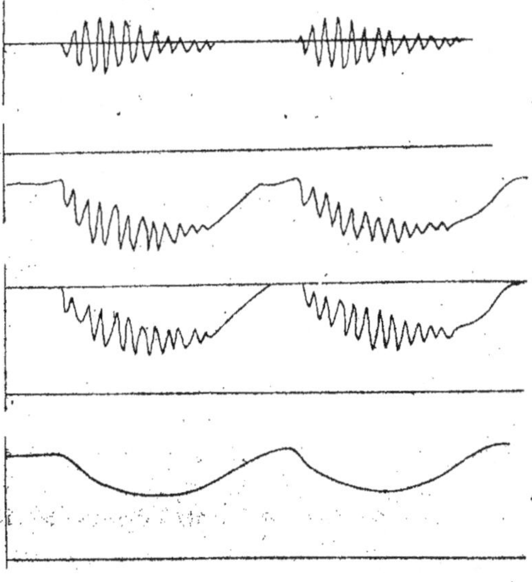

Fig. 34.

circuit oscillant et la grille ; nous allons voir alors qu'un effet détecteur se superpose à une action amplificatrice. Quand il n'y a pas d'oscillations dans le circuit à condensateur, l'armature du condensateur c reliée à la grille prend un potentiel négatif e inférieur au potentiel négatif maximum du filament. Supposons (fig. 34) maintenant qu'un train d'oscillations soit excité dans le circuit à condensateur. En raison de la forme de la caractéristique du circuit filament grille, la variation positive du courant dans ce circuit provoquée par la première demi-oscillation positive du potentiel aux bornes du condensateur C_1 est beaucoup plus grande que la variation négative du courant due à la demi-oscillation négative suivante, de sorte que, à la fin de la période, de l'électricité négative s'est accumulée sur l'armature du condensateur c reliée à la grille, et que le potentiel négatif de celle-ci a augmenté. Le même phénomène se reproduit à l'oscillation suivante, de sorte que les oscillations successives de la grille ont des potentiels progressivement décroissants jusqu'à ce que la région où le courant grille est nul quel que soit le sens de la variation du potentiel de la grille étant atteinte, la valeur moyenne du potentiel grille reste constante. Le potentiel grille a pendant ce temps éprouvé les variations représentées par la fig. 34 *b*. Ces variations sont reproduites avec amplification dans le circuit plaque (fig. 34 *c*). Quand le train d'oscillations cesse, les choses reviennent en l'état primitif par suite de la présence de la résistance R, qui court-circuite le condensateur pour les courants de basse fréquence. Le courant moyen dans le circuit plaque ayant varié comme l'indique la fig. 34 *d* le téléphone a reçu une impulsion et le dispositif a joué à la fois les rôles de détecteur et d'amplificateur.

Montage-détecteur-amplificateur multiple (fig. 35). — On peut augmenter dans de grandes proportions l'amplification. Ajoutons dans le montage précédent un transformateur entre le circuit plaque et le circuit grille. Les signaux incidents engendrent dans le circuit grille des oscillations qui se répètent en

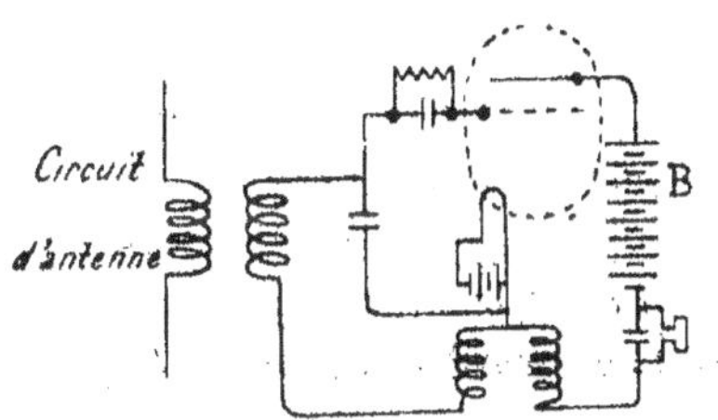

Fig. 35. — Montage en récepteur d'ondes entretenues.

s'amplifiant dans le circuit plaque en y produisant des oscillations dont l'énergie est empruntée à la batterie B. Par l'intermédiaire du transformateur, une partie de cette énergie est transférée au circuit grille dont elle renforce les oscillations, qui s'amplifient à nouveau dans le circuit plaque, et ainsi de suite, par amplifications successives, l'intensité des signaux dans le circuit grille est finalement augmentée dans une proportion considérable. En même temps, le dispositif joue son rôle détecteur. Le potentiel négatif du condensateur C augmente, pendant les oscillations, comme dans le montage précédent ; mais l'énergie en jeu n'est plus celle des oscillations primitives, mais celles qui ont été l'objet de l'amplification multipliée dont nous venons d'expliquer le mécanisme ; de sorte que, finalement, l'intensité des signaux dans le téléphone est, elle aussi, considérablement augmentée, par rapport à celle qu'on obtenait dans le montage précédent.

Montage détecteur-amplificateur multiple-générateur. — Serrons davantage le couplage du transformateur qui relie les deux circuits de la plaque et de la grille. Nous avons dans notre montage actuel tous les éléments que nous avons trouvés déjà dans la fig. 32 de sorte que notre dispositif peut produire des oscillations entretenues. Et nous avons réuni dans un même appareil à une seule lampe, la fonction détectrice, l'amplification, d'ailleurs considérablement plus grande que dans le montage primitif; et enfin la production des ondes entretenues. Ce sont les trois éléments dont, ainsi que nous l'avons vu, nous avons besoin pour la réception à grande distance des ondes entretenues.

L'intensité des signaux obtenus dans ces conditions peut être mille fois plus grande ou davantage encore que celle qu'on aurait avec un détecteur à lampe sans amplification et sans l'emploi de la méthode des battements.

Réalisations techniques des montages à lampes et des dispositifs d'accord. — Alors qu'en France le montage de la figure est plus employé, les dispositifs plus compliqués n'étant pas en usage général, et qu'on sépare volontiers les fonctions détectrices, amplificatrices et génératrices pour les faire remplir par des lampes distinctes, montées souvent dans des appareils distincts, il n'en est pas de même en Amérique, où les montages les plus employés servant à la réception des grands postes sont du genre de celui de la fig. 35, où l'action détectrice est liée à une amplification multipliée par la réaction du circuit plaque sur le circuit grille. On rencontre d'ailleurs plusieurs variétés de ce montage.

la variation pouvant être assurée par liaison inductive, par capacités, par résistance ou par des combinaisons de liaisons de diverses sortes. Les mêmes montages sont employés pour la réception des ondes entretenues avec une liaison plus serrée assurant la production locale des courants de haute fréquence.

Dans plusieurs cas, d'ailleurs, on ajoute aux dispositifs ainsi constitués des amplificateurs agissant soit sur le circuit de haute fréquence, soit sur celui de basse fréquence.

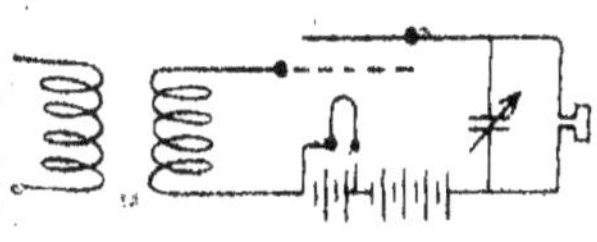

Fig. 36. — Montage en amplificateur.

L'un des appareils les plus employés en Amérique, celui qui est construit par l'inventeur de la lampe à trois électrodes, Lee de Forest comporte par exemple des appareils permettant de réaliser à volonté, l'un des trois montages des figures 33, 35 et 36 :

A cette boîte à lampes sont associés d'une part, le récepteur téléphonique avec son condensateur, d'autre part la boîte d'accord qui comprend les condensateurs et selfs du circuit d'antenne, les circuits d'accord, et les radiotransformateurs.

Les dispositifs possibles de réception, réunissant un quelconque des montages d'accord que nous avons donnés, à l'un quelconque des montages de lampes, sont en nombre considérable. Nous avons, par exemple en associant les montages fig. 15 et fig. 33 le dispositif suivant qui est très souvent employé en Amérique (fig. 37).

Réception auditive et réception enregistrée. — Nous avons dit que l'appareil de réception est toujours un récepteur téléphonique. Il est employé seul tant que la vitesse n'est pas trop grande. Et il est à noter que, les Américains traduisant ordinairement immédiatement les signaux sur la machine à écrire, atteignent une vitesse de réception plus grande que la nôtre, soit ordinairement 30 mots au lieu de 20 à la minute, ce qui augmente dans une grande proportion le rendement de ce mode d'exploitation. Dans le cas de la transmission automatique à grande vitesse (70 à 100 mots à la minute actuellement), la réception auditive n'est plus possible, et il faut enregistrer les signaux. Cela se fait de la façon la plus simple, en faisant agir les sons émis par le téléphone sur le rouleau d'un phonographe ou le fil d'un télégra-

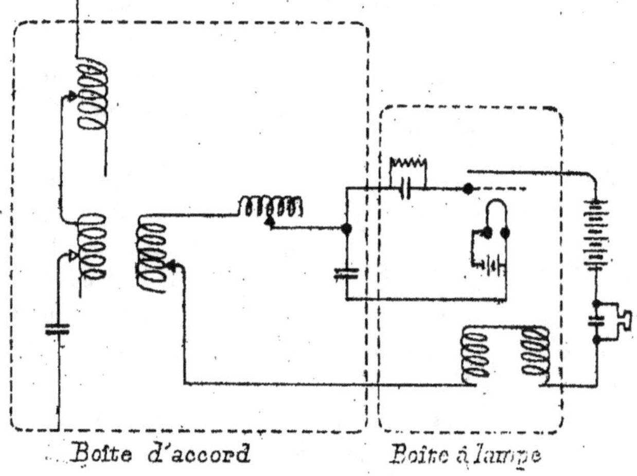

Fig. 37. — Boîte d'accord. Boîte à lampe.

phone. Ces appareils enregistrent les signaux à une grande vitesse puis, déroulés ensuite plus lentement, les rendent à une vitesse moindre, à laquelle la réception auditive est possible. Je rappelle en passant le principe du télégraphone :

Si un fil d'acier passe devant les pôles d'un téléphone en fonctionnement, l'état magnétique de la partie en regard du téléphone est changé à chaque instant suivant les variations du courant téléphonique, de sorte que le son émis par le téléphone s'imprime en quelque sorte dans le fil. Quand l'enregistrement est fini, et qu'on fait passer le fil devant un téléphone relié à un deuxième servant d'écouteur, le phénomène inverse se produit. Il se produit dans le circuit des courants qui varient suivant l'état magnétique des différents points et qui rendent, par conséquent, dans le téléphone récepteur le son enregistré.

3° RÉSEAUX A GRANDE DISTANCE DES COMPAGNIES MARCONI

1. — COMPOSITION.

Le réseau Marconi de radiocommunications transocéaniques comprend actuellement les lignes suivantes :

1° Ligne du Pacifique, avec les stations de San-Francisco (poste de transmission à Bolinas, poste de réception à Marshall) ; et de Honolulu (poste de transmission à Kahuku, poste de réception à Cocohead) correspondant avec la station japonaise de Funabashi.

2° Deux communications avec l'Angleterre, l'une par les deux stations correspondantes de Glace-Bay (Nouvelle-Écosse, Canada) (poste de transmission à Glace-Bay, poste de réception à Louisbourg) et de Clifden (Irlande) (poste de transmission à Clifden, poste de réception à Letterfrack) ; l'autre par les deux stations de New-Brunswick (New-Jersey) près de New-York (poste de transmission à New-Brunswick, poste de réception à Belmar) et de Carnarvon (pays de Galles) (poste de transmission à Carnarvon, porte de réception à Towyn.

3° Ligne de la Norvège, par les stations de Chatham (poste de transmission à Marion, poste de réception à Chatham (cap Cod) et de Stavanger (poste de transmission à Naerbo, poste de réception à Stavanger) (pas encore en service).

Les caractéristiques générales sont les suivantes : Installations faites en vue du service duplex, et du service simultané dans toutes les directions utiles si les stations ont plusieurs correspondants ; antennes Marconi en nappes horizontales ; quant au système de production de la haute fréquence, il diffère suivant les stations : on trouve le système à étincelles, à alternateur musical et éclateur synchrone dans les postes de Kahuku, Bolinas New-Brunswick, Carnarvon ; le système à courant continu haute tension et éclateur tournant dans ceux de Clifden et Glace-Bay ; le système à ondes entretenues, à étincelles commandées et éclateur tournant multiple à Chatam et Stavanger.

Nous allons maintenant décrire avec plus de détail les différents éléments des stations.

II. — Emplacements.

L'emplacement est choisi en terrain bas et marécageux, au bord de la mer, ou près d'une rivière, ou d'une baie en communication directe avec la mer. S'il n'est pas possible de réaliser ces conditions, il faut au moins que le poste de transmission soit construit sur un sol humide, et l'on donne une plus grande importance à la prise de terre.

III. — Antennes.

Principe de l'antenne Marconi. — Toutes les antennes sont du type horizontal Marconi. Elles sont constituées, en principe, de nappes de grande longueur, constituées par des fils horizontaux parallèles, soutenus par des pylônes à une grande hauteur au-dessus du sol. La longueur des fils est au moins cinq fois la hauteur des pylônes, et souvent beaucoup plus. Ces antennes possèdent, en raison de leur forme particulière, la propriété de rayonner dans des proportions variables suivant les directions, autrement dit, d'être dirigées. Cet effet, très marqué au voisinage des antennes, dans le cas de l'émission, semble disparaître à grande distance. A la réception, certaines directions sont nettement favorisées quelle que soit la distance du correspondant.

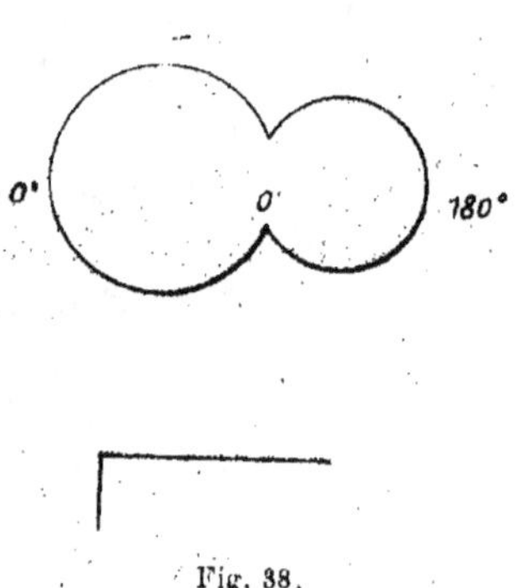

Fig. 38.

Si l'on trace sur un diagramme polaire, l'intensité du champ dans le cas de l'émission, ou l'intensité captée dans le cas de la réception, pour les différentes directions, on obtient une courbe du genre de la figure ci-dessus (fig. 38).

On constate un maximum absolu quand la nappe est dans la direction du correspondant, l'extrémité réunie aux appareils étant tournée vers celui-ci, et une valeur beaucoup moins grande dans la direction opposée. On a en outre des minima très marqués dans les directions à peu près perpendiculaires à la nappe. D'où, dans l'utilisation de ces antennes, cette règle, qu'elles doivent être construites dans la direction du correspondant, le côté appareil étant tourné vers lui.

Antennes et prises de terre pour la transmission. — Dans le cas des antennes de transmission, des nappes de grande longueur de l'ordre de 200 mètres, à fils multiples (32 fils dans l'antenne normale), sont utilisées. Quant à la hauteur des pylônes et à la longueur des fils, elles sont d'autant plus grandes que les distances à franchir sont plus considérables. C'est ainsi que l'antenne de Glace-Bay (3.590 kilomètres), portée par trois pylônes de 67 mètres de hauteur et 9 mâts de 56 mètres, a une longueur de 850 mètres environ ; celle de Bolinas (portée 4.000 kilomètres) comporte 8 pylônes de 100 mètres, et une nappe de 600 mètres environ ; celle de Carnarvon qui correspond avec l'Amérique à 5.300 kilomètres de distance, est supportée par 10 pylônes de 121 mètres, et ses fils ont une longueur de 1.100 mètres ; quant à l'antenne japonaise d'Honolulu (portée 6.600 kilomètres), elle est constituée par une longue nappe de plus de 1.500 mètres, soutenue par 12 pylônes de 137 mètres de hauteur.

Les pylônes sont du type Marconi, ce sont des mâts tubulaires en acier, formés de sections de 3 mètres de longueur environ superposées et réunies entre elles par des boulons (fig. 39 et 43).

Ils sont soutenus par des haubans coupés en sections isolées pour éviter l'absorption des ondes.

Les figures 40, 41 et 42 donnent des indications sur les détails de construction des antennes, qui sont les mêmes pour toutes les stations. Elles représentent les antennes de la station de Bolinas (Californie). Cette station comporte une antenne de réception à deux fils, supportés par 4 pylônes, destinée à assurer les réceptions en cas d'avarie survenant à l'installation normale de Marshall, et une antenne d'émission, destinée au trafic avec

Honolulu, formée par une nappe de 32 fils parallèles divisés en 4 groupes fig. 40 et soutenus par 3 câbles transversaux supportés par 8 pylônes. Les câbles des deux extrémités, travaillant davantage, sont portés par trois pylônes au lieu de deux. Les fils

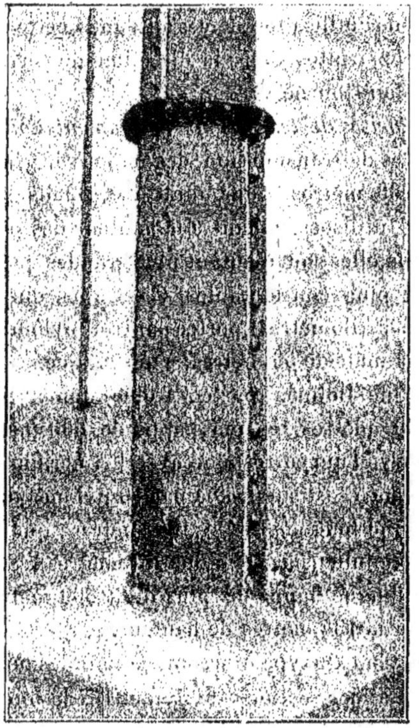

Fig. 30. — Base d'un pylône Marconi.
(Communiqué par la « Marconi Wireless Telegraph Co of America »)

sont isolés des câbles porteurs par des tubes en porcelaine. Le mode d'isolement et d'attache de la partie descendante, le type d'entrée de poste, sont visibles sur la fig. 42.

A l'extrémité opposée au poste, chaque fil est équilibré par un système qui maintient sa tension constante.

Le mode normal de prise de terre est le suivant : Du milieu du

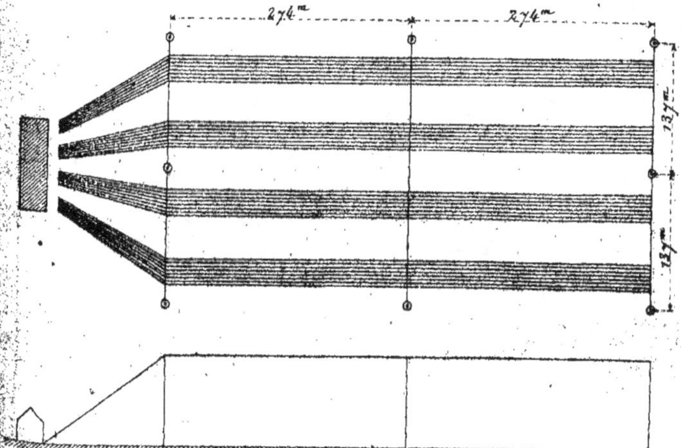

Fig. 40. — Antenne de la station Marconi de Bolinas.

Fig. 41. — Station Marconi de Bolinas.
(Communiqué par la « Marconi Wireless Telegraph Co of America »).

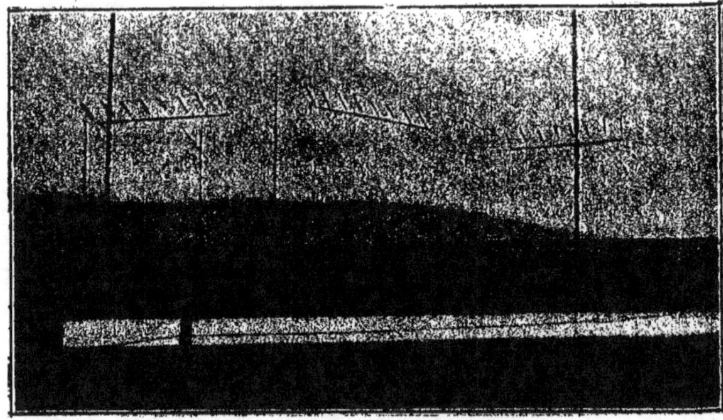

Fig. 42. — Station Marconi de Bolinas.
Attaches inférieures d'antennes.
(Communiqué par la « Marconi Wireless Telegraph Co of America »).

Fig. 43. — Station Marconi de Bolinas.
Poste de transmission.
(Communiqué par la « Marconi Wireless Telegraph Co of America »).

circuit oscillant comme centre partent 224 câbles de cuivre, réunis en 8 groupes qui traversent les murs du bâtiment du poste dans des manchons isolants, puis vont s'attacher au sommet de 8 poteaux répartis sur une circonférence de 24 mètres de rayon (fig. 43). Là, les câbles se séparent, puis s'enfoncent dans la terre en

Fig. 44. — Station Marconi de réception de Louisbourg.
(Extrait du *Wireless World*).

rayonnant, et vont se souder à des plaques de zinc enfouies verticalement dans le sol et réunies ensemble de façon à former une vaste circonférence de 30 mètres de rayon. ¡De cet anneau rayonnent 112 câbles de cuivre terminés chacun par une plaque de zinc de 10 mètres sur 6, enfouie verticalement dans le sol. Au delà de ces plaques, du côté de l'antenne, la prise de terre est prolongée par des fils parallèles à l'antenne, et s'étendant au delà de celle-ci. Les conditions locales amènent généralement de légers changements. Par exemple, l'emplacement de la station de New-

Brunswick est à proximité de la rivière Raritan et est traversée par un courant d'eau relié à cette rivière par des rigoles. On a enfoui les plaques de zinc dans le lit du ruisseau afin d'obtenir, pour la prise de terre, une communication directe avec la mer.

Antennes et prises de terre pour la réception. — Les antennes de réception sont également du type Marconi en ⌐ mais elles ne comportent qu'un ou deux fils supportés par une rangée de pylônes, 5 à 7 généralement. Elles sont un peu moins élevées que les antennes de transmission, 91 mètres généralement. La fig. 44 représente l'antenne du poste de réception de Louisbourg qui correspond avec le poste de transmission de Clifden. Elle est portée par six pylônes tubulaires à haubans type Marconi de 91 mètres de haut.

Les terres sont encore formées par des fils rayonnant autour de la station de réception et fixées à un anneau de 15 mètres de rayon formé de plaques de zinc enfouies verticalement dans le sol et soudées entre elles. De cet anneau partent des fils terminés par des plaques de zinc qu'on enfouit dans un marais ou dans un cours d'eau voisin.

IV. — Dispositifs pour la réalisation du service en duplex.

Toutes les stations à grande distance Marconi sont, comme nous l'avons vu, établies de façon à pouvoir faire le service en duplex. Dans ce but, les deux postes de transmission et de réception d'une même station sont séparés, à une distance qui est ordinairement de 30 kilomètres environ, et, dans le cas de la station de Carnarvon, va jusqu'à 110 kilomètres, pour des raisons locales. La condition essentielle est que le poste de réception puisse recevoir de son correspondant travaillant à grande distance, tandis que le poste d'émission transmet, et, pour cela, il faut que le poste de réception n'entende pas les signaux émis par le poste de transmission voisin. Deux moyens sont utilisés concurremment dans ce but. Tout d'abord, on règle les deux stations d'émission correspondantes à deux longueurs d'onde différentes, de manière que, le poste de réception ayant à écouter des signaux d'une longueur d'onde différente de celle qu'émet le poste voisin, puisse, en utilisant toutes les ressources de la syntonie, diminuer l'intensité des signaux qui en viennent. On utilise en outre les propriétés directives des antennes. Nous avons vu en effet que l'antenne de Marconi reçoit avec l'intensité maxima les signaux qui arrivent dans sa direction, en venant du côté relié aux appareils, et avec une faible intensité ceux qui arrivent de la direction perpendiculaire. L'antenne de réception est naturellement orientée dans la direction de son correspondant (fig. 45). Établis-

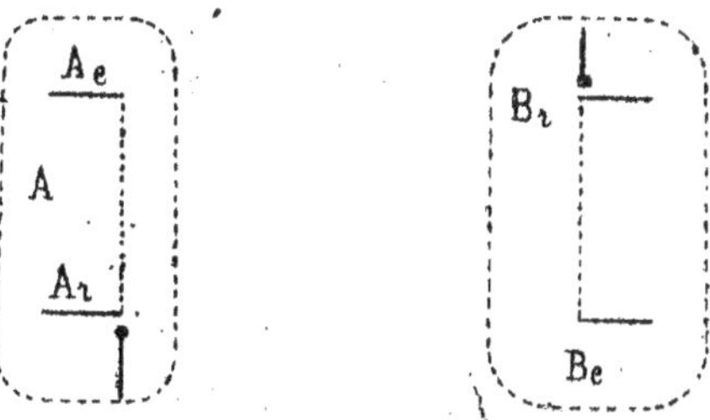

Fig. 45. — Schéma d'une installation duplex d'antennes Marconi.

sons alors les deux postes qui font partie d'une même station de telle sorte que la droite A_e et A_r qui relie les deux postes soit perpendiculaire aux deux antennes de A_e et A_r : les émissions qui viennent de A_e en A_r sont réduites au minimum par l'action directive des antennes et cet effet s'ajoute à celui de la syntonie. On va encore plus loin et l'on arrive à annuler complètement les signaux venant du poste d'émission par le procédé suivant : installons au poste de réception A_r une deuxième antenne dirigée, dite antenne de compensation, beaucoup plus basse que l'antenne normale et établie perpendiculairement à celle-ci de façon à avoir sa direction de réception optima vers A_e.

Opposons ensuite dans les enroulements récepteurs les effets des deux antennes et réglons les enroulements réunis à l'antenne de compensation de telle façon que, son effet s'opposant exactement, pour les signaux venant de l'antenne d'émission, à l'effet de l'antenne normale, ces signaux sont complètement annulés.

Quant aux signaux venant des correspondants, comme ils sont très faibles dans l'antenne de compensation, en raison de l'action directrice de celle-ci et de la différence des longueurs d'onde, ils sont affaiblis dans une proportion insignifiante ; de telle sorte que le fonctionnement du système en duplex est assuré dans de bonnes conditions.

L'antenne de compensation est formée d'un fil horizontal tendu au-dessus du sol, à une distance de 30 mètres. Généralement, sa longueur, de l'ordre de 2 kilomètres, varie avec la longueur d'onde. La fig. représente l'antenne de compensation de la station de Louisbourg.

En somme, chaque station équipée pour travailler en duplex comprend :

Un poste de transmission ;

Un poste de réception, éloigné à 30 kilomètres environ de l'émission, et comprenant une antenne normale pour la réception du correspondant et une antenne de compensation des signaux venant du poste de transmission.

Enfin, les deux postes transmission et réception sont réunis par une liaison télégraphique par laquelle la manipulation est faite à partir du poste de réception ; le poste de transmission n'étant plus, dans cette combinaison, qu'un relais gigantesque qui transforme les signaux télégraphiques d'un milliwatt de puissance, en émission radiotélégraphique de 100 kilowatts.

V. — Stations multiples.

Certaines stations, comme celle d'Honolulu, qui est l'intermédiaire entre le Japon et l'Amérique, ont à travailler avec deux ou plusieurs autres. On s'arrange alors non seulement pour que, sur chaque ligne, le trafic se fasse en duplex, mais encore pour que les deux lignes puissent travailler simultanément, indépendamment l'une de l'autre. Pour faire comprendre la façon d'y arriver, je décrirai les dispositions prises à Honolulu (fig. 46). Là encore, le poste de transmission et le poste de réception sont complètement séparés. Mais le poste de transmission établi à Kahuku, à environ 48 kilomètres d'Honolulu, comporte deux installations complètes, avec machines, appareils et antennes distinctes, l'une affectée au travail avec le Japon, l'autre au travail avec l'Amérique (fig. 47). L'antenne dirigée vers le Japon est constituée par une nappe de fils de 1.500 mètres de long et est portée par 12 pylônes de 137 mètres de hauteur. Celle qui travaille avec Honolulu a 1370 mètres de longueur et est portée par 12 pylônes de 91 mètres.

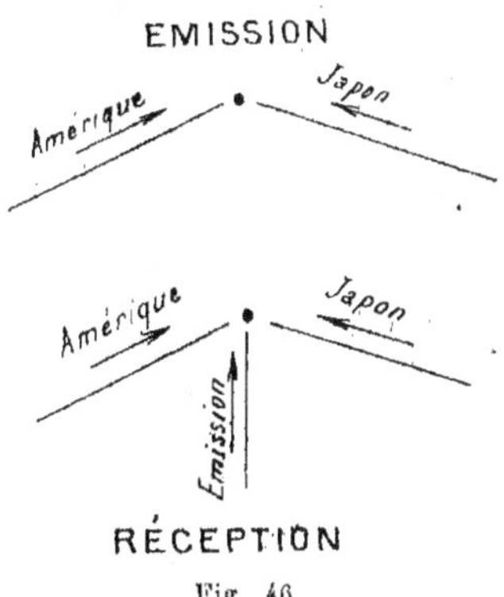

Fig. 46.

Le poste de réception établi à Cocohead, à environ 14 kilomètres à l'ouest d'Honolulu, comporte également deux installations complètes, avec antennes distinctes, dirigées, spécialisées pour les directions du Japon et d'Amérique et une antenne de compensation. La première est supportée par trois pylônes qu'on voit à droite sur la figure 48 ; deux de 91 mètres de hauteur, et un moins élevé planté au haut d'une colline, à grande distance des deux premiers. La deuxième, qui correspond avec l'Amérique, est portée par cinq pylônes en ligne droite de 91 mètres de hauteur. L'antenne de compensation, soutenue par des pylônes de 30 mètres de hauteur a son maximum de réception dans la direction du poste de Kahuku. Le réglage est fait de telle façon que les signaux venant de ce poste soient compensés, quelle que soit l'installation d'émission utilisée; le poste d'Honolulu n'étant gêné dans aucune de ses réceptions, peut alors, au moyen de ses deux installations complètes, travailler simultanément et en duplex avec ses deux correspondants.

VI. — RÉCEPTION.

Les postes de réception sont munis de montages à lampes avec dispositifs amplificateurs, à haute et basse fréquence. La récep-

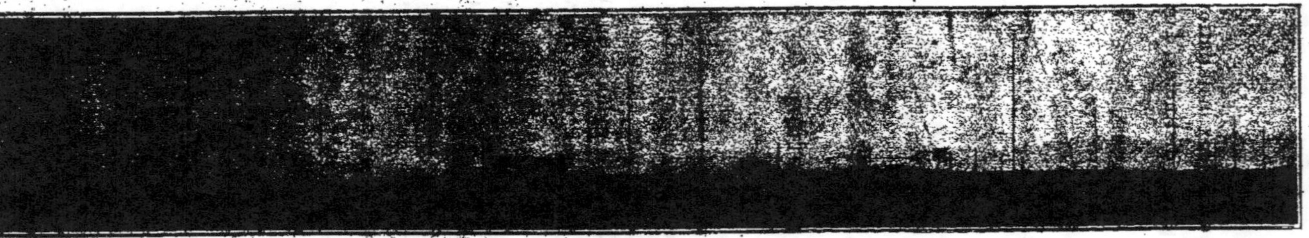

Fig. 47. — Station double de transmission de Kahuku. Antenne n° 1 (vers le Japon). — Antenne n° 2 (vers l'Amérique).

(Communiqué par la « Marconi Wireless Telegraph Co of America »).

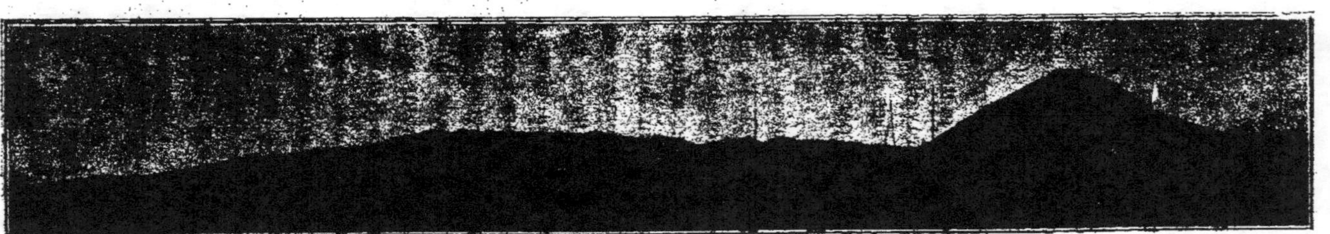

Fig. 48. — Station double de réception de Cocohead. Antenne n° 1 (vers l'Amérique). — Antenne n° 2 (vers le Japon).
Sur les petits pylônes : antenne de compensation.

(Communiqué par la « Marconi Wireless Telegraph Co of America »).

tion se fait au téléphone et est enregistrée à l'oreille quand la vitesse est faible, au phonographe quand elle est grande. Le phonographe est ensuite déroulé assez lentement pour que la lecture auditive soit possible, et les signaux sont alors transcrits, à mesure du déroulement sur la machine à écrire.

VII. — Méthode générale d'exploitation.

Il est intéressant de suivre, par exemple, un télégramme à destination de l'Amérique à partir du moment où il est déposé au bureau télégraphique de la Compagnie Marconi, à Londres. Du guichet du bureau, il est expédié par tube pneumatique à la salle des appareils où il est traduit en bande perforée. S'il doit emprunter la voie Carnarvon-New-Brunswick, il est transmis par fil, au moyen de l'appareil Creed, au poste de réception et manipulation radiotélégraphique de Towyn, où il est reçu directement sous forme de bande perforée. Là, cette bande passe dans un appareil Wheatstone qui commande, par l'intermédiaire de relais, les dispositifs de manipulation du poste d'émission de Carnarvon, lequel, ainsi que nous avons vu, transforme les signaux télégraphiques en signaux radiotélégraphiques de grande puissance. Les émissions sont reçues en Amérique, au poste de réception de Belmar, sont amplifiées, font vibrer la plaque du téléphone et s'enregistrent sur le rouleau du phonographe. Les signaux, rendus par cet appareil à la vitesse de réception auditive, sont transcrits à mesure à la machine à écrire, puis expédiés par fil aux destinations américaines. L'exploitation se faisant d'ailleurs en duplex, le rendement du système est très grand.

VIII. — Postes a étincelles, a courant alternatif et éclateur synchrone.

Principes. — Dans les postes à grande puissance à étincelles, à courant alternatif et éclateur synchrone, le schéma de montage est celui de la figure 49.

Nous y retrouvons les trois circuits qui constituent toute installation à étin celle : circuits de charge, d'excitation et d'antenne.

Le circuit de charge comprend un alternateur musical A, un transformateur T qui élève la tension à la valeur convenable pour la charge du condensateur et l'éclatement de l'étincelle,

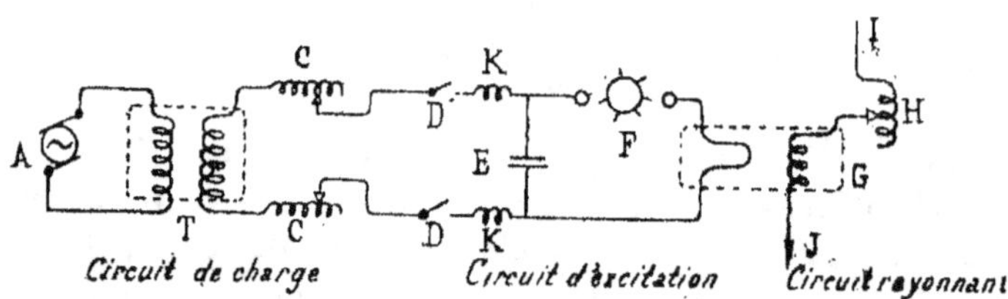

Fig. 49. — Montage d'un poste Marconi à étincelles par courant alternatif et éclateur synchrone.

puis des bobines de self de réglage et d'étouffement de la haute fréquence K ; enfin les organes de manipulation D installés du côté haute tension entre ces deux séries de bobines, et aboutit au condensateur E.

Le circuit de décharge comprend le condensateur E, l'éclateur F, du type tournant établi de façon à donner deux étincelles par période de l'alternateur, et le primaire d'un radiotransformateur G destiné à exciter l'antenne.

Enfin, le circuit rayonnant comprend l'antenne I, une bobine de self H, le secondaire G du transformateur et la prise de terre J.

Le circuit rayonnant et le circuit d'antenne sont réglés, ainsi que nous l'avons vu, à la même longueur d'onde, pour profiter de l'amplification de potentiel et de courant produite par la résonance. Quant au circuit de charge, comprenant le condensateur et la self qui représente les fuites du transformateur, les selfs de la machine, des bobines de réglage et d'étouffement, il constitue lui aussi un circuit oscillant. On règle la valeur des selfs C de telle sorte que sa période naturelle d'oscillation soit un peu plus grande que la période du courant alternatif produit par la dynamo A.

Dans ce système d'émission l'étincelle éclate chaque fois que les pôles mobiles de l'éclateur passent devant les pôles fixes, c'est-à-dire deux fois par période de la machine. La fréquence d'étincelles est double de celle de l'alternateur. L'étincelle s'éteint rapidement après l'éclatement. A ce moment la différence de potentiel aux bornes de l'éclateur est nulle. Elle augmente progressivement, sous l'action de la force électromotrice de l'alternateur, jusqu'à ce que, des pôles mobiles passant à nouveau devant les pôles fixes, une nouvelle étincelle éclate.

En raison du mode d'action de l'éclateur tournant, aux grandes longueurs d'onde, que nous avons expliqué ci-dessus, l'étincelle est éteinte, mécaniquement, après un petit nombre d'oscillations. A partir de ce moment l'antenne, excitée par impulsion, rayonne avec sa fréquence et son amortissement propre, qui est très faible, le décrément d'amortissement étant de l'ordre de 0,05.

Circuit de charge. — L'alimentation de la station en énergie électrique est assurée par les réseaux de distribution, si l'énergie peut être acquise à de bonnes conditions : dans ce cas, le courant est, la plupart du temps, fourni sous forme de courant triphasé haute tension, à la fréquence 50.

La tension est abaissée à 440 volts par un groupe de transformateurs.

Ce courant alimente ensuite un moteur triphasé de 500 chevaux à démarrage automatique, qui entraîne un alternateur monophasé de 300 kilowatts à fréquence musicale, variable suivant les stations entre 150 et 200 périodes. Une machine à courant continu, soit placée sur l'arbre du moteur, soit entraînée par un moteur spécial, fournit le courant nécessaire pour l'excitation et souvent aussi alimente l'éclairage et le circuit de manipulation. Dans d'autres cas, le courant des relais de manipulation est fourni par un groupe moteur générateur spécial. Dans le cas où l'énergie ne peut être prise à un réseau de distribution, des turbines à vapeur entraînent les alternateurs de 300 kilowatts et les dynamos à courant continu, lesquelles sont alors plus puissantes et fournissent l'énergie nécessaire à l'excitation, à l'éclairage, aux ventilateurs, etc...

De l'alternateur de 300 kilowatts, le courant passe dans les enroulements primaires d'un groupe de 5 transformateurs de 75 kw en parallèle, qui élèvent la tension à la valeur nécessaire pour l'éclatement. A la sortie du transformateur, on trouve les bobines de self à noyau d'air pour le réglage de la période propre des circuits de charge ; puis, les manipulateurs dont nous expliquerons dans un instant le fonctionnement ; enfin, les bobines de choc à noyau d'air destinées à arrêter les courants de haute fréquence, et l'on arrive au condensateur.

Des ventilateurs à haute et basse pression fournissent l'air pour le soufflage de l'éclateur et du manipulateur, pour la ventilation de la salle de l'éclateur, etc.

Circuit d'excitation. — Le condensateur est composé de 300 à

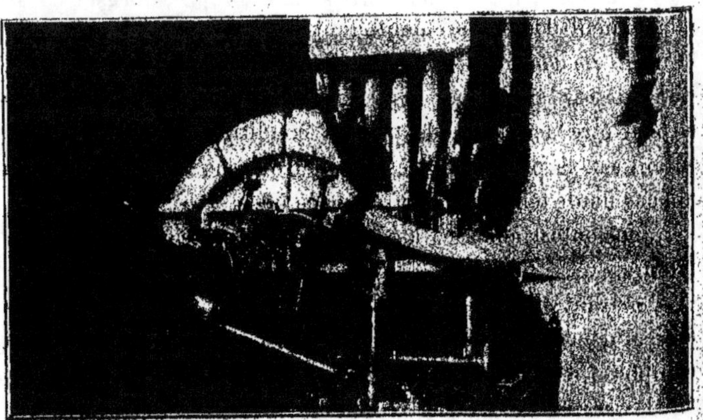

Fig. 50. — Eclateur tournant Marconi pour station de grande puissance.
(Communiqué par la « Marconi Wireless Telegraph Co of America »).

400 unités de 0,077 microfarad de capacité moyenne, comprenant 34 plaques de verre séparées par des feuilles de zinc, et disposées par groupes de 3 ou 4 en séries. Il est relié par de larges connexions, d'une part au primaire du radiotransformateur, d'autre part à l'éclateur. La capacité employée est de l'ordre de 1 à 2 microfarads généralement.

L'éclateur est du type Marconi à grande puissance (fig. 50). Un disque d'acier vertical de plus d'un mètre de diamètre, porté par l'arbre de l'alternateur, et portant de part et d'autre de son plan, près de sa périphérie des saillies régulièrement espacées, en nombre égal à celui des pôles de l'alternateur, tourne à la même vitesse que celui-ci entre deux disques horizontaux A et B, animés d'un mouvement de rotation lent autour de leur axe, portés sur le bâti de l'éclateur, mais isolés de celui-ci et reliés au circuit oscillant. Dans ces conditions, une étincelle double, allant du premier disque à la saillie, et de celle-ci au deuxième disque, éclate chaque fois qu'une saillie passe entre les disques. L'étincelle est soufflée par un ventilateur. Tout est d'ailleurs prévu pour que l'éclateur, au lieu d'être entraîné synchroniquement par l'alternateur, puisse être commandé asynchroniquement par un moteur spécial. L'éclateur est isolé dans une salle construite de façon à étouffer le bruit de l'étincelle.

Tous les organes mécaniques : moteur, alternateur, machines à courant continu, ventilateurs, éclateurs, sont montés en double de façon à assurer les rechanges nécessaires. Pour les autres appareils, les rechanges sont également prévues.

Radiotransformateur et circuit d'antenne. — Le circuit à condensateur excite l'antenne par l'intermédiaire d'un radiotransformateur à deux enroulements, constitués par des conducteurs parallèles isolés les uns des autres, câblés en spires jointives, à pas très long, en une seule couche, autour d'un noyau isolant. Le primaire relié au circuit à condensateur par de larges rubans de cuivre, comporte une seule spire, ou deux en parallèle, dont le noyau est un tore de bois de 1 m. 50 de diamètre environ, engendré par un cercle de 25 centimètres environ. Le secondaire, relié à l'antenne, est constitué par un solénoïde de plusieurs spires de un mètre de diamètre en câble de 10 centimètres de diamètre enroulé, suivant les mêmes principes, autour d'un noyau en corde. Une self, construite de la même façon, et disposée en série dans le circuit de l'antenne sert au réglage de la longueur d'onde.

Manipulation (fig. 51). — La manipulation se fait, ainsi que nous l'avons vu, en interrompant et rétablissant, à volonté, le circuit de charge du condensateur, côté haute tension, les appareils de coupure étant placés après le transformateur et les selfs de réglage. Ces dispositifs sont au nombre de deux et comportent chacun deux coupures en série. Ils sont placés sur les deux fils venant des selfs, de sorte qu'en définitive la manipulation se fait par quatre coupures en série. Chaque appareil comporte deux contacts fixes A_1, A_2 reliés au circuit de charge des deux contacts mobiles B, B, portés par des lames flexibles et pouvant tourner autour de l'axe vertical O, et les deux plots de repos cc, mis au même potentiel que les contacts mobiles. Le mouvement des contacts a lieu dans un plan horizontal. Les pôles A et C sont munis de cornes, comme les paratonnerres, ce qui facilite beaucoup la coupure. Les étincelles sont d'ailleurs soufflées par un courant d'air énergique. Dans l'un des modèles, l'axe OO_1 porte à sa partie inférieure une bobine I analogue à celle d'un galvanomètre d'Arsonval, placée entre les pôles d'un aimant

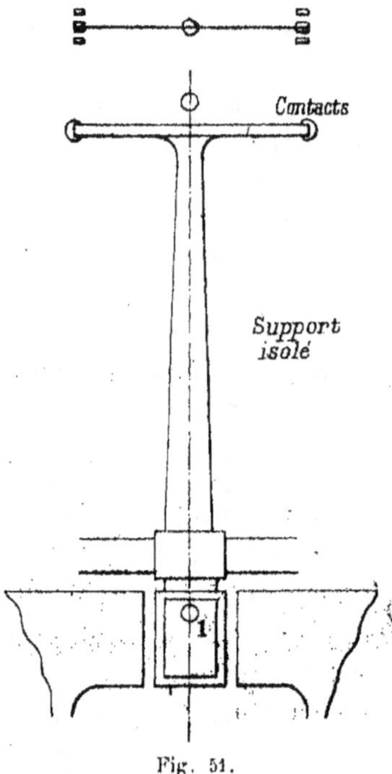

Fig. 51.

qui tourne dans le champ magnétique quand elle est traversée par un courant continu. Les interrupteurs sont commandés par relais, eux-mêmes commandés directement, à partir de la station de réception, par le manipulateur s'il s'agit de transmission manuelle, ou par l'appareil Wheatstone dans le cas de la manipulation automatique. Dans ce dernier cas, les bandes perforées sont préparées, au préalable, au moyen d'un appareil semblable à une machine à écrire, et qui prépare une lettre pour chaque mouvement de l'opérateur, tandis que le perfora-

teur ordinaire perfore un signe seulement. La vitesse normale
de perforation automatique avec des appareils de ce genre est de
70 mots à la minute.

Avec d'autres appareils mus à l'air comprimé, on atteint 100
mots à la minute.

Il y a lieu de remarquer, en terminant cette description des
postes Marconi à alternateurs et éclateurs tournants, que la
fréquence du courant alternatif est 150 à 200, donnant deux
étincelles par période, soit 300 à 400 étincelles par seconde. Il
est intéressant de constater que la Compagnie Marconi s'en tient,
pour ses communications à grande distance, à ce nombre relativement faible, alors que les fréquences d'étincelles les plus com-
munément préférées sont de l'ordre de 1000 et plus.

IX. — POSTES A ÉTINCELLES A COURANT CONTINU HAUTE TENSION ET ÉCLATEUR TOURNANT.

Principes. — Dans les systèmes de télégraphie sans fil à
étincelles avec courant continu haute tension et éclateur tournant, on retrouve le circuit d'antenne et le circuit d'excitation

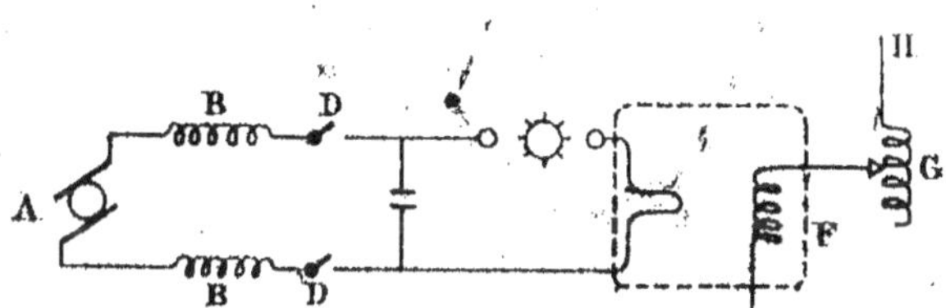

Fig. 52. — Montage de poste à étincelles, à courant continu haute tension et
éclateur tournant.

précédents ; mais l'alimentation du condensateur n'est plus
fournie par un ensemble alternateur et transformateur ; elle est
faite par une source à force électromotrice constante, suffisamment élevée (10.000 volts au moins en général) pour qu'elle
puisse provoquer l'étincelle (fig 52).

Cette méthode de charge ayant été adoptée par l'Administration des Postes et des Télégraphes après une série d'expériences

faites sous ma direction, pour ses installations à étincelles les plus récentes, nous intéresse particulièrement, et j'en exposerai rapidement les principes et les caractéristiques.

Lorsqu'on charge un condensateur à travers une self-induction la charge est oscillante si la résistance du circuit de charge n'est pas trop grande. La différence de potentiel (fig. 53), partant de zéro,

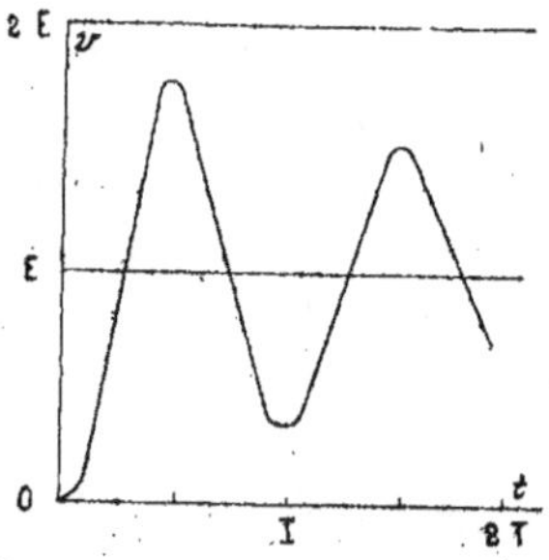

Fig. 53. — Charge d'un condensateur.
Différence de potentiel aux bornes.

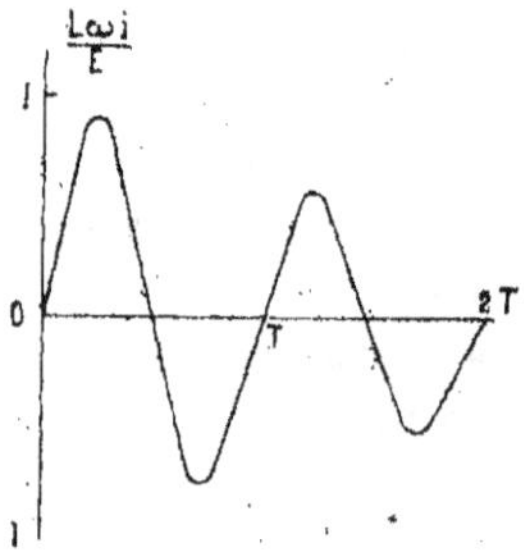

Fig. 54. — Charge d'un condensateur.
Intensité dans le circuit.

oscille de part et d'autre de la valeur de la force électromotrice E de la source. L'intensité du courant dans le circuit de charge exécute elle aussi une série d'oscillations (fig. 54). La période T dépend de la capacité du condensateur et de la self du circuit, suivant l'expression

$$T = 2 \pi \sqrt{C L}$$

Au bout de la première demi-oscillation la différence de potentiel entre les bornes du condensateur est maxima, et atteint presque deux fois la valeur de la force électromotrice appliquée. L'énergie disponible et le rendement sont également maxima ; l'intensité dans le circuit de charge est nulle. C'est donc un moment favorable pour faire éclater la décharge. Le meilleur sera donc de s'arranger pour que l'intervalle de temps qui sépare deux décharges consécutives, temps qui est utilisé pour la charge, soit égal à une demi-période de l'oscillation du circuit de charge. La suite des phénomèmes est alors la suivante.

Quand une étincelle vient de s'éteindre (fig. 55) l'intensité et la différence du potentiel aux bornes du condensateur sont sensiblement nulles. A partir de ce moment, sous l'action de la force électromotrice de charge, la différence de potentiel aux bornes du condensateur augmente d'une façon continue. Elle atteint, au bout d'une demi-période de l'oscillation de charge, une valeur voisine du double de la force électromotrice de la

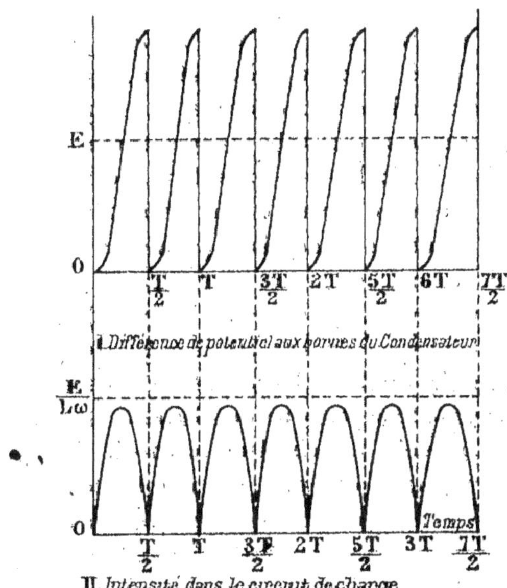

Fig. 55.

source. Si le système est réglé de telle sorte que des saillies de l'éclateur passent devant les pôles fixes à ce moment, une étincelle éclate, le condensateur se décharge et les mêmes phénomènes se reproduisent dans le même ordre qu'auparavant.

Si la fréquence de l'étincelle n'est pas exactement le double de celle du courant de charge, l'étincelle n'éclate plus au moment où la différence de potentiel aux bornes du condensateur est maxima, et l'intensité dans le circuit de charge nulle. Toutefois la théorie et la pratique montrent qu'à moins d'un déréglage important le rendement n'est pas sensiblement diminué.

En raison de la haute tension nécessaire, l'emploi de batteries d'accumulateurs comme source d'alimentation présente les inconvénients de l'installation, de l'entretien, et de l'isolement de plusieurs éléments en série. Il a de plus celui d'un mauvais rendement.

Les machines à courant continu haute tension (il est possible d'obtenir aujourd'hui jusqu'à 25.000 volts par unité) sont moins chères, d'un entretien facile, et d'un meilleur rendement. Les conditions suivantes doivent être imposées au matériel :

1° Si l'on emploie le montage simple de la figure 52 la différence de potentiel aux bornes du condensateur est, au début de l'étincelle voisine du double de la force électromotrice de la source, et celle-ci est traversée par un courant interrompu. Frappés de ce fait, quelques auteurs ont depuis longtemps proposé de disposer aux bornes de la machine des condensateurs de grande capacité ou des accumulateurs (en particulier A. Blondel). Il semble plus simple de prévoir les machines de telle sorte qu'elles puissent, sans protection spéciale, supporter les courants et les tensions imposés.

On peut aussi s'arranger pour que les selfs de réglage, qu'il est toujours commode d'avoir dans le circuit de charge pour pouvoir en varier les constances, soient calculées de telle sorte qu'elles absorbent une partie importante de la tension alternative; on pourra être amené, dans ce cas, à diminuer la self de la machine au moyen d'enroulements compensateurs.

2° Il est prudent de protéger par des dispositifs amortisseurs le circuit de charge contre les ondes de haute fréquence dans les enroulements pendant la décharge des condensateurs.

Caractéristiques. — Le système à courant continu haute tension et éclateur tournant ainsi constitué présente, par opposition au système à courant alternatif, les caractéristiques suivantes :

Charge au moyen d'une force électromotrice constante.

1° Matériel d'une construction spéciale contenant des parties tournantes et des collecteurs sous haute tension.

2° La vitesse de rotation de la machine n'intervient pas dans le réglage des circuits.

3° On peut utiliser le rendement maximum que peut donner le circuit de charge.

Ce rendement peut, en pratique, dépasser 0, 9.

4° Un défaut de réglage, même notable, de la vitesse de l'éclateur ne conduit qu'à une faible diminution du rendement.

L'éclateur peut être entraîné indépendamment de la machine.

5° Le son musical obtenu est pur et très agréable.

Charge au moyen d'une force électromotrice alternative.

1° Matériel robuste de construction courante.

2° Les circuits sont réglés sur la vitesse de rotation de l'alternateur. Toute variation de vitesse trouble le fonctionnement du système.

3° Le coefficient de surtension doit rester assez faible pour atténuer l'effet des faibles variations de vitesse de l'alternateur sur le fonctionnement. Cette nécessité conduit à diminuer le rendement maximum possible du système de charge.

4° L'éclateur est obligatoirement sur l'arbre de l'alternateur. Un défaut d'orientation, même faible, de l'éclateur par rapport à sa position optima provoque une forte diminution du rendement.

5° Il est difficile d'obtenir un son musical pur et agréable.

Etablies d'après les principes qui précèdent, les stations Marconi de Glace-Bay, au Canada, et Clifden, en Irlande, assurent, depuis 1910, la radio-communication entre l'Angleterre et l'Amérique à une distance de 3590 kilomètres.

Premier mode de réalisation. Emploi de batteries d'accumulateurs. — Dans une conférence faite le 2 juin 1911 à la Royal Institution, à Londres, Marconi donna la description suivante des dispositifs alors en usage dans ces stations (fig. 56).

L'énergie est fournie sous forme électromotrice constante par une batterie

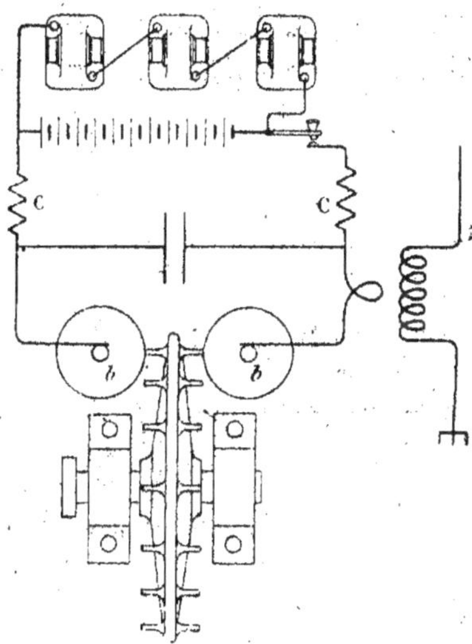

Fig. 56. — Extrait du *Wireless World*.

d'accumulateurs de 6000 éléments réunis en série, et d'une capacité de 40 ampères-heures. La charge de la batterie est fournie par des dynamos à courant continu haute tension. La force électromotrice est 11.000 à 12.000 volts quand la batterie est employée seule, et peut monter jusqu'à 15.000 volts quand on associe les dynamos à haute tension en parallèle avec la batterie.

La plupart du temps, on se sert de la batterie seule.

Les extrémités de la batterie d'accumulateurs sont reliées par l'intermédiaire de bobines de self au courant excitateur qui contient les condensateurs, l'éclateur à disque et le primaire du radiotransformateur. Quand la batterie donne 12.000 volts, la différence de potentiel d'éclatement atteint 18.000 volts.

Le condensateur est à diélectrique air. L'éclateur est formé d'un disque vertical d'acier muni de saillies perpendiculaires à son plan, disposées près de la périphérie à intervalles réguliers. Ce disque tourne, à la grande vitesse de 200 mètres par seconde, entre deux autres disques horizontaux qui tournent lentement autour de leur axe.

Avec la fréquence utilisée à Clifden, soit 45.000 périodes par seconde, et une différence de potentiel de 15.000 volts, la durée de l'étincelle est pratiquement celle d'une oscillation complète. Le circuit primaire étant ainsi immédiatement ouvert, ses oscillations sont brusquement arrêtées et, si le couplage avec le circuit d'antenne est convenable, toute son énergie aura pratiquement passé dans l'antenne en un temps très court. Il y a donc impulsion, et l'énergie est rayonnée sous forme d'une onde pure ayant l'amortissement propre, d'ailleurs très faible, du circuit rayonnant.

Dans une déposition faite en 1913 devant la Commission d'enquête de la Chambre des Communes, au sujet du contrat passé entre sa Compagnie et le Post Office pour la construction du réseau impérial de radiocommunications britanniques, Marconi compléta la description précédente en indiquant que la puissance employée pour le trafic transatlantique n'avait jamais, à cette époque, dépassé 150 kilowatts et était généralement de 80 kilowatts (énergie fournie au condensateur).

Dispositifs actuels de la station Glace-Bay. Suppression de la batterie d'accumulateurs. — Telles étaient, en 1911, les caractéristiques des stations de Clifden et Glace-Bay. La principale consistait dans l'emploi, comme source de force électromotrice constante à haute tension, d'une batterie d'accumulateurs employée, soit seule, soit en tampon sur un ensemble de machines à courant continu haute tension mises en série.

On conçoit les difficultés que présentent l'entretien et l'isolement d'une batterie de 6000 éléments d'accumulateurs en série. La batterie a été conservée à Clifden. Mais, à Glace-Bay, la Compagnie canadienne Marconi a jugé, après expérience, que la sécurité additionnelle que la présence de la batterie apportait au fonctionnement de la station ne compensait pas les inconvénients qu'elle amenait avec elle. Elle a songé à remplacer la batterie d'accumulateurs par des condensateurs de grande capacité. Finalement, la solution adoptée a été la suppression pure et simple des accumulateurs, et le poste de transmission, tel que je l'ai vu à Glace-Bay fonctionne depuis plusieurs années avec le montage simple de la figure .

Description du poste de Glace-Bay. — Le poste de Glace-Bay comporte trois corps de bâtiments. Le premier est occupé par la Direction et les bureaux ; le deuxième est une usine génératrice qui comprend des dispositifs de production d'énergie pour l'alimentation à haute tension des condensateurs, l'entraînement de l'éclateur tournant et des ventilateurs, et pour les services auxiliaires ; le troisième contient les circuits de haute fréquence.

Usine génératrice et circuit de charge. — L'énergie est fournie par un groupe moteur à vapeur-générateur électrique sous forme de courant triphasé qui fait tourner un moteur entraînant les dynamos à courant continu haute tension qui constituent la source de force électromotrice constante pour la charge du condensateur.

Ces dynamos, au nombre de deux, d'une puissance de 50 kilowatts chacune, sont disposées en série dans le circuit de charge. Elles sont fixées sur des socles isolés, de part et d'autre du moteur qui les entraîne, et lui sont reliées par des dispositifs d'accouplement élastiques isolants. Leur self-induction est réduite par des enroulements compensateurs, placés autour de l'induit, et la commutation est favorisée par des pôles auxiliaires. A la sortie des dynamos on trouve un voltmètre, des interrupteurs, des fusibles, puis les câbles souterrains qui transportent l'énergie sous haute tension de l'usine génératrice au bâtiment de haute fréquence. On trouve en outre, dans l'usine, un groupe moteur-générateur à vapeur à courant continu qui fournit l'énergie pour l'entraînement de l'éclateur tournant, les ventilations, la manipulation, l'éclairage, etc., et des groupes moteurs-générateurs de secours.

Après l'entrée des câbles à haute tension dans le bâtiment de haute fréquence, on trouve, sur le circuit de charge des condensateurs, des selfs à noyau d'air pour l'accord du circuit, les manipulateurs, établis sur les mêmes principes que dans les postes à courant alternatif et éclateur synchrone, puis de petites bobines de self, à noyau d'air, destinées à empêcher les retours de haute fréquence.

Circuits à haute fréquence. — Le circuit excitateur et le circuit d'antenne comprennent le condensateur, l'éclateur tournant, le radiotransformateur et les selfs d'antenne, comme dans les postes à courant alternatif et éclateur synchrone. Mais la vitesse de l'éclateur étant absolument indépendante de celle des machines génératrices, cet appareil est éloigné des machines dynamos à haute tension, et est entraîné par un moteur spécial. La fréquence d'étincelles est environ 300 par seconde. Le condensateur mérite une mention spéciale. Son diélectrique au lieu d'être, comme dans tous les postes, du verre dont la constance diélectrique est environ 7 et la rigidité électrostatique 200.000 volts par centimètre, est de l'air à la pression atmosphérique, dont la constante diélectrique est 1 et la rigidité électrostatique 20.000 volts par centimètre ; de sorte que le volume du diélectrique nécessaire pour emmagasiner une quantité d'énergie donnée, volume qui est inversement proportionnel à la constante diélectrique et au carré de la rigidité électrostatique, est, toutes choses égales d'ailleurs

$$\frac{\overline{200000}^{2} \times 7}{\overline{20000}^{2} \times 1} = 700$$

fois plus grand dans le cas de l'air que si l'on emploie du verre. Il n'y a donc pas lieu de s'étonner que, avec un coefficient de sécurité important, le condensateur, d'1,5 microfarad de capacité, occupe un volume de 36 mètres de long sur 23 mètres de large et 7 mètres de haut.

Matériel de secours. — En outre d'un groupe de secours composé, comme le groupe principal, d'un moteur triphasé entraînant deux dynamos à haute tension, la station possède un groupe moteur à vapeur-générateur à courant alternatif monophasé 25 périodes, employé sur le condensateur et les circuits de haute fréquence décrits ci-dessus, de façon à réaliser une émission musicale de secours avec courant alternatif à basse fréquence et éclateur asynchrone.

Les signaux produits de cette façon étant beaucoup moins bons que ceux de l'émission à courant continu haute tension, cette dernière est toujours employée dans les moments où la communication est difficile (parasites, absorption d'énergie dans l'atmosphère, etc.).

Troisième mode d'application. Système à étincelles commandées, à oscillations entretenues. — Les stations de Clifden et de Glace-Bay furent mises en service d'une façon définitive en 1910, et, dès la première année, purent transmettre 812.000 mots. Le trafic a d'ailleurs augmenté dans de très fortes proportions depuis cette époque.

La première conclusion de l'expérience de Clifden-Glace-Bay fut que les avantages que procure l'emploi des forces électromotrices constantes à haute tension ne compensaient pas les inconvénients inhérents à l'installation, à l'usage et à l'entretien des batteries d'accumulateurs de l'importance de celles qui existaient dans ces stations. On ne songeait pas encore à supprimer les batteries d'accumulateurs et les stations à grande puissance de la Compagnie Marconi qui suivirent, comportèrent des postes d'émission à courant alternatif et éclateur synchrone. C'est dans ces conditions que furent installées d'abord les stations italiennes de Coltano et Massouah, qui assurent la radiocommunication entre l'Italie et l'Erythrée, puis la ligne transatlantique Carnarvon-New-Brunswick et la ligne transpacifique San-Francisco-Honolulu. Quand on reconnut la possibilité d'utiliser les machines à courant continu haute tension sans dispositifs de protection, coûteux ou difficiles à entretenir, accumulateurs ou condensateurs, suivant le montage simple de la fig. 52 aucun inconvénient ne compensait plus les avantages du courant continu haute tension par rapport au courant alternatif. Aussi un revirement en faveur de ce système se produisit-il et la Compagnie Marconi mit à l'étude un dispositif capable de produire des oscillations continues par la combinaison de circuits à condensateur alimentés par des machines à courant continu haute tension.

Dès 1913, la Commission composée des plus hautes sommités du monde scientifique anglais, chargée par le Post Office, de faire une enquête sur les systèmes existants de télégraphie sans fil à longue distance et en particulier sur la possibilité pour ces systèmes de réaliser des communications continues aux distances imposées par le projet de réseau de stations de télégraphie sans fil à établir dans les territoires de l'Empire britannique, insérait dans son rapport les conclusions suivantes au sujet de ce système.

« Le seul générateur à haute fréquence produisant des oscillations continues que nous avons pu essayer avec succès sur de longues distances est la machine Marconi produisant d'une façon continue des courants à haute fréquence. Afin de constater les essais de communications transatlantiques réalisées avec cette machine, nous avons fait une seconde visite à Clifden et des essais eurent lieu en notre présence. Faisant usage de cette machine, M. Marconi, les 26 et 27 avril 1913, envoya de Clifden à Glace-Bay des messages préparés par nous dans ce but ; ces messages furent à notre demande retransmis de Glace-Bay à Clifden immédiatement après leur réception, la station de Glace-Bay se servant, pour les transmettre, de l'installation ordinaire de la Compagnie et ils furent correctement reçus à Clifden. L'énergie communiquée à l'antenne par cette machine au cours de ces essais ne suffisait pas pour assurer une exploitation commerciale. Mais il ne paraît y avoir aucun motif qui empêcherait d'arriver à fournir une plus grande énergie dans l'antenne. »

Les essais dont les résultats avaient été officiellement constatés dans ce rapport, ont été continués depuis 1913 sur une plus grande échelle et paraissent devoir aboutir à une très prochaine mise en service de stations de grande puissance avec le nouveau système à étincelles commandées (timed spark). Il m'est naturellement impossible, tant que ces stations ne sont pas en exploitation, de donner sur ce système tous les détails qui m'ont été communiqués. Toutefois, je puis en rappeler le principe d'après une étude de M. Marconi sur les nouvelles méthodes de production et d'utilisation des oscillations électriques continues en radiotélégraphie paru en mai 1914 dans le « Wireless World ».

« Ce système d'ondes continues est basé sur l'effet cumulatif d'une série de décharges, ayant la même période et la même phase, et agissant inductivement sur un circuit rayonnant commun.

« En fait, il est clair que s'il était possible de rapprocher assez les différents trains d'oscillations d'un système à étincelles, une oscillation continue serait obtenue. Toutefois, dans les appareils ordinaires, deux difficultés se présentent. La première est provoquée par le temps nécessaire pour la charge du condensateur : il est évident que le condensateur ne peut être chargé et déchargé en même temps ; la deuxième est due au fait que les groupes successifs d'oscillations doivent être en phase entre eux et avec les oscillations dans l'antenne.

« Je crois avoir résolu le problème par l'usage de dispositifs que je décrirai à l'aide de la fig. 57.

« Dans ce récepteur, on emploie un certain nombre de circuits oscillants, 1, 2, 3, 4, chargés par la même source d'énergie

à travers des selfs induction distinctes. Chaque circuit de
décharge comprend un disque métallique muni de dents D_1 D_2
D_3 D_4, un condensateur et une inductance couplée à l'an-

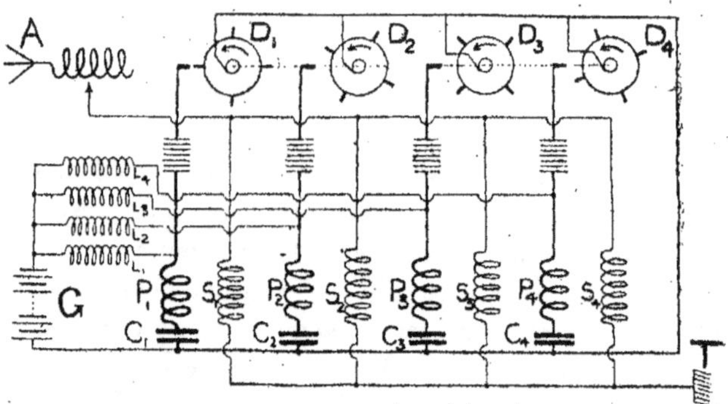

Fig. 57. — Montage du système Marconi à étincelles commandées, pour
ondes entretenues.

(Extrait du *Wireless World*).

tenne ou à un circuit lui-même relié à l'antenne par un
radiotransformateur.

« Les roues dentées sont isolées l'une de l'autre, mais montées rigidement sur le même arbre, et fixées de telle sorte que
les condensateurs se chargent et se déchargent successivement
à intervalles réguliers l'un après l'autre, de sorte qu'à une
vitesse donnée l'intervalle entre le commencement d'une décharge
d'un condensateur et le commencement de la décharge suivante
soit égal à la période de l'oscillation de l'antenne ou du circuit
intermédiaire ou soit un multiple exact de cette période.

« Pour assurer l'éclatement de chaque étincelle au moment
voulu, les dispositifs de décharge sont prévus avec une étincelle
auxiliaire dont l'éclatement est réglé au moyen d'un disque
supplémentaire (non indiqué sur le diagramme). Le potentiel de
cette étincelle est plus grand que celui de la décharge principale, et obtenu au moyen de petits condensateurs auxiliaires.

« L'effet final de ce système est montré dans la fig. 12 où
les oscillations produites en rotation par les quatre circuits et

l'oscillation continue qui en résulte dans l'antenne sont indiquées. »

Ainsi que je l'ai dit ci-dessus, les essais du système ont donné de bons résultats et plusieurs stations du système sont actuellement en cours de montage ou sur le point d'être mises en service.

4° STATIONS DE LA FEDERAL TELEGRAPH CO ET DE LA MARINE DE GUERRE DES ÉTATS-UNIS

Nous parlons maintenant des stations qui emploient comme courant de haute fréquence l'arc électrique. Toutes les stations de cette sorte qui existent aux États-Unis sont exploitées ou construites par la Federal Telegraph Co, propriétaire des brevets Poulsen, pour les États-Unis.

Ces stations sont de deux sortes : elles appartiennent, les unes, à la Federal Telegraph Co, les autres au département de la Marine des États-Unis.

I. — Stations transpacifiques de la Federal Telegraph Co.

La Federal Telegraph Co exploite depuis plusieurs années une radiocommunication entre San-Francisco et Honolulu.

Station d'Honolulu. — La station d'Honolulu, munie d'un arc de 60 kilowatts de puissance, comporte une antenne supportée par 3 pylônes en bois haubannés de 185 mètres, 134 mètres et 134 mètres de hauteur. Les haubans, en acier, sont composés de sections isolées les unes des autres. Les 3 pylônes portent un réseau de fils triangulaire prolongé au delà du grand pylône par des fils descendant à une certaine hauteur, et muni au milieu des petits pylônes d'une descente qui entre dans le poste de transmission (fig. 58).

Station de San-Francisco. — La station de San-Francisco comprend deux postes séparés pour la transmission et la réception. La transmission est installée à South San-Francisco, à

15 kilomètres de la réception, qui se fait dans le Hobart Building, le plus haut gratteciel de San-Francisco, au milieu de la rue la plus animée de la ville. On a ainsi l'avantage,

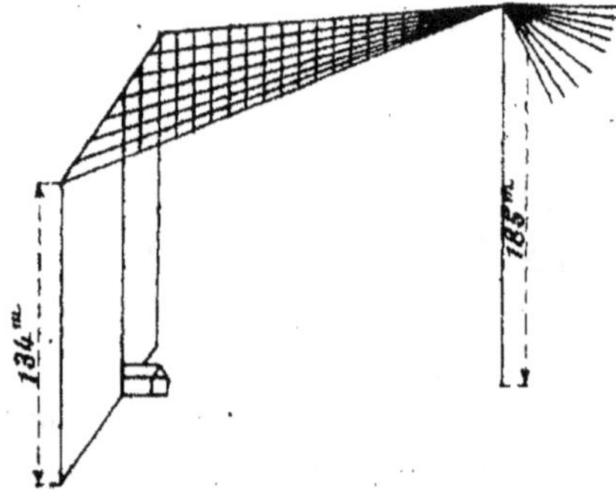

Fig. 58. — Antenne de la station d'Honolulu (Federal Telegraph Co).

ainsi que nous l'avons vu plus haut, d'éviter toute transmission télégraphique entre San-Francisco et le poste d'émission. La manipulation se fait directement du poste de réception.

L'antenne du poste de réception est composée d'une nappe de 3 fils de 213 mètres de longueur, tendus entre le toit du Hobart Building et un poteau installé sur une toiture. Sa hauteur efficace est d'environ 46 mètres. La réception est assurée au moyen de deux boîtes, l'une qui contient le circuit d'antenne et le radiotransformateur, l'autre qui contient le circuit secondaire à haute fréquence et le détecteur. Les selfs sont constituées par des galettes en série fixées sur un axe commun, formées chacune de 26 couches de 3 spires par couche, avec méthode d'enroulement particulière pour diminuer la capacité des bobines. Les téléphones sont du système Brownlie, universellement employé en Amérique.

L'antenne de la station d'émission est constituée par une nappe de 21 fils, de 18 mètres de largeur, portée par deux pylônes en bois, munis de haubans d'acier en sections isolées, ayant comme hauteur respective 185 et 134 mètres, et distants de 331 mètres. Du côté du plus petit pylône, la nappe est reliée par deux fils au poste de transmission (fig. 59).

La station comporte deux installations à arc.

L'une avec arc de 40 kilowatts et manipulateur à hystérésis, et utilisée pour la communication avec Honolulu.

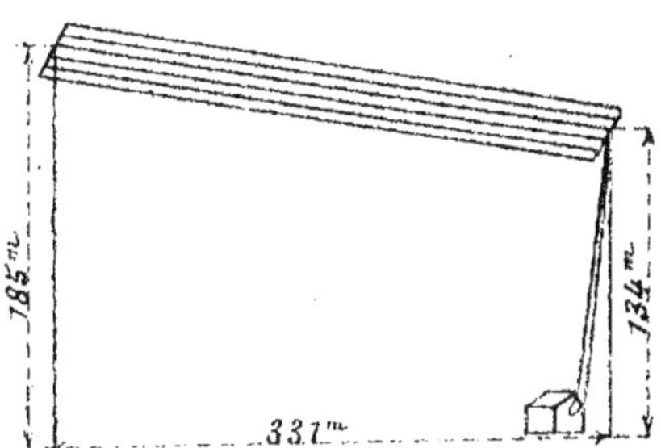

Fig. 59. — Antenne de la station de South San-Francisco (Federal Telegraph Co).

L'autre avec arc de 20 kilowatts, utilisée pour le travail avec Portland, sur la côte du Pacifique, à 1.000 kilomètres environ de San-Francisco.

La longueur d'onde d'émission avec Honolulu varie de 6.000 à 10.500 mètres suivant les circonstances.

L'énergie est fournie par 3 groupes convertisseurs composés de moteurs triphasés 75 chevaux entraînant des dynamos de 50 kilowatts, 550 volts continus.

II. — Réseau a grande distance de la marine américaine

Réseau des États-Unis. — Le département de la Marine du Gouvernement des États-Unis poursuit actuellement l'établissement d'un important réseau de radiocommunications transocéaniques, destiné à relier entre elles et avec la Métropole les différentes colonies ou possessions des États-Unis. Le programme en cours de réalisation comprend les stations de :

Arlington, près Washington, sur la côte atlantique des États-Unis.

San Diego, près de la frontière mexicaine, sur la côte pacifique des États-Unis.

Darien, dans l'isthme de Panama.

Pearl Harbour (près Honolulu) dans les îles Sandwich.

Cavite, dans l'île de Manille (Philippines).

Guam (Iles Mariannes).

Les stations d'Arlington, San Diego, Darien, Pearl Harbour sont dès maintenant en exploitation. Celles de Cavite et Guam seront très prochainement terminées.

Le tableau suivant indique pour chaque station la puissance prévue ou installée, et la portée la plus longue à atteindre pour la réalisation des radiocommunications prévues.

	Puissance (kilowatts)	Portée (kilomètres)
Arlington	100	3200
San Diego	200	4700
Darien	200	4700
Pearl Harbour	350	8800
Cavite	350	8800
Guam	35	2400

Projet panaméricain. — En outre du réseau national, et dans le but de resserrer les relations sociales et les affaires entre les États-Unis et les contrées de l'Amérique latine, suivant le vœu émis par les différents congrès scientifiques panaméricains, et en particulier le dernier, qui a siégé à Washington, des mesures préliminaires ont été prises pour l'établissement d'un système de radiocommunications entre les différentes contrées de l'Amérique.

Le plan des communications a été établi par le Service radiotélégraphique de la Marine des États-Unis et présenté aux représentants des divers pays par le Gouvernement des États-Unis; une conférence internationale sera sans doute prochainement réunie à Washington pour examiner ces propositions. Cette conférence aura pour rôle de prendre les mesures nécessaires pour combiner le service radiotélégraphique des Républiques américaines en un système homogène destiné à la transmission des télégrammes officiels et commerciaux, arrêter les règles du trafic, désigner les voies normales et les voies de secours, fixer les longueurs d'ondes des différentes stations, établir les tarifs, et, en général, déterminer les règles générales d'administration, de travail, de construction et d'exploitation du réseau panaméricain.

L'ensemble des territoires des Républiques panaméricaines serait divisé en zones de radiocommunications, avec une station principale pour chaque zone. On propose en outre l'établissement au Darien d'une station centrale pour l'ensemble du système et qui devrait être capable de communiquer avec les stations principales des différentes zones.

Les emplacements actuellement prévus pour ces stations principales sont :

> BUENOS AYRES (Argentine);
> PARA (Brésil) ;
> GUATEMALA ;
> GUANTANAMO (Cuba).
> WASHINGTON (États-Unis);

peut-être TELA (Honduras).

Chacune de ces stations principales servirait comme centre de réception et de distribution pour les autres stations de sa zone, et serait capable de communiquer avec la station centrale. Dans chaque pays, de préférence la capitale, serait installée une station nationale, qui servirait de central local, et serait capable de communiquer avec la station principale de la zone et les stations de faible puissance de la République considérée.

Le réseau couvre l'ensemble du continent américain. Les zones seraient les États-Unis, les Indes Occidentales, l'Amérique centrale, l'Amérique du Sud, partie Nord, l'Amérique du Sud, partie Sud.

Mode d'exploitation. — Ainsi que nous l'avons dit ci-dessus, les stations de la Marine Américaine sont prévues pour un service multiple. Elles comportent généralement deux ou trois postes de transmission, sur ondes entretenues et sur étincelles, réunis dans des locaux communs et ayant chacun son antenne et ses appareils distincts; et plusieurs postes de réception, rassemblés dans un même local, à une distance assez grande de la station d'émission. Les deux groupes d'installations sont réunis par autant de liaisons télégraphiques qu'il y a de postes d'émission. Les manipulations se font à partir du groupe de réception. On fait correspondre à chaque installation de transmission une installation de réception et de manipulation. Dans ces conditions si la syntonie est suffisamment aiguë, si la distance est suffisante, et si les longueurs d'ondes sont assez différentes, chaque ensemble comprenant une émission, la réception et la manipulation correspondantes, peut fonctionner indépendamment des autres et en même temps qu'eux.

Par exemple, le groupe de Washington comprend :

Une station de transmission établie à Arlington comprenant un poste à arc de 100 kilowatts et un poste à étincelle de 100 kilowatts travaillant sur la même antenne alternativement, et un poste à étincelle de 5 kilowatts muni d'une antenne spéciale.

Cinq postes de réception installés à Washington à 5 kilomètres d'Arlington.

Deux liaisons télégraphiques permettent de manipuler, à partir de Washington, soit 100 kilowatts, soit sur 5 kilowatts, soit sur les deux à la fois.

De même la station de San Diego comporte :

Un poste de transmission, installé à Chollas Heights, et comprenant deux installations, l'une à arc de 200 kilowatts, l'autre à étincelle de 5 kilowatts.

Un poste de réception, installé à Point Loma, à 29 kilomètres de San Diego et comportant 4 antennes et deux dispositifs de réception et de manipulation.

Deux liaisons télégraphiques, permettant de manipuler soit sur 200 kilowatts, soit sur 5 kilowatts, soit sur les deux à la fois.

Antennes. — Toutes les stations de grande puissance de la marine américaine sont supportées par 3 pylônes, implantés aux sommets d'un triangle à peu près équilatéral.

On a, pour les différentes stations :

	Hauteur des pylônes (mètres)			Distance des pylônes (mètres)		
	N° 1	N° 2	N° 3	N° 1	N° 2	N° 3
Arlington............	183	137	137	120	107	120
San Diego...........	183	183	183	305	336	305
Darien	183	183	183	273	251	295
Pearl Harbour........	183	183	183	336	336	336
Cavite.............	183	183	183	305	305	305
Guam	122	122	122	214	214	214

Toutes les antennes sont du même type. Nous en donnerons une idée suffisante en décrivant complètement celle de la station d'Arlington.

Elle est installée près de Washington, sur un emplacement

Fig. 60. — Antenne de la station d'Arlington.
(Extrait des *Proceedings of the Institute of radioengineers*).

dont l'altitude moyenne est 58 mètres au-dessus du niveau de la mer. L'antenne est portée par 3 pylônes de 183 mètres, 137 mètres, 137 mètres de hauteur (fig. 60). Les centres des tours forment un triangle isocèle de 107 mètres de base et 107 mètres de hauteur. Elles sont du type sans haubans, à 4 montants.

L'antenne est composée de 3 sections, de 23 fils chacune, chaque fil étant un câble à 7 brins de 0,81 millimètre de diamètre. Les fils sont tendus entre des vergues en tube de 7, 6 cm. de diamètre et 23,2 mètres de longueur, attachées aux sommets

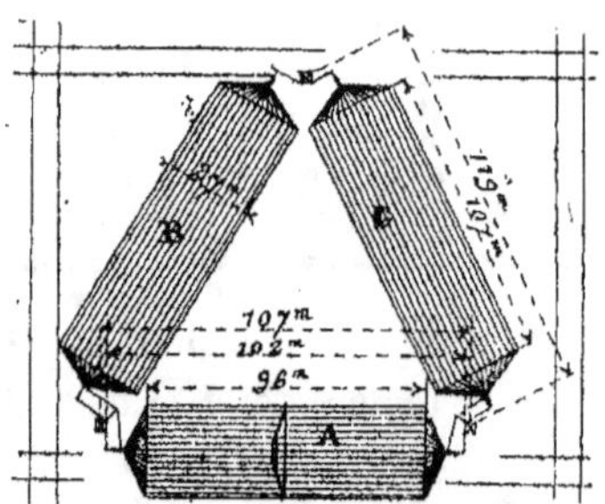

Fig. 61. — Antenne de la station d'Arlington.
(Extrait des *Proceedings of the Institute of radioengineers*).

des pylônes par l'intermédiaire de chaînes de 10 isolateurs en électrose (fig. 61). La nappe tendue entre les deux petits pylônes est reliée électriquement aux deux autres ; de son milieu partent 23 fils qui forment la descente de l'antenne, fils disposés en éventail sur une hauteur de 92 mètres, puis en prisme sur le reste de leur longueur jusqu'au commutateur d'antenne, fixé à un poteau planté dans le sol ; les deux nappes qui aboutissent au pylône le plus élevé sont isolées l'une de l'autre. L'antenne est en somme une gigantesque antenne en T dont les deux branches sont repliées et se dirigent vers un point commun.

Cette antenne a une longueur d'onde fondamentale de 2.100 mètres et une capacité de 0,0094 microfarad.

Les antennes des autres stations sont établies sur les mêmes principes que celles d'Arlington. Toutefois on ajoute à l'antenne des fils supplémentaires à l'intérieur du triangle. Les vergues sont en acier et construites en même temps que le pylône. Chaque fil d'antenne est isolé par un isolateur distinct. Ces isolateurs sont des bâtons de porcelaine, de 65 centimètres environ, utilisés isolément ou par groupes de deux en série.

Installations radiotélégraphiques. — Toutes les stations à grande puissance de la Marine américaine emploient pour la transmission à grande distance des arcs à haute fréquence construits par la *Federal Telegraph Co.* Toutefois la station d'Arlington, qui a été construite avant que ce système atteigne son plein développement possède en plus de l'installation à arc une émission de 100 kilowatts à étincelles, à courant alternatif et éclateur tournant, fournie par la *National Electric Signaling Co.* Nous décrirons successivement les installations à arc de la *Federal Telegraph Co* et le poste à étincelles de la station d'Arlington.

III. — Transmetteurs a arc de la Federal Telegraph Co.

Les transmetteurs à arc de la *Federal Telegraph Company* sont basés sur la méthode Poulsen dans laquelle on obtient des oscillations de haute fréquence au moyen d'un arc électrique brûlant dans une atmosphère contenant de l'hydrogène et dans un fort champ magnétique transverse.

L'équipement comporte les organes suivants :

1° Une source de courant continu de voltage convenable ;

2° Un convertisseur à arc ;

3° Une self d'antenne ;

4° Une antenne et prise de terre ;

5° Un dispositif de manipulation ;

6° Appareils de contrôle et appareils auxiliaires.

La fig. 62 donne le schéma de montage. L'arc convertit l'énergie fournie par le générateur à courant continu en énergie à haute fréquence utilisée dans le circuit d'antenne. Une bobine de choc empêche le retour de la haute fréquence dans la machine.

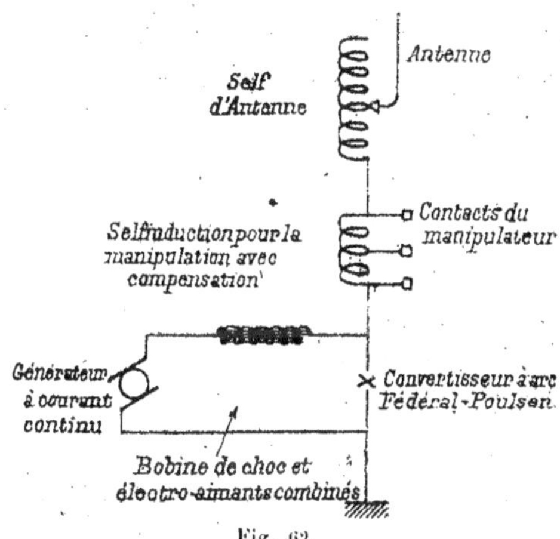

Fig. 62.

(Communiqué par la « Federal Telegraph Co ».)

Divers types d'appareils. — Les différents types d'appareils construits par la *Federal Telegraph Company* ainsi que leurs caractéristiques sont énumérées dans le tableau suivant :

TRANSMETTEURS radiotélégraphiques à arc de la Federal Telegraph Company

USAGE	Puissance kilowatts	Longueurs d'onde mètres	Ampères rayonnées en mission continue	Ampères rayonnées ordinairement avec la méthode ordinaire de transmission intermittente avec antenne bien isolée.
Torpilleur, navire marchand ou station terrestre à courte portée.	5	300 à 4.000	7	10 à 15
Croiseur, dreadnought, ou station terrestre à portée moyenne......	20	1.000 à 5.000	28	40 + limités par l'apparition du corona dans l'antenne.
Supper dreadnought ou grand croiseur.......	30	1.000 à 5.000	42	limité par l'apparition du corona dans l'antenne.
Service terrestre de poste à poste dans des conditions difficiles...	30	3.000 à 10.000	42	60 — 80 — limité par l'apparition du corona dans l'antenne.
Puissance moyenne à une grande distance...	60	3.000 à 10.000	81	80 à 100

GRANDE PUISSANCE

Puissance nominale, puissance en courant continu garantie pour un travail continu. (kilowatts)	Puissance en courant continu (kilowatts) 1 heure de travail 1/2 heure de repos	Puissance dans l'antenne (kilowatts) 1 heure de travail 1/2 heure de repos	Longueurs d'ondes mètres
100	125	55	3.000 à 15.000
200	300	140	5.000 à 20.000
350	500	230	5.000 à 20.000

Génératrice à courant continu. — L'énergie est fournie à l'arc sous forme de courant continu à la tension convenable (500 à 1.500 volts) généralement au moyen d'une génératrice à courant continu à excitation en dérivation. La puissance de l'arc se règle en faisant varier le voltage aux bornes.

Convertisseurs à arc. — Les convertisseurs à arc sont alimentés par une génératrice à courant continu. Environ la moitié de la puissance de la génératrice est convertie en courant de haute fréquence dans l'antenne.

Les convertisseurs peuvent être divisés en deux classes, suivant le type de circuit magnétique employé. Un circuit magnétique fermé est utilisé quand des champs magnétiques très élevés sont nécessaires (200 et 500 kilowatts). Un circuit magnétique ouvert est utilisé pour des arcs de plus petites dimensions, où des champs magnétiques aussi intenses ne sont pas nécessaires, et où il importe de diminuer le poids et l'encombrement.

Le convertisseur de 20 kilowatts est un exemple du type à circuit magnétique ouvert, employé pour les puissances de 5 à 100 kilowatts. Les bobines de champ sont prévues avec conduits de ventilation et amplement isolées. Une partie de ces bobines spécialement isolées, joue en même temps le rôle de bobines de choc. La chambre, en bronze, est prévue avec une porte pour pouvoir être facilement visitée. Une conduite percée dans le pôle supérieur permet l'admission de l'hydrocarbure nécessaire. Un bâton de carbone tenu dans un support démontable est utilisé comme électrode négative ou cathode. Il peut être déplacé le long de son axe, pour permettre le réglage de la longueur de l'arc, et amener les électrodes en contact en vue d'allumer l'arc. Pendant le travail, on règle la longueur de façon à avoir le courant de haute fréquence maximum. La longueur est différente à chaque fois qu'on emploie une longueur d'onde différente. Un petit moteur fait tourner lentement le charbon autour de son axe.

L'électrode positive est en cuivre et refroidie par une circulation d'eau. Elle est maintenue en place par un support isolé de la chambre de combustion par une combinaison amiante-ébonite.

Dans le type normal de 100 kilowatts les bobines de champ et de choc combinées au lieu d'être refroidies dans l'air, sont plongées dans une cuve pleine d'huile placée sous la chambre de combustion (fig. 63).

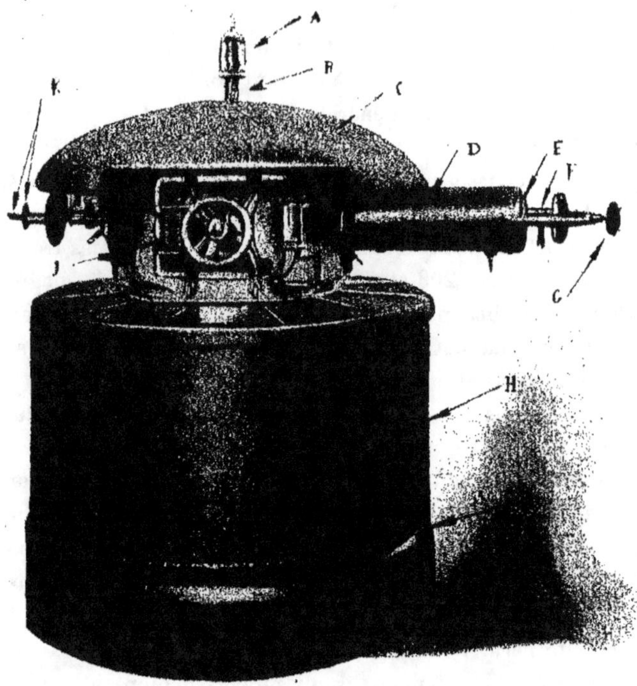

Fig. 63. — Convertisseur à arc de 100 kilowats (Type Federal Telegraph Co).
(Communiqué par la « Federal Telegraph Co »).

A. Récipient d'alcool. — B. Tubulure. — C. Contrepoids magnétique. — D. Chambre d'anode (refroidie par un courant d'eau). — E. Dispositif d'isolement. — F. Anode. — G. Volant de fermeture. — H. Bobines de champ (immergées dans l'huile). — I. Socle. — K. Mécanisme de réglage et d'allumage. — J. Chambre de combustion.

On emploie un circuit magnétique ouvert pourvu d'un contrepoids.

Au-dessus de 100 kilowatts, les convertisseurs sont prévus avec bobines de champ immergées dans l'huile et circuit magnétique fermé (fig. 64).

Selfs d'antennes et commutateurs d'ondes. — Les dimensions des bobines de self d'antennes varient suivant la capacité de l'antenne, l'intensité du courant qui les traverse, et l'échelle de la

Fig. 64. — Convertisseur à arc de 500 kilowatts (Type Federal Telegraph Co).
(Communiqué par la « Federal Telegraph Co »).

A. Moteur d'entraînement du carbone. — B. Tubulures pour introduction d'alcool. — C. Volant de réglage de l'arc. — D. Chambre de combustion. — E. Bobines de champ (immergées dans l'huile). — F. Socle. — G. Commutateurs de réglage du champ magnétique. — H. Carcasse de l'électroaimant de champ.

    Hauteur totale 2,80 mètres
    Poids   85 tonnes environ
    Socle   3,70 × 2,45 mètres

variation des longueurs d'ondes. Elles sont formées de câbles construits spécialement pour la haute fréquence.

Des prises sont faites en des points convenables des bobines de self d'antennes pour permettre les réglages et les changements de longueurs d'ondes par variation de la self insérée dans le circuit d'antenne. Pour permettre les rapides changements de longueur d'onde, la station comporte généralement un commutateur d'ondes.

Fig. 65. — Commutateur d'ondes et commutateur d'antennes (pour postes de 200 à 500 kilowatts). Vue arrière.

(Communiqué par la « Federal Telegraph Co »).

A. Commutateur d'antennes. — B. Commutateur d'ondes automatique-principal. — C. Levier des commutateurs d'ondes. — D, E. Commutateurs auxiliaires d'ondes.

Ces commutateurs d'ondes sont manœuvrés au moyen d'une poignée. Tous les réglages nécessaires, y compris la variation du champ magnétique sont faits par la même opération.

Dans les postes terrestres de grande puissance le commutateur d'ondes est manœuvré à distance par commande électrique. La fig. 65 représente le commutateur d'ondes pour poste de 200 à 500 kilowatts. Sur le même tableau est monté le commutateur, qui sert à mettre l'antenne soit sur transmission, soit sur réception, soit à la terre.

Manipulation. — Les dispositifs de manipulation actuellement utilisés sont de trois sortes :

1° Dans la méthode de compensation, on change la longueur d'onde émise en faisant varier la self-induction du circuit d'antenne (fig. 62).

2° Dans la méthode du « circuit absorbant » le courant est

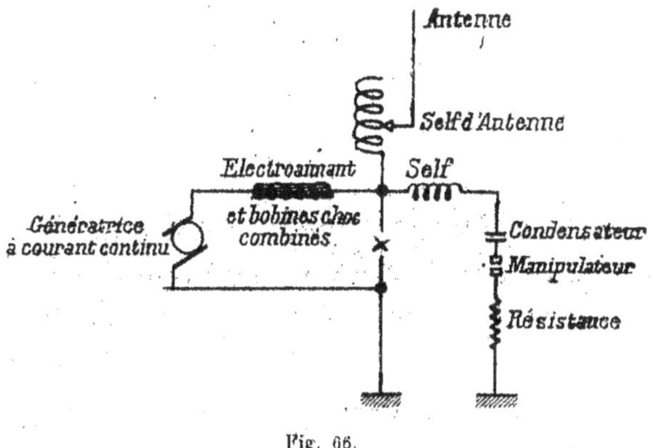

Fig. 66.

fourni par l'antenne pendant les points et les traits seulement, et est supprimé le reste du temps, en absorbant la puissance du convertisseur dans un circuit non rayonnant. Ce circuit absorbant comporte une self-induction, une capacité et une résistance placés en série aux bornes de l'arc, il est réglé de façon que, quand le circuit est fermé, tout le courant de haute fréquence passe dans le circuit absorbant (fig. 66).

Dès que la puissance devient un peu grande, le manipulateur est formé de plusieurs éléments en série et est commandé par relais.

Ces deux méthodes de manipulation sont recommandées jusqu'à des puissances qui ne dépassent pas 60 kilowatts.

3° Pour des puissances plus grandes, le manipulateur à hystérésis est préférable. Le montage est celui de la fig. 67. La clé Morse à main, ou le relais sont connectés de telle sorte que, quand l'un des circuits de manipulation est ouvert, l'autre est fermé. Quand le noyau de fer d'un des deux systèmes n'est pas aimanté par le courant continu, les pertes par hystérésis du noyau augmentent la résistance en haute fréquence du circuit enroulé sur ce noyau. Quand le noyau est aimanté, les pertes

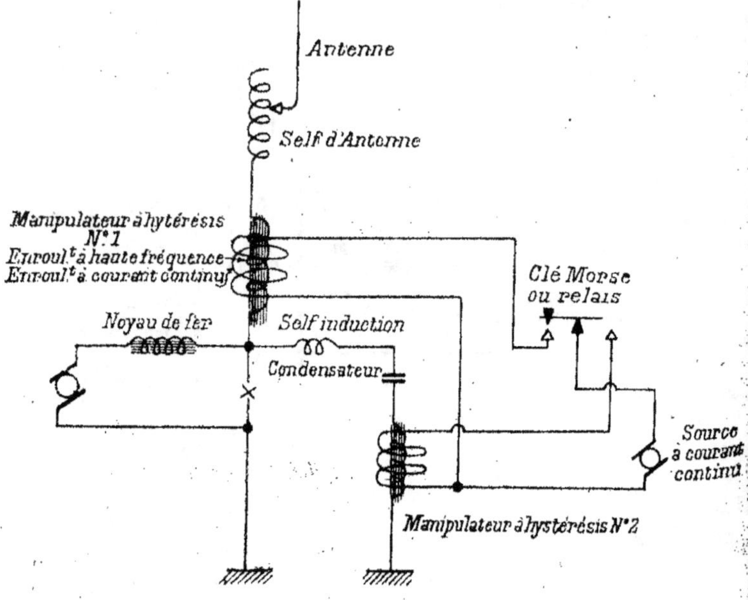

Fig, 67.

Communiqué par la « Federal Telegraph Co ».

sont réduites au minimum. La manipulation se fait en diminuant la résistance en haute fréquence du circuit dans lequel on désire faire passer le courant, et augmentant celle de l'autre circuit. Les constantes des circuits sont calculées de telle sorte que la puissance entière de l'arc puisse être confinée dans l'un quelconque des circuits suivant le bon plaisir de l'opérateur.

Ce système permet une manipulation très rapide, et a l'avan-

tage de ne comporter ni pièces mobiles ni contacts qui puissent
s'user.

IV. — POSTE A ÉTINCELLES DE LA STATION D'ARLINGTON.

Le poste à étincelles de la station d'Arlington, fourni par la
National Electric Signaling Co, est du type à alternateur et éclateur tournant synchrone et fonctionne suivant les principes que
nous avons rappelés à propos des stations Marconi. Les appareils
sont répartis en trois groupes : Système de charge, circuit d'excitation, circuit d'antenne (fig. 68).

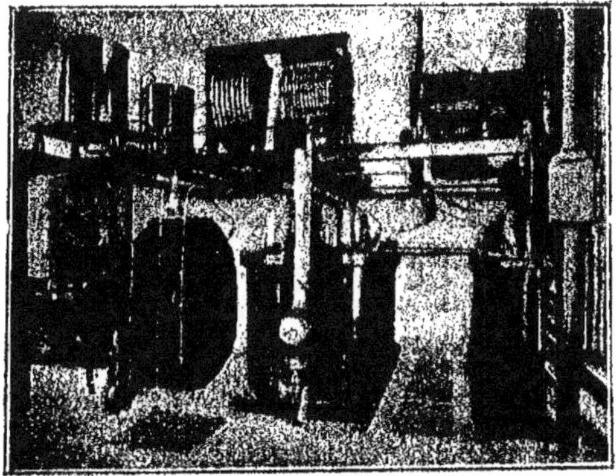

Fig. 68. — Poste à étincelles de 100 kilowatts de la station d'Arlington.
(Extrait des *Proceedings of the Institute of radioengineers*).

Le moteur principal est un moteur Westinghouse triphasé de
200 chevaux, 220 volts, 25 périodes par seconde, mis en route
au moyen d'un commutateur avec démarrage automatique. Le
moteur entraîne directement une génératrice à courant continu
8 kilowatts, 110 volts, qui sert à l'excitation du moteur et de
l'alternateur, et par courroie un alternateur de la General Electric Co 220 volts, 500 périodes par seconde, tournant à 1250
tours par minute.

De l'alternateur partent deux conducteurs allant au primaire du transformateur, l'un directement, l'autre par l'intermédiaire d'un interrupteur manœuvré par un relais, qui sert pour la manipulation. Cet interrupteur est shunté par une résistance. Le relais de manipulation est commandé à grande distance par une clé Morse.

Les pôles du transformateur, côté haute tension (25.000 volts) sont reliés aux électrodes fixes de l'éclateur.

L'éclateur du type tournant se compose d'un disque de fibre, fixé sur l'arbre de l'alternateur, et muni d'une jante en cuivre portant 48 barres de cuivre, de 25 centimètres environ de longueur. Le disque tourne au voisinage de deux électrodes fixes qu'on peut refroidir au moyen d'un courant d'eau, et dont la position par rapport aux pointes est réglable, de façon qu'on puisse obtenir l'éclatement au moment où la charge du condensateur est maxima.

Le primaire du radiotransformateur est un solenoïde de 10 spires de 1,2 mètre de diamètre, fait en tube de cuivre de 2,54 centimètres de diamètre, avec des prises pour permettre le réglage ou la variation de la longueur d'onde.

Le condensateur présente un intérêt particulier. Il est du type à air comprimé. Chaque élément est formé d'une large cuve cylindrique dans laquelle sont enfermées des plaques, au nombre d'environ 200 ; l'une des armatures est connectée à la cuve, l'autre à un condensateur qui traverse un isolateur de sortie fixé au centre du couvercle. Les plaques sont placées à 3, 2 millimètres de distance. La mise en service de ces condensateurs exige des précautions spéciales. L'air est d'abord amené à la pression voulue (17. 6 kilogs par centimètre carré) et un limiteur de tension, formé de deux boules situées à une distance un peu plus grande que celle de deux plaques, est fixé à l'extérieur de la cuve entre la sortie du conducteur central et la cuve. On met alors sous tension par intermittences, de façon à permettre à l'intérieur entre les plaques l'éclatement d'étincelles, qui brûlent les poussières, jusqu'à ce que l'étincelle éclate au limiteur de tension. La distance explosive de ce dernier est alors allongée, et l'opération continue jusqu'à ce qu'elle atteigne 2, 54 centimètres.

Pendant cette opération, le voltage de l'alternateur doit être réduit autant que possible. On arrive ainsi à ce que l'étincelle éclate à travers 2, 54 centimètres d'air à la pression atmosphérique avant d'éclater à travers 3,2 millimètres d'air comprimé. Chaque unité du condensateur a une capacité de 0,036 microfarad. 14 éléments sont employés, répartis en deux groupes en série de chacun 7 éléments en parallèle.

Le circuit d'antenne comprend le secondaire du transformateur d'oscillations, formé d'un solénoïde de 20 spires de tube de cuivre de 9,5 millimètres de diamètre, et un self d'antenne. Le couplage entre le primaire et le secondaire du radiotransformateur est variable.

5° STATIONS A GRANDE DISTANCE DES SYSTÈMES TELEFUNKEN

La Gesellschaft für drahtlose Telegraphie, ou, pour lui donner le nom abrégé sous lequel elle est plus connue, la Société allemande Telefunken avait installé avant la guerre, de 1912 à 1914, ses stations de Nauen et Sayville, destinées au trafic transatlantique la station de Funabashi, près Tokio, pour le compte du Gouvernement japonais.

Les stations de Sayville et de Nauen comprennent chacune deux installations, l'une à étincelles, à ondes amorties, l'autre à ondes entretenues. Celle de Funabashi comporte seulement un poste à étincelles.

I. — POSTES A ÉTINCELLES. STATION DE FUNABASHI.

Antenne. — La station de Funabashi, installée dans un emplacement idéal au point de vue technique, possède une gigantesque antenne en parapluie supportée par un pylône central de 200 mètres de hauteur entouré de 18 pylônes de 80 mètres, répartis à égale distance, sur une circonférence de 400 mètres de rayon (fig. 69).

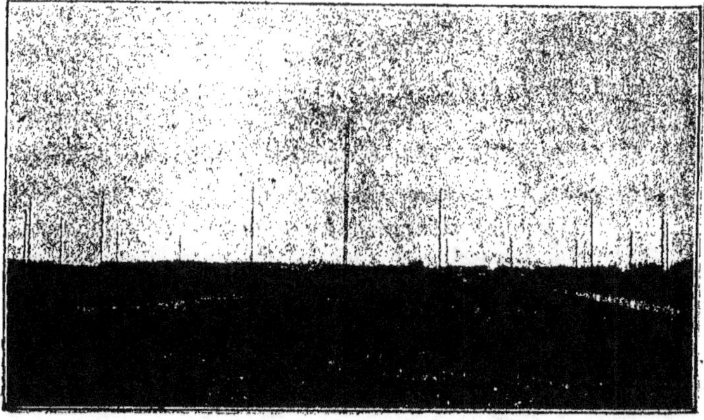

Fig. 69. — Antenne de la station de Funabashi.
(Extrait du *Wireless World*).

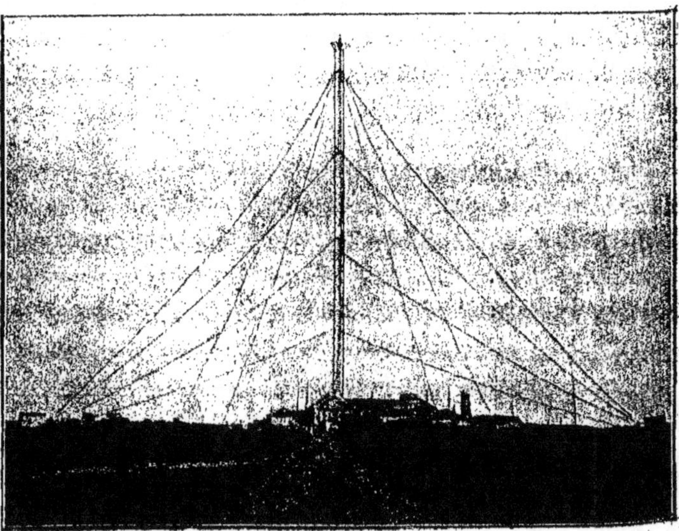

Fig. 70. — Station de Funabashi. Pylône central, bâtiments et dispositif de prise de terre.

(Extrait du *Wireless World*).

Prise de terre. — Le mode de prise de terre présente des particularités intéressantes. Les bâtiments de la station étant situés à la base du pylône central, on a voulu éviter que les masses métalliques qu'ils contiennent ne déforment le champ électromagnétique au voisinage du centre de l'antenne, et, dans ce but, les fils de terre partant du poste d'émission montent au-dessus des bâtiments (fig. 70) puis rayonnent sur les sommets d'une série de pylônes de faible hauteur, répartis sur une circonférence autour du pylône central, s'enfoncent ensuite dans la terre, puis s'étendent jusqu'aux extrémités du terrain de la station. De cette façon les bâtiments de la station sont placés au-dessous de la prise de terre. Cette disposition améliore le rayonnement et la réception.

Poste à étincelles. Principe. — Le poste à étincelles de Sayville est d'une puissance de 60 kilowatts environ. Ceux de Funabashi

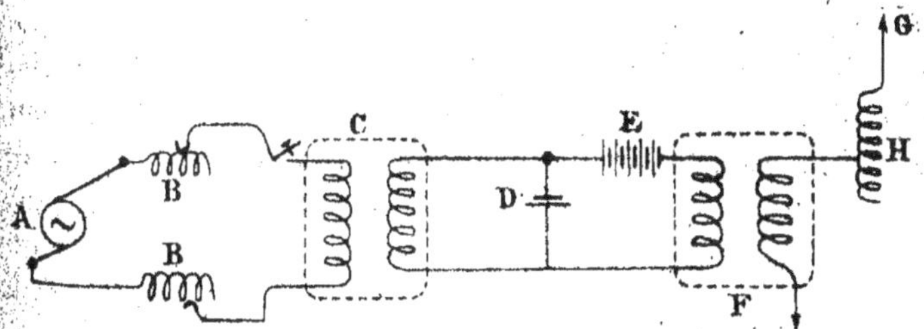

Fig. 71. — Montage d'un poste Telefunken à étincelles.
A. Alternateur. — B. Selfs. — C. Transformateur. — D. Condensateur. — E. Éclateur. — F. Radiotransformateur. — G. Antenne. — H. Self d'antenne.

et de Nauen sont de 250 kilowatts. Les appareils et machines sont répartis, comme dans tout système à étincelles, en trois circuits, dont les fonctions respectives sont la charge des condensateurs, la production du courant de haute fréquence et l'excitation de l'antenne, et le rayonnement de l'énergie électromagnétique à travers l'éther (fig. 71). La caractéristique du système Telefunken est la réalisation de l'excitation de l'antenne par impulsion, au moyen d'éclateurs à très courte distance explosive (deux dixièmes de millimètres environ). Les étincelles de cette longueur ayant une très grande résistance s'éteignent très rapidement et les conditions nécessaires pour l'impulsion, que nous avons exposées ci-dessus, sont réalisées. Naturellement si l'éclateur ne comportait qu'une seule étincelle, celle-ci éclaterait dès que la différence de potentiel atteindrait quelques centaines de volts, et il serait impossible de mettre en jeu les quantités d'énergie nécessaires pour le travail à grande puissance. Aussi emploie-t-on des éclateurs composés d'une série de disques entre lesquels éclate une étincelle fractionnée en un certain nombre d'éléments (fig. 72), nombre très grand dans les stations de grande puissance. En vue d'absorber pendant le très peu de temps que dure l'étincelle toute l'énergie du circuit à condensateur, l'antenne est réunie à celui-ci par un radiotransformateur à accouplement serré. L'alimentation des condensateurs est fournie par un alternateur à fréquence musicale. La manipulation se fait en interrompant et rétablissant le circuit de charge entre l'alternateur et le transformateur.

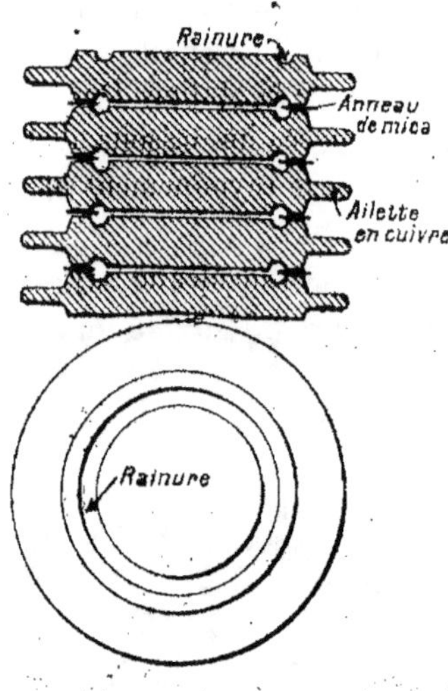

Fig. 72.

Le circuit d'antenne et le circuit à condensateur sont accordés à la même longueur d'onde, pour profiter des effets amplificateurs produits par la résonance. Le réglage du circuit de charge est tel qu'il éclate une étincelle par demi-période, soit pour un alternateur à 500 périodes, 1.000 étincelles par seconde. Dans ce cas la variation de la différence de potentiel aux bornes, des condensateurs et de l'intensité dans le circuit de charge sont en principe données par la fig. 73.

Poste à étincelles. Description. — Nous décrirons maintenant en détail le poste à étincelles de Nauen qui est, autant que j'en peux juger d'après les renseignements que j'ai obtenus, identique à celui de Funabashi dans ses parties essentielles. La station est

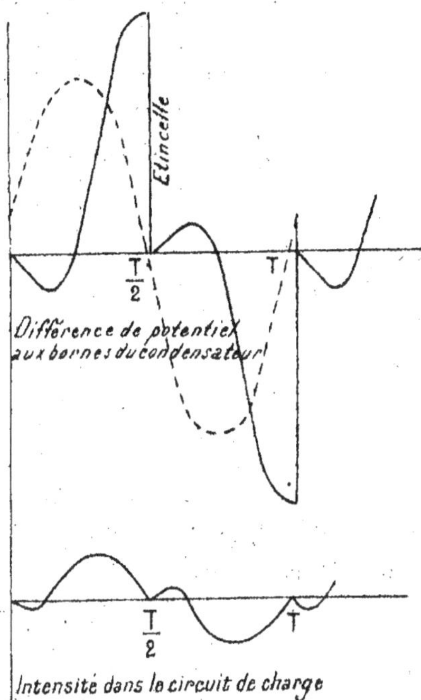

Fig. 73.

alimentée par un réseau d'énergie à courant alternatif 15.000 volts 50 périodes, qui est d'abord, à son arrivée à la station, amené, par un transformateur, à 120 volts, puis converti en courant continu à 220 volts. L'installation correspondante est prévue pour 300 à 350 kw. Ce courant continu alimente un alternateur à 500 périodes — 1.000 volts — 250 kilovolts ampères. Cet alternateur constitue la source de force électromotrice de charge du condensateur.

Les circuits de charge comprennent en outre un transformateur qui élève la tension de 1.000 à 75.000 — 100.000 volts et est relié à la batterie de condensateurs.

Le circuit d'excitation comprend la batterie de condensateurs de 32 éléments partiellement en série et partiellement en parallèle et un éclateur Telefunken composé de 4 meubles contenant chacun huit groupes de 10 éléments en série, refroidis par un courant d'air. Les étincelles éclatent entre des cylindres de cuivre séparés par des anneaux de caoutchouc. La self-induction se compose de plusieurs bobines qui sont disposées avec les bobines de couplage et d'accord, dans trois meubles en bois isolés. La longueur d'onde peut varier de 3.000 à 7.000 mètres.

La manipulation se fait par l'intermédiaire d'un relais qui interrompt ou rétablit le circuit de charge entre l'alternateur et le transformateur, et est commandé par un deuxième relais, lui-même actionné, soit par un manipulateur, soit automatiquement à l'aide d'un appareil Wheatstone.

La station de Funabashi travaille dans d'excellentes conditions. Elle assure les radiocommunications du Japon avec l'Amérique soit directement, soit plus souvent par l'intermédiaire de la station Marconi installée à Honolulu. Elle est entendue à Tahiti à une distance de 9.500 kilomètres.

II. — Postes a ondes entretenues de la société Telefunken. Description de la station de Sayville.

Comme exemple de poste Telefunken à ondes entretenues produites par un alternateur à fréquence (relativement basse, suivi d'une série de multiplicateurs de fréquence, je décrirai la station américaine de Sayville, qui comporte, en outre, comme caractéristique intéressante, une antenne avec contrepoids remplaçant la prise de terre.

Antenne (fig. 74). — L'antenne est une nappe de 32 fils de 4 millimètres de diamètre, rayonnant à partir du sommet d'un pylône central B, de 155 mètres de hauteur, et dont les extrémités sont supportées au moyen de 8 pylônes périphériques, dont deux A et C ont 170 mètres de hauteur, et les six autres, 75 mètres environ ; et des haubans CN, CM, AJ, AL, tendus entre les sommets des pylônes A et C, et des ancrages JLMN fixés dans le sol.

La plus grande dimension de la nappe est environ 700 mètres.

L'antenne est constituée de 8 sections arrivant indépendamment au poste et facilement éliminables en cas d'avarie de l'une

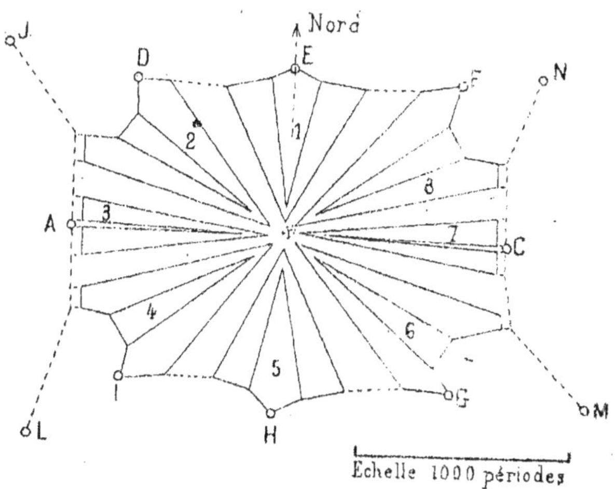

Fig. 74. — Plan de l'antenne de la station de Sayville.
B. Pylône de 155 mètres de hauteur. — A, C. Pylônes de 170 mètres de hauteur. D, E, F, I, H, G. Pylônes de 75 mètres de hauteur environ. — J, L, M, N. Ancrages de haubans.

d'elles. De plus, la descente se fait par deux fils pour chaque section, de sorte qu'on puisse chauffer les fils en cas de givre. Les descentes se font autour du pylône central B.

Contrepoids. — La station ayant été établie dans un terrain où la prise de terre ne peut être excellente, et peut-être aussi dans le but de s'assurer une syntonie meilleure et de diminuer l'influence des variations des constantes électromagnétiques du sol au voisinage du poste, la prise de terre a été supprimée et remplacée par un contre-poids. Il est formé d'une soixantaine de fils de 2 millimètres de diamètre, rayonnant à partir du pylône central, et portés par des isolateurs fixés au haut de poteaux de 5 mètres de haut. Ces fils sont un peu plus longs que ceux de la nappe d'antenne. Ils sont répartis en plusieurs sections qui peuvent être isolées les unes des autres.

Réception. — La réception est assurée au moyen d'un montage complexe à lampe assurant l'amplification, la génération des ondes entretenues et la détection ; montage établi sur les principes que nous avons exposés plus haut. Elle se fait, en se servant non de l'antenne principale, mais ordinairement de deux sections opposées du contrepoids, remplaçant, l'une l'antenne, l'autre la terre d'une installation ordinaire. L'antenne ainsi employée étant très basse, atténue les parasites, et en raison de sa forme, possède un effet directif notable, le maximum de réception étant dans le plan vertical passant par l'axe des sections utilisées.

Poste de transmission. Principes. Longueurs d'ondes employées. — Le poste de transmission comprend un alternateur monophasé pouvant tourner à 2 vitesses, 1.500 et 1765 tours, et produisant, suivant le cas, les fréquences 8.000 et 9.400. A la suite de l'alternateur on trouve deux doubleurs de fréquence, un tripleur et un troisième doubleur. Les combinaisons suivantes peuvent être employées :

	Multiplication de fréquence par :	Vitesse 1500 tours Fréquence fondamentale : 8000		Vitesse 4765 tours Fréquence fondamentale : 9400	
		Fréquence	Longueur d'onde	Fréquence	Longueur d'onde
1° Les deux premiers doubleurs seulement......	2 × 2 = 4	32.000	9.400	37.600	8.000
2° Un doubleur, un tripleur........	2 × 3 = 6	48.000	6.300	56.400	5.300
3° Les trois doubleurs..........	2 × 2 × 2 = 8	64.000	4.700	75.200	4.000

La longueur d'onde peut ainsi varier, par 8 échelons de 4.000 à 9.400 mètres.

La combinaison la plus généralement adoptée est celle de deux doubleurs, l'alternateur tournant à 1.500 tours par minute. La fréquence est alors 32.000 et la longueur d'onde 9.400 mètres.

Principe des multiplicateurs statiques de fréquence. — Le principe des multiplicateurs statiques de fréquence est le suivant :

Considérons par exemple deux transformateurs identiques ayant leurs primaires reliés en série (fig. 75). Les secondaires sont éga-

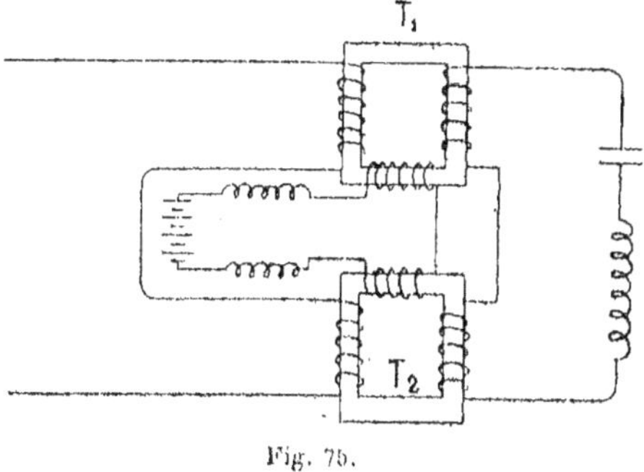

Fig. 75.

lement reliés en série, mais de telle façon que les forces électromotrices induites dans les primaires soient en opposition. Chaque transformateur porte un enroulement supplémentaire parcouru par un courant continu, positif, par exemple, réglé de telle sorte qu'il aimante les noyaux en sens contraire, et de telle façon que

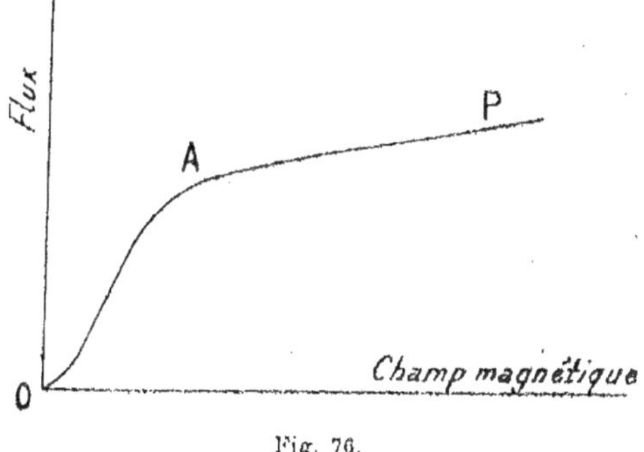

Fig. 76.

la saturation du fer est juste atteinte. Dans ces conditions, le flux est en A, tel que le point A soit placé exactement au coude de la caractéristique O A P qui représente le flux dans l'un des noyaux en fonction du courant (fig. 76). Supposons maintenant les énroulements primaires parcourus par un courant alternatif d'amplitude B, et examinons ce qui se passe pendant une période. La première alternance produit dans le noyau 1 par exemple un effet de même sens que le courant continu d'alimentation, et par conséquent de peu d'amplitude, puisque le fer est déjà saturé, tandis que l'effet dans le noyau 2 est de sens contraire à celui du courant d'alimentation et par conséquent de grande amplitude. La variation du flux dans les deux noyaux est représentée par la figure 77.

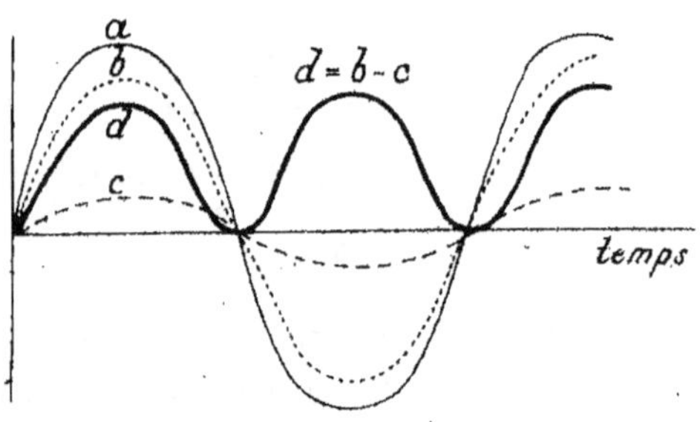

Fig. 77.

La courbe *a* représente le courant dans les primaires, la courbe *b* la variation du flux dans le secondaire du primaire transformateur ; et la courbe *c* la variation du flux dans le secondaire du deuxième transformateur. Pendant l'alternance suivante, c'est l'inverse qui se produit ; le flux dans le noyau du 2° transformateur n'augmente presque pas. Il diminue fortement dans le premier. La variation du flux dans l'ensemble du circuit secondaire qui comprend les deux secondaires montés de façon que les forces électromotrices induites par les primaires s'opposent, est obtenue en retranchant les ordonnées de la courbe *c* de celles de la courbe *b*, ce qui donne la courbe *d*. Le flux varie donc périodiquement dans le circuit d'utilisation avec une fréquence double de celle du courant qui traverse le primaire, et si le courant est réglé à la résonance pour la fréquence de cette force électromotrice, elle pourra débiter un courant important. Nous avons donc réalisé un doubleur de fréquence.

Considérons maintenant le montage de la figure 78 dans lequel les deux transformateurs sont différents, le premier étant construit de façon à être saturé avant que le maximum du courant primaire soit atteint ; le deuxième n'étant jamais saturé. Dans ces conditions, pendant une demi-période, le flux dans le noyau n° 1 commence par augmenter rapidement quand le courant augmente en partant de zéro ; puis il croît moins rapidement, et finit par devenir stationnaire, la saturation étant atteinte. Quand le courant diminue ensuite, la même variation se reproduit en sens inverse. La courbe b fig. 79

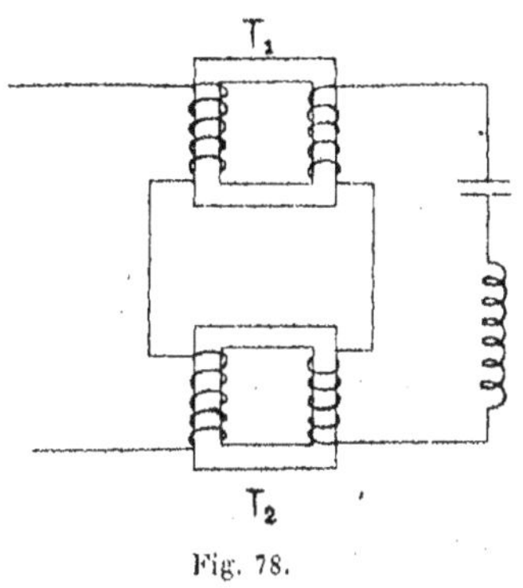

Fig. 78.

représente le flux dans le noyau 1. La courbe a représente le courant primaire. Dans le noyau 2, qui n'est jamais saturé, la courbe c qui représente le flux a une pointe très accusée au

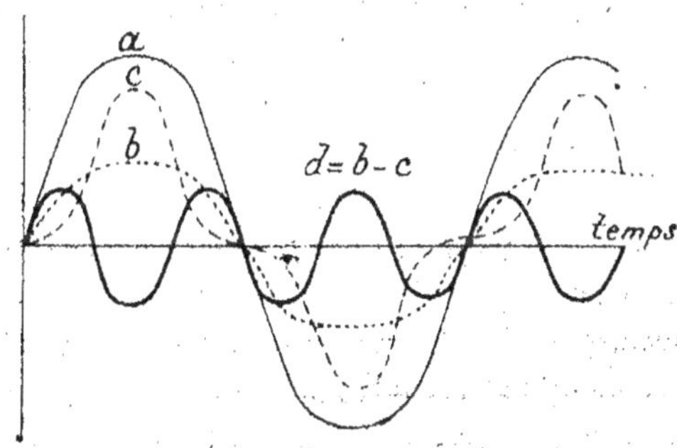

Fig. 79.

moment du maximum. Le flux qui agit sur l'ensemble des deux secondaires montés en opposition est la différence des flux c et b. Il est représenté sur la figure par la courbe d. Il a une fréquence triple du courant primaire ; il en est de même de la force électromotrice créée dans le circuit d'utilisation par l'action de ce

flux, et nous avons par conséquent réalisé un tripleur de fréquence.

Description du poste de transmission. — L'alternateur du système
Telefunken est construit pour la puissance de 150 kilowatts. Il est
entraîné par accouplement direct au moyen d'un moteur asynchrone triphasé pouvant tourner à 1.500 ou 1.765 tours par
minute. L'alternateur donne dans ces conditions la fréquence
8.000 ou 9.400. Il est du type homopolaire à fer tournant, dont
nous avons indiqué ci-dessus le principe dans nos considérations
d'ensemble sur les divers systèmes d'émission à grande puissance.
Les enroulements induit et inducteur sont fixes. L'induit comporte 640 bobines, réparties en deux bobinages montés en parallèle et divisés chacun en quatre sections entre lesquelles sont
insérés des condensateurs. L'induit et les paliers sont refroidis
par une circulation d'eau.

Dans le montage à deux doubleurs (multiplication par 4) les
deux pôles de l'alternateur sont réunis au primaire du doubleur
de fréquence n° 1. Une self et une capacité insérées dans le circuit servent au réglage de sa fréquence propre. Une dynamo à
courant continu fournit le courant nécessaire à l'excitation des
multiplicateurs de fréquence. Le courant à fréquence doublée
par le premier transformateur passe ensuite dans le primaire du
doubleur n° 2 par l'intermédiaire d'une capacité et d'une self de
réglage. Le multiplicateur n° 2 comprend deux secondaires. L'un
d'eux est relié au circuit d'antenne, formé de l'antenne et du
contrepoids ; l'autre à un circuit d'antenne artificielle. Ces deux
circuits sont réglés sur la fréquence donnée par le deuxième
doubleur ; la manipulation qui se fait par relais, consiste à déré-
gler alternativement l'un d'entre eux : quand c'est le circuit
d'antenne qui est déréglé, il n'est traversé par aucun courant ;
quand c'est le circuit de compensation, tout le courant passe
dans l'antenne qui rayonne alors de l'énergie. La manipulation
se fait avec compensation et ne fait supporter à la machine aucune
variation brusque de puissance. L'étincelle qui se produit au
manipulateur est soufflée par un courant d'air.

Dans le cas de la multiplication par 6, un tripleur est substitué au deuxième doubleur de la combinaison précédente. L'excitation de l'antenne et la manipulation se fait suivant les mêmes principes.

Dans le cas de la multiplication par 8, le tripleur n'est pas utilisé ; les trois doubleurs seulement sont employés.

Les enroulements des multiplicateurs sont plongés dans des cuves pleines d'huile, qu'on fait circuler au moyen d'une pompe pour assurer le refroidissement. Pour diminuer les pertes par courants de Foucault dans les noyaux d'acier des bobines, ceux-ci sont constitués de tôles extrêmement minces (quelques centièmes de millimètres d'épaisseur), isolées les unes des autres et empilées.

Énergie émise. Rendement. — Avec une puissance absorbée au réseau de 200 kilowatts environ, on obtient 50 kilowatts environ dans l'antenne. Le courant dans l'antenne est dans les conditions normales de fonctionnement 160 ampères.

6° STATIONS DE GRANDE PUISSANCE DU SYSTÈME GOLDSCHMIDT

Les stations de Tuckerton, située aux environs de New-York, et d'Eilvese, établie en Allemagne près de Hanovre, furent construites en 1913-1914, par la Société allemande qui exploite les brevets Goldschmidt, la deuxième pour le compte de cette Société, la première pour le compte de la Compagnie Universelle de télégraphie et de téléphonie sans fil, Compagnie française propriétaire des brevets Goldschmidt pour tous les pays excepté l'Allemagne. La station de Tuckerton devait être cédée à la Compagnie française dès que les essais seraient terminés.

Au moment de la déclaration de guerre de l'Allemagne à la France, et de l'Angleterre à l'Allemagne, les stations étaient terminées ; mais les essais de la station de Tuckerton n'étaient pas faits. La Compagnie française avait toutefois versé 90 % du prix de la station, les 10 % restants devaient être payés après les essais. Elle offrit de payer immédiatement ces 10 % et demanda d'être mise en possession de la station. Les Allemands refusèrent. Un procès fut engagé. Sans en attendre l'issue, le président Wilson décida que, pour conserver la neutralité, pour tenir la balance égale entre les Alliés, détenteurs de câbles sous-marins, et les Allemands privés de toute liaison télégraphique avec les États-Unis, la radiocommunication Tuckerton Eilvese serait mise en service, la station de Tuckerton étant exploitée par le personnel allemand qui l'avait établie, sous la direction du Département de la Marine. Et voilà comment une station, payée aux 9/10 par l'argent français, fut exploitée pendant près de trois ans au profit de nos ennemis.

Pendant ce temps-là le procès suivait son cours. Il a abouti récemment à une reconnaissance des droits de la Compagnie Universelle de télégraphie et de téléphonie sans fil. Mais, l'entrée en guerre des États-Unis étant intervenue, et les autorités maritimes ayant par suite pris en mains l'exploitation de toutes les stations radiotélégraphiques, Tuckerton est maintenant, jusqu'à la fin des hostilités, aux mains d'un personnel de la Marine des États-Unis. A la fin de la guerre, la station sera rendue à la Compagnie française.

Le matériel eut, lui aussi, ses avatars. Peu après la mise en service de la station, l'alternateur haute fréquence, qui était un des organes essentiels, fut mis hors de service par un éclatement du rotor. La Marine américaine, estimant que la radiocommunication avec l'Allemagne devait être maintenue, fit installer un arc à haute fréquence. Un nouveau rotor vint ensuite d'Allemagne, et, jusqu'à l'entrée en guerre des États-Unis, le service se fit, alternativement, avec l'alternateur à haute fréquence ou avec l'arc, suivant les circonstances.

Depuis que les États-Unis sont en guerre, le personnel allemand de la station a été interné, et le service se fait avec l'arc seulement.

Les stations d'Eilvese et de Tuckerton qui sont d'ailleurs identiques sont, au point de vue technique, extrêmement intéressantes, le caractère essentiel étant la présence d'un alternateur Goldschmidt à grande puissance et à haute fréquence ; je décrirai la station de Tuckerton.

Emplacement. — Elle est située à proximité de New-York, dans un terrain plat marécageux au voisinage de la mer.

Antenne. — L'antenne, en parapluie, est supportée par un pylône de 250 mètres de hauteur, coupé au milieu de sa hauteur, les deux sections étant séparées par des isolateurs, et muni

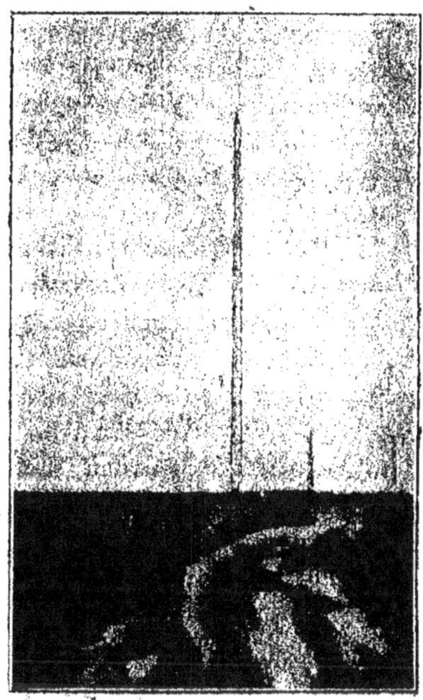

Fig. 80. — Pylône de 250 mètres de la station de Tuckerton.

également, à sa base, d'isolateurs en porcelaine qui peuvent d'ailleurs être court-circuités si l'on veut établir la communication avec le sol. Le pylône est maintenu par des séries de haubans, dont il est électriquement isolé, et qui sont eux-mêmes sectionnés en tronçons isolés (fig. 80).

Ces haubans sont munis de contre-haubans, pour éviter leur déplacement sous l'action du vent.

L'antenne, en forme de parapluie, comporte 36 fils descendants. La montée est constituée par six fils qui, à partir d'une certaine hauteur, se partagent chacun en six fils, formant 36 conducteurs qui vont se souder au haut du pylône aux 36 fils de descente. Les fils de descente, de 200 mètres de longueur, sont reliés à leur extrémité inférieure, par l'intermédiaire d'isolateurs, à des câbles d'acier, coupés de place en place par des isolateurs et allant se fixer au sommet de poteaux répartis à égale distance l'un de l'autre sur une circonférence de 2.000 mètres de diamètre environ ayant pour centre le pylône. L'antenne est divisée en six sections comprenant chacune six fils descendants et une montée composée d'un fil, puis de six, fixés au haut des fils descendants. L'ensemble des fils d'une section est soutenu au sommet du pylône par l'intermédiaire d'une chaîne de douze maillons isolants en porcelaine (fig. 81).

Principe de l'alternateur Goldschmidt. — Le poste d'émission est caractérisé par la présence d'un alternateur Goldschmidt. On s'explique facilement le principe de cette machine en se servant de

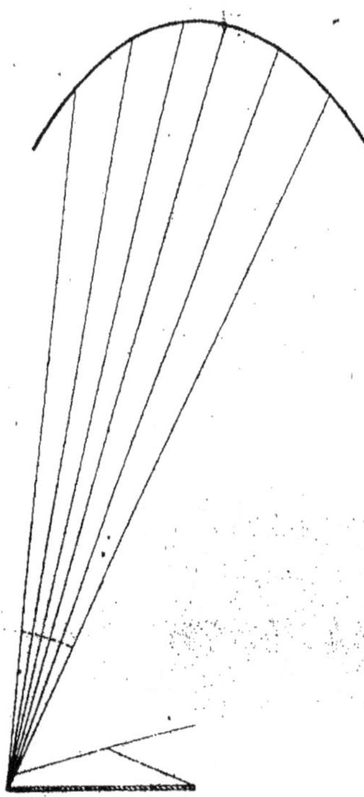

Fig. 81.

cette remarque, qu'un champ magnétique alternatif de puissance ω peut être considéré comme formé de deux champs magnétiques tournant en sens inverse avec la vitesse ω (fig. 82).

La machine est composée d'un rotor et d'un stator identiques. L'enroulement du stator S est parcouru par du courant continu. Il induit dans le rotor R, tournant à la vitesse angulaire ω, du courant alternatif de pulsation ω. Ce courant alternatif provoque dans les enroulements un champ magnétique de même pulsation, fixe par rapport au rotor, donc décomposable en deux champs magnétiques animés par rapport au rotor, des vitesses angulaires ω et $-\omega$ ou, le rotor tournant lui-même avec la vitesse ω, deux champs magnétiques animés des vitesses absolues 0 et -2ω. Le deuxième induit dans le stator un courant alternatif de pulsation 2ω, c'est-à-dire de fréquence double de la fréquence fondamentale.

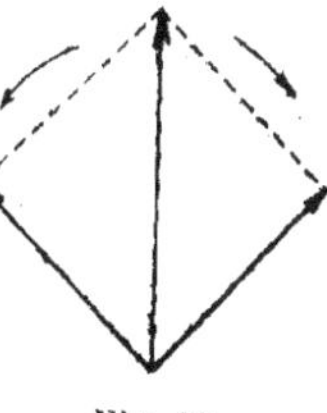

Fig. 82.

Ce courant alternatif engendre un champ magnétique de pulsation 2ω et -2ω et, comme le rotor tourne à la vitesse ω, ces deux champs magnétiques tournent avec les vitesses angulaires ω et -3ω par rapport au rotor. Elles engendrent donc dans cet enroulement des courants alternatifs de fréquences une fois et trois fois la fréquence fondamentale. Le courant, de pulsation 3ω, engendre dans le rotor un champ magnétique de pulsation

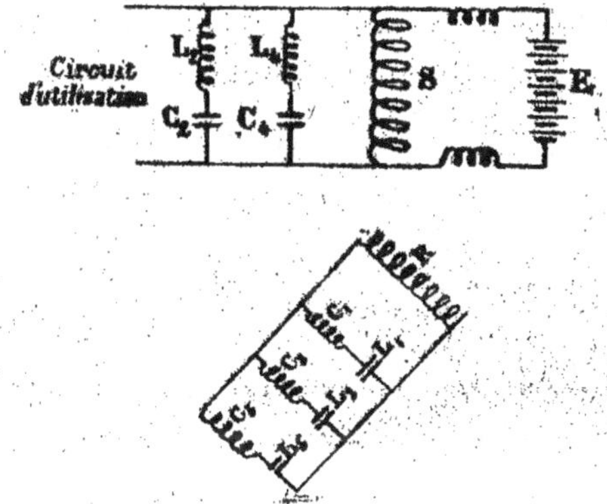

Fig. 83.

3ω, fixe par rapport au rotor, équivalent à deux champs magnétiques tournants animés des vitesses 3ω et -3ω. Le rotor tournant lui-même avec la vitesse angulaire ω, les vitesses angulaires absolues de ces champs magnétiques sont 2ω et 4ω, et elles

engendrent dans le stator des courants de fréquence 2ω et 4ω.
Et ainsi de suite. Le stator est donc le siège de courants de fréquence $2n$, $4n$, $6n$ . . . . . ; le rotor est parcouru par des courants
de fréquence n, $3n$, $5n$, etc. . . . . Supposons qu'on veuille utiliser le courant de fréquence $6n$. On disposera aux bornes du
stator un système de selfs et de condensateurs $C_2\,L_2$ (fig. 83),
tel qu'il forme avec le stator un circuit accordé sur la fréquence $2n$;
et un système $C_4\,L_4$ tel qu'il forme avec le stator un circuit accordé
sur la fréquence $4n$. On disposera de même aux bornes du rotor
des systèmes $C_1\,L_1$, $C_3\,L_3$, $C_5\,L_5$, tels qu'ils forment avec le
rotor des circuits respectivement accordés pour les fréquences n,
$3n$, $5n$.

Fig. 84. — Alternateur Goldschmidt de la station de Tuckerton.

Le circuit d'utilisation est d'ailleurs accordé sur la fréquence
correspondante. De la sorte on amplifie le courant d'utilisation,
par résonances successives des harmoniques du courant fonda-
mental d'ordre inférieur ou égal à l'harmonique utilisée.

Description de l'alternateur (fig. 84). — Dans les stations
d'Eilvese et de Tuckerton, l'énergie est fournie sous forme de cou-

rant continu 220 volts par groupe moteur-générateur composé d'une machine à vapeur Wolf de 500 chevaux, entraînant par courroie un groupe de deux dynamos à courant continu.

Ces machines alimentent le moteur à courant continu qui entraîne par accouplement direct la dynamo génératrice haute fréquence de 160 kilowatts de puissance.

Cette machine comporte un rotor et un stator identiques, portant chacun un enroulement à 384 pôles. L'enroulement est fait à raison d'un conducteur par pôle, les conducteurs consécutifs étant reliés en zigzag (fig. 85). Les encoches qui séparent les pôles (fig. 86) sont en forme de cercles de 5 millimètres de diamètre avec

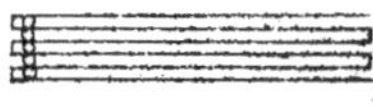

Fig. 85.

une ouverture du côté de l'entrefer. Pour éviter dans la mesure du possible les pertes par courants de Foucault dans les tôles, celles-ci sont extrêmement minces (3/100 millimètre d'épaisseur); elles sont faites d'éléments juxtaposés ayant la forme

Fig. 86. — Tôle de l'alternateur Goldschmidt.

indiquée (fig. 86). Le graissage des paliers se fait avec circulation d'huile sous pression.

Si le moteur tourne à 3.130 tours par minute, la fréquence fondamentale est 10.000. Le rotor est muni de circuits d'accord pour la fréquence 10.000 et la fréquence 30.000, le stator pour la fréquence 20.000. Le circuit antenne-terre réglé sur la fréquence 40.000, qui est la fréquence d'utilisation, est relié au stator (fig. 87).

Le rotor est divisé en deux parties agissant en parallèle. Chacune d'elles comporte son circuit d'accord particulier pour la fréquence fondamentale n, formé d'un condensateur et d'une self constituée de deux spires de 1 mètre de diamètre environ en tube de cuivre de 12 centimètres de diamètre environ, et son circuit d'accord sur la fréquence $3\,n$, constitué en mettant sim-

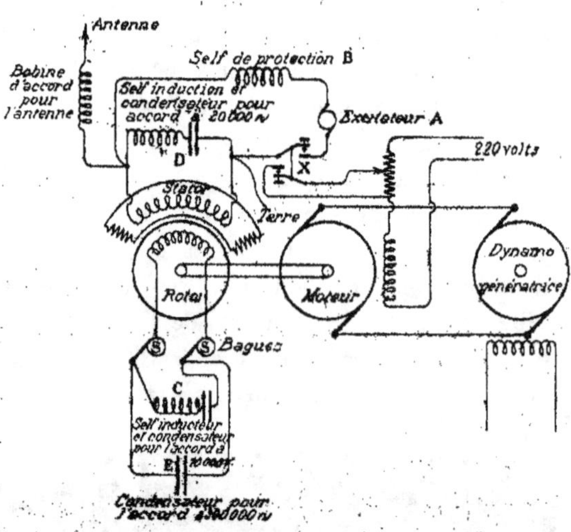

Fig. 87. — Montage des postes Goldschmidt de Tuckerton et Eilvese.

plement un condensateur aux bornes du rotor. Le stator est divisé en quatre sections, composées chacune de trois parties en parallèle, chaque partie comprenant 32 pôles. Chaque section a son circuit d'accord spécial sur la fréquence $2\,n$, circuit obtenu en mettant aux bornes du stator un condensateur et une self composée de 13 tours de 80 centimètres de diamètre en tube de cuivre. Le circuit d'antenne qui contient, outre l'antenne et la prise de terre, des condensateurs et des selfs de réglage, est accordé sur la fréquence $4\,n$ et relié au stator.

Le rendement paraît être de 80 % environ pour la production de la fréquence fondamentale, et 80 % pour chaque transformation de fréquence, soit en définitive $\overline{0,80}^4 = 0,40$ environ.

A Tuckerton la vitesse de l'alternateur est réglée pour donner la fréquence fondamentale 8.640, soit dans l'antenne la fréquence 8.640 × 4 = 34.560 ou la longueur d'onde 8.700 mètres.

Manipulation. — En raison de la disposition en zigzag des enroulements, ceux-ci présentent une self-induction très faible, de sorte que la manipulation peut se faire sur l'excitation, laquelle absorbe seulement 8 kilowatts. Des dispositions spéciales sont prises pour éviter des variations de vitesse, au moment de la rupture et de la fermeture du circuit d'excitation, variations qui auraient pour conséquence des variations de la fréquence de l'alternateur, et, par suite, de la longueur d'onde émise. Dans ce but, le circuit d'excitation du moteur, alimenté par une source indépendante, contient une résistance auxiliaire. Quand le manipulateur ouvre le circuit d'excitation, et, supprimant du coup la charge de l'alternateur, tend à augmenter sa vitesse, il court-circuite en même temps cette résistance, et la vitesse du moteur tend à diminuer. Inversement, quand le manipulateur ferme le circuit de la génératrice à haute fréquence, celle-ci travaille à pleine charge, et sa vitesse tend à diminuer ; mais en même temps la résistance auxiliaire est insérée en série dans le circuit d'excitation du moteur, dont la vitesse tend à augmenter. En réglant convenablement la valeur de la résistance auxiliaire, on arrive ainsi à une vitesse pratiquement constante quelle que soit la puissance demandée à la génératrice à haute fréquence.

Les dispositifs de coupure du circuit d'excitation de la génératrice et de court-circuitage de la résistance auxiliaire sont commandés par deux relais en série à partir d'un manipulateur Morse dans le cas de la transmission manuelle, ou d'un appareil Wheatstone dans celui de la transmission à grande vitesse.

La dynamo débitant 160 kilowatts, le courant dans l'antenne est 200 ampères.

Poste à arc. — En outre de l'émission avec alternateur, la station comporte une installation de transmission avec un arc de haute fréquence de 60 kilowatts. Ayant à décrire plus tard plusieurs postes de ce genre, nous ne nous étendrons pas davantage pour le moment, sur ce sujet.

Réception. — La réception, faite autrefois au moyen de la roue qui chante (*Ton-Rad*) de R. Goldschmidt, est assurée maintenant par un dispositif à lampes, avec montages Détecteur-Ampli-

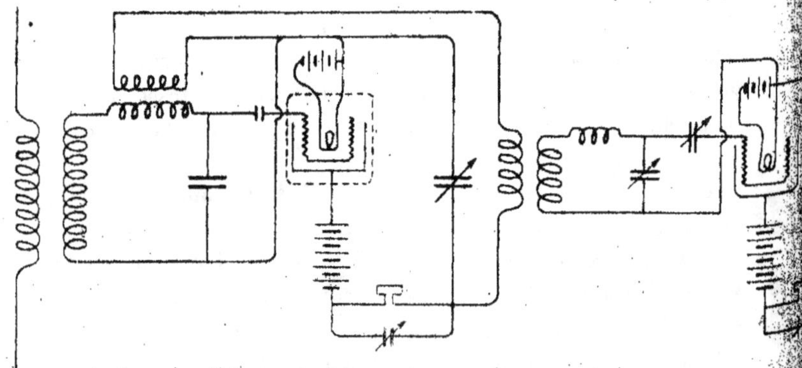

Fig. 88. — Station de Tuckerton. Montage de réception.

ficateur-Générateur d'Armstrong (fig. 88). Dans le cas de la réception à grande vitesse, les signaux sont enregistrés au moyen du télégraphone Poulsen.

7° PROCÉDÉS ALEXANDERSON

Dans les deux types d'oscillations à ondes entretenues que nous venons d'examiner : système Telefunken et Goldschmidt, les oscillations de fréquence relativement basse produites par un alternateur sont transformées en courants de haute fréquence, soit à l'intérieur de la machine, soit dans des appareils spéciaux. Nous avons vu ci-dessus que les alternateurs à fer tournant nous fournissent un moyen nouveau de résoudre le même problème, tant que la fréquence n'est pas trop élevée. Quoique ce procédé ne soit pas encore employé en pratique dans des stations de grande puissance, il paraît devoir aboutir, dans un délai très prochain, à la suite des études d'un éminent ingénieur américain, E. F. W. Alexanderson, à une réalisation dont l'apparition fera probablement date dans l'histoire des radiocommunications. En même temps que son alternateur, Alexanderson développe d'ailleurs tout un ensemble de méthodes qui tendent à résoudre un certain nombre de problèmes très importants : augmentation du rendement de l'antenne ; amplification des courants ; manipulation pour la télégraphie ; contrôle microphonique des oscillations pour la téléphonie sans fil ; télégraphie sans fil multiple ; multiplication de la fréquence par transformateurs statiques ; émission et réception simultanées dans une même station ; l'ensemble de ces recherches sera très probablement le point de départ d'importants progrès.

1. — Antenne multiple.

L'énergie dissipée dans une antenne d'émission se compose de deux parties : celle qui est rayonnée et va au loin impressionner les stations réceptrices ; celle qui est perdue sous forme de chaleur dans les conducteurs de l'antenne et la prise de terre.

L'énergie rayonnée est proportionnelle au carré du courant et à un terme T, appelé radiance

$$T = 160 \; \pi^2 \; \frac{h^2}{\lambda^2} \; \text{ohms}$$

h étant la hauteur efficace de l'antenne d'émission. Pour nous faire une idée de la grandeur de cette constante des antennes, supposons par exemple que la hauteur efficace soit 150 mètres, et calculons la valeur de T pour un certain nombre de longueurs d'onde. On a pour

$$h = 150 \text{ mètres}$$

λ (mètres)......	6.000	7.500	9.000	12.000
T (ohms).......	1	0,64	0,44	0,25

Les pertes comprennent l'énergie dissipée en chaleur dans les conducteurs et la prise de terre. De ces deux catégories, la deuxième est de beaucoup la plus importante et peut être considérée comme constituant toute l'énergie dépensée en pure perte. D'ailleurs, en raison de ce fait que les filets de courant qui partent de la base de l'antenne à la surface de la terre rayonnent dans toutes les directions, la terre peut être considérée comme un conducteur de section variable, cette section étant la surface d'un cône à base circulaire ayant pour sommet le centre de la terre, et pour directrice un cercle, de rayon croissant, tracé à la surface de la terre, et ayant pour axe la verticale du point d'émission (fig. 89). La section croissant, la résistance diminue à mesure qu'on s'éloigne de l'antenne, de sorte qu'en définitive, on peut, dans l'évaluation de la résistance de la prise de terre, considérer seulement une portion de la surface de la terre relativement petite autour de la base de l'antenne. Enfin, il est très difficile, dans les conditions de la pratique actuelle d'abaisser au-dessous de 1,5 ohms la résistance de la prise de terre.

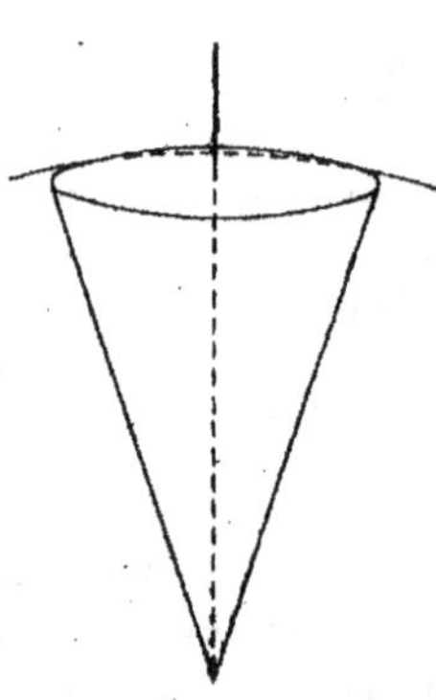

Fig. 89.

Soit R cette résistance. L'énergie perdue sera approximativement égale à RI^2, I représentant le courant à la base de l'antenne ; l'énergie rayonnée sera TI^2, de sorte que le rendement de l'antenne, ou rapport de l'énergie utile (énergie rayonnée) à l'énergie totale dépensée sera

$$n = \frac{T}{R + T}$$

Supposons $\qquad R = 1,5$

On a, dans le cas que nous avons considéré plus haut

λ (mètres)	6.000	7.500	9.000	12.000
T (ohms)	1	0,64	0,44	0,25
R + T	2,5	2,14	1,94	1,75
$\dfrac{T}{R + T}$	0,40	0,30	0,23	0,14

On voit que, la résistance des terres étant ordinairement pour les grandes longueurs d'ondes très supérieure à la radiance, le rayonnement des antennes est généralement très petit.

Il y a donc un intérêt capital à diminuer la résistance de la prise de terre. C'est le problème qu'a résolu Alexanderson. Cet inventeur n'ayant encore rien publié sur son procédé, je ne crois pas pouvoir donner ici tous les détails qu'il m'a communiqués. Je puis du moins dire qu'en principe sa méthode permet d'exciter en parallèle, à partir de la même source de haute fréquence, plusieurs antennes, de façon qu'elles soient toutes parcourues par des courants de même intensité et de même phase. Considérons (fig. 90) par exemple cinq antennes A_1, A_2, A_3, A_4, A_5, identiques, et

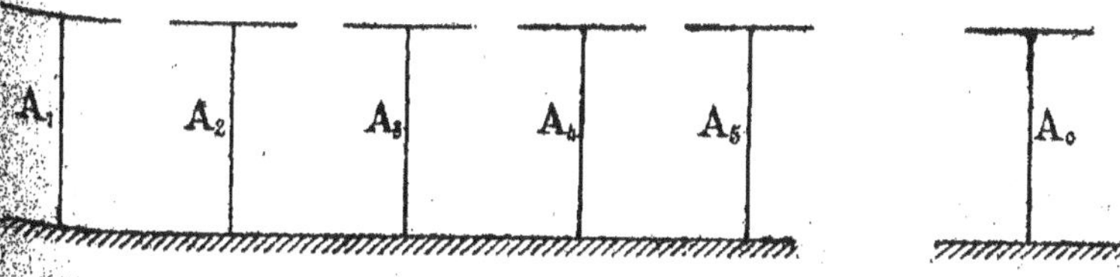

Fig. 90.

parcourues par des courants en phase et d'intensité efficace I, et comparons leur fonctionnement à celui d'une antenne identique parcourue par un courant d'intensité 5 I. On suppose d'ailleurs les cinq antennes concentrées dans un espace de dimensions petites par rapport à la longueur d'onde, et suffisamment éloignées l'une de l'autre pour que la distribution du courant dans la terre au pied de chacune d'elles soit sensiblement la même que si elles étaient isolées. La résistance de la prise de terre est alors la même, R, pour toutes les antennes A_1, A_2, A_3, A_4, A_5, A_0, considérées. Au point de vue du rayonnement, le système des cinq antennes élémentaires, de hauteur efficace h et traversées par un courant I, est équivalent à l'antenne isolée A_0 de même hauteur traversée par le courant 5 I. La radiance T est donc la même pour les deux systèmes, soit

$$T = 160\,\pi^2 \left(\frac{h}{\lambda} \right)^2$$

L'énergie perdue dans la terre de l'antenne A, par exemple, de résistance R, est

$$R\,I^2$$

Soit, pour les cinq antennes

$$5\,R\,I^2 = \frac{R}{5}\,(5\,I)^2$$

tandis que pour l'antenne isolée A_0, de résistance R, parcourue par un courant $5\,I$, l'énergie perdue dans la terre est

$$R\,(5\,I)^2$$

de sorte que la résistance est en somme R pour l'antenne isolée, $\frac{R}{5}$ pour le groupe de cinq antennes correspondantes, et le rendement est, dans les deux cas

Antenne isolée	Radiance	Résistance de la terre	Rendement
A_0	T	R	$\dfrac{T}{R+T}$
Antenne multiple	T	$\dfrac{R}{5}$	$\dfrac{T}{\frac{R}{5}+T}$

On a, par exemple, pour une antenne multiple à cinq branches, avec les hypothèses faites plus haut

$h = 150$ mètres				
λ (mètres	6.000	7.500	9.000	12.000
T (ohms)	1	0.64	0.54	0.25
R (ohms)	1.5	1.5	1.5	1.5
$\frac{R}{5}$ (ohms)	0.3	0.3	0.3	0.3
R + T (ohms)	2.5	2.14	1.94	1.75
$\frac{R}{5}$ + T (ohms)	1.3	0.94	0.74	0.55
Rendement de l'antenne simple.. $\frac{T}{R+T}$	0.40	0.30	0.23	0.14
Rendement de l'antenne multiple.. $\frac{T}{\frac{R}{5}+T}$	0.77	0.68	0.94	0.45

On voit que, si la résistance de la terre est grande par rapport à la radiance, le dispositif d'excitation multiple augmente considérablement le rendement des antennes.

II. — ALTERNATEURS ALEXANDERSON.

Les alternateurs Alexanderson sont du type à fer tournant. La pièce tournante est un disque d'acier chrome-nickel portant un certain nombre de dents réparties suivant sa circonférence, et aimanté par l'enroulement inducteur, de telle sorte que les dents se comportent comme des petits aimants ayant leurs pôles nord à droite par exemple et leurs pôles sud à gauche (voir figure ci-contre).

L'enroulement induit est disposé de part et d'autre du disque tournant ; il est constitué par un ou plusieurs conducteurs en parallèle disposés dans des encoches (2 encoches par pôle) en face des pôles du disque.

En raison des grandes vitesses de rotation nécessaires pour obtenir de hautes fréquences, les dispositions suivantes ont été adoptées :

1° Le disque est construit en forme de solide d'égale résistance ;

2° Pour diminuer les pertes dues à la rotation rapide du disque dans l'air, les intervalles entre les dents sont remplis de substance non magnétique (bronze).

Soit n le nombre des dents du disque tournant, N le nombre de tours par seconde ; la fréquence est

$$F = N n$$

Les alternateurs sont de deux types :

1° A axe flexible, pour les fréquences de l'ordre de 100.000 périodes par seconde ;

2° A axe rigide pour les fréquences ne dépassant pas 50.000.

1° *Alternateurs à axe flexible.* — Nous avons pu examiner plusieurs machines de ce type tant au laboratoire de la General Electric C° (Schenectady) qu'à la station de la National Electric

Signaling C° à Brooklyn. Il présente les caractéristiques ci-des-
sous (fig. 91) :

Le disque tournant porte 300 dents, la vitesse de rotation peut
atteindre 20.000 tours par minute. A cette vitesse la fréquence
est de

$$F = \frac{20.000 \times 300}{60} = 100.000$$

Le diamètre du disque est 30 centimètres environ, la vitesse

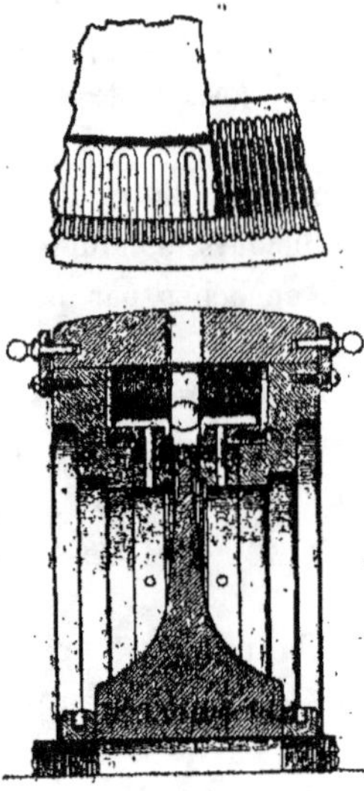

Fig. 91. — Alternateur
Alexanderson.

périphérique environ 300 mètres par
seconde. Le disque est entraîné par
l'intermédiaire d'un engrenage de
rapport 1/10 par un moteur tournant
à 2.000 tours.

L'arbre de rotation est flexible,
pour permettre l'équilibre exact, en
marche du disque tournant.

L'entrefer, réglable, est de l'ordre
de 0,40 millimètre.

Les caractéristiques sont les suivantes :

Voltage à vide : 110 volts.

Résistance ohmique : 1,2 ohm.

Courant de court-circuit : 20 ampères.

Courant avec condensateur à la
résonance : 30 ampères sous 70 volts.

Le rendement serait de 40 %.

La puissance demandée à l'alternateur pourrait sans danger
être élevée jusqu'à 3,5 kilowatts.

Un certain nombre d'exemplaires de cette machine ont été
construits et existent dans différents laboratoires.

La National Electric Signaling C° a fait, avec ces machines
travaillant à 80.000 périodes, des essais de communication entre
Brooklyn et Boston (220 miles, 350 kilomètres environ). Les
essais ont été assez satisfaisants pour faire décider par cette

Compagnie l'établissement d'un service radiotélégraphique commercial entre New-York et Boston. L'ouverture de ce service a été empêchée par la déclaration de guerre des États-Unis à l'Allemagne.

Des essais de mise en parallèle de deux alternateurs à 100.000 périodes auraient réussi.

2° *Alternateurs à axe rigide.* — Pour les fréquences ne dépassant pas 50.000 périodes par seconde, Alexanderson construit, pour les puissances les plus variées, des alternateurs à axe rigide.

Une machine d'un kilowatt a été vue en fonctionnement.

Une machine de 60 kilowatts est en essais à la station de New-Brunswick, et a été examinée.

Enfin, Alexanderson nous a indiqué les caractéristiques d'un alternateur de 200 kilowatts actuellement en construction.

Toutes ces machines sont du type décrit plus haut.

Dans la machine de 60 kilowatts, 50.000 périodes que nous avons vue à New-Brunswick, la vitesse périphérique est 250 mètres par seconde, et le diamètre du disque environ 1,40 mètre. L'entrefer est de l'ordre de 0,8 millimètre.

Dans la machine de 200 kilowatts, 33.000 périodes en construction, les principes sont les mêmes. L'induit est refroidi par un courant d'eau. Le graissage se fait par circulation d'huile sous pression. Un dispositif de réglage automatique de l'épaisseur de l'entrefer, quelles que soient les dilatations des différents organes, sous l'action des tensions qu'ils supportent pendant la marche a été prévu. Les tôles de l'induit sont en acier doux de 0,044 millimètres d'épaisseur environ, émaillé sur ses deux faces.

Pour diminuer les difficultés d'isolement, l'induit est divisé en un certain nombre de sections isolées. Un transformateur comprenant autant de primaires qu'il y a de sections, et un seul secondaire inseré dans le circuit d'antenne, transmet l'énergie de l'alternateur à l'antenne.

III. — AMPLIFICATEURS MAGNÉTIQUES. MANIPULATION. TÉLÉPHONIE. MANIPULATION A GRANDE VITESSE. TÉLÉGRAPHIE SANS FIL MULTIPLE.

La manipulation, dans le cas de la télégraphie, et le contrôle microphonique, dans le cas de la téléphonie, se font en insérant soit un manipulateur, soit un microphone, dans l'enroulement à courant continu d'un amplificateur magnétique (fig. 92), comportant deux branches en parallèle identiques, formées chacune d'une self L à noyau de fer et d'un condensateur C, le tout mis en série avec un condensateur C. L'ensemble est placé en dériva-

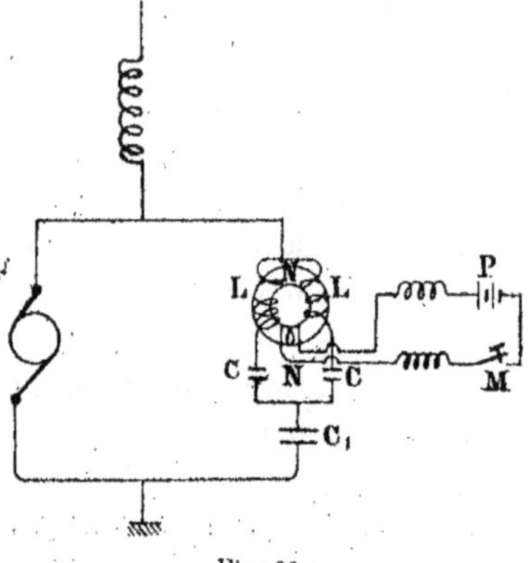

Fig. 92.

tion aux bornes de l'alternateur. Quand on ouvre le circuit du manipulateur M, l'ensemble des selfs L, des condensateurs C et C₁, de l'antenne et de la prise de terre, forme un circuit accordé sur l'alternateur, qui débite alors à pleine charge, de sorte que le courant dans l'antenne est maximum. Au contraire, quand le manipulateur est abaissé, du courant continu passe dans la bobine N, la self des bobines L L est changée et le circuit est désaccordé, de telle sorte qu'il ne passe plus rien dans l'antenne. Le condensateur C₁ a pour but de permettre d'obtenir ce résultat d'une façon aussi parfaite que possible. Et, en fait, pour une variation de courant de 1 ampère dans le circuit à courant continu, le courant dans l'antenne pour une puissance de 50 kilowatts passe d'une valeur sensiblement nulle à la pleine puissance.

La courbe fig. 93 représente la caractéristique du système. Elle a pour abscisse la valeur du courant continu dans le circuit N M P, et pour ordonnée la valeur du courant correspondant dans l'antenne. On voit que quand le courant passe de la valeur zéro à la valeur O B, l'intensité efficace dans l'antenne passe de la valeur maxima à la valeur zéro. C'est le principe de la manipulation télégraphique.

Si le circuit P N M est traversé par un courant de fréquence musicale, oscillant entre zéro et O M, l'intensité efficace du courant de haute fréquence dans le circuit d'antenne éprouvera des oscillations de la même fréquence, oscillations d'amplitude O P, et le courant capté à la réception, après redressement par le détecteur, sera musical. On a ainsi réalisé la télégraphie sans fil musicale.

Plusieurs circuits P N M de manipulation à fréquences musicales différentes peuvent d'ailleurs être superposés sur le même

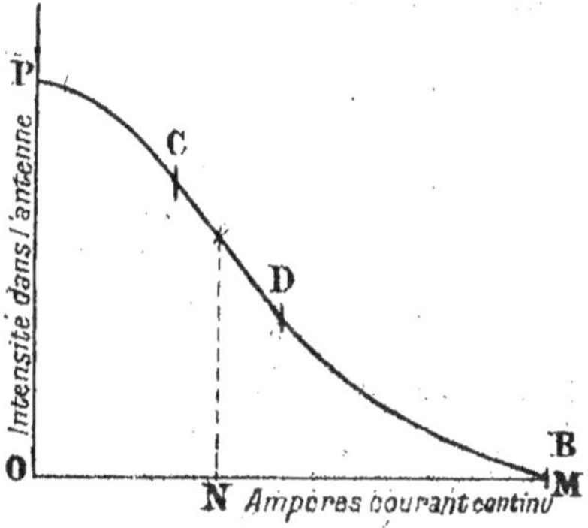

Fig. 93.

noyau magnétique N et l'on a la possibilité de réaliser ainsi une émission multiple, chacune des émissions composantes étant faite sur une note musicale différente, et pouvant être sélectionnée à la réception suivant la hauteur de sa note.

Enfin, la vitesse de la manipulation pourrait être extrêmement grande. On pourrait s'attendre à voir réaliser prochainement avec de grandes puissances une vitesse de 200 mots à la minute. Les signaux sont enregistrés à la réception sur une bande photographique.

Supposons enfin le circuit de contrôle P M N parcouru par un courant continu d'intensité O N (fig. 93) et superposons à ce courant un courant microphonique. Le point M correspondant à une région où la caractéristique est sensiblement une ligne droite, l'amplitude des oscillations de haute fréquence dans l'antenne suivra les variations d'intensité du courant microphonique. Il y aura simplement amplification du courant microphonique et transformation de ce courant en courant de haute fréquence. Et nous avons le principe d'un contrôle microphonique des oscillations utilisable en téléphonie sans fil.

En outre des études précédentes, Alexanderson travaille à la solution de divers problèmes : multiplication de fréquence, émission et réception simultanées. En raison du caractère confidentiel de ces dispositifs, il m'est impossible de les décrire ici.

CHAPITRE III

CONCLUSIONS

1° LE MATÉRIEL D'ÉMISSION

I. — Oscillations entretenues et oscillations amorties

Au point de vue des méthodes d'émission, la première remarque à faire est que la pratique s'oriente définitivement et sans exception vers l'adoption de procédés qui fournissent des ondes entretenues, d'amplitude constante et de fréquence bien déterminée et unique. Dès 1912, 1913, les radiocommunications allemandes de Tuckerton, Eilvese et Sayville-Nauen furent installées : la première avec des alternateurs Goldschmidt ; la deuxième avec des transformateurs statiques de fréquence. La *Federal Telegraph C°* mettait en même temps au point les arcs de grande puissance et installait successivement, tant pour elle que pour la Marine des États-Unis, des postes de 40, 60, 100, 200, 350 kilowatts de puissance. La méthode à étincelles amorties subsistait pourtant encore, et les stations de Carnarvon et New-Brunswick, achevées en 1914, celles de San-Francisco et Honolulu, mises en service en 1914, comportent des postes de 300 kilowatts à courant alternatif et éclateur tournant synchrones ; mais nous avons vu que le remplacement des alternateurs par des dynamos à courant continu haute tension permet la transformation de cette méthode en un système de production d'ondes entretenues, et que plusieurs installations d'émission basées sur ce principe sont dès maintenant en cour s d'établissement. L'alternateur d'Alexanderson, en construction, donnera, enfin, lui aussi, des ondes entretenues de grande puissance.

Il y a, en faveur de cette orientation très nette vers les ondes entretenues, d'une seule fréquence, de bonnes raisons théoriques.

1° Tout d'abord, les amplifications qu'on peut obtenir par l'utilisation de la résonance aussi bien à la transmission qu'à la réception, sont d'autant plus grandes que les ondes émises sont plus pures et moins amorties. Si un circuit, tel que ceux que nous avons rencontrés dans tous nos montages, circuit doué de capacité et de self-induction, et par conséquent capable d'oscillations de fréquence déterminée, est soumis à une force électromotrice alternative d'amplitude donnée, le courant qui le traverse varie avec la fréquence de la force électromotrice ; il est maximum quand la fréquence de la force électromotrice est égale à celle de l'oscillation propre du circuit. Le maximum étant d'ailleurs d'autant plus accentué que l'amortissement est moins grand, il est clair que cette espèce d'amplification produite ainsi par résonance, est d'autant plus importante et par conséquent, que les énergies émise et reçue seront, à forces électromotrices égales, d'autant plus grandes, que les ondes émises seront plus pures et moins amorties.

2° En outre de cet effet, l'impossibilité d'obtenir des résonances aiguës avec des oscillations amorties diminue l'indépendance des radiocommunications faites par ce moyen, par rapport aux stations voisines. Pour nous faire une idée plus nette de cette influence de l'amortissement, supposons la station de réception correspondante munie du dispositif le plus simple (fig. 94). Le circuit d'antenne, comprenant des bobines de self et des condensateurs qui permettent de faire varier sa longueur d'onde, est relié par un radiotransformateur à un circuit contenant un détecteur, un téléphone et un galvanomètre à courant continu, Supposons que la station de transmission rayonne des ondes amorties de fréquence donnée n. Quand, au moyen de selfs et condensateurs d'accord, nous faisons varier la fréquence propre d'oscillations dans le circuit de l'antenne réceptrice, l'intensité mesurée par le galvanomètre varie, et, par suite de ce que nous venons d'appeler l'effet de résonance, passe par un maximum quand la fréquence propre du circuit d'antenne est égale à celle des ondes reçues.

La courbe *a* est d'ailleurs d'autant plus aplatie que l'émission est plus amortie. Une émission avec ondes entretenues d'une seule fréquence *n* donnerait une courbe avec pointes très accentuées

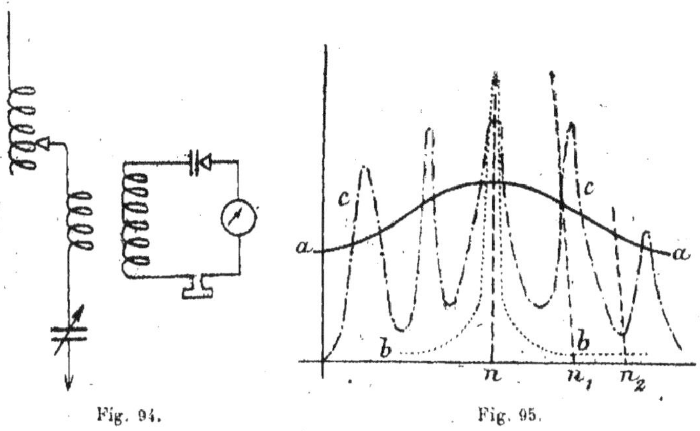

Fig. 94.   Fig. 95.

(courbe *b*) fig. 95. Une émission avec ondes entretenues mais impure, c'est-à-dire composée d'oscillations de plusieurs fréquences, donnerait une courbe telle que *c*, ayant autant de maxima qu'il y a d'ondes émises.

Supposons maintenant que le poste de réception veuille recevoir des ondes de fréquence n_1 par exemple, différente de *n*. L'intensité de l'émission entretenue et pure sera sensiblement égale à zéro ; cette onde est éliminée et ne gêne en rien la réception. Il n'en est pas de même pour l'émission amortie (courbe *a*). Son intensité ne sera réduite que dans des proportions relativement faibles et elle gênera considérablement la réception. Quant à l'onde impure, son effet perturbateur variera beaucoup suivant la fréquence et l'intensité des ondes superposées à l'oscillation fondamentale ; il sera très grand si l'émission à recevoir a la fréquence n_1, très petit si elle a la fréquence n_2.

3° Il est nécessaire d'ailleurs de remarquer ici que l'importance de l'effet des oscillations superposées à l'oscillation fondamentale, dans une onde impure, est notablement différente suivant que l'on considère le cas de l'émission ou celui de la réception. Des harmoniques, de fréquences relativement grandes par rapport à celle de l'oscillation fondamentale peuvent, même si l'intensité des courants correspondants dans l'antenne de transmission est relativement très petite, agir fortement sur l'antenne de réception. Supposons par exemple que l'onde émise possède, en outre de sa composante fondamentale d'intensité I_ε dans l'antenne d'émission et de longueur d'onde λ, une harmonique d'intensité $\dfrac{I_\varepsilon}{11}$ et de longueur d'onde $\dfrac{\lambda}{11}$ Nous avons vu que le courant dans l'antenne de réception, supposée accordée, est, à courte distance, pour la longueur d'onde λ et l'intensité I_ε du courant émise

$$I_r = 377 \cdot \frac{h_\varepsilon \; h\,r}{\lambda \; d} \; I_r$$

Elle sera pour l'harmonique considérée

$$I'_r = 377 \, \frac{h_\varepsilon \; h\,r}{\dfrac{\lambda}{11} \times d} \times \frac{I_\varepsilon}{11} = I_r$$

L'harmonique de longueur d'onde $\dfrac{\lambda}{11}$ et d'intensité $\dfrac{I_\varepsilon}{11}$ donne donc, dans une antenne de réception, un courant de même intensité que celui qui est produit par un courant de longueur d'onde fondamentale mais d'intensité onze fois plus grande, dans l'antenne de transmission. Cet effet sera plus réduit à grande distance, les ondes étant d'autant plus affaiblies que leur fréquence est plus grande ; mais il n'en reste pas moins vrai qu'à des distances relativement faibles, moins de 200 kilomètres par exemple, les harmoniques émises par une station d'émission troublent les stations de réception voisines beaucoup plus que ne le ferait supposer à première vue leur intensité relative dans l'antenne d'émission,

4° Enfin, les difficultés d'isolement, qui sont d'autant plus grandes que les voltages maxima qui se produisent dans les circuits sont eux-mêmes plus élevés, seront d'autant plus considérables que les ondes seront moins pures et plus amorties.

Considérons, par exemple, une antenne de grande station, de 0,05 microfarad de capacité, de 3 ohms de résistance totale, dissipant 500 kilowatts de puissance, et par conséquent parcourue par un courant égal à 400 ampères, travaillant sur la longueur d'onde de 15.000 mètres, soit 20.000 périodes par seconde. Nous supposerons d'ailleurs avoir affaire à une antenne en plan horizontal, la capacité du réseau des fils supérieurs étant très grande par rapport à celle de la montée.

Dans ces conditions, la différence de potentiel entre le sommet de l'antenne et la terre a pour valeur

$$V_{eff} = \frac{I}{C\,\omega}$$

$$C = 5 \times 10^{-8} \qquad \omega = 2\,\pi \times 20.000$$

$$V_{eff} = 70.000 \text{ volts environ}$$

$$V_{max} = 100.000 \text{ volts environ.}$$

la valeur 100.000 volts nécessaire rentre dans l'échelle des voltages admis dans la pratique industrielle.

Supposons maintenant avoir affaire à une émission par ondes amorties, avec 500 étincelles par seconde par exemple. La quantité d'énergie dissipée dans l'antenne à chaque étincelle sera

$$\frac{500.000}{500} = 1.000 \text{ watts}$$

Elle aura dû, à un moment donné, être emmagasinée dans l'antenne de capacité $C = 0,05$ microfarad qui sera alors chargée à un potentiel V donné par la formule

$$\frac{1}{2}\,C\,V^2 = W$$

où W représente l'énergie. Portons dans cette formule les valeurs de C et W

$$C = 5 \times 10^{-8} \qquad W = 10.00$$

d'où

$$V = \sqrt{\frac{2\,w}{C}} = \sqrt{\frac{2 \times 1.000}{5 \times 10^{-8}}} = 200.000 \text{ volts}$$

Et l'on voit qu'en passant du cas des ondes entretenues à celui des ondes amorties, le potentiel maximum au sommet de l'antenne a doublé. L'isolement qu'il était possible d'assurer à 100.000 volts, même avec des oscillations de haute fréquence, est devenu impossible à maintenir à 200.000 volts.

Une difficulté du même ordre se présente dans le cas des ondes entretenues, mais impures. Reprenons, en effet, l'exemple précédent, en supposant qu'à l'oscillation fondamentale d'intensité I soit superposée une harmonique de fréquence 11 fois plus grande et d'intensité 11 fois plus petite. L'antenne étant accordée sur l'oscillation fondamentale, on a

$$L\,\omega - \frac{1}{C\,\omega} = 0$$

et la force électromotrice de la source $\dot{E}_{eff}$ a pour valeur

$$E_{eff} = R\,I_{eff} = 1.200 \text{ volts}$$

La différence de potentiel maxima entre le sommet de l'antenne et la terre, est, du reste, comme ci-dessus, 100.000 volts environ.

Superposons maintenant à l'oscillation fondamentale l'harmonique considérée, d'intensité $\frac{1}{11}$, de fréquence $N \times 11$, de pulsation $\omega \times 11$.

On aura, comme différence de potentiel due à cette harmonique, entre le sommet de l'antenne et la terre :

$$V_{eff}\frac{I}{11} \times \frac{1}{C\,\omega \times 11} = 600 \text{ volts environ}$$

et l'on voit que la présence d'harmonique n'augmentera pas sensiblement les difficultés d'isolement entre le sommet de l'antenne et la terre.

Mais la composante de la force électromotrice correspondant à l'harmonique aura pour valeur

$$E_{eff} = \frac{I}{11}\sqrt{R^2 + \left(L\,\omega \times 11 - \frac{1}{C\,\omega \times 11}\right)^2} = \frac{1}{11}\frac{11}{C\,\omega} = \frac{I}{C\,\omega}$$

$$E_{eff} = 70.000 \text{ volts environ}$$
$$E_{max} = 100.000 \text{ volts environ}$$

La force électromotrice maximum de la source sera donc 100.000 volts environ pour l'harmonique considérée, tandis qu'elle est 1.700 volts environ pour l'oscillation fondamentale. On voit dans quelle proportion les difficultés d'isolement seront augmentées.

De fortes raisons théoriques viennent donc motiver l'évolution qui se dessine en pratique vers l'emploi des ondes entretenues. Aussi, ayant à nous occuper maintenant d'examiner au point de vue de leurs perspectives d'avenir les divers système d'émission, retiendrons-nous cette dernière catégorie. Nous aurons à les considérer plus particulièrement aux trois points de vue les plus importants qui se sont présentés dans le cours de cette étude : rendement, puissance maxima qu'il est possible d'obtenir, pureté des ondes émises

II. — LES DIVERSES MÉTHODES D'ÉMISSION.

L'arc à haute fréquence. — Nous avons constaté, dans les pages qui précèdent, le très rapide développement de la méthode de l'arc à haute fréquence sous l'impulsion de la *Federal Telegraph Co* de San-Francisco. Cette Compagnie, après avoir établi, vers 1912, la première radiocommunication à grande distance de ce système, entre San-Francisco et Honolulu, a ensuite construit des types de plus en plus puissants ; elle détient actuellement le record de la puissance de tous les systèmes avec des arcs de 350 kilowatts en fonctionnement continu, de 500 kilowatts en fonctionnement discontinu comme celui de la radiotélégraphie, et songe à aller plus loin encore en créant un type de 1.000 kilowatts. Il s'agit là, d'ailleurs, de la puissance fournie par la machine à courant continu qui alimente l'arc, et non pas de la puissance dans l'antenne. Celle-ci est environ la moitié de la première, le rendement étant environ 50 %. On a ainsi pour le type de 500 kilowatts, 250 kilowatts dans l'antenne, et pour le type prévu de 1.000 kilowatts, 500 kilowatts dans l'antenne. Il importe d'ailleurs de se rendre compte des difficultés que pré-

sente la construction d'arcs de cette dimension. La plus importante semble être l'obligation d'évacuer la grande quantité de
chaleur que développe l'énergie dissipée dans l'arc, soit environ
250 kilowatts pour l'arc de 500 kilowatts, 500 kilowatts pour
l'arc de 1.000 kilowatts. Cette énergie est tout entière transfor-
mée en chaleur dans un volume relativement très petit : dans
les bobines du champ magnétique, et dans la chambre de combustion. Aussi ne peut-on compter sur le rayonnement pour dis-
siper la chaleur produite. On y arrive par des circulations d'eau
autour de la chambre de combustion, laquelle est à double
paroi, et dans l'électrode cuivre; par des circulations d'huile
autour des enroulements qui produisent le champ magnétique.
Il est ainsi possible d'évacuer les énormes quantités de chaleur
dégagées et de construire des arcs de très grande puissance. Il
faut ajouter en faveur de l'arc cet avantage qu'il est très simple
de faire varier la longueur d'onde de l'émission en manœuvrant
un commutateur qui change à la fois la longueur d'onde propre
du circuit d'antenne et les constantes du champ magnétique.
Dans les arcs puissants où le commutateur est de grande dimension, il est manœuvré à distance au moyen d'un moteur électrique.

Mais le rendement ne paraît jamais dépasser 60 %, dans les
meilleures conditions de fonctionnement. De plus, quel que soit
le mode de manipulation, par variation de longueur d'onde, par
compensation ou par la méthode d'hystérésis, une quantité
d'énergie toujours très grande, si même elle n'est pas égale à
celle qui est dépensée utilement pendant les signes, est dissipée
en pure perte pendant les intervalles, ce qui diminue le rendement global de l'installation.

Un autre inconvénient de l'arc est que les ondes émises ne sont
pas absolument pures. Il y a toujours des harmoniques plus ou moins
intenses et plus ou moins nombreuses superposées à l'oscillation
fondamentale. Un radiotélégraphiste m'a dit avoir observé, au
moyen d'un ondemètre, 17 harmoniques sur un arc de petite
dimension. Ajoutons d'ailleurs que les harmoniques paraissent
moins importantes et moins nombreuses à mesure que la puissance augmente.

La méthode des étincelles commandées. — La méthode d'émission d'ondes entretenues par étincelles commandées, laquelle en somme revient à exciter un même circuit d'antenne par plusieurs circuits à condensateur à étincelles amorties agissant successivement présente au point de vue de la possibilité de changer rapidement la longueur d'onde de l'émission, les mêmes avantages que la méthode à arc : il suffit de changer, au moyen d'un commutateur, la valeur des selfs ou des capacités des circuits d'excitation. L'inconvénient que l'onde n'est pas absolument pure peut se retrouver quoique sans doute moins accentuée que dans la méthode à arc.

Un autre ennui est que le moment d'éclatement de l'étincelle est déterminé par le passage des pointes mobiles de l'éclateur de commande devant ses pôles fixes et que, par conséquent la période des oscillations dans l'antenne, qui est fixée invariablement par les valeurs constantes du circuit d'antenne, devant être égale à l'intensité de temps qui sépare les éclatements de deux étincelles successives (ou un sous-multiple de cet intervalle), doit, par là même être égale à un intervalle de temps déterminé par la vitesse de l'éclateur, et les changements accidentels de vitesse de cet organe ont pour conséquence des déréglages de l'installation ; il y a donc lieu de maintenir la vitesse absolument constante. C'est un inconvénient que nous retrouverons d'ailleurs dans tous les alternateurs à haute fréquence.

Mais la méthode à étincelles commandées présente des avantages précieux. Le rendement des machines à courant continu haute tension est, pour les grandes puissances, aussi bon que celui des dynamos ordinaires. Le rendement de la charge et de l'excitation

$$\frac{\text{Énergie fournie à l'antenne}}{\text{Énergie fournie aux bornes du condensateur}}$$

semble pouvoir atteindre sans difficulté 70 % et comme la manipulation peut se faire sans compensation, aucune énergie n'est perdue pendant les intervalles des signes.

De plus, la puissance est illimitée. Chacun des circuits élémentaires peut, comme le circuit d'une installation normale Marconi à grande puissance, donner aux bornes du circuit à condensateur, une puissance de 300 kilowatts, soit avec le rendement de 70 °/₀, 210 kilowatts dans l'antenne. Avec quatre circuits on a ainsi 1.200 kilowatts aux bornes des condensateurs et 840 kilowatts dans l'antenne. Et, si la puissance qu'il est possible d'absorber dans un circuit à étincelle contenant un éclateur semble pouvoir difficilement, dans les conditions actuelles, dépasser 300 kilowatts, il n'y a par contre aucune difficulté à accroître la puissance en augmentant le nombre des circuits.

Enfin, dans la méthode des oscillations commandées, modifiée par l'installation d'une source de force électromotrice de charge distincte pour chacun des circuits élémentaires, une panne survenant soit dans une machine, soit dans l'un quelconque des circuits n'a qu'une importance restreinte, et, n'empêchant pas le fonctionnement des autres circuits, ne cause qu'une diminution de puissance relativement faible; de plus, les rechanges sont moins onéreuses, pouvant consister simplement dans l'ensemble des organes d'un circuit élémentaire, tandis que dans la méthode à arc l'installation comportant une seule source d'alimentation, et un seul arc, toute panne de l'un quelconque des organes de l'installation cause un arrêt complet de l'ensemble et la sécurité de l'exploitation ne peut être assurée qu'en prévoyant comme rechange une installation complète de même puissance et de même importance que l'installation principale.

Alternateurs à haute fréquence. — Le grand avantage des méthodes où les oscillations de haute fréquence sont produites par des alternateurs, soit directement, soit après multiplication de la fréquence à l'intérieur même de la machine ou dans des transformateurs statiques spéciaux, est que l'onde émise est sensiblement pure, plus pure certainement que dans la méthode à arc.

Mais si l'on veut pouvoir utiliser avec leur pleine efficacité les phénomènes de résonance, ce qui est, comme nous l'avons vu plus haut, le meilleur argument en faveur des ondes entretenues, il est nécessaire que la longueur d'onde reste absolument fixe;

mais celle-ci dépend de la vitesse de l'alternateur. La vitesse de
l'alternateur doit donc être maintenue absolument constante ; et
c'est là une des principales difficultés de l'emploi des alternateurs à haute fréquence. Le moyen le plus simple pour y arriver,
consiste à manipuler avec compensation. L'alternateur travaille
à charge constante ; mais la puissance fournie est envoyée pendant les signes, dans l'antenne, où elle se dissipe en partie utilement sous forme de rayonnement électromagnétique ; tandis
que pendant les intervalles, elle est dirigée sur un circuit de
compensation. Nous avons déjà dit plus haut qu'une telle solution
a pour inconvénient d'augmenter dans une large mesure la quantité d'énergie débitée en pure perte et, par conséquent, de diminuer le rendement. Dans les alternateurs qui tournent à très
grande vitesse on peut, dans une certaine mesure, compter sur
l'inertie de la pièce tournante pour maintenir constante la vitesse
pendant la manipulation. Enfin nous avons vu que, dans l'alternateur Goldschmidt, la manipulation se fait par tout ou rien,
l'alternateur travaillant à pleine charge pendant les signes, ne
débitant rien du tout pendant les intervalles, et que la vitesse
est maintenue constante par un système de compensation automatique de ses variations.

Une autre question qui se pose dans les alternateurs et transformateurs à haute fréquence est celle des tôles de fer ou d'acier
qui constituent les noyaux des enroulements à haute fréquence.
Les pertes dans ces noyaux augmentent, en effet, très rapidement avec l'épaisseur des tôles et l'induction magnétique. Elles
diminuent quand la résistance de la tôle augmente. On fabrique
actuellement de très bonnes tôles au silicium (teneur 4 °/₀ environ) qui, pour les fréquences industrielles, causent des pertes
acceptables sous des épaisseurs d'environ 0,5 millimètre ; et
les travaux récents d'un éminent savant américain M. T.-D.
Yensen, permettent d'espérer qu'on pourra sous peu produire
industriellement des tôles ayant une hystérésis cinq fois
moindre. Mais l'inconvénient est que les tôles très résistantes
sont en même temps très difficiles à laminer ; de sorte qu'on
est amené, en pratique, au dilemme suivant : ou bien employer

des tôles au silicium, de résistance spécifique 50 microhms centimètres environ, mais relativement épaisses : on n'est jamais
arrivé, en Amérique, à moins de 7 centièmes de millimètres
d'épaisseur, ou bien employer des tôles d'acier doux, beaucoup
moins résistantes, mais qu'on pourra laminer en lames plus
minces, jusqu'à 4 centièmes de millimètres d'épaisseur par
exemple. Dans tous les cas, les pertes par courants de Foucault
seront, dans ces tôles, beaucoup trop grandes pour qu'on puisse
les employer dans les mêmes conditions qu'on emploie en basse
fréquence les tôles au silicium de 0,5 millimètres d'épaisseur. Il
faudra recourir à des artifices; on sera forcé de travailler à des
inductions relativement basses, et par conséquent, pour une
même puissance, d'augmenter le volume de la machine; il faudra, dans le cas des grandes puissances, refroidir les induits des
machines par des circulations d'eau, et les enroulements des
transformateurs par des circulations d'huile; ce qui introduit
une complication notable.

Alternateur Alexanderson. — Si l'alternateur produit directement la fréquence d'utilisation, le rendement pourra être très
élevé, si l'on s'arrange de façon que les conditions de fonctionnement (longueur des pôles relativement à l'épaisseur de l'entrefer,
pertes par ventilation, etc.) soient du même ordre de grandeur
que dans les alternateurs ordinaires. Un rendement de 80 %
semble pouvoir être obtenu dans les grandes machines de ce
genre. Dans tous les cas on sera forcé de tourner à de très
grandes vitesses et nous avons vu à propos de l'alternateur
Alexanderson quelles précautions on peut être amené à prendre
dans ce but. On pourra songer également à tourner dans le vide
pour diminuer les pertes causées par le frottement du disque
dans l'air ambiant, tout en employant des vitesses extrêmement
élevées, comparables à celles de certaines turbines à vapeur
(jusqu'à 420 mètres par seconde).

Le rotor, de grand diamètre et tournant à grande vitesse, possédera une inertie considérable et les changements de longueur
d'onde qui ne peuvent être obtenus que par des variations de
vitesse, puisque la fréquence utilisée est fournie directement, ne

pourraient se faire instantanément. Ils ne se feront pas non plus à puissance constante, puisque la force électromotrice de la machine est, toutes choses égales d'ailleurs, proportionnelle à la vitesse.

Enfin, à diamètre égal, et toutes choses égales d'ailleurs, la puissance de la machine sera d'autant plus petite que la fréquence demandée est plus grande, de sorte qu'on ne pourra obtenir de grandes puissances qu'avec des diamètres d'autant plus grands que la fréquence sera plus considérable. Il y a là une limitation de la puissance qu'il est possible d'obtenir ainsi directement en haute fréquence. L'alternateur le plus puissant actuellement construit donne 60 kilowatts à 50.000 périodes. Un autre, en construction, est établi pour donner 200 kilowatts à 30.000 périodes. Il reste à voir dans quelle mesure il sera possible d'aller plus loin. Il est toutefois intéressant d'ajouter que la fréquence demandée diminuant en même temps qu'augmentent les dimensions des antennes et la portée demandée aux stations, les considérations qui précèdent perdent un peu de leur importance.

Multiplicateurs statiques de fréquence. — Les alternateurs de fréquence relativement basse avec multiplicateurs statiques de fréquence donnent une solution plus souple.

D'une part, la fréquence de l'alternateur étant plus faible, par exemple quatre fois plus faible, que dans le cas précédent, la machine peut, sans être plus encombrante, ni fatiguer les matériaux au même degré, débiter des puissances notablement plus grandes, aussi grandes qu'on le voudra, puisqu'on est toujours libre d'abaisser la fréquence fournie par l'alternateur, à condition d'augmenter la multiplication. Cette méthode donne donc sûrement une solution du problème de la grande puissance.

Elle permet aussi, en combinant des multiplications de valeurs différentes, par exemple par 4, 6, 8, ainsi que nous l'avons vu à la station de Sayville, avec des variations de vitesse, par exemple en établissant les dispositifs pour deux vitesses, d'obtenir des longueurs d'ondes variant, sur une large échelle, par bonds successifs, et par conséquent donne la solution du problème de la variation instantanée de la longueur d'onde.

Enfin l'alternateur étant de fréquence plus basse, est plus facile à construire, notamment au point de vue des tôles d'induit, que dans le cas précédent. Par contre, les multiplicateurs qui sont, eux, parcourus par des courants de haute fréquence, doivent être construits avec tôles extrêmement minces, plongés dans des cuves pleines d'huile qu'il faudra refroidir, soit en la faisant circuler, soit par un autre moyen, par exemple par un serpentin parcouru par un courant d'eau, mais ces appareils sont statiques ; et il est beaucoup plus facile d'assurer leur refroidissement que celui de machines comportant des pièces en mouvement.

Le rendement de l'installation

$$n = \frac{\text{Puissance fournie à l'antenne}}{\text{Puissance empruntée au réseau}}$$

paraît être de l'ordre de 25 %, pour la multiplication par 4, réparti de la façon suivante :

	Les diverses pertes d'énergie se répartissent de la façon suivante :
Énergie dépensée :	200 kilowatts
Énergie dépensée dans moteur	30 kw
— dans excitation alternateur et doubleur	15 kw
— dans alternateur	50 kw
— dans 1ᵉʳ doubleur (rendᵗ 80 %)	22 kw
— dans 2ᵉ doubleur (rendᵗ 80 %)	22 kw
Reste environ dans l'antenne	60 kw

Le rendement dans l'alternateur et les doubleurs de Sayville est donc assez faible ; mais il paraît pouvoir être accru dans d'assez grandes proportions dans des installations mieux établies. Alexanderson a, par exemple, émis l'avis que les rendements des transformateurs à fer à haute fréquence devraient être plutôt supérieurs à ceux des transformateurs de fréquences industrielles. Quant à l'alternateur, il pourrait certainement être construit de façon à avoir un rendement de l'ordre de 80 % au moins.

De sorte qu'en somme le système à alternateurs et transformateurs de fréquence paraît actuellement très intéressant.

Alternateur Goldschmidt. — Il resterait à parler de l'alternateur Goldschmidt. Cette admirable machine qui a fonctionné dans de très bonnes conditions à Eilvese et Sayville a donné 169 kilowatts à la fréquence 40.000, et il semble que la puissance pourrait être encore augmentée sans grande difficulté. Il est à remarquer que dans la machine Goldschmidt le refroidissement est assuré, comme dans les machines ordinaires, par la seule ventilation. Il n'est prévu aucune circulation d'eau ou d'huile dans les tôles. Le problème de la production de haute fréquence y est donc résolu d'une façon extrêmement élégante.

Quant au rendement

$$n = \frac{\text{Puissance fournie à l'antenne}}{\text{Puissance fournie à l'alternateur}}$$

il paraît être d'environ 80 % pour chaque transformation de fréquence, soit, pour une multiplication par 4.

$$n = \overline{0,80}^{4} = 0,41$$

Il est donc à peu près égal à celui de l'installation Telefunken de Sayville.

2° QUELQUES PROGRÈS QUI S'ANNONCENT

L'étude détaillée que nous venons de faire des conditions actuelles de la télégraphie sans fil à grande distance et des obligations qui en résultent dans les prévisions à établir pour la construction des grandes stations ne serait pas complète si nous l'arrêtions ici, sans dire un mot des progrès qui s'annoncent et qui, dans l'avenir, un avenir prochain peut-être, changeront complètement l'aspect du problème. J'étudierai successivement la téléphonie sans fil, la direction des ondes, l'élimination des parasites.

I. — La téléphonie sans fil.

Les conditions de la téléphonie sans fil. — La téléphonie sans
fil pose les problèmes suivants :

1° Produire dans l'antenne d'émission des oscillations de
haute fréquence, dont l'amplitude est constante, ou du moins
n'éprouve que des variations de fréquence plus grandes que
celles qui impressionnent l'oreille. Ce problème est résolu
maintenant principalement par les procédés suivants qui per-

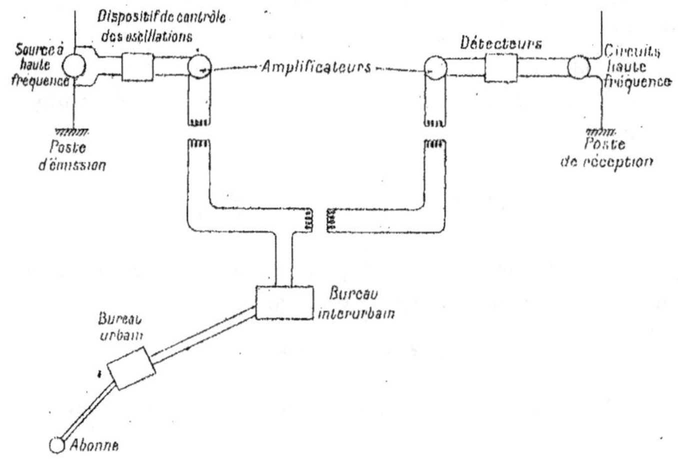

Fig. 96.

mettent d'engendrer des oscillations entretenues : lampes à trois
électrodes pour les petites puissances ; arcs, alternateurs, multiplicateurs de fréquence pour les puissances plus grandes.

2° Faire varier l'amplitude de l'oscillation de haute fréquence
ainsi engendrée, suivant les modulations de l'intensité du courant produites par l'émission de la voix devant le microphone.
Dans le cas de petits postes, le microphone est placé dans l'un
des circuits, par exemple le circuit grille, des lampes génératrices, qui sont ordinairement employées par groupes, dont les
éléments sont mis en parallèle. Pour les postes plus puissants

on emploie des lampes de grandes dimensions : le courant microphonique avant d'agir sur les circuits de haute fréquence est l'objet d'une amplification à basse fréquence. Le courant de haute fréquence dont l'amplitude subit des variations correspondantes à celles du courant microphonique, est lui aussi l'objet d'une amplification. Pour les puissances plus grandes encore, l'amplificateur magnétique d'Alexanderson et les dispositifs similaires donnent la solution du problème du contrôle microphonique des oscillations.

3° Il faut enfin que, comme dans la conversation et dans la

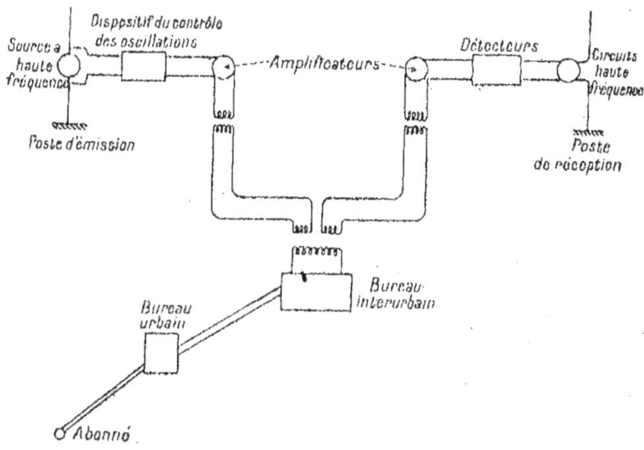

Fig. 97.

téléphonie avec fil, il n'y ait aucune manœuvre à faire pour passer de la position de transmission à celle de réception. Ce problème résolu, la station radiotéléphonique pourra être traitée comme un relais téléphonique ordinaire ; mais ce relais sera quelquefois une usine gigantesque qui transformera l'émission téléphonique transmise par fil en émission radiotéléphonique ; elle sera rattachée comme un relais téléphonique au bureau interurbain, et pourra être utilisée par un abonné quelconque. La suppression de toute manœuvre pour passer de la position de transmission à la position de réception peut être réalisée par divers procédés. Elle est évidemment possible si l'on suppose comme dans la télégraphie sans fil duplex, le poste d'émission et le poste de réception d'une même station radiotéléphonique séparés par une distance suffisante pour que la syntonie, et au besoin les propriétés directives des antennes aidant, les signaux du poste d'émission ne soient pas entendus par le poste de réception. Le schéma général pourra être l'un des deux suivants, selon que les deux postes d'émission et de réception seront en série ou en parallèle sur les fils qui partent du bureau interurbain (fig. 96 et 97).

Téléphonie sans fil et signaux parasites. — Ces trois problèmes essentiels, dont la solution préalable était une condition *sine qua non* de la réalisation de la radiotéléphonie, n'existent donc plus maintenant. Et l'on pourrait s'étonner à bon droit que la radiotéléphonie ne soit pas encore entrée dans la pratique si le même obstacle que nous avons rencontré dans le cas de la radiotélégraphie ne se dressait pas plus important encore dans celui de la téléphonie. Je veux parler des parasites, qui, seuls, obligent à employer, pour les radiocommunications à grandes distances, les énormes puissances que nous avons vues.

Comparons en effet la transmission d'un signal radiotélégraphique à celle d'une lettre en radiotéléphonie. Un signal est une suite d'oscillations d'amplitude constante, qui sera lisible à travers les parasites dès que l'amplitude atteindra la valeur A pour laquelle le voltage à la transmission est V et la puissance P. Une lettre, au contraire, sera une suite d'oscillations d'amplitude extrêmement variable, suivant la forme du courant microphonique produit par l'émission de la voix (fig. 98). Il faudra, pour qu'elle ne soit pas déformée, que la plupart des modulations, même d'amplitude assez petite, par exemple égales au tiers de l'amplitude maxima, arrivent avec l'intensité A nécessaire pour percer les parasites. Mais alors, les amplitudes devront atteindre à la réception à certains moments les valeurs 3 A, la puissance nécessaire à la transmission étant 9 P et le voltage 3 V. Ces effets sont notablement atténués par le fait que, au contraire

des courants téléphoniques sur les fils, les ondes radiotéléphoniques ne se déforment pas pendant leur propagation, et parce que
la voix se suivra mieux à travers les parasites qu'une suite de

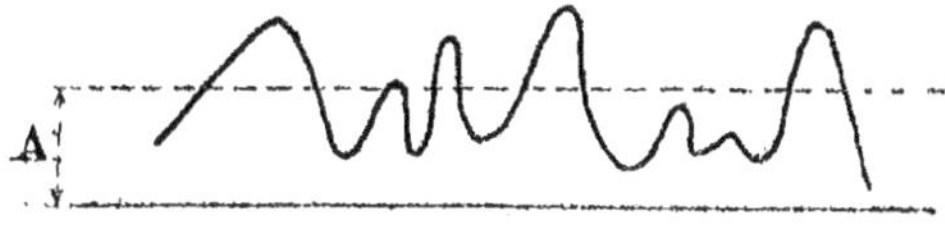

Fig. 98.

signaux radiotélégraphiques. Néanmoins, la puissance nécessaire
pour atteindre un point donné sera beaucoup plus grande encore
en radiotéléphonie qu'en radiotélégraphie. S'il faut 500 kilowatts dans l'antenne dans le deuxième cas, ce qu'il est possible
d'obtenir avec les moyens actuels, il en faudra peut-être 2000
dans le premier cas, et les plus grandes installations radiotélégraphiques non pas même installées mais même prévues à
l'heure actuelle, sont loin d'atteindre cette énorme puissance.

II. — LA DIRECTION DES ONDES.

Nous retrouvons donc, en terminant notre étude de la question de la téléphonie sans fil, la même conclusion, plus nette
encore, que dans le cas de la radiotélégraphie : ce n'est qu'avec
des stations de puissance considérable qu'on peut espérer
actuellement assurer des services à grande distance.

En sera-t-il toujours ainsi ? Ne peut-on espérer pouvoir
réduire l'intensité relative des parasites par rapport à celles des
signaux ? La solution de ce problème peut être recherchée dans
deux directions.

D'une part, en effet, l'énergie émise par les antennes se
dissémine dans l'espace, tout autour de la station d'émission.
La plus grande partie va se perdre à l'infini, tandis qu'une
portion extrêmement petite est captée par l'antenne de réception.
Si, au lieu d'être ainsi répartie dans toutes les directions, l'énergie était concentrée dans un angle de 10° par exemple, cinq de

chaque côté de la direction du correspondant, l'énergie par unité de surface, à une distance donnée, serait 36 fois plus grande sans que l'intensité des parasites soit changée, et la situation serait considérablement améliorée. L'installation inverse, à la réception d'une antenne fortement dirigée diminuerait de son côté l'intensité des parasites par rapport aux signaux reçus, en éliminant tous les parasites venant des directions autres que celles qui sont favorisées. De telle sorte que les deux effets de direction, à l'émission et à la réception, concourent finalement au même résultat, qui est le renforcement des signaux utiles par rapport aux parasites.

Plusieurs auteurs, en particulier S. G. Brown, F. Braum, A. Blondel, G. Marconi, ont donné des solutions approchées du problème de la direction des ondes. En ce qui concerne la possibilité d'obtenir des effets accentués, j'ai montré, il y a quelques années, qu'il suffisait d'employer un rideau d'antennes composé de fils verticaux identiques, placés dans le même plan, d'une largeur totale de deux longueurs d'onde pour obtenir une direction nettement favorisée, l'intensité baissant de plus de moitié dès qu'on s'en écarte de plus de 18 degrés. E. Bellini a fait voir qu'avec un dispositif comprenant 50 couples d'antennes éloignées d'une demi longueur d'onde, on aurait des effets beaucoup plus nets encore. Une émission unilatérale pourrait être obtenue, l'intensité émise dans une direction qui diffère de 10° seulement de la plus favorisée étant le sixième seulement de l'intensité maxima. Il est probable, d'ailleurs, que beaucoup d'autres solutions intéressantes pourraient être trouvées. L'application de dispositifs de ce genre dépend uniquement de la possibilité d'exciter plusieurs antennes avec la même source de haute fréquence : c'est un problème qui paraît maintenant résolu.

III. — L'ÉLIMINATION DES PARASITES.

Une deuxième méthode pour chercher à diminuer la quantité d'énergie nécessaire pour transmettre à une distance donnée est de s'attaquer aux signaux parasites.

On peut,

1° Soit chercher à diminuer leur intensité relative dans les circuits de réception par rapport à celles des signaux utiles, en employant des dispositifs réduisant d'autant plus l'intensité des courants qu'ils sont plus intenses. De sorte qu'un parasite beaucoup plus fort qu'un signal sera diminué dans une beaucoup plus grande proportion. Cette solution, qui permet d'améliorer dans certains cas la situation, est toutefois un palliatif insuffisant ; elle échoue pour tous les parasites qui ne sont pas beaucoup plus intenses que les signaux utiles.

2° Soit disposer, à côté de l'antenne normale, une antenne

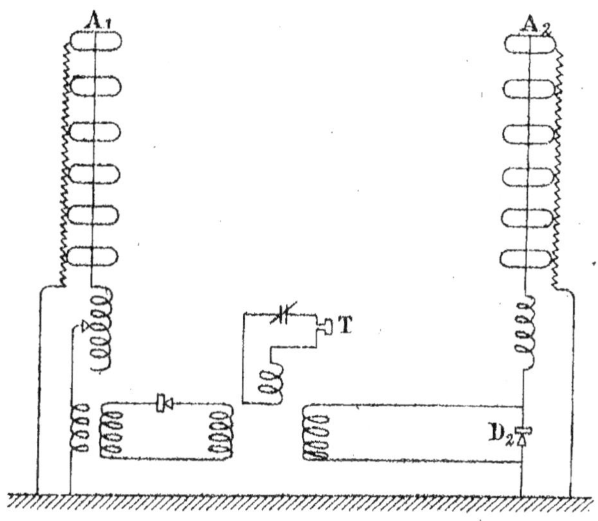

Fig. 99.
(Extrait des Proceedings of the Institute of Radioengineers).

auxiliaire dont l'effet, agissant en différentiel sur celui de l'antenne normale, compense les parasites.

3° Soit enfin empêcher les parasites d'arriver à l'antenne de réception.

Le schéma suivant indique une méthode due à un éminent savant hollandais, Cornelis J. de Groot, et qui combine les deux derniers procédés, en appliquant le deuxième aux parasites oscillants, le troisième aux parasites apériodiques (fig. 99).

Deux antennes A_1, A_2, identiques, sont disposées assez près l'une de l'autre pour qu'elles soient affectées de la même manière par les parasites, et suffisamment loin pour que les courants produits par l'antenne A_2, qui est rendue apériodique par l'introduction du détecteur D_2, n'influe pas sur l'antenne A_1.

L'antenne A_1 est accordée sur l'onde incidente et couplée à la façon ordinaire sur le circuit à détecteur D_1, qui rectifie les signaux et les parasites et les transmet ensuite au téléphone T. L'antenne A_2 est accordée sur la même longueur d'onde ou sur une longueur d'onde un peu plus grande que l'antenne A_1, ce qui la rend moins sensible aux signaux et plus sensible aux parasites. Cette antenne étant d'ailleurs apériodique, il est impossible d'entendre sur elle les signaux faibles. Mais les signaux forts émis sur des longueurs d'onde différentes et les parasites produisent un courant du même ordre de grandeur que dans l'antenne A_1, et compensent, dans le téléphone T, les signaux correspondants venant de A_1. On s'arrangera, en réglant le couplage du transformateur, pour que la compensation soit parfaite.

Quant aux parasites apériodiques, ils sont arrêtés, avant leur arrivée aux antennes, par des dispositifs montés autour d'elles et appelés cages de Dieckmann. Un certain nombre de cadres en fil conducteur sont disposés perpendiculairement aux antennes, tout le long de celles-ci et réunis entre eux et à la terre par un fil conducteur de grande résistance. Ces cages agissent comme des cages de Faraday et par conséquent sont des écrans parfaits pour des charges constantes ou variant lentement (parasites apériodiques), tandis qu'elles n'arrêtent pas les signaux hertziens, composés d'ondes électromagnétiques dont le champ électrique est perpendiculaire aux spires des cadres.

3° ESQUISSE DU RÉSEAU TRANSOCÉANIQUE FRANÇAIS

I. — ORGANISATION D'ENSEMBLE DU RÉSEAU.

Nous avons vu ci-dessus que le réseau transocéanique français, qui a pour rôle d'assurer l'indépendance de la France au point de vue de ses relations télégraphiques avec l'étranger, en permettant d'atteindre n'importe quel pays du monde à partir d'une station établie en territoire français et d'établir des communications entre la France et les différentes parties de son empire colonial, devra consister en un ensemble de stations de 7.000 kilomètres de portée environ, doublées par d'autres, moins importantes, de 3 à 4.000 kilomètres de portée.

La base de tout le système serait constituée par une ligne continue de radiocommunications, formée d'une série de postes de 7.000 kilomètres de portée environ, établis tous en territoires français, et enserrant toute la terre. Cette ligne suivie en allant de l'Est à l'Ouest, passerait par : Tahiti, Nouvelle-Calédonie, Indochine, Djibouti, Paris ; puis se bifurquerait en deux branches aboutissant au Sénégal et à la Martinique.

Les diverses stations de cette ligne principale pourraient atteindre :

D'une part, des correspondants établis aux Indes françaises, Madagascar, l'Afrique Équatoriale française, le Maroc, l'Algérie, la Tunisie, et assurer ainsi les communications des différents points de l'empire colonial français entre eux et avec la métropole ;

D'autre part, les États-Unis (côtes de l'Océan Atlantique et de l'Océan Pacifique), le Japon, la Chine, l'Australie, l'Amérique centrale, le Brésil, la République Argentine, et assurer ainsi les communications de la France avec l'étranger.

Le centre de radiocommunications françaises pourrait être constitué par une station quadruple, comprenant quatre postes : trois à grande puissance affectés :

Le premier aux relations avec les États-Unis ;

Le deuxième aux lignes de la Martinique et du Brésil ;

Le troisième aux lignes de l'Afrique occidentale et de Djibouti ; et un poste à puissance restreinte affecté aux lignes de l'Afrique du Nord (Algérie, Tunisie, Maroc).

Les stations de l'Afrique Occidentale française, de Djibouti et d'Indochine devraient être prévues doubles, comprenant chacune deux postes, l'un de grande puissance pour le trafic à grande distance, l'autre de puissance réduite pour le trafic plus rapproché.

De sorte qu'en résumé, le réseau serait constitué par l'ensemble de stations suivantes :

	Nombre.	Emplacement.
STATION QUADRUPLE.		
(3 postes de grande puissance).	1	France.
(1 poste de moyenne puissance).		
STATIONS DOUBLES.		
(1 poste de grande puissance).	3	Afrique occidentale.
(1 poste de moyenne puissance).		Djibouti.
		Indochine.
STATIONS SIMPLES		
(de grande puissance).	3	Martinique.
		Nouvelle-Calédonie.
		Tahiti.
STATIONS SIMPLES		
(de moyenne puissance).	9	Maroc.
		Algérie.
		Tunisie.
		Congo.
		Madagascar.
		Indes françaises.

II. — Conditions techniques a remplir.

Chaque station devra remplir les conditions suivantes :

1° Rayonner une quantité d'énergie suffisante pour pouvoir réaliser, de jour et de nuit, dans toutes les circonstances, la portée pour laquelle elle est établie.

2° Posséder des rechanges assez largement prévues pour permettre un service absolument continu.

3° Assurer l'exploitation en duplex et à grande vitesse.

4° *Mesures à prendre pour assurer les radiocommunications en toutes circonstances.* — L'énergie rayonnée par les postes d'émission doit être suffisante pour permettre un service continu de jour et de nuit.

J'ai dit dans la première partie qu'aucune des stations actuellement en service n'est assez puissante pour réaliser cette condition à la distance de 7.000 kilomètres ; mais que l'emploi de moyens techniques suffisants, moyens existants d'ailleurs à l'heure actuelle, donnera très probablement la solution du problème.

J'estime que, pour réaliser la portée de 7.000 kilomètres dans de bonnes conditions, il y a lieu de prendre les mesures suivantes :

1° Au point de vue antenne, accroître autant que possible le rendement :

Soit en augmentant la hauteur des antennes jusqu'aux limites qu'il est actuellement possible d'atteindre, et qui pourraient être cinq à six cents mètres ;

Soit en faisant des antennes de hauteur modérée, mais de très grande étendue, de telle sorte qu'on puisse diminuer la résistance de la prise de terre par des dispositifs appropriés.

Il est d'ailleurs probable que la première solution, réalisée sous la forme d'une antenne supportée par un pylône central unique de grande hauteur, donnera, à résultat égal, la solution la plus économique.

2° La puissance fournie à l'antenne ne sera pas inférieure à

500 kilowatts. Cela signifie que, si l'on admet pour le rendement d'ensemble, ou rapport de l'énergie fournie à l'antenne à l'énergie empruntée au réseau de distribution ou à l'usine génératrice, une valeur égale à 33 %, ce qui paraît être l'ordre de grandeur obtenue en moyenne dans les installations existantes, que la puissance totale absorbée sera de l'ordre de 1.500 kilowatts.

Pour les stations de 4.000 kilomètres de portée, le problème sera plus facile à résoudre, en prenant modèle sur des radiocommunications actuellement en service.

3° De grandes antennes permettant de rayonner de grandes quantités d'énergie avec un bon rendement sur de grandes longueurs d'ondes, il y aura lieu, pour faciliter la production de grandes puissances et la propagation, de prévoir des longueurs d'ondes notablement plus grandes que celles qui sont couramment employées aujourd'hui. On sera conduit probablement à adopter 15 à 25.000 mètres.

4° Toutes ces stations devront être équipées de façon à pouvoir travailler à puissance réduite, la puissance totale installée ne devant être utilisée que quand des difficultés de propagation le rendent nécessaire.

5° Les emplacements des postes d'émission devront réaliser l'ensemble des conditions suivantes :

1° Permettre l'établissement d'une bonne prise de terre ;

2° Être autant que possible à proximité d'un important réseau de distribution électrique, ce qui permettrait d'éviter les frais de construction d'une usine génératrice ;

3° Correspondre aux plus courtes distances possibles par rapport aux stations correspondantes.

Le choix des emplacements des postes de réception et de manipulation devra également être le résultat d'une étude approfondie. La principale condition à réaliser sera que les parasites soient réduits au minimum. Par exemple, dans le cas des stations françaises, les régions du Nord seront à ce point de vue beaucoup plus avantageuses que les rivages de la Méditerranée. Il y aura d'ailleurs intérêt à rapprocher autant que possible les postes de réception du siège du Gouvernement ou de la ville principale.

2° *Mesures à prendre pour permettre l'exploitation en duplex*. — L'obligation de prévoir un service duplex entraînera celle de séparer, dans chaque station, les postes de transmission d'une part, de réception et de manipulation d'autre part, en les éloignant suffisamment pour que la syntonie et au besoin les propriétés des antennes dirigées permettent de faire en sorte que le poste de réception n'entende pas les signaux du poste d'émission voisin.

III. — Organisation des stations.

Il s'agit, en fait, de prévoir l'organisation générale des stations, simples ou multiples, de façon à pouvoir leur faire rendre le maximum d'efficacité.

Celle-ci peut être conçue de plusieurs façons. Pour discuter les mérites et les inconvénients de chacune des solutions, nous raisonnerons sur l'exemple le plus complexe et le plus intéressant : celui du système français. Nous avons vu plus haut qu'il y a lieu de le constituer de quatre stations simples.

Trois stations simples de très grande puissance destinées respectivement au trafic avec :

Les États-Unis ; La Martinique et le Brésil ; le Sénégal et Djibouti.

Une station simple de grande puissance destinée à communiquer avec l'Afrique du Nord.

En ce qui concerne les postes de transmission, les emplacements suivants paraissent réaliser les conditions que nous avons indiquées.

Région de la Basse-Loire, pour les communications avec les États-Unis ;

Région de Bordeaux, pour les communications avec la Martinique et le Brésil ;

Région de Nîmes pour les communications avec le Sénégal et Djibouti ;

Région d'Arles pour la ligne de l'Afrique du Nord.

Au point de vue des postes de réception et de manipulation, deux solutions peuvent être envisagées ;

Ou bien faire correspondre à chaque poste de transmission un poste de réception voisin ; constituer en somme quatre stations complètement indépendantes l'une de l'autre (fig. 100).

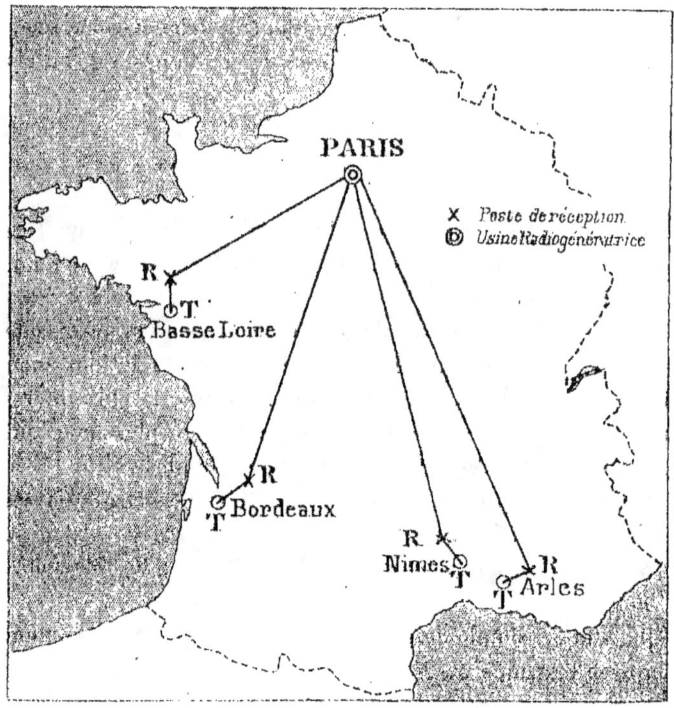

Fig. 100.

Ou bien rassembler tous les postes de réception et de manipulation dans un même local, sur un emplacement situé dans Paris ou à proximité de Paris ; constituer, en somme, un grand central radiotélégraphique parisien (fig. 101).

Dans les deux hypothèses, d'ailleurs, des fils spéciaux devront réunir les postes de transmission aux postes de réception et ceux-ci à Paris.

La première remarque à faire est que, dans le cas de la transmission, les parcours télégraphiques par fils sont exactement le s
mêmes dans les deux cas et que par suite les causes de dérangement du fait du mauvais fonctionnement des fils sont également
les mêmes.

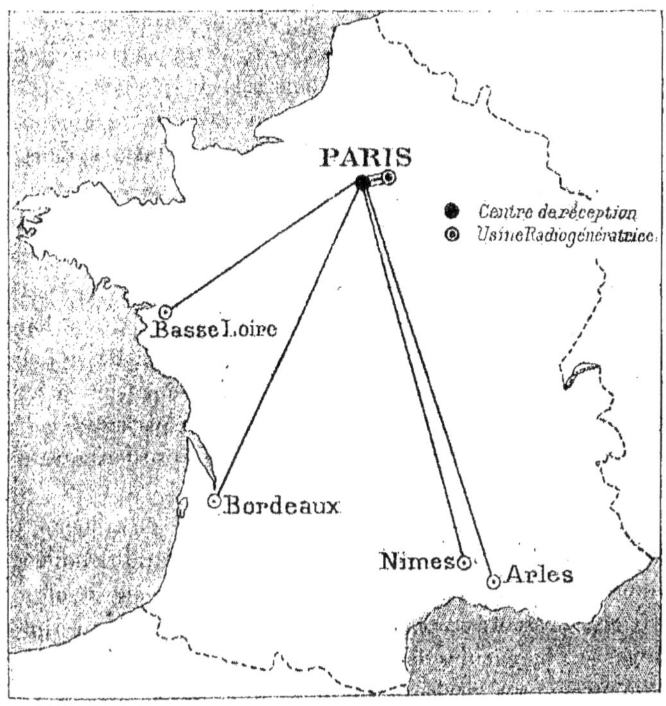

Fig. 101.

Dans le premier cas, en effet, un radiotélégramme partant
de Paris, à destination de New-York, par exemple, serait d'abord
transmis par fil du central télégraphique au poste de réception
de la station radiotélégraphique de la Basse-Loire ; puis, de là,
de nouveau par fil, au poste de transmission de cette même station, puis enfin, émis radiotélégraphiquement par l'usine radiogénératrice. Dans l'hypothèse d'un central radiotélégraphique

parisien, le même télégramme sera transmis par fil du central télégraphique au central radiotélégraphique, puis de là de nouveau par fil, à l'usine radiogénératrice de la Basse-Loire, puis enfin émis radiotélégraphiquement par cette station. Les parcours par fils sont équivalents dans les deux cas ; la seule différence est que, dans le premier cas, le trajet le plus long est entre le central télégraphique et le poste de réception radiotélégraphique et le plus court de là au poste de transmission ; tandis que c'est l'inverse dans le deuxième cas. Il en résulte, qu'à la transmission, les risques d'interruption du trafic par suite de dérangement des lignes sont exactement les mêmes dans les deux hypothèses. Il n'y a pas lieu, d'ailleurs, de s'exagérer ces risques, les fils spéciaux que nous avons envisagés étant doublés par ceux du réseau télégraphique général, qui peuvent évidemment leur prêter leur concours en cas de besoin.

A la réception, la deuxième hypothèse remplace une longue transmission par fil du poste de réception de la Basse-Loire à Paris, par une transmission par fil de petite longueur entre les centraux télégraphique et radiotélégraphique parisiens, ce qui diminue dans une proportion considérable les risques que nous venons d'envisager.

Et au point de vue de l'exploitation générale du système français et du réseau tout entier, l'hypothèse du central radiotélégraphique présente des avantages importants et incontestables.

Il est évident, en effet, que l'Administration a un intérêt immense à rassembler dans un même local sur un emplacement situé près de ses services centraux et près du Gouvernement les organes d'impulsion commandant l'important réseau prévu, qui, assurant les relations de la France avec le monde entier, aura, dans l'organisation mondiale de la puissance française, le rôle que joue le système nerveux dans le corps humain.

A un point de vue moins étendu, il est nécessaire, pour une bonne exploitation, que les diverses stations transocéaniques françaises, parties juxtaposées d'un même organisme, travaillent sous une même impulsion. C'est d'autant plus nécessaire pour une exploitation aussi délicate qu'une exploitation radiotélégraphique. Il sera de la plus grande utilité suivant l'état des communications, les circonstances accidentelles qui changent les conditions de la propagation dans telle ou telle direction, suivant l'importance du trafic sur telle ou telle voie, de pouvoir changer les affectations des diverses usines radiogénératrices ; d'affecter, par exemple, deux stations de grande puissance aux relations avec les États-Unis ou la station de petite puissance à un trafic à grande distance, si les conditions atmosphériques sont momentanément très favorables ; ou inversement dans le cas contraire ; en résumé de faire correspondre exactement, à chaque instant, les conditions d'exploitation aux exigences du trafic et à l'état du réseau. Cet important résultat ne peut être obtenu que si l'ensemble des stations françaises est placé sous une impulsion unique, sous une direction qui soit à chaque moment renseignée sur les conditions d'exploitation dans chacune des stations correspondantes. Et elle ne peut l'être que si elle est en relation directe avec tous les correspondants. Cette condition ne peut être réalisée que dans l'hypothèse envisagée d'un central radiotélégraphique.

Il est possible, dans ce cas, que plusieurs réceptions puissent se faire à la fois sur la même antenne ; mais même en supposant une antenne séparée pour chacun des postes du central, on réalisera en personnel, en bâtiments, en matériel, en terrain toutes les économies qu'on obtient en groupant dans un même local les services d'une même exploitation au lieu de les disséminer à des centaines de kilomètres les uns des autres.

Mais l'économie la plus importante sera réalisée sur le matériel de secours à prévoir dans les usines radiogénératrices. Dans l'hypothèse de quatre stations séparées, chaque usine radiogénératrice supposée alimentée par un réseau de distribution, devra comporter une station génératrice d'électricité de secours. Dans l'hypothèse d'une seule station multiple, où les quatre usines radiogénératrices sont commandées d'un centre radiotélégraphique de réception commun, les différentes usines peuvent se servir mutuellement de secours en cas de besoin, chacune pouvant transmettre à la place de celle qui serait temporairement arrêtée, de sorte qu'on pourra supprimer les quatre stations génératrices d'électricité qui devaient être prévues dans le premier cas et réaliser une économie de plusieurs millions.

Pour toutes ces raisons : commodité d'exploitation ; exploitation plus intensive du réseau, économies importantes que cette solution permettra de réaliser, j'estime que la station quadruple française, centre de tout le réseau transocéanique, doit être constituée par :

1° Un central radiotélégraphique de réception et de manipulation établi à Paris ou à proximité et comportant quatre ensembles (appareils et antennes) pour les radiocommunications envisagées où seront centralisées la réception et la manipulation, et d'où sera réglé à chaque instant l'exploitation ;

2° Quatre usines radiogénératrices produisant l'énergie à haute fréquence et transformant automatiquement en signaux radiotélégraphiques les signaux qui lui sont transmis par fil du central radiotélégraphique.

Organisation des stations doubles. — Les stations doubles prévues au Sénégal, en Indo-Chine et à Djibouti devront être prévues suivant les mêmes principes que la station quadruple française : elles comprendront alors chacune :

Un central radiotélégraphique de réception et de manipulation établi dans la capitale de la colonie, comportant deux ensembles (appareils et antennes) pour les radiocommunications envisagées, où seront centralisées la réception et la manipulation, et d'où sera réglé à chaque instant l'exploitation de l'ensemble.

Deux usines radiogénératrices d'émission :

L'une d'une portée de 7.000 kilomètres ;

L'autre d'une portée de 4.000 kilomètres, produisant et rayonnant l'énergie sous forme de haute fréquence et transformant automatiquement en signaux radiotélégraphiques les signaux qui lui seront transmis par fil du central radiotélégraphique. Ces usines génératrices seraient placées aux points les plus favorables au point de vue technique.

Dans le cas de la station de Dakar l'usine génératrice d'émission à longue portée serait réservée en principe aux communications à grande distance (France, République Argentine) ; l'usine radiogénératrice à moyenne puissance, aux communications à moyenne distance (Maroc, Brésil, Afrique équatoriale).

Le poste à grande puissance du Sénégal serait affecté normalement aux relations avec Djibouti, l'Australie, la Nouvelle-Calédonie. Le poste à moyenne puissance, aux communications avec le Japon, les Indes, les Philippines.

Le poste de grande puissance de Djibouti serait normalement réservé aux relations avec la France et l'Indochine ; celui de moyenne puissance aurait pour correspondants Madagascar et Pondichéry.

IV. — LE RÔLE DE LA FRANCE DANS LE DÉVELOPPEMENT DE LA TÉLÉGRAPHIE SANS FIL

Quel que soit le système qui sera choisi pour le réseau transocéanique français, il est certain que la France trouvera chez elle des ingénieurs et des techniciens capables d'assurer dans de bonnes conditions l'exécution de cette œuvre considérable. Si, en effet, l'état de guerre actuelle oblige à laisser dans l'ombre la plupart des progrès réalisés dans notre pays, il n'en est pas moins vrai que ceux-ci sont très intéressants.

Au point de vue pylônes, c'est une œuvre française, la Tour Eiffel, qui tient toujours le record de la hauteur et c'est en France que se préparent les projets où les hauteurs peuvent atteindre 500 mètres et plus.

Au point de vue systèmes, nous trouvons également d'importantes réalisations et des perspectives d'avenir intéressantes.

La méthode à arc, dont nous avons vu l'essai en Amérique a, sous l'impulsion du Colonel Ferrié et de ses éminents collaborateurs, suivi en France, depuis 1913, un développement parallèle ; de très puissantes installations fonctionnent actuellement en France, et la puissance s'accroît de jour en jour.

Les brevets de l'alternateur Goldschmidt sont, ainsi que nous l'avons vu en ce qui concerne tous les pays excepté l'Allemagne, la propriété de la Compagnie Universelle de Télégraphie et de Téléphonie sans Fil.

La méthode de la multiplication de fréquence par transformateurs statiques est d'origine française. Les procédés employés en Allemagne ont été inventés par un éminent savant français, M. Maurice Joly, mort à la peine, peu après sa découverte. Les brevets de M. Joly sont un modèle d'exposé clair et approfondi. La compagnie générale de radiotélégraphie a, sous l'impulsion de son Directeur technique, M. G.-E Petit, constamment développé la méthode et construit actuellement des postes de grande puissance avec multiplicateurs de fréquence.

D'autre part, la Société française radioélectrique a, depuis longtemps, mis au premier rang de ses préoccupations le problème de l'alternateur à haute fréquence. M. J. Bethenod a étudié, dans une série d'intéressants mémoires, les questions de l'emploi des ondes entretenues en télégraphie sans fil. M. Marius Latour a récemment construit un alternateur de haute fréquence de petite puissance et le résultat de l'essai fait prévoir que la puissance peut être augmentée suffisamment pour qu'on puisse envisager l'application de la méthode aux grandes puissances.

Enfin le procédé des étincelles commandées était étudié par le Service de la télégraphie sans fil des Postes et Télégraphes en même temps que Marconi, d'une façon indépendante, d'ailleurs, poursuivait les expériences dont nous avons parlé et que je ne connaissais pas alors. Dès mai 1917, à un moment où le problème de la construction dans un court délai, d'une station transatlantique avait été posé, j'avais envisagé la création d'une station dans laquelle l'énergie fournie aux condensateurs aurait été 800 kilowatts, l'énergie étant d'ailleurs répartie entre quatre circuits suivant le schéma suivant, équivalent à celui de Marconi. Les lignes suivantes, empruntées à un rapport fait à cette occasion, précisent le principe de la méthode (fig. 102).

. . . .

« Considérons par exemple le schéma d'installation ci-joint :

« Soient : 4 ensembles identiques contenant chacun :

« Un circuit d'alimentation composé d'une génératrice à courant continu munie d'un condensateur magasin C, de 2 selfs de réglage et de protection LL, et d'un condensateur à haute fréquence C_1 ;

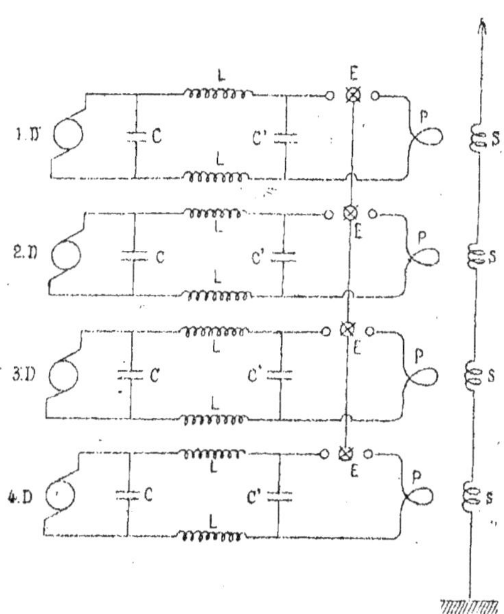

Fig. 102.

« Un circuit à haute fréquence composé d'un condensateur C', d'un éclateur E et du primaire P d'un radiotransformateur.

« Le circuit d'antenne comprend les 4 secondaires S des 4 radio-transformateurs.

« Les 4 éclateurs E sont montés sur le même arbre, mais les pôles fixes (ou les pointes) sont décalés de telle sorte que les éclatements aient lieu à intervalles réguliers dans l'ordre suivant pour les différents ensembles.

« Les quatre ensembles fonctionnent indépendamment les uns des autres et l'antenne se trouve ainsi excitée, comme elle le serait par un seul circuit de décharge identique aux quatre précédents, mais dont l'éclateur supporterait une puissance quatre fois plus grande ».

Toutes les solutions qui peuvent être envisagées pour la production de courants de haute fréquence entretenus, et de grandes puissances sont donc actuellement en France l'objet d'études approfondies. Il n'est pas douteux que notre pays puisse réaliser à son honneur la grande œuvre que sera le réseau transocéanique français, œuvre qui lui donnera le premier rang dans le monde au point de vue des radiocommunications, et qui contribuera à la grandeur de la France en facilitant le rayonnement de sa pensée à travers le monde.

LA STANDARISATION [1]

Sommaire. — Importance du problème de la production. Son organisation. Conseils directeurs : national research council, Bureau of Standards. Laboratoire national de M. Lechâtelier. Rôle prépondérant du chef d'une institution de recherches. Utilité des clubs et bibliothèques. Une grande usine : emploi du cinématographe. Analyse des mouvements et des temps. M. Gilbret et le chronométrage. Contrôle des temps à l'American telegraph and telephon Cy. Science des montages. Le perfectionnement de l'outillage réduit les frais de main-d'œuvre et amène une augmentation des salaires. Cordialité des rapports entre la direction et les ouvriers. Étude préalable et coordination des opérations de main-d'œuvre. Travail à la tâche et travail en équipe. Fixation de la tâche et des repos. Sélection des ouvriers, instruction individuelle, préparation de la tâche, division des anciennes attributions du contremaître. L'outillage des usines américaines, d'après S. Woodworth. Invariabilité et interchangeabilité. Contrôle en cours de fabrication. Étalons et tolérances. L'art des montages de contrôle. Organisation de la Western Electric Company. Branche de la production. Dans chaque branche, bureau d'étude spécial s'occupant de standardiser les méthodes de travail de la branche, y compris les travaux d'écritures. Multiplicité et précision des cédules ou ordres d'exécution des travaux. Emploi fréquent des fiches perforées.

Messieurs,

Dans les conférences précédentes, après avoir décrit l'esprit si généreux qui animait les Américains à notre égard et qui a si grandement facilité notre mission, je vous ai entretenus des nouveautés techniques que nous avons eu l'avantage d'examiner à la Poste, au Télégraphe, au Téléphone et à la Télégraphie sans fil et ces explications ont été complétées par des détails donnés par MM. Bouthillon et Valensi. En particulier, vous avez été renseignés très exactement sur les services d'études et de recherches de la Western Electric C°. C'est un sujet ana-

---

[1] M. l'Ingénieur en Chef Pomey, Conférence à l'École Supérieure des Postes et Télégraphes.

logue que j'ai à traiter devant vous ; tandis que M. Valensi vous a parlé des recherches qui aboutissent à la Standardisation, je vais vous entretenir de l'organisation scientifique de la production qui permet la fabrication en grand de pièces interchangeables.

Ce sujet est évidemment, pour nous autres Français, de la plus grande actualité. Quelles que soient les réparations que la victoire finale puisse apporter à nos populations éprouvées, ce serait se leurrer étrangement que de croire que la Nation puisse reprendre son essor sans un effort très vigoureux de la part de chacun de nous : il faudra travailler, et il faudra organiser la production, cela pour deux raisons : il y aura lieu, d'une part, de reconstituer l'outillage détruit, le capital anéanti ; il faudra, d'autre part, tenir compte de la diminution de la population active ; en même temps que la tâche à accomplir aura grandi, le nombre des travailleurs disponibles aura diminué.

Certes, il n'y a jamais eu un intérêt quelconque à ralentir la production, puisque toutes les augmentations de produits qui résultent de l'activité industrielle tendent à diminuer le prix de vente, au grand bénéfice des consommateurs ; or, ceux-ci sont constitués en majeure partie par l'ensemble des travailleurs de l'usine et de la terre ; mais si la crainte du chômage a pu troubler quelques esprits, qui préfèrent réduire les forces créatrices de la richesse publique, alors que si l'on pouvait provoquer de nouvelles activités et stimuler les initiatives, la prospérité des usines constituerait un remède bien plus efficace ; il est clair que, dans la situation qui va nous être faite, de pareils scrupules ne sont plus du tout de mise. Le relèvement national, celui des finances publiques et celui de la natalité exigent que l'on fasse un effort intense, pour développer le commerce et l'industrie.

Si donc le problème essentiel qui se présente, et qu'il n'est pas possible d'éluder, est celui de la production, il s'agit de savoir comment on peut produire en grand et avec économie. Il m'a semblé que notre mission en Amérique pouvait fournir quelques données à cet égard.

En tout cas, elle nous a suggéré quelques réflexions que nous vous demandons la permission de vous soumettre.

Sans doute, rien de ce que j'ai à vous dire n'est inconnu ni inédit ; et je savais par bien des publications déjà que cette organisation existait ; la préférence accordée si souvent aux machines outils américaines est un indice suffisant pour éveiller l'attention, mais c'est seulement au cours de notre séjour en Amérique que nous avons été frappés de son existence, c'est seulement à ce moment que ces méthodes ont cessé d'être pour nous un simple objet de curiosité. C'est voir les choses vraiment pour la première fois que de les voir en en comprenant enfin l'importance. C'est alors que s'ouvre la source de l'enthousiasme et qu'au lieu de décrire les procédés avec une sécheresse scientifique, on se met à prêcher une doctrine avec la conviction et le zèle d'un disciple convaincu.

En tête de cette organisation industrielle, nous trouvons le National research Council, le Bureau of Standards, les bibliothèques et les Universités. Mais la Western Electric Cᵒ et la General Electric Cᵒ, ont de puissants laboratoires. Dans toutes les parties des usines se trouvent des bureaux d'études. Nous avons pu voir quelques-uns de ces organes directeurs, et nous avons aussi visité d'importants établissements d'exécution : l'usine Ford à Détroit, la Western Electric Cᵒ à Chicago, les magasins de Sears Roebuk and Cᵒ, etc.

Je chercherai à dégager les idées générales que ces visites m'ont suggérées. Les catalogues de ces grandes Sociétés, les comptes rendus de ces institutions constituent des monographies que je n'ai aucunement l'intention de reproduire.

Dans l'idée de M. J. J. Carty, lorsqu'on se trouve devant un problème à résoudre, la première mesure à prendre, c'est d'investir la personne capable de découvrir la solution, de la charge et de la responsabilité de la trouver effectivement. Cette personne, après avoir envisagé toutes les faces du problème, le décomposera en ses éléments ; et à son tour, elle se choisira les collaborateurs, qui seront chacun les plus compétents et les plus qualifiés pour mener à bien les diverses études partielles, préalablement reconnues nécessaires. Les différents efforts se trouvent ainsi coordonnés et chacun n'a à supporter qu'un fardeau convenable pour ses épaules. C'est de cette façon que le travail peut être distribué, quand une organisation existe, toute formée et que le chef connaît de longue date les aptitudes de chacun. Mais les diverses questions soulevées par la guerre ne relevaient d'aucune organisation antérieure ; c'est pourquoi le National research Council a été institué ; là un programme d'ensemble a été élaboré, et on a demandé aux savants les plus éminents de faire savoir quelles étaient les études dont ils pensaient pouvoir se charger. La voie suivie a donc été un peu différente de celle que préconisait M. J. J. Carty ; mais, en l'espèce, elle paraissait la seule praticable. Et déjà d'importants résultats ont été acquis. Ce que je retiendrai de cette expérience, c'est la coordination des efforts et la subordination acceptée par chacun des membres du concile. On a vu ainsi des savants qui'étaient auparavant habitués à soutenir de leurs travaux des sociétés concurrentes, mettre désormais en commun toutes leurs activités cérébrales ; et il est bien entendu également qu'aucune application utile ne sera entravée par quelque litige que ce soit concernant des brevets.

C'est avec ce National research Council que la mission scientifique du Ministère de la Guerre à laquelle nous nous étions joints s'est mise immédiatement en contact, et c'est grâce à cette circonstance que nous avons pu, dès notre arrivée à New-York, entrer en relation avec les savants les plus éminents et les représentants officiels de la guerre et de la marine. Les lettres de recommandation dont nous avions pris soin de nous munir devenaient superflues devant la cordialité de l'accueil qui nous était fait et nous avons eu ainsi l'accès aux universités, aux laboratoires, aux usines et aux grands postes radiotélégraphiques. Pendant que nous avons étudié la poste, les membres de la mission scientifique exposaient aux Américains les besoins nouveaux de la guerre de tranchée, en leur montrant tous les appareils qu'il y avait lieu de produire ou de perfectionner. Enfin, ils prenaient part à d'assidues délibérations, au cours desquelles, comme bien l'on pense, les méthodes de guerre contre les sous-marins n'ont pas été négligées.

Le Bureau of Standards paraît réunir les deux caractères de

laboratoire de recherches, pour des études entreprises dans le seul
intérêt de l'avancement des sciences et de laboratoire technique
à la disposition de l'industrie. Nous avons vu en œuvre pour l'essai
des matériaux magnétiques, pour les mesures téléphoniques, les
épreuves d'isolants, etc., des installations très intéressantes; la
plupart d'entre elles ont été décrites en détail dans les publications du Bureau of Standards ; nous avons demandé immédiatement que quelques-unes de celles-ci nous fussent envoyées ; il y
aurait une réelle utilité, pour les services techniques de l'Administration, à se tenir en liaison avec cet institut, de façon à profiter de son expérience. Mais comme, dans le domaine expéri-
mental, les descriptions les plus fidèles ne valent pas l'instruction
personnelle que l'on acquiert soi-même par la pratique, j'avais
un sentiment de regret, en songeant que je ne pourrais être admis
à séjourner en personne pendant quelques mois à si bonne école.
Et en effet, si intéressantes que soient les théories mathématiques concernant l'étude de l'électricité, il n'en est pas moins
vrai que le progrès dépend surtout des études expérimentales ;
c'est qu'en effet les choses ne se présentent pas dans la pratique
avec un degré de simplicité suffisant pour que la philosophie
mathématique soit d'un grand secours ; aussi ne cesse-t-on, à
bon droit, de réclamer : des essais, des expériences, et encore des
essais ! A quoi bon les calculs, souvent aussi compliqués que
peu rigoureux des sciences appliquées, toutes les fois qu'on peut
interroger directement la nature !

Dans les autres laboratoires industriels, en principe purement
techniques dont nous avons admiré l'étendue, la richesse et l'activité, nous avons aussi observé le mélange de la science pure et
de la technique.

Les recherches techniques ne sont pas moins scientifiques que
les recherches théoriques. La seule différence, c'est que l'ingénieur qui travaille dans un laboratoire, dirige ses recherches sur
des sujets dont l'intérêt lui est signalé et qu'il a pour objet l'utilité industrielle, tandis que le professeur qui travaille dans une
université choisit les matières de ses investigations pour résoudre
quelque difficulté d'ordre philosophique et que ses mobiles sont

désintéressés. Mais si l'un et l'autre diffèrent sur le but et n'ont pas les mêmes préoccupations, ils ne peuvent différer par les méthodes.

Le succès ne récompensera leurs efforts que si leur activité est menée suivant les règles de la science expérimentale. Il arrive d'ailleurs qu'ils se prêtent un mutuel concours. La limite de leurs domaines respectifs est difficile à saisir quand il s'agit de trouver de nouvelles substances isolantes et magnétiques, d'appliquer de nouveaux procédés pour l'épreuve de ces matériaux. Aussi arrive-t-il parfois que la science vient s'installer dans le laboratoire industriel, sans que nul songe à s'en offusquer. Dans l'un de ces laboratoires, n'ai-je pas vu des modèles représentant la position des atomes chimiques au sein de la molécule d'après les résultats obtenus par les phénomènes de diffraction que présentent les rayons X quand ils viennent frapper les réseaux formés par les alignements moléculaires? Cependant, on peut admettre que ces investigations théoriques s'écartent en général du but de l'entreprise qui les soutient et que la raison principale de leur existence relève de la réclame et de la publicité. Quoi qu'il en soit, on reconnaît ainsi le lien qui existe entre la recherche spontanée et désintéressée et la recherche qui est commandée, parce qu'on présume qu'elle sera rémunératrice. Il ne paraît pas nécessaire de multiplier dans l'industrie les laboratoires de caractère trop scientifique. Il semble préférable, pour économiser des moyens qui ne sont pas illimités, de concentrer les ressources destinées à l'avancement de la science pure sur un Laboratoire national de recherches scientifiques qui sera unique et de laisser les laboratoires des diverses industries ou des diverses administrations se spécialiser chacun dans le rôle technique qui lui est propre.

Cette question des rapports de la science et de l'industrie a été traitée d'une façon magistrale par M. J. J. Carty, à la 33e convention annuelle de l'Institut des Ingénieurs américains qu'il présidait à Cleveland en 1916 ; son adresse a été réimprimée pour le National research Council. A ceux qui demandent pour les Universités des ressources pécuniaires toujours grandissantes, il fait observer avec finesse que beaucoup peut être fait sans argent. Par exemple, ce n'est pas une question d'argent que de choisir un chef des travaux : il faut qu'il ait l'étincelle sacrée ; et M. J. J. Carty nous raconte que Sir Humphrey Davy, qui lui-même fut un grand inventeur, se représentant l'importance fondamentale du facteur homme dans la découverte scientifique, dit un jour que sa plus grande découverte n'était autre que Michael Faraday en personne, dont il avait été prompt à reconnaître le génie. Ce n'est pas sortir de notre cadre que de rappeler ici l'opinion de l'Ingénieur en Chef de l'American Telegraph and Telephone C°, dont nous avons été les hôtes ; il prouve, par lui-même et par l'impulsion qu'il a su donner à la Société qu'il dirige, l'importance du chef de travaux. Son rôle est dans le domaine scientifique et technique celui de l'entrepreneur dans le domaine industriel et économique. Souhaitons donc de voir bientôt réaliser le laboratoire scientifique national projeté en France. Puisse-t-il être aux mains d'un accoucheur d'esprits !

Le club des chimistes de New-York, dont M. Bäkeland nous a fait les honneurs, et qui compte plus de deux mille membres, comprend, en dehors des appartements, des salles de restaurant, de conférence, de billard, etc., des laboratoires que l'on prête aux chimistes qui ne disposent pas eux-mêmes des produits et des ustensiles dont ils ont besoin pour poursuivre des recherches personnelles et une bibliothèque fort complète, contenant tous les livres modernes de chimie de quelque utilité, toutes les publications actuelles ; ce sont des instruments de travail, on les consulte librement et directement. Si quelques livres s'égarent, le comité de direction les remplace en fin d'année ; tant de libéralité, malgré quelques abus possibles, a, par ailleurs, tant d'avantages si évidents que le club n'est pas prêt de renoncer à cette ligne de conduite. Nous avons admiré une fois de plus les bienfaits de l'esprit de large confiance et de générosité qui est une des forces de l'Amérique.

Je passe sur l'organisation des musées d'art ou de sciences naturelles, des bibliothèques publiques. C'est à regret, car j'ai toujours le souvenir des groupes en marbre d'une superbe beauté qui décorent les corridors de la bibliothèque municipale de New-York. J'arrive aux usines.

A Détroit, nous avons parcouru les usines Ford et, sur la fin de la journée, on nous a donné une représentation de cinématographie, dans une salle de spectacle fort bien aménagée, située je crois dans les sous-sols du bâtiment d'administration. Au premier abord, un Français n'a-t-il pas le droit de s'étonner un peu de rencontrer dans une usine un grand service photographique et un cinéma ? Et pourtant, si l'on approfondit un peu la question, les raisons apparaissent d'elles-mêmes, nombreuses et convaincantes. Tout d'abord, une première utilité : l'instruction et l'éducation morale, car aux États-Unis, on ne sépare guère l'une de l'autre. Est-ce que l'instruction et la moralité peuvent être indifférentes à une firme qui emploie vingt mille ouvriers? N'a-t-elle pas aussi charge d'âmes? N'oublions pas que H. Ford lui-même a été ouvrier. Reconnaissons-là encore un des traits de l'idéalisme américain.

Mais ces films ne vont-ils pas, par contre-coup, servir la Société Ford et lui constituer la plus attrayante des réclames ? On peut imaginer mieux encore: plaçons tout ce matériel cinématographique sur une automobile Ford, arrêtons l'automobile à un carrefour, tendons une toile et projetons les vues animées ; eh bien ! c'est ce que fait la Société Ford et la foule s'assemble; et le spectacle, bien qu'il soit combiné dans le dessein d'être entièrement et exclusivement instructif, constitue par dessus le marché une œuvre très ingénieuse de publicité.

La séance qu'on nous donna se termina d'ailleurs par un tableau patriotique symbolique montrant le Droit, la Justice et l'Humanité aux prises avec le militarisme prussien, mais avec de curieux effets cinématographiques, développant successivement les diverses péripéties de la scène.

Est-ce tout ? Nullement. Il est tout d'abord assez évident que dans toute grande usine on ne peut se passer d'un atelier important de photographie : il y a toute espèce de documents à photographier; on travaille aussi pour les salles de chirurgie, etc.

Enfin, n'y a-t-il pas les enseignements les plus précieux à

recueillir de vues cinématographiques enregistrant les mouvements des meilleurs ouvriers? ces vues permettant de saisir sur le vif les moyens de faciliter toute besogne manuelle.

Il y a déjà quelques années, j'avais eu l'occasion, pendant le Congrès de radiologie de Liège, de voir dans les magnifiques établissements Solvay l'emploi du cinématographe pour des recherches de toute nature, physiologiques et industrielles. Le but est scientifique, industriel, sociologique, historique, selon le cas. Il est bien connu que les chirurgiens, en examinant les films qui reproduisent leurs mouvements au cours d'une opération, peuvent se rendre compte avec précision des fautes qu'ils ont commises, des retards qu'ils auraient pu éviter, par une meilleure disposition des objets et des instruments, par les précautions dont ils auraient dû s'entourer. De même, M. Marage a montré une fois devant moi à la Société de Physique, comment, en repliant en une bande sans fin une portion de film, on peut répéter indéfiniment un même mouvement; dans l'espèce c'était celui des cordes vocales; il eût été bien difficile de le saisir en ne le voyant passer qu'une fois; mais la répétition aidant, l'attention étant en éveil au moment précis où va se reproduire le phénomène prévu, si passager qu'il soit, il est facile d'analyser celui-ci et de s'en rendre maître. Mais cette décomposition des temps que le cinématographe opère d'une façon automatique puisque ces images se succèdent à des intervalles réguliers de l'ordre du vingtième de seconde est une nécessité de la recherche scientifique dans les travaux industriels. On cite, entre mille autres, cet exemple à l'usine Ford; les premiers chemins de glissement qui amenaient aux ouvriers chargés du montage des magnétos les diverses pièces détachées, avaient tout d'abord été placés trop haut; en les baissant, on a augmenté de moitié le rendement des ouvriers et on a diminué leur fatigue.

Nous saisissons là sur le vif l'une des règles de la production moderne, qui consiste à éliminer les mouvements inutiles, en en faisant faire l'étude par un homme compétent.

Dans une étude sur le cinéma qui vient d'être publiée à Paris, nous trouvons l'exemple particulièrement intéressant des résultats obtenus par M. Gilbreth, aux États-Unis, dans une fabrique de machines à tresser « la Butt Company ».

« Primitivement, quand toutes les pièces nécessaires à l'établissement d'une machine étaient prêtes, un manœuvre venait les étaler sur la table du monteur qui les prenait alors au fur et à mesure de ses besoins. Le travail semblait marcher à merveille; pas la moindre apparence de perte de temps. Cependant, ne démordant point de son idée que le meilleur ouvrier, s'il n'a pas une règle de travail établie scientifiquement, fait toujours quelques mouvements qui ne lui servent à rien et qu'il est toujours possible de gagner du temps, M. Gilbreth fit cinématographier, avec le cadran aux millièmes de minutes bien en vue dans le champ du film, l'opération du montage. L'étude microscopique du film mit aussitôt en lumière, vingt, trente gestes imposés sans profit aucun à l'ouvrier, par le seul fait que les pièces étaient placées devant lui sans méthode par le manœuvre. Il imagina alors de disposer, à portée de la main du monteur, un tableau muni de crochets, portant chacun un numéro correspondant au numéro inscrit sur chacune des parties appelées à constituer la machine et auxquelles l'aide devait, dans un ordre prescrit à l'avance et immuable, suspendre les pièces qu'il apportait précédemment sans ordre. Le résultat fut merveilleux, et de 37 minutes et demie que demandait le travail avant l'épreuve cinématographique, le temps s'abaissa à 8 minutes et demie, soit un gain de près des quatre cinquièmes. »

Je citerai quelques exemples se rattachant au même ordre d'idée. Il y a, à l'American telegraph and telephone C°, des tables de surveillantes, ou pour mieux dire, il y a un local entièrement clos et, en quelque sorte, secret où des surveillantes suivent la marche des communications à grande distance. Mais cette surveillance n'est pas une surveillance qualitative, établie dans le seul but de la discipline et du contrôle du personnel. L'esprit en est tout autre, comme le montre la fiche ci-jointe; elle comporte bien un blanc spécial pour recevoir les observations, mais elle est constituée principalement pour conserver des indications numériques précises du commencement et de la fin de toutes les opérations

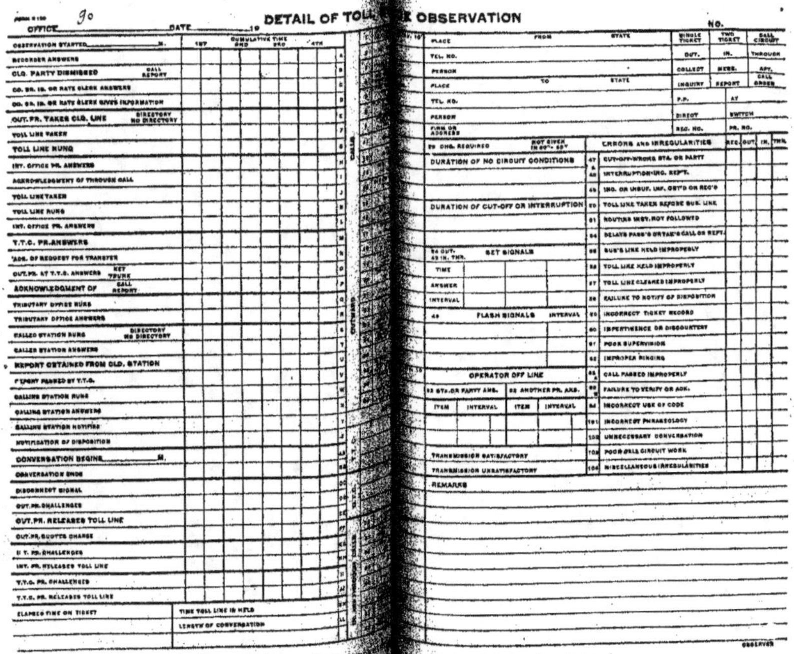

Fig. 1. — Fiche d'observation des communications téléphoniques interurbaines.

élémentaires ; et tous les cas possibles sont minutieusement prévus pour que la surveillante n'ait aucun texte à écrire : il n'y a pas de perte de temps inutile et les heures sont exactes (fig. 1).

Ce n'est donc pas seulement le zèle de la téléphoniste qui se trouve observé, mais ce sont encore les habitudes et les exigences du public, les facilités des diverses opérations, l'intensité du trafic, l'efficacité des règles adoptées, le rendement des meubles, l'insuffisance éventuelle du réseau interurbain, etc. qui sont l'objet de ce contrôle. Comment une exploitation sérieuse peut-elle se passer de ces données ? Comment satisfaire aux besoins toujours nouveaux de l'exploitation si une enquête permanente ne fournit pas une statistique sûre et les éléments primordiaux des études de perfectionnement ? La mesure des temps est donc essentiellement à sa place dans la téléphonie rationnelle et, si l'on veut arriver dans les communications interurbaines au « no delay system », il faut que des statistiques convenables mettent en évidence les retards et indiquent, grâce à leur décomposition en intervalles partiels, les points à améliorer, les lignes à établir ou l'opportunité de faire une répartition plus judicieuse des opératrices entre les diverses fonctions.

Nous verrons plus loin, par un exemple, qu'à l'usine Ford, les pièces détachées nécessaires à un montage sont amenées aux ouvriers automatiquement dans l'ordre voulu et à des intervalles de temps parfaitement réglés. C'est donc l'application du même principe. C'est ce besoin d'économiser le temps en simplifiant les mouvements et en supprimant tous ceux qui sont inutiles qui a créé la science des montages ; c'est, en effet, le premier résultat qu'ils permettent d'atteindre, notamment quand il s'agit de travaux d'assemblages ; mais nous verrons que les montages ont aussi un autre but, quand il s'agit du travail des métaux ; ils permettent d'atteindre la régularité et la précision qui donnent l'interchangeabilité.

Voici un autre exemple :

A la Western Electric C° de Chicago, j'ai vu des ouvrières faire avec une étonnante rapidité le montage d'un organe téléphonique qui comprenait plus de vingt-cinq pièces. Comment ce résultat avait-il été obtenu ? Principalement par l'ordre et la simplification des mouvements. L'ouvrière avait à portée de la main un casier que, dans mon for intérieur, je comparais à la casse d'un compositeur d'imprimerie, cette casse où le compositeur habile vient puiser les caractères d'un mouvement tout réflexe si sûr et si rapide pour les aligner dans le composteur. Là, le composteur était représenté par un outil très compliqué constituant une sorte de châssis de montage où toutes les pièces venaient individuellement prendre position, s'ajuster et se maintenir en place de façon à éviter à l'ouvrière la fatigue de les assujettir d'une main, pendant que de l'autre elle opérerait par exemple le serrage d'une vis. A un certain degré d'avancement, l'organe était retourné sens dessus dessous dans le châssis et revenait s'y loger exactement dans une autre série d'empreintes. Les tournevis étaient automatiques ; il suffit d'appuyer sur le manche en le pressant vers le bas, pour engendrer le mouvement de rotation de la lame, jusqu'au blocage élastique. Sans doute, la plupart des mécaniciens savent se fabriquer de pareils gabarits et il n'y a là rien de nouveau. Ce qui est nouveau, c'est que c'est la direction de l'usine elle-même, qui, au lieu de s'en rapporter à l'initiative d'un ouvrier, a elle-même étudié à fond l'agencement du dispositif ; elle n'a pas trouvé l'examen du procédé d'exécution indigne de son attention ; aucun élément, même le plus infime, n'a été négligé et l'on voit une ouvrière faire le montage compliqué de l'organe téléphonique, comme un soldat fait la charge en douze temps. Qu'est-ce qui a permis une étude si minutieuse ? C'est le chronométrage.

Il est à noter qu'à partir du moment où l'ouvrière accomplit son travail machinalement, son esprit se trouve libéré ; c'est ainsi que la personne qui a l'habitude de la bicyclette, peut rouler sans s'inquiéter de sa machine et sans fatigue inutile. Ce n'est pas déchoir que de s'adapter. Bien plus, l'imagination peut alors se porter sur des sujets plus relevés et en particulier sur l'amélioration des montages eux-mêmes.

Le chronométrage, qui est en honneur chez les coureurs et les aviateurs, est bien souvent employé par le savant qui règle l'emploi de son temps et qui travaille, sa montre sous les yeux ; non seulement il sert de base aux études expérimentales des mouvements et des pratiques d'atelier, mais encore il permet de mesurer à chacun sa tâche et il est, par suite, la base nécessaire du système de payement des ouvriers ; c'est une seconde utilité qui a une importance de même ordre que la première.

En poursuivant notre rapide tournée dans l'usine Ford, nous eûmes le plaisir de trouver un Français à la tête du service des magnétos d'allumage ; il faisait des expériences heureuses ; il venait de trouver le moyen de remplacer par un seul plusieurs organes compliqués, il s'était ingénié à assurer la concordance de phase entre les fonctions mécaniques, électriques et magnétiques de l'allumage ; et tout joyeux de causer un peu français, il nous raconta qu'il avait comme ouvrier dans sa section un autre français, un docteur en médecine, qu'il nous montra et qui ne paraissait nullement mécontent de son sort.

Quelle était donc l'importance du salaire ? Dans la soirée, un employé nous dit que le salaire horaire moyen était de 45 cents, environ 45 sous et que cependant la main-d'œuvre n'entrait que pour 12 % dans la valeur du produit fabriqué.

J'admets que ces chiffres auraient besoin d'être vérifiés auprès d'une source autorisée ; mais ils ne me surprirent pas énormément, car il saute aux yeux que l'usine est dotée d'un outillage exceptionnel. On y voit des machines à percer qui forent quarante-cinq trous à la fois. Partout ce sont des transporteurs qui amènent automatiquement et d'une façon continue à l'opérateur, les pièces qu'il a à travailler. Dans un coin de la fonderie, les moules sont suspendus à divers monorails, ils cheminent comme des chevaux de bois ; la vitesse est d'une dizaine de mètres à la minute. Rien de plus extraordinaire que la forge, du moins pour le profane que je suis. On est habitué à voir le travail de l'enclume et du marteau s'accommoder de toutes les pièces et s'adapter à toutes les besognes, d'ordinaire le four est banal. Ici, au contraire, tout est spécialisé ; le forgeage est réparti entre un nombre infini de machines-outils, construites chacune en vue d'une suite d'opérations bien déterminée ; les différents outils d'une même machine entrent successivement en jeu ; chacun a sa fonction à remplir, comme les divers outils d'un tour révolver ; la machine fait automatiquement toutes les manœuvres accessoires, l'aspect général de la forge se rapproche de celui d'un atelier d'ajustage, seulement les machines comportent des fours et c'est un métal porté au rouge qu'elles façonnent.

Mais il faut laisser aux mécaniciens la description de ces procédés. Quoi d'étonnant après cela, si l'on fait dans cette seule usine 3.000 automobiles par jour. On sait combien est grande la part du capital de cette puissante production et l'on devine l'accord étroit qui ne doit pas cesser d'exister entre le capital et le travail, pour que cette marche de production puisse se continuer sans à coups et sans arrêt.

C'est pour cette raison que, délaissant un peu la fabrication elle-même, nous priâmes nos guides de vouloir bien nous expliquer le fonctionnement administratif de l'usine. Nous étions dans une des vastes salles consacrées à la direction du personnel, nous regardions par la fenêtre ; dans le bas, il y avait une pelouse sur laquelle une vingtaine d'automobiles s'étaient rangés ; nous nous demandions si c'étaient des voitures destinées à la vente. On nous dit que non : c'étaient les voitures des inspecteurs du personnel ; bientôt elles seraient au complet, il y en aurait alors soixante. Les inspecteurs les prennent pour leurs visites ; ils vont dans les ménages d'ouvriers. Mais de quoi s'occupaient-ils dans ces enquêtes ? De savoir si l'ouvrier fait un bon usage de son salaire. Mais qu'appelle-t-on bon usage ? Voilà : Il doit employer son argent pour son ménage, pour élever ses enfants ; il peut acheter un bien de famille, faire des placements, par exemple, nous dit-on en souriant, car c'était d'actualité, prendre des bons de la liberté. L'Inspecteur vérifie quelles sont ses charges de famille, etc. — Mais c'est de l'inquisition ? — Non pas, les inspecteurs ne font que contrôler les renseignements fournis par les ouvriers eux-mêmes. — Et ceux-ci y consentent donc ? — Oui, volontiers. — Cependant il y a des renseignements qui leur sont défavorables. — Sans doute, si l'ouvrier se livre à la boisson, s'il maltraite sa femme, s'il a une maîtresse, s'il joue aux courses, etc. — Mais quelle sanction y a-t-il ? — On lui fait des observations ; souvent on ne fait ainsi que lui répéter les conseils que sa propre femme lui donne ; en général, il en tient compte. — Et s'il persiste ? — On insiste à plusieurs reprises et, au besoin, il est privé de la participation aux bénéfices que la Direction distribue de son plein gré. — Et cela suffit ? — S'il ne s'amende pas, on le renvoie. — J'entends bien, mais n'avez-vous pas eu de grèves ? — Il n'y en a pas eu depuis que je suis dans la maison. Il y a eu quelques ouvriers qui ont cité la Direction devant les tribunaux ; mais la participation aux bénéfices est un don gratuit, cela est bien spécifié et, comme le motif de privation a paru légitime au juge, le juge a débouté les plaignants.

Je rapporte cette conversation parce qu'elle m'a frappé : ainsi pour n'envisager qu'un seul point, la Direction s'intéressait au respect du mariage, et de son côté l'ouvrier mécontent, au lieu de créer une agitation pour arriver en somme à se faire justice lui-même, recourait tout simplement aux tribunaux. J'étais en présence d'un état social de haute moralité.

Mais de plus, je touchais là une preuve palpable des bons rapports existant entre le Capital et le Travail ; l'inspecteur fait du bien, il s'intéresse réellement aux enfants, aux malades et l'ouvrier tient compte d'un bon conseil. Cette attitude réciproque s'explique par l'élimination de tous les frottements irritants. Comment cela ? c'est que, dans ces grandes usines, il y a une coopération étroite, intime, personnelle entre la direction et les ouvriers. Chacun des travaux d'exécution faits à l'atelier est précédé de nombreuses études préparatoires faites par la direction ; c'est elles qui permettront à l'ouvrier de faire son travail mieux et plus vite qu'auparavant. Il reçoit chaque jour, de bonne grâce, les conseils et les instructions de divers chefs, placés tout près de lui, chacun avec une fonction spéciale, il n'est pas bousculé par un contremaître unique et omnipotent, ni laissé à sa propre initiative un peu dédaigneusement.

Nous avons suivi, dans toutes ses étapes, un montage qui n'aurait pu évidemment être laissé à l'initiative individuelle, celui des moteurs d'automobile, car il exige la coordination des opérations effectuées simultanément par une centaine d'ouvriers. Le bâtis est mis sur un chemin roulant qui marche à une vitesse modérée, à peine sensible ; des deux côtés du chemin, il y a deux séries d'ouvriers à la distance d'un mètre tout au plus, c'est la distance qui correspond à la longueur du bâti, avec un petit intervalle entre deux bâtis successifs. Le chemin a une trentaine de mètres de long. Derrière chaque ouvrier se trouvent des approvisionnements en pièces détachées, mais en général, celles-ci, comme nous avons déjà eu l'occasion d'y faire allusion, lui sont apportées dans toutes les directions de parties éloignées de l'usine, par des transporteurs aériens, qui les lui présentent portées par des crochets et elles lui viennent les unes après les autres, suivant un rythme en rapport avec les prévisions du plan de campagne adopté pour le montage. Chaque ouvrier a donc à ajouter à l'ensemble qu'il reçoit du voisin précédent, quelque organe qu'il doit essayer, ajuster et fixer, pour que l'ensemble ainsi accru passe aux mains des collaborateurs suivants. Le moteur arrive à l'extrémité du chemin roulant tout monté et essayé, prêt à subir les essais de rendement ; ceux-ci se feront dans une autre région de l'usine, où il est encore transporté par un « convoyeur » spécial. L'ensemble des ouvriers associés à cette tâche commune constitue une équipe ; et le travail est payé à l'équipe, non à l'ouvrier ; c'est là une dérogation apparente aux errements habituels.

Il est de règle, en effet, de fixer sa tâche à chaque ouvrier individuellement et de le payer en conséquence. Or, ici, il y a un groupe d'ouvriers attelés à une besogne. Mais que l'on y fasse attention : il ne s'agit pas pour les ouvriers du groupe de faire chacun le même travail que le voisin, auquel cas le plus adroit devra, par la force des choses, finir par régler sa vitesse sur celle du moins bien doué.

Il ne faut pas que par l'établissement d'une moyenne, basée sur la rémunération totale due à l'équipe, un ouvrier se trouve dépossédé d'une parcelle des droits qu'il a acquis par ses efforts ; car il préférera limiter sa production plutôt que de subir ce retranchement inique. On l'a bien vu dans cet exemple célèbre des

ouvriers chargeurs de gueuses de la Bethlehem Steal C° qui sont
revenus travailler au prix de 3,2 cents de la tonne, auprès de cette
compagnie où la tâche était individuelle ou tout au plus répartie
entre groupes de quatre ou cinq associés, après avoir renoncé à
un salaire plus élevé, celui de 4,9 cents la tonne, que leur avait
offert une aciérie de Pittsbourg, parce que le bénéfice de ce tarif
se trouvait plus que compensé par la réduction de production et
de gain journalier, effet naturel de la communauté d'un travail
fait en équipe.

Ici, chacun des participants fait un travail spécial, dans un
temps rigoureusement mesuré par l'avancement du chemin roulant. Or un travail collectif de cette nature ne peut être inauguré,
si une étude raisonnée, c'est-à-dire scientifique, n'a permis au
préalable de déterminer les moindres mouvements des ouvriers ;
et ceux-ci n'ont pu venir à bout de la tâche imposée qu'après avoir
appris de leurs instructeurs, le rôle de chacun et la manière de
s'y prendre ; c'est une question de méthode. D'autres contremaîtres ont dû combiner les « convoyeurs » qui amènent à pied
d'œuvre les éléments à assembler et en régler la vitesse. D'autres
ont pris soin de pourvoir chacun de l'outillage approprié. D'autres
enfin ont étudié la répartition des périodes de repos les plus
avantageuses pour ménager les forces de chacun et ils ont donné
à chaque ouvrier la place qui convenait. La Direction n'a pas
hésité à reporter sur d'autres branches de fabrication les ouvriers
dont le manque d'aptitude aurait nui au travail d'ensemble. Par
exemple, un ouvrier malingre ne peut être au poste où il aurait à
soulever un poids trop lourd pour ses forces. Celui qui a à vérifier de légers défauts de poli doit non seulement avoir bonne vue,
mais il lui faut un coup d'œil rapide ; il doit, selon l'expression
des physiologistes et des astronomes, avoir une faible équation
personnelle ; il est nécessaire qu'il ne s'écoule qu'un intervalle de
temps très court entre la perception oculaire et l'action réflexe
de la main.

J'ai insisté sur ce montage des moteurs ; il nous montre en effet
quels sont les procédés adoptés : sélection des ouvriers, instruction individuelle poursuivie aussi longtemps qu'il est nécessaire,

préparation du travail, fixation de la tâche à faire. Ajoutons à cela une prime importante attachée à l'accomplissement de la tâche et nous aurons une idée à peu près complète du système.

Ce n'est pas seulement à l'usine Ford, c'est aussi à la Western Electric Company de Chicago que nous avons pu le voir fonctionner.

Là où il est en vigueur, l'ouvrier gagne, comme nous l'avons dit, un salaire supérieur à celui des usines où ces pratiques ne sont pas suivies ; il ne se plaint pas du surmenage, car il y a des périodes de pause largement calculées ; il n'a même pas la sensation d'être dans une usine différente des autres usines ; il comprend seulement qu'il est l'objet de l'intérêt de la Direction ; il sait que s'il ne réussit pas du premier coup, on mettra à sa disposition une personne compétente pour l'aider et pour l'instruire.

En revanche, l'usine fait une fabrication irréprochable ; et la Direction, quand elle fait une comparaison avec les errements du bon vieux temps, constate, malgré l'élévation des salaires, un abaissement du prix de revient ; de plus elle se réjouit de l'amélioration des relations qui se sont établies entre ses salariés et elle.

En un mot, l'ancien contremaître « sait tout, fait tout », toujours préoccupé des moyens de maintenir la discipline, et jaloux de son autorité, bien que parfois son ascendant ne réponde pas à ses prétentions, est remplacé par toute une série de contremaîtres et d'instructeurs qui demeurent en contact permanent avec l'ouvrier, pour l'assister utilement et non pour le morigéner. Il y en a un pour lui préparer son travail ; il y en a un autre pour entretenir les machines, rassembler les pièces, affûter les outils ; il y en a qui lui ont tracé la marche à suivre, etc. C'est un état-major supplémentaire, mais combien productif ! car que de pertes de temps on économise grâce à lui.

J'ai rapporté de la Western Electric C° une série de fiches. On peut s'étonner de voir que la Direction fixe les machines à employer, les outils à remettre à l'ouvrier, les vitesses de marche de la machine, impose la profondeur de coupe, etc. Mais il faut comprendre que les meilleures conditions de fonctionnement ne sont pas si faciles à trouver qu'on pourrait le croire au premier abord. On sait qu'en ce qui regarde le travail du tour, il y a douze facteurs indépendants dont il faut tenir compte ; ils ont été souvent énumérés, je citerai par exemple : l'élasticité de la pièce, la pression du copeau, le moyen employé pour la réfrigération de l'outil, la vitesse, etc. Or, il n'a pas fallu moins de vingt-six années de travail méthodique pour débrouiller ce cahos. Et je passe sous silence les crédits fort importants qu'on a dû y consacrer. Si l'on réfléchit à la complication des problèmes que la pratique pose ainsi à l'ingénieur, on sera moins surpris de voir la Direction prescrire à l'ouvrier une marche à suivre rigoureuse, puisque, quelle que soit son expérience personnelle et son habileté, on peut dire à coup sûr, que la question le dépasse ; et en général il finit par le reconnaître.

Mais si la méthode de travail est ainsi imposée à l'ouvrier, il est clair qu'on doit savoir aussi quelle est la tâche qu'on peut lui attribuer à l'avance. C'est donc le travail à la tâche qui sera substitué au travail aux pièces, si souvent pratiqué encore. Sans doute, celui-ci est un grand stimulant. Dans ce système, l'ouvrier est laissé à sa propre initiative. Il accumule ses efforts et se forge de grandes espérances. Pourvu qu'elles ne soient pas déçues ? Car souvent il se met à craindre que le patron ne finisse par trouver trop élevé le prix de la journée. Et alors, il diminuera le prix payé à la pièce. Donc, à quoi bon se donner de la peine, pour n'en retirer aucun profit durable ? Quand on donne un travail à un enfant, on le mesure à ses forces ; le professeur sait par l'expérience de sa profession ce qu'il peut demander ; il n'excite point l'élève à faire un devoir indéfini, aussi long que ses forces lui permettront de le faire. Eh bien ! il faut agir de même dans l'industrie ; c'est un proverbe connu : à chaque jour, suffit sa tâche ; mais j'ajoute : encore faut-il la faire. Et cela mérite une prime.

En visitant les ateliers de la Western Electric Cᵒ, j'ai constaté l'importance des montages pour la fabrication en série. Le premier sans doute qui ait imaginé un montage, c'est celui qui, pour être sûr de percer deux trous à la même distance l'un de l'autre, a constitué un bloc de grande épaisseur percé de deux trous à la distance voulue pour y faire passer les mèches de forage. Il n'y a guère de travail à accomplir sur les machines-outils qui ne gagne en rapidité et en précision par quelque montage approprié. Il ne peut entrer dans notre programme de décrire ces procédés. Il nous suffira d'appeler l'attention sur eux, de dire que leur étude systématique constitue déjà un corps de doctrine et que les notions nécessaires en sont vulgarisées dans les livres de J. Woodworth, sur l'outillage des usines américaines ; livres traduits en français, mais dont la raison d'être, l'importance et l'utilité, ne me sont apparues qu'à la lumière même des choses vues.

Le but des montages est principalement d'assurer l'invariabilité des cotes relatives et par suite l'interchangeabilité des pièces fabriquées. Il n'est pas nécessaire aujourd'hui de faire ressortir les avantages de l'unification. La Société d'encouragement a obtenu l'adhésion pleine et entière de l'Administration des Postes et Télégraphes à l'unification des filetages. Les vis étant communes à beaucoup d'industries, il était naturel de les envisager en premier lieu comme objets d'unification. Mais l'interchangeabilité n'est guère moins désirable entre les diverses pièces détachées qui entrent dans le matériel courant de n'importe quelle grande raison sociale et, en particulier, des diverses administrations. Or on ne peut l'obtenir que par des montages parfaitement étudiés et rigoureusement définis.

Mais il ne suffit pas d'avoir les moyens d'obtenir l'interchangeabilité des pièces, il faut encore savoir comment la contrôler. Pour l'exécution des marchés, il y a bien en général un agent contrôleur qui représente les intérêts du client et qui vérifie la conformité aux types. Mais en général il se contente d'opérer par voie de prélèvement et il n'exerce son contrôle qu'après l'achèvement de la fabrication. Il s'agit ici d'un contrôle en cours d'usinage exercé par l'usine elle-même. C'est ce qui a lieu à la Western Electric Cᵒ. Dans la cédule qui indique les diverses opérations successives de la fabrication, il est prévu des vérifications à certains degrés d'avancement. Parmi ces vérifications qui peuvent porter sur diverses qualités électriques, chimiques, mécaniques, etc., il y a celles qui concernent les dimensions ; elles se font à tous les stades, où l'objet vient de prendre une forme déterminée par des cotes fixées à l'avance, qu'il soit important de contrôler, et tous les objets sans exception y sont soumis. La première condition pour que la vérification puisse s'exercer, c'est que les tolérances admissibles aient été préalablement reconnues. La seconde c'est que les opérations puissent se faire dans le moins de temps possible. La tolérance indique deux limites entre lesquelles chaque dimension doit se tenir. La pièce est donc reçue par un représentant du service de la vérification que l'on appelle Inspector. C'est lui qui a la charge de reconnaître si la pièce se tient dans les limites de tolérance. Cet inspecteur lui-même, comme tous les autres ouvriers de l'usine, n'est pas laissé à sa propre initiative ; mais la méthode de vérification qu'il a à appliquer a été soigneusement élaborée dans une section spéciale. Puis en général, un montage a été fait, qui permet d'opérer simultanément, sur la pièce qu'on y introduit, la vérification de plusieurs cotes. Cette vérification ne porte point sur les valeurs absolues. Une combinaison de bras leviers amplificateurs aboutit au déplacement d'un index sur une petite échelle en os, divisée en une dizaine de degrés, sur laquelle on a repéré par deux traits de couleur les limites de la tolérance. Un seul coup d'œil suffit donc au vérificateur pour reconnaître si les trois ou quatre index que peut comporter le montage se placent dans la zone d'admissibilité. D'ailleurs, comme des modèles de différentes grosseurs peuvent être l'objet de vérifications analogues les unes aux autres, les bras de levier sont en général pivotés sur des douilles excentrées, qu'il suffit de faire tourner légèrement et de fixer pour que le même montage puisse être adapté, le cas échéant, à tel ou tel modèle en particulier.

Bien entendu, ces réglages sont confiés à des outilleurs expérimentés. Il est très intéressant de remonter de proche en proche jusqu'aux prototypes qui sont conservés avec le même soin que ceux dont dispose notre conservatoire des Arts et Métiers. C'est la même subordination d'étalons successifs qu'on retrouve dans tous les laboratoires de mesure et d'essais.

D'autre part, quand il s'agit d'objets fabriqués en nombre, ce sont de véritables machines-outils spéciales qu'il a fallu imaginer et construire pour pouvoir effectuer la vérification automatique. C'est ainsi que j'ai pu admirer une machine destinée à contrôler de petits blocs de charbon entrant dans la constitution d'un paratonnerre et comportant une petite pièce métallique encastrée. La petite surface métallique se présentant soit à droite, soit à gauche de la pièce, un petit contacteur électrique reconnaît l'orientation dans laquelle la pièce se présente dans la glissière où elle chemine et, suivant le cas, commande un jeu de bascule qui la rétablit dans la bonne position ; les pièces sont mises en vrac dans la machine, elle se charge de les marger et de les faire progresser d'un mouvement continu jusque sous les organes de vérification qui les font trébucher dans des cases spéciales suivant la nature du défaut reconnu. Toutes les dimensions et la position correcte du contact métallique sont ainsi vérifiées automatiquement, et l'on obtient une rapidité tout à fait incompatible avec n'importe quel mode de contrôle manuel ou visuel.

Les ingénieurs de la section de l'Inspection avaient bien voulu réunir une bonne partie, et la plus curieuse, de leurs dispositifs de vérification ; il y en avait une grande variété et plusieurs d'entre eux constituaient des organismes si ingénieux qu'ils mériteraient une description à part. L'entretien même des calibres, leur surveillance occupent un nombreux personnel. Il faut veiller à ce que l'usage ne les avachisse pas ; il faut que les étalons secondaires soient comparés aux prototypes ; il faut combiner les montages de façon à pouvoir les ajuster pour les tolérances admises, il faut rattraper les jeux qui tendraient à se produire ; il faut pouvoir remplacer facilement les parties soumises à l'usure. La confection de tous ces appareils de mesure, car au fond ce n'est pas autre chose, et leur étalonnement n'est pas une des parties les moins importantes d'une grande usine comme la Western Electric Cº.

Tandis que dans les laboratoires de New-York, les mesures sont faites pour avoir des données précises sur la façon dont les organes supportent les diverses conditions de fonctionnemetn qu'on leur impose et arriver ainsi à la détermination des types les plus convenables qui deviendront alors des standards, les mesures effectuées par l'Inspection à Chicago ont seulement pour objet d'assurer la conformité avec lesdits standards dans les limites de tolérance consenties, c'est-à-dire préalablement reconnues suffisantes au double point de vue de l'usage et de l'interchangeabilité.

En résumé, on ne peut arriver à réaliser la « standardization » qu'à la condition de fabriquer avec des montages judicieux et efficaces et de contrôler cette fabrication d'une façon continue, également avec des montages appropriés, pour maintenir les écarts accidentels d'exécution dans les limites de tolérance.

Pour terminer cette description des procédés employés dans les usines américaines, je vais donner ci-après la traduction de quelques documents qui m'ont été remis à la Western Electric Company par le directeur de l'usine de Chicago ; ils lui avaient servi de notes pour une conférence, malheureusement restée inédite, qu'il avait faite devant une Société d'Ingénieurs.

L'administration des diverses usines américaines est très différente de l'une à l'autre ; cependant il y a toujours une base commune sur laquelle reposent les organisations. Les principes généraux sont les mêmes, les applications les revêtent de formes diverses.

Les grandes lignes de l'organisation de la Western Electric Company sont tracées sur un tableau synoptique qui précise la hiérarchie des personnes et les rapports des fonctions. Toutes les grandes sociétés ont des tableaux analogues. Chaque division est représentée par un numéro sous lequel elle sera toujours désignée dans les instructions, ce qui évite bien de l'écriture et épargne des remaniements si les titulaires changent ou si les attributions se modifient, se dédoublent ou se réunissent ; le tableau indique pour chaque numéro le nombre des employés supérieurs et celui des subalternes.

Sans entrer dans le détail de ce tableau, nous y distinguerons tout d'abord quatre divisions principales, savoir :

1° Répartition et régularisation de la production ;

2ᵒ Opérations d'exécution, usine ou fabrication ;

3ᵒ Travaux techniques ;

4ᵒ Inspection.

La première division régularise la marche de l'usine en lançant les ordres pour les approvisionnements de matériel et pour la mise en chantier des fabrications, elle fait œuvre de répartition ; la seconde fabrique et manufacture ; la troisième a la charge des machines, de l'outillage, des méthodes de travail, de la rédaction des instructions ; la quatrième vérifie les objets fabriqués et contrôle leur conformité aux dessins, cotes, types, clauses et conditions techniques.

De même auprès de chaque ouvrier nous trouvons en principe quatre contremaîtres. Le premier alimente les hommes en matières, outils, modèles, dessins ; il s'occupe des montages, apprend aux ouvriers à s'en servir pour mettre rapidement en place les pièces sur les machines-outils. Le travail peut donc commencer ; vient le second contremaître qui veille à la réalisation de tous les détails de fabrication prescrits par le bureau et consignés sur la fiche de fabrication : choix des outils, profondeur de coupe, vitesse des machines. Son attention doit être portée sur tous les points qui permettront d'obtenir le résultat dans le moins de temps possible. Le troisième contremaître vérifie la qualité des produits fabriqués : dimension, fini de la surface, etc. Il donne à l'ouvrier l'indication des précautions à prendre pour réaliser les qualités demandées. Il reçoit le travail au point de vue de la qualité et contresigne la fiche de l'ouvrier. Il appartient au quatrième d'entretenir la machine, de vérifier le graissage, de surveiller les courroies et les engrenages, de disposer autour de la machine les accessoires, les pièces fabriquées, les organes d'assemblage. Il fait faire les réparations nécessaires en temps utile ; grâce à lui, le travail ne doit pas, faute de machine, subir d'interruption.

Entre les opérations d'atelier et la direction, il s'interpose deux autres bureaux : celui du personnel et celui de la comptabilité d'atelier, ce dernier se divisant en deux sections, l'une chargée de la discipline et l'autre des salaires.

De même, notre description ne donne pas une image complète des services d'administration, car nous n'avons envisagé que les organes nécessaires à la marche intérieure de l'usine. Mais il faut encore, en face des clients et des concurrents, un service commercial, et enfin, il y a, au sein de l'Administration elle-même, cette sorte de tribunal de conscience qui enregistre les résultats et les juge et qui n'est autre que la comptabilité. Enfin le laboratoire analyse les opérations, réduit les difficultés, poursuit les études tandis que le bureau du dessin rassemble les résultats, fait la synthèse des connaissances acquises, les coordonne et dresse les projets.

Chacune des divisions que j'ai indiquées se subdivise en un certain nombre de bureaux ; sur le tableau d'ensemble qui m'a été remis, j'en compte quatre-vingts. Cela seul montre déjà combien la spécialisation est poussée à un haut degré ; l'état-major est donc important ; en revanche, on peut espérer que ce personnel est compétent, parce qu'il n'a pas à disperser son activité. Il nous a été donné de pouvoir suivre une des divisions, celle de la production, ou pour mieux dire, de la répartition et de la régularisation de la production. Nous avons pour nous guider un tableau synoptique particulier. Il ne comprend pas moins de cent douze sections distinctes. Il faut mettre à part ce qui concerne les bois (ateliers de bois tendres, de bois durs, magasinage et expédition), de même ce qui a trait aux modifications d'anciens appareils ou à l'introduction d'appareils nouveaux. Il nous restera les quatre grands départements :

1. Programme des fabrications.
2. Établissement des ordres de mise en fabrication, prix de revient, statistique.
3. Méthodes à appliquer pour diriger la fabrication.
4. Magasins et manutentions.

Le département qui établit le programme de fabrication a un bureau administratif avec des dactylographes et des opératrices qui consultent les documents au moyen des machines à classer et additionner, une section de rédaction et un enregistrement des fiches concernant les mises en fabrication.

Puis ce département se divise en trois parties concernant respectivement : 1° les pièces détachées ; 2° les ensembles tels que meubles téléphoniques, tableaux, appareils de protection ou de sous-stations ; 3° les câbles sous plomb, le fil, le caoutchouc. La seconde de ces sections comprend aussi les réparations et les travaux statistiques.

Le but de ce département est d'établir l'ensemble des besoins pour chaque nature d'article ; par exemple pour les pièces détachées, il y aura un bureau qui déterminera le plan de campagne pour l'exécution des opérations à effectuer, les machines-outils à employer, suivant les méthodes en cours ; trois sections suivront l'état d'avancement et en retraceront la marche, une autre donnera les ordres de réparation ou d'embarquement, la dernière rédigera les fiches concernant les outils à employer.

La division des ordres de mise en fabrication établit les cédules qui indiquent aux ateliers le nombre de pièces à mettre sur le chantier. Une section centralise les commandes des clients, les enregistre, tient les archives, a des bureaux spéciaux pour les appareils d'une part, les meubles et tableaux de l'autre. Une autre section s'occupe des matières brutes ou des pièces détachées à se procurer au dehors soit pour satisfaire aux commandes spéciales des clients, soit pour répondre au programme de confection en grand de la section des appareils. Quatre bureaux tiennent à jour la situation des matières et de leur mouvement. Enfin les ordres ressortissent suivant la nature des articles à quatre départements, concernant : 1° les matières (cuivre et laiton, fer et acier, fournitures diverses, quincaillerie, aciers à outils, isolants, etc.) ; 2° les sous-produits (leur extraction, leur classement, leur vente, leur réduction et les écritures qui s'y rapportent) ; 3° les pièces détachées (instruments télégraphiques ou téléphoniques ; sous-stations, sonneries, vibrateurs ; relais, annonciateurs et fiches ; clés ; bobines à action différée, fusibles ; bobines de pupinisation ; matériel pour l'Europe ; lampes et jacks ; appareils à prépayement ou semi-automatiques ; pièces de meubles et tableaux ; cordons, fils, caoutchouc ; dépouillements divers effectués à la machine à classer ou à additionner) ; 4° les appareils et l'entretien des stocks (relais et appareils de protection ; clés, jacks, douilles ; meubles et supports, bobines diverses).

La division qui s'occupe des méthodes à employer pour diriger l'allure des fabrications comprend divers départements concernant l'emmagasinage, l'instruction du personnel, les quotités de pièces à fabriquer, les manutentions et les transports entre les diverses parties de l'usine, les appareils de levage, de roulage et d'emballage, la rédaction des fiches de travaux et des écritures.

La division du magasin, et des manutentions s'occupe des déchargements, réceptions, transports, et des écritures correspondantes. Voici maintenant quelques détails :

Quand on a fait le projet de mettre en fabrication un article nouveau, on commence tout d'abord par déterminer, dans leurs grandes lignes, les opérations qui seront nécessaires pour la confection de chaque pièce détachée ou de chaque organe.

Si, par exemple, l'une des opérations est une opération de poinçonnage, on s'adresse à un spécialiste, expert dans l'art du poinçonnage, et c'est lui qui dictera l'opération à faire à la poinçonneuse ; ainsi, pour chaque catégorie d'opérations, on s'adresse à un ingénieur d'une compétence reconnue, suivant le genre de travail envisagé.

On rédige des instructions qui sont envoyées aux diverses divisions intéressées, pour que chacune d'elles sache comment elle doit entreprendre la fabrication.

Après que toutes les opérations à effectuer ont été bien arrêtées, on les consigne sur un imprimé spécial, c'est une fiche relative à l'article considéré : la première colonne indique les numéros des divers départements intéressés, la seconde la nature des diverses opérations qui devront être effectuées dans chacun de ces départements, la troisième donne les numéros des spécifications, celles-ci ayant déjà été couchées par écrit tout au long ; on y inscrit l'outillage à utiliser et par exemple, les numéros de toile à employer s'il s'agit d'un polissage, la dernière colonne énumère les machines-outils (tour ou perceuse) avec les chiffres caractéristiques du modèle et des dimensions de la machine. Le bas de la fiche est consacré à la description des divers articles de matériel à prendre en magasin, avec le numéro du magasin livrancier et celui du département cessionnaire correspondant à chaque article.

C'est une fiche générale ; elle est en même temps décomposée en autant de cartes spéciales qu'il y a de départements intéressés ; on y note le département des mains duquel l'article en cours de fabrication sera reçu et le département aux mains duquel il passera en fin d'opération. Dans le cas où le département visé a quelque objection à formuler, il doit immédiatement en référer à un bureau désigné par un numéro sur la fiche même.

Supposons maintenant qu'il s'agisse d'une pièce détachée à fabriquer. On établira, comme suit, la fiche de fabrication :

C'est une des branches du département des ventes qui a la charge de déterminer à l'avance tout ce qui est nécessaire pour réaliser un organe composé de plusieurs pièces assemblées.

Il y a beaucoup d'espèces d'articles dans la construction desquels les pièces détachées entrent par centaines. Et ces pièces détachées peuvent être communes à plusieurs articles. Il y a à la Western plus de 80.000 pièces détachées différentes, dont on emploie chaque année de grandes quantités, depuis des centaines jusqu'à plusieurs millions.

On s'aide, pour le calcul total des besoins, de cartes perforées qu'on fait passer dans des machines à additionner.

Le stock des pièces détachées disponibles est tenu à jour dans une section qui centralise les existants.

L'ordre de mise en fabrication d'une quantité déterminée est basé sur les besoins futurs, sur les quotités disponibles pour les commandes éventuelles et sur les tables qui indiquent quelle est, au point de vue de l'économie de fabrication, l'importance à donner à chaque lot qu'on veut mettre en mains.

Chaque département reçoit un ordre de mise en fabrication sur un imprimé spécial, indiquant la date, le nombre d'objets, le numéro de l'ordre, les quantités à produire par mois, l'indication des matières premières en magasin ou de la date pour laquelle elles sont promises.

Le bureau chargé de la marche des opérations dans chaque département indique l'ordre dans lequel elles doivent se succéder sur les différentes machines. La fiche qu'il établit compren dla désignation de la pièce, le détail de chacune des opérations, la machine à employer pour chacune d'elles, les outils correspondants, le temps total accordé pour chaque opération, la production journalière prévue, le numéro de l'ordre et le numéro de référence à l'intérieur du département. Chaque opération à son tour donne lieu à une fiche élémentaire indiquant à l'ouvrier son travail et le délai ; enfin une dernière fiche est remise au contremaître chargé d'assigner à l'ouvrier désigné une machine de la catégorie envisagée.

Un mot sur les cartes perforées ; elles indiquent par leur perforation :

1° La quantité à fabriquer pendant une certaine période de temps ;

2° Le numéro de nomenclature de la pièce ;

3° Le numéro de nomenclature de l'organe dans lequel la pièce entre comme partie constitutive.

Enfin ces cartes ont des numéros de série et de classement.

Passons à un troisième exemple, celui où il s'agit d'un article obtenu par l'assemblage de pièces détachées d'usage courant emmagasinées à l'avance.

Supposons qu'il s'agisse d'un bureau téléphonique. Tout ce qui entre dans son équipement doit être mis à la disposition dans un ordre déterminé pour que l'installation se fasse économiquement et sans que le service soit troublé.

Chaque nature d'objet doit donc être commandé pour la date la plus éloignée compatible avec l'ensemble de ces exigences.

Par exemple sur le bon de commande d'un multiple pour Cincinnati (Ohio). Nous voyons que pour le premier article : bâti, la lettre (S) indique que le bureau des ingénieurs devra donner la spécification dans un délai de trois semaines à dater de la réception du présent bon. Tandis qu'au 21e article, panneaux généraux pour recouvrir le câblage, on a noté que les spécifications devront être données par le bureau des ingénieurs dans un délai de huit semaines.

Les travaux intercalaires, dessins, détails, ferronnerie, menuiserie, assemblage, vérification sont commandés pour être terminés à des dates correspondantes.

Le bon de commande contient dans une première colonne, en conformité avec la nomenclature, la liste complète des articles entrant dans le multiple et chaque colonne correspond à une date particulière, qui est celle de livraison d'une pièce ou de l'achèvement d'un travail intercalaire.

Nous avons dit plus haut qu'on faisait une centralisation des renseignements concernant les existants en pièces détachées ou en matières premières. Voici comment on opère :

On affecte à chaque pièce détachée, individuellement, une ou plusieurs cartes de contrôle.

Il y a plus de 80.000 cartes ainsi en usage pour centraliser les données concernant les approvisionnements partiels qui peuvent se trouver répartis dans les différentes sections des établissements. Cette carte fait ressortir les quantités qui ont été commandées à partir d'une certaine date et les livraisons successives ultérieures.

Chacune de ces quantités n'a pu être commandée qu'en vertu d'une autorisation régulière; l'ordre auquel les diverses quotités sont affectées est rappelé au dos de la carte, ainsi que les livraisons qui ont été prélevées sur les approvisionnements pour satisfaire à chaque ordre en particulier. Une troisième série de colonnes indique les existants en magasin.

Il y a deux espèces de cartes, les unes pour les pièces détachées que l'on fabrique à l'usine, les autres pour celles qu'on achète dans le commerce. Les cartes donnent en outre les consommations mensuelles de l'année courante, le prix unitaire ; elles rappellent les consommations antérieures, année par année.

On y trouve aussi la nature et les quotités de matières premières nécessaires, celles qu'on a à prévoir pour faire un nombre rond de ces pièces, un millier par exemple.

On y retrouve les numéros des organes où ces pièces se rencontrent. S'il s'agit d'une carte concernant des matières premières, on tient à jour une ou plusieurs cartes pour chaque sorte et pour chaque forme de matière première. Ces cartes sont semblables à celles des pièces détachées. Le recto donne les quantités commandées ou reçues, bon par bon. On note au dos les articles particuliers pour lesquels on a donné les ordres d'acheter.

Et chaque fois qu'il y a une commande concernant un certain nombre d'objets, la quantité des diverses matières premières requise pour leur fabrication est inscrite sur les cartes correspondant à ces matières; si donc les approvisionnements actuels ne sont pas suffisants, on fait un bon d'achat pour couvrir les besoins.

Les existants ressortent dans une troisième série de colonnes.

Quand une commande d'un certain nombre de pièces a été lancée, il faut suivre l'état d'avancement de la fabrication. Un imprimé spécial permet d'en conserver la trace. Les divers départements font en général des livraisons partielles qu'on inscrit à leurs dates, d'après le relevé des coupons détachés des bons de livraisons. On peut faire un graphique montrant la progression et rechercher les causes qui modifient l'allure de la courbe. On sait ainsi où en est chaque jour la fabrication et on contrôle ainsi indirectement l'activité des bureaux qui, dans chaque déparsement, sont chargés de mettre en main et d'accélérer les travaux.

C'est dans la division même que l'on élabore les règlements concernant le travail de répartition des fabrications. C'est un moyen de régulariser les errements suivis ; ces instructions traitent des commandes concernant les matières premières ou les pièces détachées, de la façon de suivre l'état d'avancement des travaux, etc. ; elles ont pour objet de fixer les méthodes de travail de la division et de conserver tous les renseignements concernant la direction de la production, les frais et les comptes.

Il serait évidemment oiseux de reproduire ici tout le détail des règles qui indiquent la circulation des diverses formules, d'atelier à atelier, de section à section, les duplicata à envoyer aux divers services intéressés et les renseignements que chacun doit fournir en échange suivant les diverses éventualités. Ce qui est certain, c'est que la Western Electric C° n'a pas reculé devant la réglementation la plus minutieuse et qu'elle a essayé de prévoir tous les cas possibles. Au surplus, dans toutes les autres divisions de ces vastes établissements comme dans celui que nous avons choisi pour l'étudier plus à fond, il y a toujours, nous insistons sur ce point, une section particulière qui est chargée des méthodes de travail et de leur codification. Cela n'est pas pour étonner les fonctionnaires de l'Administration des Postes qui sont habitués à se référer constamment aux règles précises que l'on s'est efforcé de réunir dans l'Instruction générale.

Nous ne parlerons pas du problème si philosophique de la nomenclature qui passionne à juste titre tant d'ingénieurs américains ; l'abus des notations abrégées doit évidemment être corrigé par des règles ; il faut nous borner.

Il nous reste à conclure :

Nous avons vu à la Western Electric Company un système d'organisation du travail basé sur des méthodes scientifiques ; pour chaque élément du travail de l'ouvrier, les procédés empiriques se sont effacés pour faire place à un art savamment développé qui introduit des montages et un outillage perfectionné dépassant les capacités d'initiative et de connaissance des meilleurs ajusteurs ; l'exécutant est choisi, spécialisé, formé et entraîné ; la direction suit de près chaque homme pour s'assurer que le travail est bien fait suivant les règles : elle lui garantit le bénéfice intégral de son travail, sans exiger de lui une tâche impossible ; la coopération remplace l'individualisme, le sentiment de la solidarité se fait jour et il maintient l'harmonie. On peut alors entreprendre des fabrications en grand, à des prix de revient modérés, au grand avantage des consommateurs, c'est-à-dire de la masse elle-même, aussi les conditions industrielles et sociales que nous venons d'analyser nous paraissent-elles constituer en quelque sorte les lois économiques de la standardisation.

TABLE DES MATIÈRES

MÂCON, PROTAT FRÈRES, IMPRIMEURS

ANNALES

DES

POSTES-TÉLÉGRAPHES ET TÉLÉPHONES

RECUEIL DE DOCUMENTS FRANÇAIS ET ÉTRANGERS

concernant les Services Techniques et l'Exploitation

des Postes, Télégraphes et Téléphones.

Publié par les soins d'une Commission nommée par
M. le Ministre des Postes et des Télégraphes

Paraissant tous les trois mois

A. DUMAS, éditeur
6, rue de la Chaussée d'Antin, 6. Paris

Cette publication, instituée par arrêté ministériel, constitue un recueil très précieux des études et documents, techniques et pratiques, relatifs à l'outillage et au fonctionnement des services des Postes, des Télégraphes et des Téléphones, non seulement en France, mais aussi à l'Étranger.

Les ANNALES des P. T. T. publient des communications inédites, dues à des spécialistes autorisés de tous les pays ; elles publient aussi les principales conférences faites à *l'École supérieure des Postes et Télégraphes*, ainsi que les travaux les plus saillants du *Service d'Études et de Recherches techniques de l'Administration des Postes et Télégraphes*.

Depuis 1916, elles consacrent une place toute particulière aux questions qui se rapportent à la guerre et fournissent sur le service postal, télégraphique et téléphonique des pays ennemis des renseignements nombreux et variés.

Une revue des publications techniques françaises et étrangères paraît dans chaque numéro, et des informations choisies signalent les faits nouveaux les plus saillants qui se produisent dans l'exploitation des Postes et Télégraphes et surtout dans celle si variée des Téléphones.

Ce recueil est donc d'une grande utilité à toutes les personnes qui, à des titres divers, s'intéressent aux services de l'Administration des Postes et Télégraphes et qui veulent se tenir au courant des progrès réalisés dans cette branche de l'industrie : ingénieurs, employés, fabricants de matériel, abonnés au téléphone, etc.

Les six premières années déjà parues constituent des volumes in-8° de plus de 600 pages chacun, avec de nombreuses figures.

PRIX DE L'ABONNEMENT ANNUEL AUX ANNALES
France et Colonies : 12 francs. — Étranger : 14 francs.
Prix spécial pour le personnel des P. T. T.
Tous les abonnements partent du 1ᵉʳ Janvier